国家级一流本科专业建设点“金融学”专业特色教材

REITs

基础设施公募REITs理论与实务

Theory and Practice of Infrastructure Public Offering REITs

刘祚祥◎主编　杨密　郑日果◎副主编

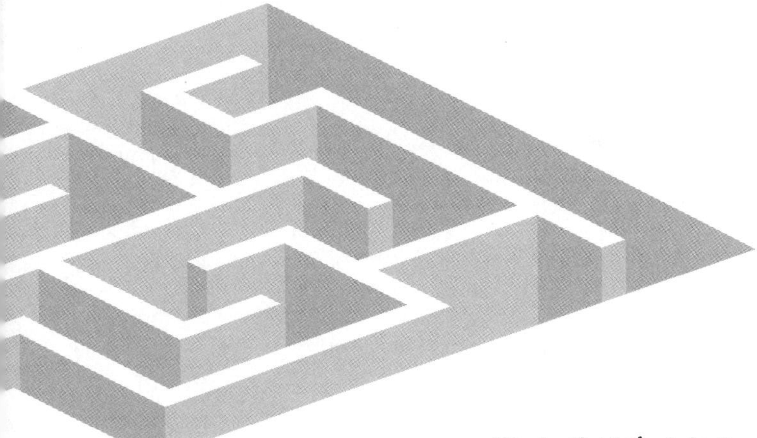

中国经济出版社
CHINA ECONOMIC PUBLISHING HOUSE
北 京

图书在版编目（CIP）数据

基础设施公募 REITs 理论与实务 / 刘祚祥主编. --
北京：中国经济出版社，2024. 10
ISBN 978-7-5136-7708-0

Ⅰ. ①基… Ⅱ. ①刘… Ⅲ. ①基础设施-投资基金-研究 Ⅳ. ①F830.91

中国国家版本馆 CIP 数据核字（2024）第 065237 号

责任编辑　焦晓云
责任印制　马小宾
封面设计　久品轩

出版发行　中国经济出版社
印 刷 者　北京艾普海德印刷有限公司
经 销 者　各地新华书店
开　　本　787mm×1092mm　1/16
印　　张　21.5
字　　数　467 千字
版　　次　2024 年 10 月第 1 版
印　　次　2024 年 10 月第 1 次
定　　价　88.00 元
广告经营许可证　京西工商广字第 8179 号

中国经济出版社 **网址** http://epc.sinopec.com/epc/ **社址** 北京市东城区安定门外大街 58 号 **邮编** 100011
本版图书如存在印装质量问题，请与本社销售中心联系调换（联系电话：010-57512564）

前言

PREFACE

基础设施不动产投资信托基金（REITs）已经成为国内金融理论界与实务界共同关注的一个新领域。长期以来，学术界将基础设施定义为公共产品，认为基础设施是为社会生产与居民生活提供公共服务的物质工程设施，是保证国家或者社会经济活动正常运行的公共服务系统。因此，基础设施是政府投资的主要标的物，也是拉动经济增长的重要工具。从1978年起，“三驾马车”中的投资在GDP（国内生产总值）增长中的贡献度就一直居高不下，几乎占到了40%，是经济增长的主要动力。这些投资中除了个人投资，以政府为主的基建投资占比最高。

在财政资金短缺的约束条件下，基础设施投资的多元化成为突破基础设施发展瓶颈的关键。通过BT（建设—转让）、BOT（建设—经营—转让）、PPP（政府与社会资本合作）等投融资方式的尝试，最终，地方政府通过融资平台增加杠杆，并因此加大了对基础设施的投资力度。由此，围绕债券合约，我国各级政府与企业出现了一系列金融创新行为，创造出很多新的金融产品与金融服务。其中，信贷、债券等金融工具成为基础设施建设获取资金的主要渠道。根据国家资产负债表研究中心的数据，2023年，中国宏观经济杠杆率超过287.7%，这个负债比例在国际上居于前列。这个数字意味着未来我国以继续增加杠杆刺激经济增长的空间相当有限。

我国投资的绝大部分基础设施没有直接的收入流，收益难以覆盖成本，因而基础设施投资的“堰塞湖”问题，成为各级政府头上悬挂的“达摩克利斯之剑”。通过金融创新解决地方政府债务问题，需要各方的共同努力。通过建设基础设施公募REITs市场，将各种新要素纳入基础设施运营体系，以提高资产收益率，从而覆盖投资成本，不失为降低宏观经济杠杆率以及各级政府负债率的一个新的金融制度选择。

一、创造超额收益：REITs市场的重要目标

通过金融合约创新，将企业家、投资人以及各种新要素纳入基础设施资产运营体系，提高资产收益率，是基础设施公募REITs市场创新的主要目的。在全球市场发展充满挑战和不确定性的背景下，REITs能否创造高于市场基准的超额收益至关重要。超额收益是衡量REITs相对于市场基准表现的指标，反映REITs在风险调整后的回报，是投资者评估REITs投资价值的关键指标。超额收益不仅能为投资者提供稳定和可预测的收入来源，还能体现REITs管理团队的运营能力和市场洞察力。

创造超额收益的核心在于专业的资产管理，包括但不限于市场定位、资管策略、投资组合策略等。基础设施 REITs 是一项金融创新，也是对基础设施运营体系结构的重新塑造，其关键在于引进了具有企业家、金融家属性的资产管理团队。资产管理团队能够发现基础设施资产新的使用方式、新的市场以及新的套利方式，因此，能够通过精准的市场定位和有效的资产管理策略，为投资者创造额外价值。具体而言，就是结合市场变化趋势，通过并购策略，助力 REITs 实现规模经济，降低运营成本，分散投资风险，抓住不同市场的增长机会，从而为投资者创造更高、更稳健的回报。

投资者关系、ESG（环境、社会和公司治理）实践与市场教育要素等是 REITs 创造超额收益能力的主要影响因素。通过提供透明的运营信息，维护良好的投资者关系，建立投资者信任，能够吸引和留住投资者，进而提升 REITs 的市场评价和股票价格。同时，REITs 在 ESG 方面的表现越来越受到投资者的重视，良好的 ESG 实践不仅能吸引特定的投资者群体，还能提高 REITs 的品牌价值和市场竞争力。积极的市场教育和市场功能优化，能够提高 REITs 市场的参与度和流动性，为投资者提供更好的交易体验。

能否创造超额收益是中国 REITs 市场必须回应的关键问题。作为以资产运营为核心的金融产品，公募 REITs 的运营管理机制，尤其是对底层资产投资组合的主动管理能力是能否创造超额收益的重要影响因素。在日常治理中，基金管理人的主动管理能力主要体现在参与底层资产运营决策、扩募、再投资、市值管理等工作上。由此可见，公募 REITs 在重塑基础设施资产运营体系的过程中，最需要的是良好的企业家能力，以及一个能够促使企业家行为不断出现的竞争体系。但是，基金管理人受制于话语权不足、行业熟悉程度不高等，通常难以充分发挥其应有的主动管理能力。

此外，对底层资产的运营管理设计是市场和监管的重要关注点。现阶段，REITs 的一、二级市场联动机制尚有优化空间，且资产交易的市场化决策与制度审批流程存在时间差，在一定程度上限制了 REITs 创造超额收益的能力。由此可见，完善基础设施公募 REITs 市场体系不但任重道远，而且在资源配置中意义重大。

二、耐心资本：REITs 市场可持续发展的基石

耐心资本，是指对风险有较高承受力，并且对资本回报有着较长期限展望的资金。这些资金通常不易受市场短期波动的干扰，能为投资项目提供长期稳定的资金支持。因此，耐心资本被称为“长期投资资本”。从全球市场发展来看，REITs 的风险收益特征与耐心资本的偏好高度契合，其主要收益来源于租金和底层资产增值，大部分收益将作为分红回报给投资者，这通常意味着较为稳定的现金流。对长线投资者来说，投资目标决定了他们更注重长期稳定的收益而非短期的市场波动，以及定期的现金流入。因此，REITs 成为筹集“长期投资资本”的重要金融工具，是耐心资本的重要来源。

耐心资本对市场发展、科技创新以及基础设施建设等具有关键支撑作用。可预期

的分红政策、底层资产的区域分散程度、稳定的政策环境、ESG 实践等是 REITs 市场吸引长线投资者的重要影响因素。同时，长线投资者采取的稳定性投资策略有助于 REITs 市场保持长期稳定。从市场经验来看，公募 REITs 的融资规模与其长期投资属性具有正相关性，只有单只 REITs 规模够大，才能更好地平滑长线资金配置时带来的市场波动，进而促进长线资金的配置。

很多发展中国家的学者认为，长期投资主要依赖政府财政资金，但发达市场经济国家的经验告诉我们，政府在提供长期资金方面往往力不从心。政府层面的投资更多是从货币政策、宏观经济调控的角度出发，未必是想象中的长线投资，一旦处理不当，就有可能加剧市场波动。

从长远来看，吸引长线资金与境外资金等增量资金入市，对于提升我国 REITs 市场的有效性、流动性与国际影响力大有裨益。上交所、深交所《关于优化公开募集基础设施证券投资基金（REITs）发行交易机制有关工作安排的通知》指出，后续交易所将“进一步推动扩大基金中的基金（FOF）参与投资基础设施 REITs；配合中国证监会持续推动社保基金、养老金、企业年金、公募基金等机构投资者参与投资；积极推动将基础设施 REITs 纳入和香港证券交易所互联互通交易标的，引入境外投资者，提高市场对外开放水平；研究推出基础设施 REITs 实时指数及 ETF 产品，不断提升二级市场流动性”。

当前，英美投资市场对公路和桥梁、农场、风力发电等基础设施领域的投资越来越受欢迎。基础设施 REITs 的市场预期不仅稳定，而且回报率高。基础设施投资者不但能创造令人羡慕的财务回报，而且能满足社会对基础设施等产品的需求。

三、高速公路 REITs：中国基础设施公募 REITs 的典型代表

当前，我国基础设施投资未能给投资者带来理想的财务回报，甚至成为地方债高企的主要推动力。例如，高速公路、工业园区，以及供水、供暖等民生保障基础设施的实际收益率并不高，原因有两个：一是民生性质，二是高额的银行贷款。由于很多贷款缔约时的利率并不低，如果单靠基础设施自然到期付息还本，各级政府的化债将遥遥无期。因此，基础设施 REITs 成为地方政府债务化解的一项金融创新。

近年来，中国政府大力推动基础设施公募 REITs 市场的发展。Wind 数据显示，截至 2023 年 12 月底，C-REITs 市场规模已经达到 823 亿元。这一数据充分展示了 C-REITs市场的活跃程度和巨大潜力。其中，已经成功发行的 8 只高速公路公募 REITs 以稳定的收益和强大的流动性，成为市值第一大类资产，相关 REITs 市值共计 338.28 亿元，占比高达 41.09%，在市场中占据举足轻重的地位。在众多高速公路 REITs 中，市值最高的是平安广州广河 REIT（基金代码：180201），达到 61.16 亿元。这一数据体现了该 REIT 的强劲实力和市场认可度。此外，2023 年总成交额最高的是华夏中国交建 REIT（基金代码：508018），达 68.96 亿元。

从二级市场来看，当前高速公路REITs的二级市场表现跑赢了市场指数。例如，2024年1—2月，高速板块经历微跌震荡后快速上涨，在3月5日达到最大涨幅（相对2023年12月29日）11.7%，而后进入震荡区间。截至2024年4月25日，高速板块上涨8.74%，相同时间区间内，中证REITs收盘（指数）仅上涨6.88%，且从每公里通行费收入来看，各REITs基本维持稳定状态，上涨、下跌产品各占一半，但变动幅度均较小。因此，导致高速公路REITs价格波动的主要原因还是信息不对称、投资人对风险认识不充分、投资者结构单一等。需要进一步提升REITs信息披露的可比性和一致性，包括同类REITs横向的可比性，以及纵向时间序列的可比性等；进一步认识REITs底层资产价值，正确看待REITs二级市场波动，创新解决REITs发展中的问题。同时，推动更多增量优质资产上市，扩大高速公路REITs规模等，以提高高速公路REITs二级市场的预期。

四、数字基础设施：REITs市场的增长机会

数字基础设施是数字经济时代主要的物质基础。数字基础设施包括：研究基础设施、知识基础设施、网络基础设施等。在数字经济时代，尽管对不同人群而言，这些基础设施的功能和内在价值各异，但它们的外部形式和投资额度是统一的。这为数字基础设施的价值交易提供了物质基础，也为企业家的运作提供了创新模式。自然，随着数字基础设施资产资本化，投资者将通过整合各种要素形成新的生产能力，为社会创造财富。

以数据中心为代表的数字基础设施，被认为是与技术革新紧密相关的领域，具有产生超额收益的潜力，且在云服务和人工智能算力的需求驱动下强劲增长。作为新经济的关键组成部分，数据中心需要相应的清洁能源及储能设施满足其能耗和冷却需求，支持其强大的算力体系。从长远发展来看，这些将是推动数据中心可持续发展的主要驱动力。我国数据中心企业一般以在境外上市为主要融资方式，但股价表现不尽如人意。随着国内对数据中心与智算中心的日益重视，以及各类支持政策的出台，该行业有望迎来快速发展。REITs融资效率高、产品结构明晰，有望成为数据中心和智算中心资产的重要融资方式。

我国数据中心市场前景广阔，以数字技术为核心的新技术应用不断进入生产生活，对经济发展的放大、叠加、倍增作用不断凸显。有关数据显示，2022年，我国的数字经济规模已达到50.2万亿元，且保持高速增长态势；数字经济对第一、二、三产业的渗透率分别达到10.5%、24.0%、44.7%。数据中心的需求主要集中于第三产业，具有较高的投资回报，可作为基础设施REITs的底层资产。REITs可将数据中心未来的现金流提前变现，为我国数据中心市场发展提供新机遇。未来，随着“互联网+”、大数据战略、智慧化建设等的深入实施，数据中心的市场规模将加速扩大，投资价值将不断增加。

数字基础设施进入REITs底层资产范围，除了数据中心之外，还包括人工智能项

目、5G、通信铁塔、物联网、工业互联网、宽带网络、有线电视网络、智能交通、智慧能源、智慧城市项目等。随着数字经济渗透率不断提升，数字基础设施 REITs 有望实现中长期相对乐观的预期回报。

当然，在发展数字基础设施 REITs 市场的过程中，我们也面临诸多困难与挑战：①如何进行资产剥离；②数据中心财务数据的可验证问题；③数据基础设施的估值问题等。为此，必须进一步完善制度环境，加大政策力度，推动新型电力系统与算力系统融合规划，发挥国企在数字基础设施 REITs 领域的主力军作用，建立综合性的评估框架，加强前期市场培育。

五、交能融合：基础设施投资建设新赛道

交能融合，即交通行业与绿色可再生能源的融合发展。《交通强国建设纲要》提出，构建安全、便捷、高效、绿色、经济的现代化综合交通体系，加强交通基础设施网、运输服务网、能源网与信息网络融合发展，结合交通、能源以及数字网络的基础设施建设，形成新质生产力，从而促进交能融合产业蓬勃发展。交能融合将为基础设施公募 REITs 提供优质的底层资产，为基础设施公募 REITs 管理运营团队提供新的发展思路。

高速公路企业是推动交能融合的最佳切入点，也是高速公路公募 REITs 未来最主要的投资方向。2023 年 5 月，中国公路学会交通与能源融合发展工作委员会颁布《交能融合一体化解决方案》，将能源体系“供给、输送、存储、利用”与交通行业“建、管、养、运”结合，提出“五位一体”的交能融合一体化解决方案，重点阐述了公路交通、水运交通、轨道交通和城市交通四大领域交能融合的解决方案，各方对交能融合的发展路径达成以下共识：

（1）初步融合阶段：以公路为主要载体，构建路域供能微型电网，为公路建设、客货运输活动等提供一定规模的绿色能源。

（2）深度融合阶段：完成涵盖公、铁、水、航等各类交通运输方式的交通能源融合试点工程，在融合深度、广度等方面均取得突破性进展。

（3）全方位融合阶段（交能系统融合新阶段）：数据基础全面夯实、能力评估全面完成、应用场景全面建立，基于能源融合的路衍经济蓬勃发展，基于交能融合的路域能源产业体系也将全面构建。

（4）推动交能融合发展，交通行业将不再是单纯的能源消费者，而是深度参与“源—网—荷—储”全流程的重要实践者与运营者，成为交能融合全产业链条中的关键环节。

浙江交投作为先行者之一，已建立包括“基础设施+光伏”的绿能建设及应用体系，基于充电桩等的绿能供应体系，以及光伏、储能集成产业链在内的能源业务板块。其具体措施如下：①布局“高速+光伏”交能融合基础设施网络。浙江交投依托省界收费站撤销后留下的闲置土地，从功能、“颜值”和经济效益三个方面出发，布局分

布式光伏发电设施，实现交通基础设施与能源基础设施的融合发展。②加速完善高速沿线充换电设施设备布局。浙江交投围绕新能源车辆占比增加带来的充换电需求，积极在高速公路沿线服务区布局充换电设施，累计建成集团内外公路服务区充电桩848个，有效支撑浙江省交通装备清洁化更新。

在未来的交能融合发展中，公募REITs投资者与基金管理运营团队应特别关注以下四个方面的持续创新，并基于此培育出交能融合新型产业集群，为投资者创造新的财富且提供稳定的回报。

（1）交通基础设施资产能源化与自洽能源系统构建。要实现复杂因素下交通领域自然资源禀赋及多类型交通基础设施资产的能源化，建立交通多源多态能源交织融合的技术体系。实现多场景交通系统分布式、清洁化、可再生、易补给、近零碳的能源供给，构建交通自洽能源系统。发展可再生能源消纳、交能负荷响应管控、高效能与高弹性运行优化等能源自洽技术，确保系统高效运行并保障其稳定性；研发规划、设计与管理的大型软件系统。

（2）加强技术攻关与产业升级。推动建立负荷侧资源利用的技术标准，加快“源—网—荷—储”相关终端设备、通信接口、并网运行和控制的技术研发，实现交通负荷资源可观可测、可控可调的闭环集约管理；深化可调节负荷资源的精准控制技术应用，推动建立交通负荷监测系统、负荷聚合平台、绿色运维系统。

（3）市场机制的培养。以市场需求为驱动，逐步健全“源—网—荷—储”互动的市场机制，将需求侧响应以及电力交易纳入服务市场，进一步完善竞价机制，制定需求响应与电力交易的规范和市场监管办法，促进收益水平提高；加快衔接建设交通能源跨省级的辅助服务与电力交易市场，优化对交通“源—网—荷—储”资源的调节能力；建立常态化实时需求侧响应激励机制，遵循公平合理原则，鼓励需求侧资源依据激励手段主动参与系统调节需求。

（4）能源数字技术应用和综合能源服务。统筹社会资源，充分利用交通能源大数据，加强负荷侧数据分析，向数据要价值。通过人工智能刻画负荷行为和用户画像，提供“能效管理+服务交易”等综合能源服务。

总而言之，要推进中国公募REITs的健康发展，不但要对REITs这种全新的金融产品有一个全面、正确的认识，还必须通过制度创新将原始权益人、机构投资者、监管机构以及所有REITs参与者的利益协调好，使之成为一个中国金融市场获得长期资本的重要场所。

刘祚祥　杨　密

2024年4月于长沙市湘江之滨

目 录

CONTENTS

01

第一章

REITs的起源、发展与探索

学习目的

了解 REITs 及其市场特征；掌握 REITs 的起源与发展，以及中国基础设施 REITs 的诞生与前瞻。

关键词

REITs　基础设施　金融合约　资产资本化　金融创新

资产证券化是一种融资技术，它将资产汇集起来，出售给特殊目的公司（Special Purpose Vehicle，SPV），SPV 通过发行债券或股票等金融资产再融资。不动产投资信托基金（Real Estate Investment Trusts，REITs），是向公众发行的，以基础设施、商业地产等不动产为投资标的的金融产品，是资产证券化的一种方式。REITs 资产的风险收益介于股票与债券之间，具有抗通胀、分散风险、流动性强等特点。1960 年，REITs 制度正式诞生于美国。目前，REITs 全球规模超 2 万亿美元，美国占比 65%。日本、新加坡已成为亚洲 REITs 的主要市场。

中国基础设施公募 REITs 自 2020 年起正式扬帆起航，旨在盘活中国基础设施的投融资市场，解决中国长期基础设施投资形成的资产“堰塞湖”难题。这对中国资本市场建设以及引导基础设施领域股权投资具有里程碑意义。从国家战略来看，基础设施公募 REITs 能够促进产业资本与金融体系之间的良性循环；从资产端来看，基础设施公募 REITs 有助于盘活基础设施的资产存量，降低地方债务负担，防范系统性金融风险；从资金端来看，基础设施公募 REITs 市场将为投资者配置投资组合提供更多选择。

第一节　REITs 及其市场特征

REITs 是一种分享实体资产投资收益的二级市场股权工具，可实现基础设施资产组合在二级市场上打包上市。基础设施公募 REITs 为基础设施项目提供了全新的退出渠道，满足了企业盘活存量和降低杠杆的迫切需求。REITs 投资者通过持有该资产组合的权益份额（基金份额）分享租金收入和资产增值收益。REITs 最大的特点是需要充分派息，并在满足一定派息比率和其他运营条件下享有税收优惠，是一般投资者以小份额资金参与实体资产投资的理想工具。

REITs 的管理人制度分为内部管理模式和外部管理模式两类。内部管理模式，是指 REITs 在拥有不动产资产的同时拥有内部运营管理人团队，前述管理职责由内部运营管理人团队承担。外部管理模式，是指 REITs 以公司或信托的形式作为资产持有主体，基金管理和资产管理功能由外部的第三方专业机构承担。外部管理人收取管理费用，管理费用一般由基本费用（基于管理资产总规模提取）和绩效费用（基于收入或分派的提成）组成。

一、REITs 的定义及特点

不动产是居民资产配置中不可缺少的资产品种，但由于总价高、流动性差，将很多投资者拒之门外。为解决这一问题，REITs 应运而生。REITs 通过发行股票或受益凭证的方式募集资金，将不动产证券化，享受租金收入和资产增值收益。

基金是一种金融合约。任何金融合约都是跨期承诺，由于合约的不完备性，需要某种抵押品，即任何金融合约都可以看作承诺和抵押的组合。基础设施 REITs 将其底层资产作为基金的抵押品，将其收益率承诺作为未来价值的变现依据。在金融市场中，基于投融资主体的信息结构、资产结构以及融资者的风险偏好，各参与主体通过讨价还价缔结一系列金融合约，以界定参与金融交易各方的权利与义务，为融资方以对未来的承诺获取资金供给方的认同提供了有效的制衡与激励机制。金融市场上的交易合约有多种形式，包括信贷合约、股权合约、债券合约、基金合约以及其他金融衍生产品，至于具体选择哪一种金融合约，由其成本与收益决定，其中，信息、风险以及企业家精神发挥着关键作用。具体剖析 REITs 的产品结构可知，它包括投资者、REITs 产品、REITs 底层资产和 REITs 管理人四大主体。投资者是 REITs 的持有人，包括个人投资者和机构投资者；REITs 产品经过集中运作，主要收益来源于租金收入和资产增值，并将大部分收益以分红的形式反馈给投资者，开拓了普通投资者参与不动产投资的一条捷径；REITs 底层资产主要包括基础设施、写字楼、酒店、商业零售、物流等不动产标的；REITs 管理人包括基金管理人和资产管理人，前者负责基金产品的运营，后者负责不动产运营。

中国 REITs 采用“公募基金+资产支持证券（ABS）”架构（如图 1-1 所示），与海外典型的 REITs 产品有差异，是目前法律层面通行阻力最小的方案。中国 REITs 产品的最大特殊性在于以“公募基金+ABS”的方式持有项目公司股权。自下往上看，ABS 持有项目公司 100%股权（和债权），公募基金持有 ABS 全部产品份额，再由投资者持有公募基金份额，完成整个产品结构搭建。

REITs 具有以下七个特点：①以集合资金的形式为中小投资者提供投资不动产的机会，一般只要几千元就可以投，投资门槛低；②可以在公开市场上市或流通，降低了基础设施等不动产投资退出的难度；③大部分资金用于购买并持有能产生稳定现金流的物业资产，如写字楼、零售物业、酒店、公寓、工业地产等；④杠杆适中，如美国 REITs 总体的债务比率不超过 40%，新加坡 REITs 的杠杆比例要求不超过 45%；⑤一般将绝大部分收益（通常为 90%以上）分配给投资者，能给投资者带来持续的现金流；⑥一般能享受较大的税收优惠，交易成本较低；⑦公开交易的 REITs，大多为主动管理型公司，积极参与不动产经营的全过程。

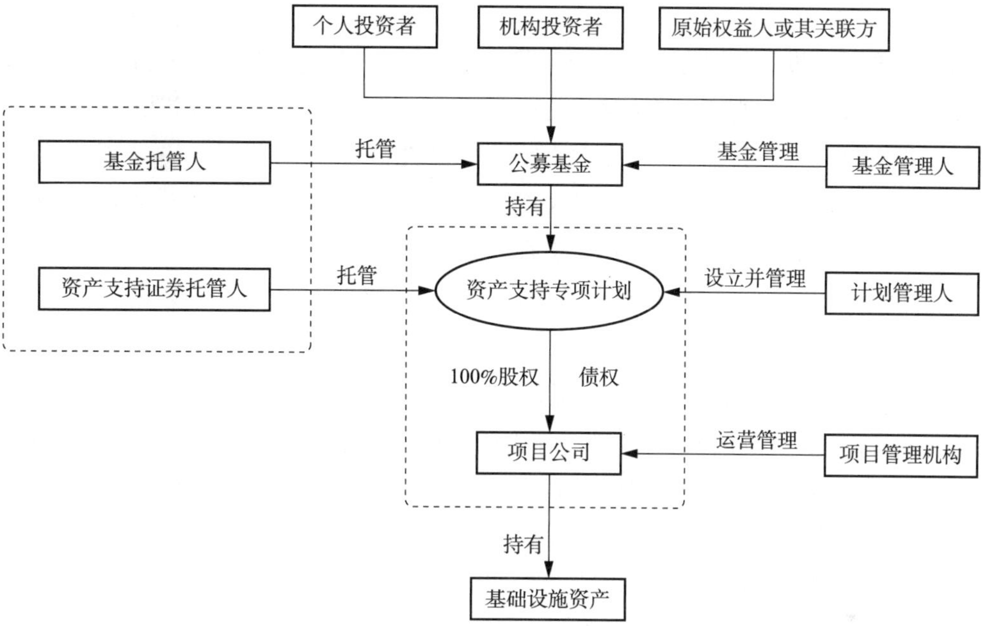

图 1-1 中国 REITs 基础产品架构

二、REITs 的分类

REITs 有多种分类方式，具体如下。

1. 根据法律载体和组织形式，可将 REITs 分为公司型 REITs 和契约型 REITs

公司型 REITs 根据公司法设立，作为独立的法人主体，直接持有资产或项目公司股权，同时承担资产管理运营职责，具有独立法人地位，投资者通过购买公司的股份参与 REITs 投资。公司型 REITs 在美国市场上占主体地位，如西蒙地产、美国铁塔等。契约型 REITs 以信托或者基金为法律载体，根据信托法设立，本身并非独立法人。契约型 REITs 由基金管理公司发起设立，其运作符合美国前总统艾森豪威尔签署的《房地产投资信托法案》条例，并通过发行信托凭证或基金份额募集资金。基金管理公司持有资产或项目公司股权，同时，聘请外部专业管理机构进行管理，投资者通过购买收益凭证投资不动产，只拥有收益权，没有管理权。从全球市场来看，契约型 REITs 主要存在于亚洲的资本市场。

2. 根据募集方式，可将 REITs 分为公募 REITs 和私募 REITs

公募 REITs 以公开发行的方式向社会公众投资者筹集资金，发行时需要监管机构的审批，通常可以上市交易，流动性较强且规模较大。私募 REITs 以非公开方式向特定投资者募集资金，发行程序更为简单，但对投资者人数有一定限制，由于不上市交易，其流动性较弱且规模有限。

3. 根据投资方式和收益属性，可将 REITs 分为权益型 REITs、抵押型 REITs 和混合型 REITs

权益型 REITs 投资并拥有底层不动产资产的所有权，通过资产经营取得收入，其收益来自租金收入和不动产增值，具有很强的股权属性；抵押型 REITs 主要投资于不动产抵押贷款或抵押支持证券，收益主要来自贷款利息，债性更强；混合型 REITs 既持有不动产，又持有债权，兼具权益型 REITs 与抵押型 REITs 的特点。放眼全球，权益型 REITs 拥有更加突出的收益、更低的风险和更强的流动性，是市场的主流。

4. 根据基础资产，可将 REITs 分为商业零售 REITs、基础设施 REITs、租赁住房 REITs、物流 REITs 等

REITs 投资领域广阔，内容丰富，其基础资产包括商业写字楼、零售物业、酒店、公寓、仓储物流、医疗保健、主题公园、体育馆等。基础设施通常包括仓储物流、数据中心、电力设施、通信铁塔等；商业地产通常包括公寓、写字楼、零售店铺、酒店等。美国投资的基础资产类型最丰富，多达 12 种，其中，商业零售 REITs 数量最多，基础设施 REITs规模最大；日本和新加坡的 REITs 涉及 7 种基础资产。

中国各类基础设施资产类 REITs 发行规模见表 1-1。

表 1-1　中国各类基础设施资产类 REITs 发行规模（截至 2023 年 3 月）

资产类型	发行单数（单）	发行规模（亿元）	单均规模（亿元）
交通基础设施	7	437. 30	62. 47
园区基础设施	8	152. 20	19. 03
能源基础设施	3	143. 13	47. 71
仓储物流	3	94. 30	31. 43
保障性租赁住房	4	50. 10	12. 53
生态环保	2	31. 90	15. 95
总计	27	908. 93	33. 66

资料来源：Wind 数据。

中国 REITs 并非“危机产物”，而是主动的战略谋划，这与海外主要国家创设 REITs 的背景不同。以公路、铁路为主的城市内与城际交通，互联网数据中心，污染物处理厂等设施是中国 REITs 主要的可投资标的。这有助于加速发展以互联网、大数据为首的战略性新兴产业和现代物流产业，以及以研发设计为主的现代服务业，高效统筹推进新型基础设

施建设。

三、REITs 的风险收益特征

REITs 市场是不动产投融资体系的重要组成部分，对企业增强投融资能力、改善财务和经营状况、实现战略落地具有重要价值。REITs 也为投资者提供了资产管理工具，因其风险分散性及优质的抗通胀属性而具有较高的配置价值。此外，大量不动产通过引入 REITs 重新拥有了流动性，成为经济增长的新动能。

1. 收益方面，REITs 介于股债之间，具有良好的抗通胀效果

REITs 的主要投资标的是成熟的不动产资产，以不动产长期、稳定的现金流为收入的主要来源。过去 20 年，REITs 在全球主要市场的年化投资回报率超过 8%，表现出较强的抗通胀能力。其中：中国香港地区的综合收益率相对较高，达到 10.8%；美国的年化综合收益率为 9.35%，与标普 500 收益率接近。我国公募 REITs 对 REITs 投资经营产生的收益实施强制分红政策。

2. 价值方面，REITs 通常采取主动管理模式，其产品价值依赖专业管理人才对不动产资产的专业化管理与合理投资决策

REITs 的主要功能是将企业持有的弱流动性不动产通过证券化转变为强流动性的金融资产，实现全部或者部分出售。占市场主流的权益型 REITs 的融资功能并非体现在直接为企业提供增量资金上，而是体现在将存量资产变现以缓解企业的资金压力方面。REITs 市场为不动产企业形成“开发—培育—退出—开发”的投融资闭环提供了可能。REITs 市场的基金管理人一般会选择主动管理模式，通过企业家的创新行为，提高不动产的市场价值。由此可见，REITs 既具有金融属性，又具有不动产属性。金融属性体现在增资扩股、债务融资、并购处置、投资者关系等方面，不动产属性体现在不动产资产管理、运营客户管理等方面。

3. 风险方面，REITs 与其他大类资产相关性低，分散效果好

大部分 REITs 投资于不动产，与传统股债风险收益有显著差异。REITs 风险分散效果较好，可以帮助投资者优化其投资组合，成为股票、债券和现金之外的第四个大类资产配置类别；同时，REITs 也是优质的抗通胀资产。2012 年至 2021 年 5 月，全球 REITs 收益率和股市、债市的相关性较低。其中，美国 REITs 收益率与美国股市、债市的相关系数均值分别为 0.69、0.59，与亚洲股市的相关性更是低至 0.50，有效分散了投资组合风险，提升了组合风险调整后的回报。

4. 流动性方面，REITs 投资门槛低，流动性强，运营透明度较高

公募 REITs 产品可以在交易所进行公开交易，投资者准入门槛低，流动性强；上市 REITs 产品信息披露制度完善，且将绝大部分收益分配给投资者，运营透明度较高。公募 REITs 以权益型为主，通过中央银行介入市场，体现为实体经济资产负债表中的股权和长

期资本，增强了实体经济的韧劲，拓展了实体经济股权融资的深度和广度。REITs 市场的有效运行能够增强市场流动性，减少资产设施投资在金融体系中造成的期限错配。

第二节　REITs 的起源与发展

19 世纪末萌芽于美国的 REITs 制度，在 1960 年以联邦立法的形式确立了特殊税收实体地位，标志着 REITs 市场正式形成。在之后的 60 多年，经过多次政策调整，美国 REITs 市场的有效性进一步增强，美国金融市场的运行效率也有所提高，从而使全球 43 个国家逐步推出有效的 REITs 合约，覆盖美洲、欧洲、亚洲、非洲、大洋洲五个大洲。REITs 已经成为风靡全球的金融产品。

一、REITs 的起源：因“税”而生

19 世纪末，美国马萨诸塞州的州法禁止公司拥有房地产。为达到持有房地产的目的，1880 年，第一只以特殊信托结构设立的 REIT 成立，使持有人通过信托持有不动产，从而避免了通过公司持有不动产而使股东面临双重征税的问题。但是，1935 年美国最高法院的判例实践使信托失去了作为税收“穿透管道”的作用。

1936 年，美国国会通过《1936 年税收法案》，该法案一项重要的历史贡献就是推动了《1940 年投资公司法案》的诞生。《1936 年税收法案》规定了共同基金和其他投资公司的结构与日常运作，赋予共同基金的基金持有人与直接投资证券的投资者相同的税后待遇，即税收中性。共同基金作为税收“穿透管道”，如果满足将 90%的净投资收入向股东分配的条件，分配给股东的部分就可以从公司应税收入中扣除。《1936 年税收法案》还要求将共同基金纳入联邦监管，最重要的就是投资组合的多元化。在此基础上，1940 年，美国国会制定并颁布了《1940 年投资公司法案》与《1940 年投资顾问法案》。这两部法案共同确立了集合投资计划的外部管理模式，即由按照《1940 年投资顾问法案》在美国证监会注册并接受监管的投资顾问负债投资公司的投资组合管理。集合投资计划作为税收中性的“投资管道”，只要将当前应税收入的相当比例分配给持有人，就可享受相应的免税政策。美国颁布的这两部法案成为全球 REITs 制度的起点，对各国 REITs 制度的发展产生了重要影响。

1960 年，美国颁布了《1960 年不动产投资信托法案》，将税收中性的政策赋予了“合格 REITs”①，REITs 从此成为一般公众投资者投资商业地产等不动产的“投资管道”。REITs 也可以从其应税收入中扣除支付给股东的股息，与受美国证监会监管的投资公司具有平等的税收待遇。其后 60 多年的政策调整，增强了制度的灵活性，使美国成为 REITs 制度最灵活的国家。

---

① 根据所有权分散度的要求，REITs 必须在纳税年度的 365 天内至少拥有 100 位股东，且前 5 位大股东持股之和不得超过 50%。

在美国，REITs 法律组织形式与《1940 年投资公司法案》的规定相同，它可以采取税法规定的任何组织形式，包括公司、合伙企业、商业信托、有限责任公司等。税收实体可以随时通过向美国国税局（IRS）申报，成为享受《国内税收法案》“投资管道”税收政策的 REITs。一旦获得 REITs 身份，就要向 IRS 提交当年的特殊纳税申请表，并向其股东发送信函，使他们知悉其所持股票的分红信息，以便纳税。在庞大的存量盘活需求和完善的税收安排催化下，REITs 产品被更多经济体采用。依照美国《1940 年投资公司法案》的蓝本，比利时、法国、希腊等国陆续立法推出 REITs 市场。英国于 2006 年颁布 *Finance Act* 2006 法案；日本于 2001 年引入 REITs，是亚洲最先推出 REITs 的国家，新加坡紧随其后。

不同国家、地区 REITs 税收优惠情况见表 1-2。

表 1-2　不同国家、地区 REITs 税收优惠情况

阶段	国家（地区）	税种	税率	计税基础	REITs 优惠
持有 REITs 阶段	中国内地	房产税	1.2%	从价计征	无优惠
			12%	从租计征	
		所得税	25%	利润所得	
		增值税	9%	租金收入	
		增值税附加	10%～12%	增值税	
	中国香港	所得税（境内）	16.65%	利润所得（境内）	用于分红则免税
		所得税（境外）	16.65%	利润所得（境外）	免税
	新加坡	房产税	10%	租金收入	无优惠
		所得税	18%	利润所得	用于分红则免税
	美国	房产税	1%～3%	物业价值	无优惠
		所得税	15%～35%	利润所得	用于分红则免税
直接交易处置 REITs 阶段	中国内地	印花税	0.05%	应税凭证所载	免税
		契税	3%～5%	交易价格	
		增值税	9%	交易价格	
		土地增值税	30%～60%	交易价格	
		所得税	25%	处置利得	无优惠
	中国香港	印花税	3.75%	交易价格	单方 0.2%/双方 0.1%
		所得税	17.5%	处置利得	免税
	新加坡	印花税	3%或 4%	交易价格	免税
		所得税	17%	处置利得	免税
	美国	转让税	0.5%～1%	交易价格	无优惠
		所得税	15%～35%	处置利得	无优惠

REITs 的出现为投资者提供了更多的配置工具，使投资者优化组合具有了更大的选择空间。截至 2020 年底，美国 REITs 市场上机构投资者的投资规模约为 1.11 万亿美元。投资顾问的投资规模为 8813 亿美元，占比为 79.40%，是主要的机构投资者。其他机构投资

者的投资情况如下：对冲基金的投资规模为445.57亿美元，占比4.01%；银行、养老基金、保险公司、经纪商、政府机构的投资规模分别为425.08亿美元、303.94亿美元、243.60亿美元、247.10亿美元、211.49亿美元，其他机构投资者的投资规模为410.22亿元。显然，机构投资者是REITs市场的主要参与者。事实上，许多国家创新发展REITs制度的实质就是引入特殊税收实体，规避多重征税制度安排。

二、REITs由外部管理模式向内部管理模式演变

REITs的管理模式可分为外部管理模式和内部管理模式。《1960年不动产投资信托法案》将REITs定义为非公司化的联合体。它由多个受托人作为管理人，并且可以发行可交易的收益凭证。对于REITs的管理，《1960年不动产投资信托法案》规定REITs由“受托人与董事”管理，但没有对内部管理还是外部管理做出明确规定。在当时投资顾问为投资公司提供外部管理模式日渐盛行的情况下，这一规定被解释为外部管理模式，其立法初衷是使REITs成为公众投资不动产的“投资管道”，不需要对持有的资产进行主动管理，即聘请外部管理人，由其做出并购和融资等决策。外部管理人与投资顾问一样，按照管理资产规定收取管理费。此外，《1960年不动产投资信托法案》不要求REITs及其管理人接受美国证监会的监管，而是将REITs作为特殊的税收实体，在税务机关申报并接受其监管。

从20世纪60年代到80年代中期，美国REITs一直作为公众投资不动产的“投资管道”，处于被动投资与外部管理状态。早期REITs的这种结构，由于管理顾问与持有人利益不一致出现了潜在的利益冲突，进而影响了绩效，导致70年代REITs的崩溃。相关研究发现，相比内部管理型REITs，外部管理型REITs的业绩要低7%①。也有研究发现，外部管理型REITs比内部管理型REITs更多地应用于债务融资领域，并且融资成本高于内部管理型REITs。

《1986年税制改革法案》改变了这种状况。《1986年税制改革法案》规定，REITs“可以直接选择、雇用和补偿为REITs提供的、与其不动产相关的个性化服务，而不是雇用独立的合同服务商”。此外，该法案允许REITs对其持有的不动产拥有更大的管理控制权，从而实现了管理人对资产的主动管理。《1986年税制改革法案》使管理层与股东利益趋于一致，实现了一定程度的激励相容，使REITs朝着集合化经营迈出了重要一步，从此美国大量外部管理型REITs转为内部管理型REITs，外部管理型REITs的市场份额从1986年的48%降至1992年的26%，2005年进一步降至10%以下。

1989—1990年，美国房地产市场再次遭遇困境，REITs的名义收益率从1988年的10%降至-24%。但是，这种情况很快得到了遏制，并发生逆转。1990—1995年，美国房地产REITs的收益率上升了149%，市值从85亿美元上升到560多亿美元，其中，大部分

---

① CAPOZZA，SEGUIN. Focus，transparency and value：the reit evidence［J］. Real estate economics，2020，27（4）：587-619.

收益来自 REITs 股价上涨与新股发行。这一时期，新进入的 REITs 都是内部管理型的，管理层可以持有 REITs 股权。麦克马汉指出，REITs 管理团队中的许多人在 REITs 首次公开募股（IPO）之前就在该行业工作多年，他们了解业务管理，他们的利益与持有人的利益一致，这促进了管理效率与盈利能力的提高。① 内部管理型 REITs 促进了专业化 REITs 的发展，专门投资于公寓、办公、工业物业、旅馆和汽车旅馆等不动产的 REITs 数量显著增长，规模显著扩大。

美国 REITs 管理模式的演变，与其两种不同的管理类型在美国既有法律体系下的绩效相关。在美国，相较于采用外部管理型 REITs，采用内部管理型 REITs 的管理费用与融资成本更低。REITs 是基于信托关系的资产管理工具，即 REITs 持有人将资金委托给管理人，由管理人将资金配置到不动产，并通过运营为持有人创造价值。如何降低 REITs 持有人与管理人之间的利益冲突产生的代理成本，是 REITs 治理的主要问题。内部管理型 REITs（图 1-2）的基本代理链为“投资人—REITs—管理团队”，外部管理型 REITs（图 1-3）的基本代理链为“投资人—受托人—管理团队—REITs”。显然，相较于内部管理型 REITs，采用外部管理型 REITs 具有更长的代理链，持有人与委托人的关系更加复杂，在运营过程中，利益冲突和信息不对称可能引发的道德风险更高。因此，美国 REITs 管理模式存在向内部管理型 REITs 演变的趋势。

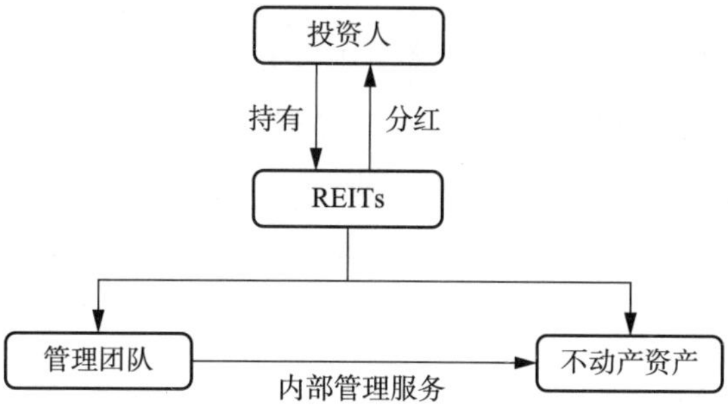

图 1-2　内部管理型 REITs

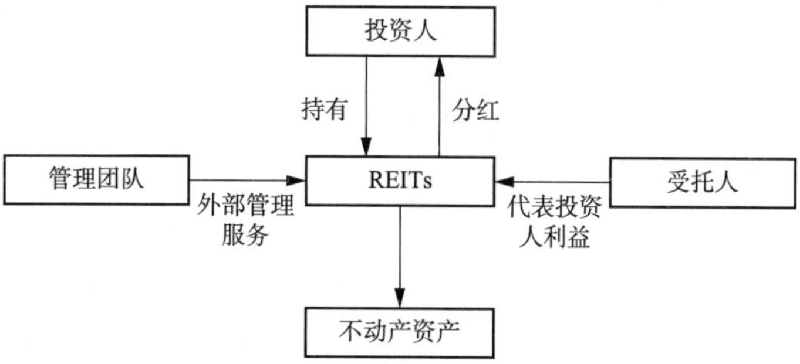

图 1-3　外部管理型 REITs

① JOHN M. The long view: a perspective on the reit market [J]. Real estate issues, 1994, 19 (2): 1-4.

在美国 REITs 管理模式演变的过程中，《1997 年 REITs 简化法案》与《1999 年 REITs 现代化法案》是两个标志性文件。前者放宽了 REITs 的经营范围：一是允许 REITs 提供少量以前被禁止的服务，如安装有线电视；二是放宽了 REITs 利用衍生品对冲利率风险的规则，也优化了 REITs 的管理结构。后者对原 REITs 制度做了两项重大修改：一是 REITs 向股东分配的比例降为 90%；二是 REITs 可以持有应税 REITs 子公司 100%的股份，应税 REITs 子公司可以向承租人提供服务，通过积极管理持有的不动产为股东创造价值，这就为以主动管理为特征的现代 REITs 发展提供了空间。20 世纪 90 年代中期以后，REITs 的合并开始增加，从而使其具有以下四个优势：一是提高了业务效率，增加了业务资金流动；二是实现了规模经济，降低了成本；三是提高了投行分析师的关注度；四是提高了股票的流动性。这既为 REITs 的发展松了绑，也拉开了美国 90 年代之后 REITs 市场大繁荣的序幕。

进入 21 世纪，美国的 REITs 制度不断完善。美国判例法是美国法院的法官在司法实践中形成的法律体系，是美国法的重要渊源之一。19 世纪中叶，遵循先例的原则在美国得到牢固确立。美国司法实践将过去重要的判决加以收集和整理，形成了许多判例汇编，还以系统化的形式，形成了《法律重述》。这些成果有助于司法者查阅所需判例，并成为制度演变的法律基础。2001 年 6 月 4 日，IRS 发布了收入裁决，重申 REITs 可以开展“积极管理”等业务。《2003 年 REITs 改进法案》放宽了 REITs 的贷款限制和外国人的投资限制。《2007 年房地产投资多样化和赋权法案》使 REITs 持有应税 REITs 子公司的比例提高到总资产的 25%，允许其更加便利地收购与处置不动产。

总之，从美国 REITs 的演变历程来看，REITs 从被动管理向主动管理、从外部管理向内部管理的演变，内在逻辑非常清晰，即法律与政策的调整以效率为依据，通过实际判例，不但修改了法律边际，还推进了 REITs 制度不断创新与完善。

三、REITs 的全球扩散

1969 年，荷兰发行首只 REIT，成为美国之外第一个建立 REITs 制度的国家，从此，REITs 制度在全球普及开来。截至 2021 年第二季度，全球 79 个国家（地区）商业不动产总市值超 32.2 万亿美元，其中，公开上市不动产总额超 4.1 万亿美元。43 个国家推出 REITs，总市值达 2.28 万亿美元。美国 REITs 市值和数量在全球高居榜首，共有 198 只，总市值近 1.5 万亿美元，占全球 REITs 市场的 65.8%，远超世界其他国家（地区）。亚洲市场的 REITs 起步相对较晚，但是发展迅速，共有 107 只 REITs，总市值占全球 REITs 市场的 12.9%。日本、新加坡、中国香港的 REITs 市值分别位列全球第二、第五、第八，其中，新加坡 REITs 市值 748.0 亿美元，占 GDP 的比重高达 22.0%。作为一种另类集合投资计划，REITs 是如何成为一种世界性金融制度的呢？

集合投资计划起源于英国的海外殖民地投资信托，是将投资者的资金汇集起来交由专业管理人管理的“投资管道”。世界上关于集合投资计划的立法最早的就是美国的《1940

年投资公司法案》与《1940 年投资顾问法案》，其他国家（地区）基本上以美国《1940 年投资公司法案》为蓝本建立本国的集合投资计划，并在本国的集合投资计划框架下参考美国的 REITs 制度，建立自己的 REITs 制度。美国之外绝大部分国家（地区）的 REITs 制度出台时间集中在 20 世纪 90 年代之后，这与全球经济变动趋势紧密相关。2007 年，英国、德国分别颁布了《英国 REITs 法案》《德国 REITs 法案》，并修改了相关税法，标志着英国、德国的 REITs 制度正式诞生。

1. 英国的 REITs 制度

2007 年建立的英国 REITs，是封闭式公司，其要点在于它必须是税务机关认可的、在伦敦证券交易所或《2010 年公司所得税法》定义的证券交易所上市的从事不动产投资业务的公众公司。开放式投资公司、合伙企业和单位信托均不得申请取得 REITs 资格。在实践中，英国 REITs 基本采用集团公司形式，即一个英国境内的母公司按照 75%的持股比例持有下属子公司，子公司再持有其下属子公司 75%的股份，依此类推，建立起集团内部的持股关系。但是，如果母公司在其一家下属公司的经济利益未超过 50%，则该下属公司不属于 REITs 集团的成员单位。另外，在英国 REITs 的集团体系之内，也可以采用信托或非公司形式。

英国 REITs 可以通过债务筹集资金，但是必须符合法律规定的各种限制性条件：其一，不得以利息之名行 REITs 利润分配之实；其二，利息不得高于合理的商业比率；其三，任何超出债务本金的偿付金额不得高于市场比率；其四，REITs 集团层面的利息保障倍数符合法定要求；其五，只能发行一种类别的普通股。此外，英国 REITs 还可以发行可转换无表决权且具有固定利率的优先股、无表决权固定利率优先股以及可转换公司债券。

英国《2006 年金融法》和英国税务海关总署（HMRC）发布的配套指南确立了英国的 REITs 制度。英国《2012 年金融法》和 HMRC 颁布的配套规则进一步放松了 REITs 的设立要求，废除了总资产 2%的入门费。自 2007 年 1 月 1 日实施 REITs 制度起，英国已有不少于 50 家上市房地产公司转换为 REITs 或以 REITs 身份上市。英国 REITs 的上市途径有两个：一是直接申请以 REITs 身份在证券交易所挂牌交易；二是已经在证券交易所上市的公司主动申请转化为 REITs，享受 REITs 的税收待遇。

如果已上市公司主动申请转化为 REITs，那么在转化前，该公司需要召开特别股东大会审议通过并修改分红方式。在特别股东大会表决前，须先行发布公告并取得英国上市管理局的批准。如果采取直接上市的方式，则公司必须制定业务战略，确认以募集资金方式进行收购的资产类型和来源。申请公司还必须公开发布招股说明书，并在公司章程中设置条款，以防止出现公司股东持股超过 10%的情形。

2. 德国的 REITs 制度

在德国不动产业界及各相关利益方的不断游说下，2007 年 1 月 1 日，德国的《不动产上市股份公司法》（以下简称《德国 REITs 法》）生效，REITs 法律制度正式确立。根据德国法律的规定，REITs必须采用股份公司的法律形式，公司注册地和实际经营地必须在德国境内，而且必须是在德国、欧盟或欧洲经济区设立的、有组织的证券市场上市。德国的非上市REITs不得享有任何税收豁免待遇，这主要是因为德国的机构投资者可以依据《德国投资法》自由设立特殊投资基金。该特殊投资基金依法享有相应的税收优惠待遇。因此，德国政府认为，德国不需要像美国那样制定私募REITs制度。

在《德国REITs法》颁行之时，德国是欧洲最大的不动产存量国家。德国政府和立法机构制定该法的初衷是提高私人持有资产的可交易性，将这些不动产产权人从繁杂的日常管理事务中解脱出来，并使他们获得更有效的收益。因此，在《德国REITs法》的制定过程中，业界一直建议允许REITs设立子公司持有与运营不动产，以便建成美国式的REITs。但是，德国政府担心REITs会对其长期奉行的住房保障制度产生不利影响，因而在2007年颁布的《德国REITs法》中仅规定了以合伙形式持有德国境内的不动产，以及以全资子公司形式持有德国境外的不动产。

虽然德国的REITs必须是上市公司，并且符合一系列法定条件才能享有税收豁免待遇，但是依据《德国REITs法》建立的Pre-REIT制度，允许向德国税务主管机构申请Pre-REIT，只要该Pre-REIT在3年之内申请上市（特殊情况下可以延至4年），并在2年之内完全具备REITs的各项法律要求。

德国REITs的上市适用德国普通股份公司的股票发行与上市规则。作为股份公司，德国REITs应当遵守《德国股份公司法》和《德国商典法》。在证券的发行和上市层面，德国REITs必须遵守《德国证券交易法》和《德国证券信息披露说明书》。如果发生法律规则适用冲突的情形，则德国REITs优先适用《德国REITs法》。

德国REITs最低实缴资本为1500万欧元，且只能发行一种具有投票权的股票。德国REITs上市之后，需要履行法律及证券交易所规定的义务，包括内幕信息的临时披露义务、按时披露年报及半年报的义务，以及按照特定的REITs流通股规则及时披露REITs的流通股情况等。

3. 日本的REITs制度

日本的REITs均以公司形式成立，为外部管理模式，即与资产管理公司签订合约进行不动产管理。2000年，日本对《投资信托和投资公司法》做出修订，将REITs定性为不动产投资工具，为REITs正式加入日本市场铺平了道路。根据这部法律的规定，日本REITs的法律形式为投资信托或者投资公司。在实践中，日本的上市REITs均采用投资公司的组织形式，而私募REITs倾向于采用投资信托的组织形式。

尽管日本REITs借鉴了美国经验，但两者之间依然存在一定的差异。与美国REITs相比，日本REITs的一个显著特征是采用了外部管理模式，即日本REITs的日常商业管理工作必须交给第三方机构。这个第三方机构，在日本通常称为"资产管理公司"。该类资产管理公司必须满足以下条件，并依法定程序取得日本首相的批准：最低资本为5000万日元的股份公司，设立董事会，建立公司审计委员会或配备审计师。即使是外国公司，也必须具备前述同等要求。在实践中，REITs 的发起机构通常会先设立一家资产管理公司。日本 REITs 聘用的资产管理公司必须严格遵守日本《投资信托和投资公司法》的相关监管规则，并依法对 REITs 承担审慎管理人应尽的忠实和勤勉的法定职责。日本 REITs 与资产管理公司签署的资产管理协议必须获得 REITs 持有人大会的批准。

此外，日本 REITs 的日常行政事务及其名下财产的保管也要分别交给第三方机构，即行政管理公司和资产管理公司。在 REITs 交易的实践中，通常是日本的信托银行担任资产保管公司，并对 REITs 承担审慎管理人应尽的忠实和勤勉的法定职责。至于行政事务管理公司的资质，日本法律未做特别规定，在实践中，资产管理公司或信托银行都可以承担此项工作。

2001—2008 年是日本 REITs 蓬勃发展的时期。2008 年 5 月，日本证券交易市场上有 40 多只 REITs 产品在交易。2008 年爆发的国际金融危机和信贷紧缩使日本 REITs 一度陷入低迷与混乱，甚至在 2008 年出现了亚洲历史上第一只破产的 REITs。但是，在国际金融危机之后，日本 REITs 的重组并购需求不断增长。

日本 REITs 可以采用公开交易或者不公开交易等方式进行，但大部分日本 REITs 选择公开发行股票并在东京证券交易所上市。作为 REITs 主体的投资公司，最低资本要求为 1 亿日元。日本 REITs 的设立工作具体由资产管理公司负责。通常情况下，资产管理公司在获准设立之后就可以着手准备投资公司章程了。投资公司设立之后，开展投资活动必须在地方金融局完成公司的登记程序。与资产管理公司相比，投资公司在地方金融局的登记程序简单得多，一般 1 个月就可以完成。日本 REITs 公开发行股票，必须遵照《金融产品交易法》向相应的金融主管部门提交证券发行的申请文件，并制作招股说明书，以充分披露 REITs 的投资策略、风险因素及其他重要信息。

根据东京证券交易所的要求，REITs 的上市须符合以下条件：第一，不动产及不动产的信托受益权资产占全部管理资产的 70%以上；第二，不动产、不动产信托受益权、不动产关联资产及流动资产占全部管理资产的 95%以上；第三，净资产价值达到 10 亿日元；第四，全部资产价值达到 50 亿日元；第五，前 10 位大股东所持股票比例合计不得超过 75%；第六，已经建立相应的信息披露系统保障制度。上市之后，REITs 还需要承担持续信息披露义务，包括年报之类的定期信息披露和转让与购买资产之类的不定期信息披露。

日本 REITs 可以向投资者发行公司债券或通过借款筹集资金购买不动产和与不动产等价的资产，但不允许发行优先股或可转换债券。不过，如果 REITs 存在向机构投资者之外的其他机构发放贷款的情况，则会丧失税收优惠待遇。

4. *新加坡的 REITs 制度*

新加坡是亚洲第二个推出 REITs 的国家，是亚洲第二大 REITs 市场，也是亚洲第一个允许跨境资产发行的国家。1999 年，新加坡金融管理局发布了第一版《不动产基金指引》。根据《不动产基金指引》的规定，可以采用公司、商事信托或单位信托的形式设立不动产基金。但是，2001 年新加坡税务机关出台的关于 REITs 税收优惠的政策规定，只有单位信托形式可以享受税收优惠政策。新加坡 REITs 既可以直接持有不动产，也可以通过持有一家 SPV 而间接持有不动产。

在新加坡的法律体系里，单位信托是在普通法信托概念下的一种集合投资计划形式，与商事信托不是同一个概念。新加坡房地产投资商事信托适用《商事信托法》，商事信托的信托管理人既要维护信托份额持有人的利益，也要管理商事信托。新加坡的商事信托就像企业，须遵守新加坡所得税法。

对于 REITs，虽然其资产在法律上由受托人所有，但由单独的资产管理人进行管理。在这样的交易结构里，信托受益人是新加坡 REITs 的投资人或信托单位持有人；信托管理人负责进行投资组合和执行投资策略；信托受托人则要确保不动产得到妥善管理，同时确保投资人定期收到分红。此外，信托管理人还要负责聘请不动产管理人对不动产进行日常经营和维护。

新加坡 REITs 既可以是单独的实体，也可以是合订主体，典型的新加坡 REITs 采用合订结构。根据《集合投资计划》附件六《不动产基金指引》第 13 条的规定，合订结构是指如果某一实体从事与 REITs 处于同一行业领域的业务或提供附属于 REITs 所持资产的服务或业务，那么 REITs 可以将信托份额与实体的证券合订上市。

新加坡 REITs 既可以公开交易，也可以不公开交易。但是，公开交易是 REITs 有资格获得税收优惠的必要条件之一。公开交易的 REITs 需要遵守新加坡的《证券与期货法》、新加坡金融管理局发布的《集合投资计划守则》以及新加坡证券交易所的上市规则。在新加坡申请上市的 REITs，如果以新加坡元为计价货币，则最低资产规模不低于 2000 万新加坡元，如果以外币为计价货币，则最低资产规模为 2000 万美元或等值的其他货币。

REITs 在新加坡上市时，必须制作募集说明书向投资者披露投资 REITs 的特殊风险。比如，资产多样化风险、高额负债风险、资产缺乏流动性风险，以及支付给 REITs 管理人的费用等。另外，在新加坡上市的 REITs，在第一个三年期内不得改变投资策略，而且负责 REITs 管理之人应拥有 REITs 管理经验。

新加坡 REITs 不得从事房地产开发活动，也不得投资非上市的不动产开发公司，除非在开发完成后持有该物业。REITs 在房地产开发活动和在建工程投资中的合同价值不超过其所持资产的 10%。此外，新加坡不允许 REITs 投资闲置用地和抵押贷款，也不允许 REITs 投资于单一证券或基金的金额超过所持资产的 5%（在合格金融机构的存款及高等级的货币市场产品和债券不在此限）。

5. 国际上基础设施公募 REITs 的三种类型

基础设施公募 REITs，是指以基础设施为底层资产，面向不确定人群募资的 REITs。国际上，REITs 含有基础设施资产的国家大致可分为以下三种类型。

（1）以印度为代表的国家，将基础设施 REITs 与房地产 REITs 定义为两个产品（InvITs、REITs），分别出台制度规则。基础设施 REITs 的资产范围设置是比较广泛的，包括交通运输、水利、环境和公共设施，电力、燃气及水生产供应，信息传输、计算机服务和软件等多领域的基础设施。印度《基础设施投资信托条例》规定，凡是由印度财政部规定的基础设施及其子行业，都可以视为 InvITs 条例资产，甚至包括医院、旅游设施、国家安全设施、农业设施等。目前，印度主要发行了收费公路与电力传输两只 InvITs。

（2）以美国为代表的金融市场，将广义基础设施与持有型房地产均定义为 REITs 的底层资产，并将其纳入 REITs 制度框架。美国基础设施 REITs 可投资的对象主要包括铁路、微波收发系统、输变电系统、天然气储存及输送管道、固定储气罐等。目前，在美国金融市场交易的 6 只基础设施 REITs，其底层资产主要为光纤、无线基础设施、通信铁塔和能源管道等。工业地产包括仓库、配送中心、工业厂房等工业设施；自动仓储包括出租给个人和企业的自主仓储设施；数据中心包括保证服务器和数据安全的数据中心设施，如不间断电力设施、冷却系统以及物理防护设施等。

（3）以澳大利亚、新加坡、日本等为代表的国家，其 REITs 框架内可以同时存在商业与广义基础设施类的资产，但后者涉及的范围较窄，只有工业地产、自主仓储与数据中心等。这类 REITs 适用于许多国家，包括英国、加拿大、比利时、希腊等。这些国家 REITs 资产的选择逻辑在于：工业地产、自主仓储与数据中心具备商业地产产品属性，与商业地产一起归在 REITs 下；而港口、公路、太阳能、油气开采运输设施属于传统的基础设施。有些国家则另外设置基础设施基金或者信托来投资并运营。

除以上三种典型的基础设施 REITs 产品外，部分国家还存在与 REITs 类似、以基础设施为底层资产、公开发行的证券投资产品。一类是适用于本国法律框架的基础设施资产，一般为能源、交通、水利等公共产品属性的重资产。例如：美国的 MLPs，适用于相应的合伙企业法，涉及的资产主要是油气运输管道等，以能源开发为主；日本、澳大利亚等在 REITs 结构之外，为基础设施公开上市融资专门设置了“基础设施基金”等；加拿大设置了针对能源开采和管线设备的信托产品。另一类是 REITs 与其他金融产品的组合。这种组合证券是指将发行人的不同证券通过法律或者契约捆绑在一起上市，交易所仅就组合证券提供单一报价，但单个证券的税收等依然遵守各自法律规范的要求。例如，在实践中，REITs 常常与其相关公司的股票或者信托产品在一起，成为一个新的资产组合。

四、考察 REITs 市场的三个维度

REITs 作为一种嫁接产业和金融市场的工具，能否发挥盘活存量资产的积极作用，取决于推出的时机和条件是否成熟、制度设计是否合理、自身管理水平是否完备三大要素。

1. 作为创新的金融产品，从推出时机来看，经济下行、不动产增量开发市场饱和、资本市场发展往往是推出 REITs 的良机

从宏观层面来看，在经济下行、经济增长动能不足的背景下，REITs 更宜发挥“稳增长、促改革”作用。回顾成熟市场推出 REITs 的背景，1960 年的美国正值经济衰退期；2000 年，日本泡沫经济破灭后，需要寻找新的经济增长点；新加坡则是在亚洲金融危机之后、经济增长动能放缓时推出 REITs，以发挥其“稳增长、促改革”作用。从供给端来看，房地产大开发时代后期，高利润难以为继，REITs 作为存量市场资产管理工具，吸引力逐步显现。1960 年，美国城镇化率达到 70%，住宅市场需求趋于饱和；新加坡作为城市国家，城镇化率一直维持 70%以上的高位，且在住宅领域，大部分居住需求被政府提供的出租屋满足，房地产开发和交易的利润受到严格限制。因此，从房地产增量时代走向存量时代，REITs 充当了各国房地产企业的退出渠道，作为存量市场资产配置工具的吸引力方才显现。从需求端来看，资本市场趋于成熟，投资者对拓展新的投资品种诉求强烈。资本市场不断壮大和居民财富管理的持续需求支撑了 REITs 的需求。20 世纪 70—80 年代，美国养老金、公募基金等机构投资者的大发展，对长期另类资产配置的需求增加；1990 年以来，新加坡金融业保持稳步增长态势，在呼吁金融产品创新的大趋势下，带动了 REITs 的发展。

2. 从制度层面来看，税收中性或优惠、有限杠杆、强制分红对 REITs 发展起到了重要的推动作用

（1）税收中性或优惠。各国（地区）REITs 制度均是税收驱动型的，对基于不动产长期、稳定现金流产生的一般性收入，在 REITs 层面进行所得税的免除。在 REITs 制度较为完备的市场中，几乎均采用税收中性原则，免除 REITs 对租金收入等一般性收入的所得税，避免投资者入手的现金流被双重征税，确保不因 REITs 这一结构本身而为投资者或者社会增加额外税收负担。此外，各国（地区）的税收政策往往不对不动产买卖和租赁中的交易税、印花税、财产税等常规税种进行减免。中国香港对个人和投资者免税；新加坡对机构投资者分红不免税，对资本利得免税。国际经验表明，税收优惠是 REITs 市场吸引投资者的主要因素之一。

（2）有限杠杆。相较于一般公募基金，允许 REITs 杠杆操作具有必要性，但有一定限制。但是，不同国家（地区）对于 REITs 的杠杆率限制存在差异。例如：新加坡、中国香港均要求 REITs 的杠杆率不超过 45%，且于 2020 年修订了规则，将杠杆率调整为 50%；英国、比利时对利息覆盖比率规定了 1.25 倍的下限；美国、日本等国家虽然对杠杆率没有做出明确限制，但在实际运行中，REITs 杠杆率均低于房地产开发类企业。REITs 设定杠杆率的主要目的在于防止杠杆过高出现债务违约风险，避免收入主要用于利息的偿付，降低股东或份额持有人与债权人之间的利益冲突，保障股东或份额持有人

的权益。

（3）强制分红。REITs 制度比较完备的国家（地区）均做出了有关收入强制分红的规定。美国、新加坡、英国、日本和中国香港等国家（地区）明确规定了租金等一般性收入的分红比例不得低于 90%；澳大利亚、加拿大等国家对不分红的收入部分按照最高税率进行征税，以确保 REITs 向投资者分红。利润的强制分配制度能起到两个作用：一是保障基于不动产而产生的长期、稳定的现金流流入投资者手中，降低投资者的投资风险；二是有助于防止利用 REITs 炒作房地产。

3. 从 REITs 自身管理方式来看，从被动管理向主动管理转型、从债权属性向权益属性转变是大势所趋

早期 REITs 的管理模式与现代 REITs 完全不同。早期 REITs 被设计为被动收取租金或利息的投资工具，债权特征显著，缺乏主动管理能力，资产端以银行抵押贷款为主。如果行业进入寒冬期，则为债务违约埋下危机。而现代成熟市场的 REITs 通常采用主动管理模式，其价值在较大程度上依赖管理人对不动产合理的投资决策与专业管理。REITs 管理涉及不动产投资、并购、扩募与债务融资等投融资决策，不动产管理则包括不动产项目的改造、出租、运营和管理。管理人需要在物业投资组合管理、资本结构优化、物业改造提升、租赁运营及物业管理等领域体现专业能力来增强 REITs 的内生增长动力。

在各国（地区）的 REITs 制度实践中，REITs 具有浓厚的权益属性，REITs 的债权属性向权益属性转变是大势所趋。1990 年以来，权益型 REITs、内部管理型 REITs 逐渐成为主流，REITs 管理人负责投资项目和投资时机选择、物业估价、开发方案制定等，其投资管理、资产管理和资本管理能力决定了产品的回报率。在公司形式下，以美国的 UPREITs 为典型；在契约形式下，新加坡各大房企 REITs 展现了强大的管理能力，物业价值不断提升。从我国实践来看，无论是类 REITs 还是公募 REITs，都是以契约形式体现的，债性大于股性，主动性、精细化管理能力不足。

REITs 是权益型金融资产，其市场行为遵循股权投资基金的内在逻辑。一方面，投资者持有的通常是基金份额或者公司股权，将 REITs 所获利润的分红作为主要收益来源，与债权有明显的区别；另一方面，REITs 实体主要投资于成熟的不动产产权，只有少部分抵押型 REITs 投资于房地产抵押贷款等债权。根据美国不动产投资信托协会对美国 REITs 市场市值的统计，截至 2019 年底，抵押型 REITs 的占比仅为 6%，而权益型 REITs 的占比高达 94%。从长远来看，若想大力发展 REITs，就要注重培育优秀的不动产资产管理公司，提升资产运营能力，同时，需要在法规制定上平衡主动管理和被动投资限制。

美国、日本、新加坡、中国香港 REITs 规定对比见表 1-3。

表 1-3 美国、日本、新加坡、中国香港 REITs 规定对比

国别（地区）	美国	日本	新加坡	中国香港
主体形式	信托单位或共同基金（公司型）	信托单位或公司（公司型）	信托单位或共同基金（契约型）	信托单位（契约型）
资产结构要求	投资组合中 75%以上的资产由房地产、现金或政府债券组成	对房地产的投资在75%以上	对房地产的投资在 70%以上	90%以上的资产需由可产生经常性收入的房地产项目构成，最高不超过 10%可以购入或新增开发项目
项目持有期限	无持有期限制	持有期不少于 1 年	无持有期限制	持有期不少于 2 年
REITs 杠杆率	无杠杆率限制	无杠杆率限制	一般不超过 35%，若是获得国际主要评级机构 A 级及以上信用评级的，则上限提升到 60%	杠杆率一般不超过 45%
业务收入占比	至少 95%的收入来自红利、利息、租金收入或资产出售所得；至少75%的收入来自房地产租金等行业所得；来自出售持有不足 6 个月的证券或不足 4 年的房地产的收入不得超过 30%	主要来自房地产的租金收入	收入必须来自合格投资者	主要来自房地产项目的租金收入
税收优惠	用于分红的收入部分免征所得税	用于分红的收入部分免征所得税	买入物业免征印花税；分红部分免征企业所得税；个人投资者免税；机构投资者分红不免税，资本利得免税	分红部分免税，对个人、机构投资者均免税
分红比例	95%以上扣除资本所得之后利润应分配给股东	90%以上	90%以上的营业收入按照季度、半年或者年的频率以分红的形式派发给投资者，但对资本利得部分不做要求	90%以上的税后收入应以定期股息的形式分派给投资者

第三节 中国基础设施 REITs 的诞生与前瞻

1996 年，约基姆森从基础设施在市场经济发展中的作用出发，提出了以下定义：基础设施，是指基于劳动力分工和各机构的主体地位，在有效处置资源的基础上，那些有助于实现按要素分配的激励相容机制的实务、制度和人力资本的总和。以交通运输仓储、供水供电燃气、绿化污染防治以及信息网络等为主要内容的基础设施建设，是国民经济各项事业发展的先行生产要素，因具备“乘数效应”，可以带动数倍于投资额的社会总需求。基

础设施建设已经成为各国制定经济发展目标、稳定国内就业、优化营商环境以及实施宏观调控的重要措施。

一、中国基础设施 REITs 的发展历程

金融与不动产投融资相生相伴。改革开放以来，中国在不动产投融资领域进行了不断的探索与实践。随着香港地区在 2003 年推出《房地产投资信托基金守则》，REITs 这种金融合约逐步进入中国境内金融行业及管理部门的视野。中国公募 REITs 的发展可以追溯到 21 世纪初期，历经前期讨论酝酿、研究和探索、类 REITs 发展、公募 REITs 破冰、公募 REITs 扩容至商业领域五个阶段。经过 10 多年的酝酿和发展，2021 年 6 月，中国首批公募 REITs 成功发行，二级市场表现良好。

（一）前期讨论酝酿阶段（2001—2005 年）

2001 年 4 月，国内信托法出台。2002 年，房地产信托业务诞生，引起了设立 REITs 的讨论。2003 年，香港地区证券机构在借鉴海外 REITs 制度的基础上，制定并出台了《房地产投资信托基金守则》，并于 2005 年推出了第一只 REITs 产品合约，引发了市场的广泛关注；同年，香港放开海外 REITs 发行上市，境内越秀 REITs 赴港上市，再次掀起 REITs 讨论热潮。

（二）研究和探索阶段（2006—2013 年）

2007 年，中国人民银行、中国证监会和中国银监会分别成立 REITs 专题研究小组，着手境内 REITs 市场建设工作。2008 年，国务院办公厅发布《关于促进房地产市场健康发展的若干意见》，提出开展房地产投资信托基金试点，拓宽直接融资渠道，REITs 首次在国家层面作为一种企业融资渠道方式被提出。2009 年，中国人民银行和中国银监会联合出台《房地产集合投资信托业务试点管理办法》，对 REITs 产品的主体上市、交易规则、投资方案做出明确规定。这一阶段的研究和探索为 REITs 的发展奠定了基础。

2010 年 6 月，住房城乡建设部、国家发展改革委等七部门联合发布了《关于加快发展公共租赁住房的指导意见》，提出“探索运用保险资金、信托资金和房地产信托投资基金拓展公共租赁住房融资渠道”，明确提出利用 REITs 为发展公共租赁住房提供金融支持。这些部门普遍认为，合理的融资结构，丰富的金融产品，不但是建立健全国家住房制度的基础保障，而且是推动房地产市场健康发展的重要保证，还是有效实施宏观调控的关键。推动房地产金融产品创新，可以拓宽房地产直接融资渠道，分散银行体系风险，服务国家住房保障制度，推进新型城镇化发展。

（三）类 REITs 发展阶段（2014—2019 年）

2014 年，中国人民银行和中国银监会联合发布《关于进一步做好住房金融服务工作的通知》，提出积极稳妥开展 REITs 试点。同年，国内首只类 REITs 发行，标志着我国正式拉开了 REITs 市场的序幕。中国对 REITs 制度的探索，主要沿着两个方向前进。

一是在境外尝试发行以境内资产为投资标的的 REITs 产品；二是在我国现有法律制度下推出与成熟市场标准化 REITs 的功能具有一定相似性的类 REITs 产品，其募资方式主要表现为私募形式。

2016 年 10 月，《国务院关于积极稳妥降低企业杠杆率的意见》发布，支持房企通过发展 REITs 向轻资产经营模式转型。2018 年，中国证监会联合住房城乡建设部发布《关于推进住房租赁资产证券化相关工作的通知》，提出要重点支持住房租赁企业发行以其持有不动产物业作为底层资产的权益类资产证券化产品，积极推动多类型具有债权性质的资产证券化产品。

从发行规模来看，类 REITs 从 2014 年首发，2017 年以来快速扩张，2019—2020 年和 2022 年为发行高峰期，年度发行规模超过 300 亿元，其中，2022 年发行峰值高达 529.88 亿元。截至 2023 年 4 月末，类 REITs 发行规模约 2663 亿元。从底层资产类型来看，2019 年以前，类 REITs 底层资产以商业地产为主（占比约为 50%），2019 年以来，基础设施、清洁能源、高速公路等底层资产类型增加。

（四）公募 REITs 破冰阶段（2020—2022 年）

2020 年 4 月 30 日，中国证监会、国家发展改革委联合公布《关于推进基础设施领域不动产投资信托基金（REITs）试点相关工作的通知》（证监发〔2020〕40 号，以下简称“40 号文”），拉开公募 REITs 序幕。40 号文及其配套文件《公开募集基础设施证券投资基金指引（试行）》（以下简称《基金指引》）奠定了我国 REITs 市场顶层制度设计基础，也标志着中国公募 REITs 正式启动。

2021 年 6 月 21 日，9 只基础设施 REITs 产品正式上市交易，发行规模合计 314.03 亿元，标志着我国公募 REITs 市场正式诞生。2021 年 7 月 2 日，国家发展改革委颁布的《关于进一步做好基础设施领域不动产投资信托基金（REITs）试点工作的通知》（发改投资〔2021〕958 号，以下简称“958 号文”）指出，推动基础设施 REITs 健康发展，有效盘活存量资产，形成存量资产和新增投资的良性循环；开展基础设施 REITs 试点，对推动形成市场主导的投资内生增长机制，提升资本市场服务实体经济的质效，构建投资领域新发展格局具有重要意义。

中国的公募基础设施 REITs 从 2021 年 5 月开始发行，截至 2023 年 4 月底，累计发行 27 只，发行规模合计 908.92 亿元。其中，15 只底层资产中以园区基础设施和交通基础设施为主，2022 年下半年发行 4 只保障性租赁住房 REITs，2023 年新发的两只 REITs 底层资产均为能源基础设施类。随着对保障性租赁住房支持力度的进一步加大，预计保障性租赁住房 REITs 将进一步扩容。

（五）公募 REITs 扩容至商业领域阶段（2022 年底至今）

2023 年 2 月 20 日，中国证监会启动不动产私募投资基金试点，明确此次不动产私募投资基金的投资范围包括特定居住用房（包括存量商品住宅、保障性住房、市场化租赁住房）、商业经营用房、基础设施项目等，这是对我国公募 REITs 业务边界的新突破。

2023 年 2 月 24 日，中国人民银行、中国银保监会起草了《关于金融支持住房租赁市场发展的意见（征求意见稿）》，提出要稳步发展房地产投资信托基金，鼓励住房租赁企业、专业资产管理机构通过 REITs 长期持有、运营租赁住房。中国证监会《关于进一步推进基础设施领域不动产投资信托基金（REITs）常态化发行相关工作的通知》和国家发展改革委《关于规范高效做好基础设施领域不动产投资信托基金（REITs）项目申报推荐工作的通知》均明确提出，优先支持百货商场、购物中心、农贸市场等城乡商业网点项目，保障基本民生的社区商业项目发行基础设施 REITs，REITs 扩容到消费、商业领域。

二、中国 REITs 发展现状

中国 REITs 包含类 REITs、公募 REITs 和“人行版”REITs 三种类型。其中，类 REITs 发展最早，当前存续规模最大，底层资产较为多样，本质上属于债权融资；公募 REITs 自 2021 年首发以来累计发行规模接近千亿元，底层资产从基础设施逐步扩容；“人行版”REITs 底层资产类型有待拓宽，规模有待扩大。整体来看，我国 REITs 尚处于发展初期，整体规模较小。

（一）类 REITs

由于诸多法律限制等，我国发行的这类 REITs 产品在许多方面还不等同于严格意义上的 REITs，因此称作“类 REITs”。类 REITs 将不动产项目公司股权及债权（如有）对应的未来现金流入作为还款来源，设立资产支持票据信托或专项计划，以定向方式向特定合格投资者募集资金，因此，又称“私募 REITs”。

中国境内市场的私募类 REITs 产品主要以资产支持证券的形态出现，主要在交易所、银行间市场、机构间私募产品报价与服务系统等交易场所以公募或私募方式发行。多数是以持有物业的公司股权或应收账款的方式设立的。在证券发行上，对投资者仍然有适当性的管理要求，没有实现完全的公开募集。2014—2019 年，中国境内已经发行的类 REITs 持有物业类型主要包括写字楼、购物中心、零售店、租赁住房、酒店、物流仓储、书店和社区商业等，其长期、稳定的租金收入为类 REITs 提供了稳定的现金流，以偿还利息。

类 REITs 的主要特点如下：

（1）类 REITs 本质上属于债权，一般到期后原始权益人要进行回购。从原始权益人的角度来看，主要是希望通过类 REITs 产品实现债务融资；从投资人角度来看，银行等主流投资人的传统配置思路更愿意接受稳定性强、安全性高的金融资产，类 REITs 的优先资产部分更容易进入金融银行投资经理的视野。

（2）原始权益人对资产的掌控力较强，管理人主动管理的范围和程度有限。原始权益人进行类 REITs 操作的出发点主要是进行债务融资，并非对外出售资产，从根本上说，是要保护原始权益人对资产的掌控力。原始权益人对资产的掌控力体现在权益额度持有与资产运营管理两个方面。权益额度持有保障了投资剩余分配权；资产运营管理保障了资产端权益，留给管理人的权力则相对有限。原始权益人、管理人、投资人主要将类 REITs 定位为企业融资的投行产品，其关注点集中在产品的合规性和现金流的归集偿付上。

（3）类 REITs 的产品结构通常包含优先级和劣后级（或者更多层次），其中，优先级往往带有固定利率，通常占到发行量的 80%~90%。劣后级往往由发起人（原始权益人）购买，作为产品增信的一种措施，有助于降低优先级的利率（对原始权益人来说，意味着融资成本）。少数产品的劣后级成功出售给了第三方权益投资人，通常情况下，劣后级的收益不做保障。

（4）类 REITs 当前基本为私募发行，流动性偏差。

总之，类 REITs 以商业不动产为投资标的，以私募方式发行，覆盖商业不动产。但与公募 REITs 相比，类 REITs 只是“半成品”。一方面，类 REITs 权益属性较弱，债权属性较高的优先级和夹层级占比分别为 63%、23%，平均收益率约为 5.5%；另一方面，类 REITs 以私募方式发行，投资门槛高，市场流动性不足，难以起到价格发现的作用。

专栏文章

中交三航局的私募 REITs

中交三航局是中国交通建设集团旗下的重要子公司，主要从事港口、码头、航道、桥梁等基础设施建设。近年来，随着国家基础设施建设的不断推进，中交三航局的业务规模不断扩大，面临资金和运营效率等方面的问题。为了解决这些问题，中交三航局决定开展私募 REITs 业务。

一、私募 REITs 方案设计

1. 底层资产选择

中交三航局选择了××国道 PPP 项目作为私募并表类 REITs 的底层资产。该项目是中交三航局在 PPP 模式下的重要项目之一，具有稳定的现金流和较高的投资回报率。

2. 发行主体和发行规模

中交三航局作为发行主体，计划发行规模约 8 亿元的私募权益并表类 REITs 产品。其中，优先级约 7.5 亿元，权益级约 0.5 亿元。

3. 产品评级和期限

该私募 REITs 产品的优先级评级为 AAA，权益级无评级。产品期限为 10 年，每 3 年设置开放期。

4. 综合利率和增信措施

该私募 REITs 产品的综合利率预计为 3.60%~3.80%。为了提高产品的信用等级，中交三航局在集团批复的担保额度内对产品进行增信，并出具经集团审批同意的安慰函。

二、经济性分析

1. 资金流分析

产品所募集8亿元资金将直接用于偿还底层项目公司等额存量贷款，筹资活动现金流净额为零。项目公司存量债务偿还后腾挪信用空间，中交三航局另行融入8亿元低息贷款用于偿还8亿元高息权益融资，筹资活动现金流净额为零。上述方案能够平衡公司现金流，同时，替换原有的高息资金，以实现降低成本的目标。

2. 会计处理分析

产品所募集8亿元资金在中交三航局合并范围内计入“少数股东权益”，因此权益规模维持不变。

3. 可行性分析

结合目前监管动向，发行私募权益并表类REITs产品的可行性从产品自身发行的可行性、类REITs产品的国资监管态度和权益并表型产品的监管态度三个层面的具体分析如下：

一是从产品自身发行的可行性来看，首先，资本市场监管方面不存在实质性障碍，经与交易所、中国基金业协会沟通，由于PPP项目公司开展权益并表类REITs后实际控制人未变更，可以不受《关于规范开展政府和社会资本合作项目证券化有关事宜的通知》（财金〔2017〕55号）中“控股股东发行规模不得超过股权带来现金流现值的50%”的融资规模限制、不受中国基金业协会双层结构备案的限制，市场中部分央企正在推进实施中；其次，会计处理方面“并表”和“计入权益”的产品条款成熟，经与审计师沟通，双层结构模式下的并表机制与成熟的并表产品一致，在会计准则的技术层面不存在障碍，市场已有25单发行案例；最后，专项计划向第三方转让其持有的有限合伙企业份额实现的转让收入能够覆盖优先级剩余本金及预期收益，合伙企业理论上可以无条件避免支付现金的合同义务，因此该类产品的发行本身具备可行性。

二是从类REITs产品的国资监管态度来看，2022年，国务院国资委严控并表ABN、并表信托等并表类产品，未涵盖类REITs产品，且明确该类产品不在明文禁止范围之内。类REITs产品高度契合国务院办公厅《关于进一步盘活存量资产扩大有效投资的意见》（国办发〔2022〕19号）中“有效盘活存量资产，降低资产负债率”的政策导向，其底层经营性项目未来年度的经营现金流及收益水平能够独立支撑产品的还本付息，从而实现存量PPP项目的“自循环”，与并表ABN等以债权为底层资产的并表类产品存在本质区别。具体到本项目，在底层资产自身收益率约6.5%的情况下，可以通过PPP项目“自循环”实现对预估发行利率为3.6%~3.9%的类REITs产品的偿付。同时，在PPP项目经营周期内可持续滚动发行类REITs产品，维持权益资金的稳定。

三是从权益并表型产品的监管态度来看，目前，监管对于权益类融资产品趋严，其出发点主要是防止企业掩盖付息承诺事项、扭曲风险缓释资本的准确性等对财务报表真实性进行修饰的行为，从而无法体现企业真实经营、资产质量及风险情况，并会对股东及债权人产生不利影响。但在本次拟实施的“一揽子”方案中，企业并无新增权益融资和债务，不产生新的付息承诺等潜在风险，在既有权益融资规模内降低实际融资成本，与新增权益融资存在实质性差异。

三、私募 REITs 创新方向

从中交三航局私募 REITs 的案例中可以看出，私募 REITs 作为一种新型的金融工具，在盘活存量资产、降低资金成本和提高企业运营效率方面具有显著优势。对于类似的中大型基础设施建设企业，可以考虑开展私募 REITs 业务，以优化资产结构、提高投资回报率和降低财务风险。同时，在开展私募 REITs 业务时，需要充分考虑底层资产的选择、发行主体和发行规模的设计、产品评级和期限的确定，以及综合利率和增信措施的安排等因素，以确保业务的顺利进行和投资者的利益保障。（中交三航局：欧阳楚龙、周超）

（二）公募 REITs

我国公募 REITs 的整体交易结构均为“公募基金—ABS—项目公司—基础设施项目”，该结构规避了公募基金不能直接投资于非上市公司股权的限制。公募 REITs 的主要特点如下：①在产品结构方面，一般采用“公募基金+ABS+项目公司”的结构，产品设计为平层，没有优先劣后之分；②在底层资产方面，公募 REITs 底层资产要求较为严格，前期仅基础设施和租赁住房可作为底层资产发行公募 REITs，近期底层资产拓展至百货商场、购物中心和农贸市场，未来或将进一步扩容；③在产品收益方面，产品无固定收益，收益分配为强制分红比例（不少于可供分配收益的 90%）；④在发行方式方面，公募发行，可参与的投资人范围大大拓展，流动性明显增强。

我国公募 REITs 结构较复杂，多层管理人权责不明确，可能会产生委托代理问题。我国公募 REITs 从“公募基金+ABS”架构出发，涉及基金与资产证券化两种业务，本身结构较为复杂，从 REITs 持有人到底层资产，存在公募基金管理人、ABS 管理人、外部管理机构等多重角色。

REITs 持有人委托公募基金管理人进行投资管理，公募基金管理人委托 ABS 管理人进行资产管理并委托外部管理机构负责底层资产的运营与管理。在这种多层委托代理关系的架构下，存在信息不对称问题和利益冲突问题。例如，底层资产的运营管理人主要目的是赚取管理费，而非为投资人获取收益，其尽职程度很难被投资者直接观察到，因此可能产生道德风险和更高的代理成本。

在实操中，“公募基金+ABS”架构取得基础设施项目方式分为直接受让和反向吸收合并。直接受让即 ABS 直接受让原始权益人持有项目公司 100%股权，穿透取得基础设施项目完全所有权或经营权利。该方式操作较为简单，但对 ABS 现金流储备有较高要求。目前，已发行的多数 REITs 由于现金流压力，先是通过 ABS 的 SPV 间接持有项目公司股权和债权，然后通过 SPV 与项目公司反向吸收合并的方式实现对项目公司的穿透，即项目公司反向吸收合并其股东 SPV，SPV 注销以使资产支持专项计划直接持有项目公司全部股权和债权。至此，从 REITs 公募基金到资产支持专项计划，再到项目公司将完成 100%股权

（债权）穿透。

复杂的交易架构可能带来重复征税或者税收过重的问题，从而影响产品的收益。此外，由于公募REITs参与机构众多，每年均需支付一定的管理费用，也会降低产品收益。

（三）“人行版”REITs

“人行版”REITs即北京金融资产交易所住房租赁企业股权交易，是2020年北京金融资产交易所在中国人民银行指导下，参照国际主流标准REITs模式推出的金融创新项目。该产品采用公司制架构，项目公司作为REITs发行主体，公司股权作为REITs份额挂牌交易。“人行版”REITs的主要特点如下：①产品架构类似美国REITs，为公司制架构，交易架构清晰，可以避免多层SPV结构；②产品不涉及结构化分层，公司股权即为REITs份额；③对于底层资产未明确限制资产的运营阶段及资金用途，较之公募REITs，出让方具有更大的灵活性；④强制的利润分红安排，该产品要求项目公司取得的全部收益90%以上定期向股东分配，为投资人收益提供保障；⑤属于股权投资范畴，可以实现资产退出，能够起到盘活存量资产、实现股权资本变现回收的作用。

从流动性来看，“人行版”REITs属于私募非标准化的金融产品，产品挂牌、交易及信息披露场所均为北京金融资产交易所。

从底层资产来看，“人行版”REITs仅限于投资租赁类房地产，底层资产有待拓宽。

从发行规模来看，“人行版”REITs当前存续规模很小，关注未来扩容情况。

从信息披露来看，“人行版”REITs按季度披露项目运营情况，但信息披露内容相对有限，相较于公募REITs的信息披露，及时性和完备性仍有待提高。

三、中国发展基础设施REITs市场的现实依据

2012年以来，受到人口老龄化加重、国外进口需求减退等多重因素影响，我国经济发展逐渐步入新常态，由高速增长逐渐转变为中高速增长，调结构、促改革成为主基调。从城镇化水平来看，截至2022年末，中国的城镇化率为65.22%，已经接近中高等收入国家67.59%的平均水平，且城镇化率增速放缓（城镇化率年均增速从2015年的1.58个百分点逐步降至2022年的0.50个百分点）。我国经济已由高速增长阶段转向中低速高质量发展阶段，城镇化率增速放缓，这与美国、日本、新加坡等国家推出REITs的宏观经济背景类似，REITs市场建设有望成为经济转型升级的“助推器”。

1. REITs直接融资可以促进基础设施建设和房地产行业结构优化

2013年以来，基础设施投资进入下行通道，增速由两位数持续回落，特别是自2018年起，投资增速出现断崖式下滑。2018年，含电力等在内的基础设施投资仅增长1.8%。虽2019年、2020年回升至3.3%和3.4%，2021年又跌破个位数，降至0.2%。基础设施投资增速下降，一方面，与经济发展阶段有关，经济由高速增长阶段转向中低速高质量发

展阶段，导致经济增长中枢[①]下降，包括基础设施在内的投资增长中枢整体下移；另一方面，防范化解地方政府债务风险管理致使地方政府投资资金来源更加有限，公园绿地、市政道路等依靠政府直接投资的基础设施项目增速下降较为明显。

基础设施建设领域主要体现在地区结构优化及投资结构优化两个方面。一方面，许多城市存在过度投资的问题。大量存量资产流动性不足，资金利用效率不高。与此同时，中西部地区许多县镇基础设施仍不完善。地区之间基础设施建设存在发展不平衡的问题。另一方面，大量现有投资集中于交通、物流、公共设施等领域。要发挥投资对产业升级的作用，就要进一步加强 5G、人工智能、工业互联网、物联网等新型基础设施建设的投资，实现投资结构优化。REITs 可以解决不动产企业持有运营所需长期资金的问题；同时，企业由债务融资转变为权益融资，可以降低企业债务融资带来的财务成本。不动产企业向“持有—运营”模式转型将提升不动产运营水平，长期资金的导入可促使企业不再关注短期行为，而将注意力转移到经营模式和投资结构的优化上，提升企业的整体竞争力。

2. REITs 有助于盘活海量存量资产，为基础设施投资提供退出渠道，降低宏观杠杆率

中国基础设施建设和房地产投资长期依赖债务融资，地方政府和房地产企业的高杠杆行为加剧了债务风险的聚集，并可能将风险传导至银行体系，进而影响金融市场的稳定。与其他主要国家相比，中国政府债务水平仍处在可接受的范围之内，重点是要控制债务水平的过快增长。2019 年，中国非金融企业的债务占 GDP 比重为 149. 4%。高杠杆为经济金融体系累积了风险，加剧了宏观经济的脆弱性。

基础设施 REITs 的推出，可以为海量存量资产提供交易市场。通过市场化方式为基础设施资产定价，可以提升存量资产的流动性，盘活存量资产，为地方政府和不动产运营商提供退出渠道，降低其杠杆水平；通过公开募集，可以实现风险在整个经济体系的分散，提升资金的利用效率。

3. 商业用房及基础设施存量规模较大，为消费性 REITs 发展提供了充足的底层资产

商业用房及基础设施存量规模较大，为消费性 REITs 发展提供了充足的底层资产。商业地产经过多年发展，沉淀了较大规模的存量资产。以新开工面积计算，截至 2022 年底，全国商业营业用房存量约 33 亿平方米，办公楼存量面积 9. 5 亿平方米，大规模的存量商业地产为消费性 REITs 发展提供了充足的底层资产。此外，北大光华管理学院《中国基础

① 经济增长中枢，是指一个区域，在这个区域内，经济增长通常围绕一个中心值上下波动。这个中心值既可以是 GDP 的平均增长率，也可以是其他用来衡量经济增长的指标。一般情况下，如果历年的 GDP 增长率呈现出一条围绕某个中心值上下波动的曲线，那么这个中心值就被称为“经济增长中枢”。如果 GDP 的增长率下降，那么可以直观地说经济增长中枢下移。值得注意的是，经济增长中枢是一个区域，而不是一个具体的数值，而且这个中枢应该是公认的，因为它的存在和认同需要广泛的数据与理论支持。

设施 REITs 创新发展研究》披露，中国基础设施存量规模超过 100 万亿元，即使仅将 1% 进行证券化，也可撑起一个万亿元规模的基础设施 REITs 市场。整体来看，REITs 获得长远发展的底层资产充足。

4. REITs 作为大类资产，为资产管理市场提供金融创新

REITs 作为大类资产，为资产管理市场提供新的供给。随着中国居民收入不断提高，中国资产管理市场规模持续扩容，2017 年比 2008 年增长近 19 倍。2017 年，中国资产管理市场规模达 109 亿元。2018 年以后，受监管政策压缩非标产品规模的影响，中国资产管理市场规模有所收缩。从投资标的来看，中国已经形成覆盖权益、债券、货币市场、黄金、商品等主要大类资产的产品体系。但是，不动产作为大类资产中极为重要的一类资产，中国普通投资者无法通过资产管理市场进行直接投资。10 余年来，房价的快速上涨，加上不动产投资较高的门槛，实际上加剧了中国的收入分化。

REITs 的推出将降低不动产投资的门槛，有助于普通投资者参与不动产投资，分享不动产长期稳定的租金收益和资产增值，充分享受国家经济和不动产市场发展的红利。同时，不动产与其他大类资产收益的低相关性，也使投资者分散风险、实现资产配置成为可能。此外，基于优质底层资产的 REITs 拥有长期、稳定的回报。这与保险、养老金等长期稳健资金的需求非常契合，可以为相关机构提供大量优质可投资资产。

四、基础设施公募 REITs 对券商的四大投资价值

基础设施公募 REITs 是一种拥有高派息率、风险收益适中的投资产品。作为资本市场直接投融资工具，它不仅可以为券商等机构投资者提供大类资产配置选择、高分红稳定收益，还可以促进基础设施投融资领域资金连续循环，助推资本市场结构性改革及健康发展。在当前低利率、金融监管趋严的背景下，公募 REITs 有助于解决“资产荒”问题，为券商提供长期、稳定、风险收益适中的投资思路。

1. 新增投资工具，提供基础设施领域入场机会

基础设施领域面临资金沉淀与融资渠道匮乏的矛盾。近年来，我国基础设施领域高速发展，传统的基建行业已进入存量时代，因而有大量沉淀资金可以利用。由于 5G 等的快速崛起，我国新型城镇化和城乡区域发展协调等亟须解决的问题客观存在，未来基建行业仍有较大发展空间。虽然基建行业有较大需求，但融资端面临较多限制，主要体现为财政收入增速下滑、企业债务规模扩大、非标融资渠道整顿、基础设施项目回售时间长及投资风险大。上述问题导致政府资金、社会资本、金融资金进入基础设施领域受到较大制约，融资渠道不畅。

基础设施公募 REITs 有助于改善资本市场结构性问题，提供投资者共享基建发展成果的机会。一方面，REITs 可以帮助基础设施项目盘活存量资产，提高资金使用效率，在新的项目建好后，盘活的资金可运用到下个项目的建设中，从而减少资金沉睡，实现投融资

良性循环。另一方面，基础设施公募 REITs 作为资本市场上的一种直接融资工具，除解决资本市场间接融资比重过大的问题外，根据中国证监会、国家发展改革委联合发布的 40 号文的要求——基础设施公募 REITs 投资于重点行业、重点区域优质资产项目，可为投资者提供直接投资优质基础设施不动产的机会。

2. 市场潜力较大，提供大类资产配置手段

基础设施公募 REITs 有较大的市场空间，同时能够增加券商自营与经纪业务的收益来源。截至 2020 年末，美国 REITs 发行规模达 1.2 万亿美元。Wind 数据显示，美国 2020 年 GDP 约为 20.94 万亿美元，REITs 发行总规模占 GDP 总量的 5.73%。参考美国经验，按 2020 年 GDP 101.6 万亿元计算，中国市场未来公募 REITs 发行规模将达到 6 万亿元左右，拥有较大的增长空间：一方面，券商可以以经纪商、做市商身份充当交易中介收取交易佣金与手续费；另一方面，券商作为重要的资本市场参与者，可以通过公募 REITs 提高自营的投资收益。

公募 REITs 与其他金融资产相关性较低，参与大类资产配置可降低券商组合投资风险。券商资金较为雄厚，有较强能力进行大类资产配置。公募 REITs 投资基础设施等另类资产，整体与股票、债券等其他金融资产相关性较低，且具有异质性。因此，将公募 REITs 加入组合资产进行配置，可使投资多元化、分散化，起到降低组合风险和优化组合收益的作用。

3. 分红高、收益稳定，适合长期资产配置

公募 REITs 资产端产生股息及资产增值收益，产品端在资产端估值变动基础上受二级市场影响产生资本利得率。整体来看，基础设施公募 REITs 是一种收益率介于股票和债券之间的高分红产品，风险收益适中，在风险偏好下行、低利率“资产荒”背景下，较适合作为券商的资产配置手段。

低利率环境叠加金融去杠杆，券商资金或需增加长期、稳定的金融资产配置手段。近年来，十年期国债到期收益率波动中持续下行，跟随全球趋势，我国也逐渐迈入低利率时代。如何在低利率环境下追寻合适的投资工具以实现财富保值增值成为券商等机构投资者面临的难题。相比海外市场，我国投资者参与金融市场投资的渠道本就有限，加上近年来国内债券市场花式违约频现、股票市场自 2015 年来持续动荡、非标投融资渠道监管趋严、金融去杠杆持续推进，券商投资面临一定的“资产荒”问题。在一系列因素导致市场风险偏好整体下行环境下，寻找稳定、长期的投资工具可以帮助券商增厚收益。

公募 REITs 具有高派息、风险和收益适中的特征，能在一定程度上帮助券商解决“资产荒”问题。

首先，公募 REITs 收益率较稳定，适合券商做长期资产配置。目前，市场上的理财产品年化收益率一般在 4%以下，一年期 AAA 级中短票到期收益率为 2.5%~4.0%，2020 年以来，沪深 300 指数年化收益率最高达 49.47%，但收益变化呈现不稳定特征。考虑到 4%

以上的派息率，基础设施公募 REITs 收益率介于股债之间，鉴于基金须将 80%以上所募资金通过 ABS 投资于基础设施资产组合，且有稳定的现金流为底层支持，REITs 整体收益将更强调稳定，这有助于券商资金在风险偏好下行背景下提高收益稳定性。

其次，券商可针对公募 REITs 项目类型实行差异化投资策略。整体来看，由于垃圾处理、收费公路等特许经营项目底层资产现金流较为稳定、资产增值占项目收益比重较小，且项目估值会随着基础设施剩余收费年限的缩短而下降，该类 REITs 债性较为突出，派息率较高，已审批通过的 9 只 REITs 产品中有 4 只属于特许经营项目，当期净现金流分派率平均值为 8.70%。对比之下，仓储物流、产业园区等非特许经营项目有较大成长空间，收入渠道多元，该类项目重视资产的增值属性，派息率较低。

最后，公募 REITs 高派息增厚券商收益。国家发展改革委投资司发布的《关于做好第一批基础设施 REITs 试点项目申报工作的通知》规定，基础设施公募 REITs 需满足预计未来 3 年项目净现金流收益率（预计年度可分配现金流/目标不动产评估净值）不低于 4%的要求。第一批通过的 9 只公募 REITs 平均派息率为 6.29%，若以每年 12 月 31 日 A 股市场平均派息率为比较基准，则公募 REITs 派息率可达到股票市场 2012—2020 年平均派息率的 5.2 倍。

4. 关注公募 REITs 二级市场波动机会

借鉴海外市场的实践说明，市场情绪、流动性等因素或影响公募 REITs 产品价格，但由于我国公募 REITs 市场仍在初创期，短期显现或不明显。

在市场情绪方面，资本市场风险偏好影响公募 REITs 价格。资本市场风险偏好下行将带动投资者追求稳定增长类资产。公募 REITs 作为一种派息率高、收益稳定的金融产品，在资本市场整体情绪偏低时，可能迎来价格上扬。但是，当受到重大事件冲击时，金融市场将整体下行，此时更应关注公募 REITs 的相对价格变动。

在流动性方面，公募 REITs 债性更加凸显。流动性紧张程度由资金供需压力决定，于债券市场而言，利率水平是流动性观测变量，用于反映资金面是否充裕。但是，对股票来说，市场流动性更关注交易及时性、可交易股票数量、交易成本等要素。作为一种介于股债之间的产品，在流动性方面，公募 REITs 的债性可能更突出，受到宏观环境、货币政策和利率的影响较大。除此之外，基础设施基金采取封闭式运作，不开通申购赎回，只能在二级市场交易，投资者需关注流动性不足的风险。

五、我国基础设施公募 REITs 发行中存在的问题①

1. 发行端激励不尽相容

发行公募 REITs 不改变项目风险和资产价值。基础设施资产通常附着有作为股权资本的初始资本金投入，以及作为债权资本的银行贷款等资金投入。根据 MM 定理，在特定假

① 李赟垚．基础设施 REITs 的常态化发行[J].中国金融，2023(9)：45-46.

设下，资产价值与资本结构无关，故降低基础设施资产自身杠杆并不能直接提升资产价值，实务中也普遍存在尽可能地进行债权融资，以税盾和财务杠杆提高资产价值与股权收益的事实。

部分限制或对发行人长期财务表现产生负面影响。从发行目的来看，盘活存量资产和降低杠杆率通常被认为是基础设施原始权益人发行公募 REITs 的主要动因，通过部分优质资产的 IPO 实现对原始权益人资产未来现金流进行重置和分配，募集资金用于偿还债务或新项目投资。考虑到公募 REITs 对产品杠杆率的严格限制，该部分基础资产对应的单位资本长期回报降低，对利润和现金流的改善表现为即期，在注重资产规模和利润创造能力的评估体系中，对其长期财务表现和再融资能力评价或具有负面效应。

再投资收益存疑。原始权益人将高净现金流分派率的资产剥离，虽可提高即期现金流和利润表现，但可持续性在较大程度上依赖再投资的基础设施资产表现和原有债务融资成本。对于具备经营属性的基础设施，从理论上说，一定区域内高回报率的资产在有限视域内已被优先投资。

综合融资成本较高。对于可能发行公募 REITs 的基础设施项目，银行贷款一般占项目总投资金额的 60%～80%，若回收现金流用于降低财务杠杆，且原始权益人自持公募 REITs 份额底线不出售，则对利润的长期贡献取决于以净现金流分派率为表征的股权融资成本与以银行贷款利率为表征的债务融资成本的相对大小，前者要求不低于 4%，后者通常参考贷款市场报价利率（LPR）定价。

原始权益人多数继续持有部分项目控制权、收益权。基础设施股权的出让将削弱原始权益人对底层资产的控制权。在试点项目中，原始权益人及其关联方持有 REITs 份额普遍高于政策底线。

从长期财务表现、再融资能力和融资成本、控制权溢价等方面考虑，大部分基础设施原始权益人并未将轻资产运营作为其战略选择，持续输出优质基础设施资产的经济动力有限。

2. 投资端供给不匹配

投资机构范围有限。REITs 是“风险—收益”特点不同于传统股权和债权的一类资产，在交易所发行上市的公募 REITs 以集合竞价方式交易。从投资能力来看，除以原始权益人为代表的战略投资者及部分曾深度参与基础设施项目投融资的保险机构外，多数交易参与机构在基础设施项目投资方面的研判能力尚在培育，个人投资者更容易将 REITs 与其他 IPO 的股票类比；从资金来源来看，证券、基金等机构发行的混合型或权益型产品对收益的期望较高，符合 REITs 资产特性的，以持有并享受稳健回报为目的的保险资金、年金、养老金等入市体量较为有限。

我国是基础设施建设大国，据有关研究测算，我国基础设施存量资产超过百万亿元。除部分社会资本投入外，财政资金和银行贷款（或类似形式融资）是基础设施建设资金的主要来源。

商业银行是基础设施项目外部融资的主要资金来源。这是我国银行主导型金融体系特征在基础设施领域的体现，也是商业银行在既定风险偏好下的必然选择，商业银行也在支持基础设施建设投融资的长期实践中积累了较好的项目风险识别技术、管理知识和人才储备，形成了与基础设施项目较为匹配的经营和风险文化。然而，在“公募基金+ABS”的REITs框架和产品股权定性下，商业银行更多地扮演托管人角色，无法参与REITs的投资。商业银行固然可通过“商行+投行+资管”的模式作为项目安排人、战略投资者（理财产品）、账户管理人等间接参与REITs链条，但其作为持续为基础设施建设提供海量低成本资金的最主要金融机构，相关优势并未得到直接和有效的发挥。值得一提的是，公募REITs的发行需要偿还大量原贷款人的项目贷款，若不考虑客户关系、再投资等因素，贷款银行关于债务重组的决定或存在逆向选择。因此，若无作为基础设施建设主力军的商业银行深度参与，那么在以行政择优为显著特点的试点发行转为以市场选择为特征的常态化发行后，随着项目供给增加、成色下沉以及投资者更加理性，公募REITs的有效资金供给可能出现结构性缺口。

3. 运营端机构不够独立

公募REITs基础资产涉及门类较多，存续期限较长，且运营管理具有很强的专业性，除产权明晰、市场化程度较高的仓储物流基础设施外，其他基础设施类别尚缺少全国性的规模化、专业化运营机构，基金管理人的专业能力主要集中于资本市场分析、公司财务判断和金融产品设计。在已发行产品实践中，实体资产的运营通常在受让后反委托于原始权益人进行，这在当前市场参与主体禀赋结构下具有合理性，但可能带来以下问题：

对原始权益人而言，虽在法律和财务层面基础资产已不受己方控制，但其受托的运营管理工作及公募REITs的市场形象约束，或给原始权益人带来额外的经营负担，使其无法实现“由形至神”的彻底出表，反而增加或有的经营成本。同时，对原始权益人自持20%底线份额（目前平均实际自持比例远高于此）及限售期的规定，在解决利益一致性的同时，或将加剧自持公募REITs份额转让前后的运营业绩及市场波动。

对其他投资人而言，公募REITs基础资产与原始权益人基础资产在一定程度上的类混同运营，会使原始权益人形成项目层面的“内部人控制”，从而使资源倾斜和间接利益侵占成为可能，或降低项目治理效率。

此外，现行规则通过ABS管理人和公募基金管理人的“同一控制”规定，总体实现了两层产品的利益一致性，并通过产品治理约束项目治理，但由于证券投资基金领域的知识积累及行业文化与基础设施领域存在较大差异，在运营过程中，产品层面和项目层面的协作与制衡存在一定的摩擦成本。

结 语

中国在经济增速换挡、“房住不炒”、构建“双循环”的背景下推出公募 REITs，具有重要意义。一是从国家战略角度来看，公募 REITs 可以打通产业资本与金融的良性循环，为政府支持新基建、发展新经济提供有效支持，发挥服务实体经济的作用，成为助力经济增长的新动能；二是从资产端角度来看，城镇化水平超过 60%，基础设施市场进入存量时代，公募 REITs 有助于盘活市场存量，提供重资产项目退出渠道，降低地方债务负担，防范系统性金融风险；三是从资金端角度来看，基础设施 REITs 提供了一种中等收益、中等风险的资产选择，有助于实现资产多元化配置、分散投资风险、提高直接融资比重，为投资者配置投资组合提供更多选择。

从我国 REITs 市场运行情况来看，目前，我国公募 REITs 具有以下七个鲜明的特点：

（1）底层资产必须是基础设施领域的产业园区、信息网络、仓储物流、高速公路和生态环保等。这与欧美 REITs 市场不同，无法涵盖商业地产和住宅市场。目前，就全球市场而言，基础设施领域 REITs 占比超过 30%；就美国市场而言，基础设施 REITs 占比接近 40%。

（2）基金的期限较长，一般在 20 年以上，以封闭式管理，无法申购和赎回，投资者只能在场外以撮合成交价交易。

（3）和一般的公募基金不一致，公募 REITs 首次公开发行时通过网下询价方式确定认购价格，每份基金的净值不是 1。

（4）每年 REITs 要以不低于 90%可供分配金额向投资者分红一次。80%以上的基金资产须投资于资产支持证券的全部份额。

（5）从目前已经发行的产品来看，原始权益人及其他战略投资者持有比例非常大。依照规定，已发行产品中原始权益人或相同控制下的关联方参与战略配售的比例不能低于 20%。目前，这些战略投资的份额都没有解禁，这就使得目前二级市场上的流通规模很小，且散户占绝对大比例。

（6）从已经在 REITs 市场交易产品的运行情况来看，公募基金对底层资产的运营经验不足，一般委托原始权益人代为管理，且目前已上市公募 REITs 原始权益人的背景多以国资为主，运营资产多以发达地区的重点项目为主。

（7）投资一只 REIT 不等于直接投资其底层基础设施项目，投资者无法通过股东会或者股东大会等形式直接干涉项目的管理和运营。

基础设施 REITs 是基础设施投融资机制的全新创新，是中国金融供给侧结构性改革的重要举措，对中国经济的高质量发展具有重大战略意义。首先，基础设施 REITs 有助于宏观经济去杠杆、防风险，能够在一定程度上平滑地方债务风险；其次，基础设施 REITs 有助于推动形成良性循环，构建投资领域发展新格局；再次，基础设施 REITs 有助于推动国家战略发展和重大政策实施；最后，基础设施 REITs 有助于广泛筹集资金支持基础设施建设，降低经济内生增长的成本。

复习思考题

1. REITs 有哪些特点？REITs 有几种分类形式？
2. 各国 REITs 的规定有何异同？
3. 哪些因素决定 REITs 能否发挥盘活存量的积极作用？
4. 我国各类 REITs 有什么特点？
5. 我国为什么要发展基础设施 REITs，在发行中存在哪些问题？

[案例]

华夏越秀高速 REIT

一、项目背景

华夏越秀高速 REIT 对应的底层基础设施项目为汉孝高速，位于湖北省武汉市。汉孝高速由汉孝高速公路主线路及机场北连接线构成。其中：主线路收费里程 33.528 公里，决算总投资约 10.55 亿元；机场北连接线收费里程 4.968 公里，决算总投资约 3.54 亿元。二者收费期限均到 2036 年 12 月 9 日。

从地理位置来看，汉孝高速具有十分优越的宏观区位。武汉市素有中国“中部第一城”的美誉，人口规模、GDP 总量、人均 GDP 均居中部省会城市第一位，坐拥“九省通衢”的优越位置，被定位为“国家中心城市”和“国际性综合交通枢纽”。

在交通网络方面，武汉是国家综合立体交通网主骨架纵横两大主轴，即京津冀—粤港澳主轴与长三角—成渝主轴的交会点，“米”字形高铁网辐射全国，直达 25 个省会城市，机场通航国内外城市 152 个，是当之无愧的“祖国立交桥”。作为长江经济带核心城市、中部崛起战略支点、全面创新改革试验区，武汉在“双循环”新发展格局和综合立体交通网中都占据着重要地位，具有强劲的发展潜力。

从路网来看，汉孝高速是国家高速公路网中福银高速的重要组成部分，连接京港澳高速和沪蓉高速两大交通大动脉，以及武汉城市圈及“襄十随神”城市群；作为汉十高速起始段，汉孝高速是湖北省“五纵四横”综合运输大通道中“一横”的重要组成部分，也是武汉市西北方向的放射性通道。

汉孝高速毗邻武汉天河机场，承担周边区域快速通往天河机场和临空产业园快速接入高速公路网的功能。在汉孝高速与机场毗邻区域，密布着普洛斯、菜鸟、圆通等龙头企业的物流园区，这些园区已经高度成熟且仍在不断发展、扩张中。同时，桃园集互通和横店互通之间，有为数众多的住宅小区、商铺、学校，城市化程度高，商流、人流旺盛。

二、原始权益人及业务基本情况

华夏越秀高速 REIT 的原始权益人为越秀交通基建有限公司（以下简称“越秀交通”）的全资子公司越秀（中国）交通基建投资有限公司。越秀交通是广州越秀集团股份有限公司（以下简称“越秀集团”）在交通基础设施领域的主要经营主体。

越秀集团是广州市国资委监管企业，成立于1985年，经过30多年的改革发展，已形成以金融、房地产、交通基建、现代农业为核心产业，造纸等传统产业和未来可能进入的战略性新兴产业在内的“4+X”现代产业体系。2021年上半年，统计口径总资产已超过8000亿元。

越秀集团作为国内公募 REITs 的推动者和先行者，早在2005年就已赴港发行房托基金。越秀房地产投资信托基金（以下简称“越秀房托”）（股票代码：00405. HK）作为全球首只投资于中国内地物业的上市 REITs，2019年的资产规模增长了7.5倍，2005年底到2019年底收盘价（前复权）上涨了307%，年复合增长率为11%，为股东带来可观的回报，并获得多项荣誉。越秀集团积累逾15年的公募 REITs 管理经验，对资产组合管理和底层资产的运营管理有深刻的理解及实践经验。越秀房托（地产 REITs）在运作期间多次与发起人越秀地产进行良性互动，通过受让越秀地产的优质资产，越秀房托物业组合不断优化，总资产规模和市值大幅提升，公众流通量以及交易活跃度稳步提高；越秀地产则回笼资金支持新的发展项目，并作为房托基金单位持有人，继续分享越秀房托所持物业的长期增长收益，由此实现双赢。

越秀交通成立于1996年，1997年在香港联交所上市（股票代码：01052. HK），是国内第一只在香港上市的公路红筹股。成立20多年来，越秀交通一直高度聚焦于收费公路等交通基础设施的投资并购及经营管理，信息披露规范透明，长期以来以市场化、专业化、精细化的经营理念和稳健的经营风格著称。与高速公路行业普遍采用的“建设+运营”的经营模式不同，越秀交通采用了周期更短的“收购+运营”的经营模式，直接并购已建成公路项目。在收费公路的市场化并购方面，越秀交通积累了丰富的经验，2008—2019年，成功收购高速公路项目9个。当前，越秀交通控股、参股、代管的高速公路项目共16个，总里程约897公里，其中，控股项目10个、参股项目5个、代管项目1个，分布于广东及湖北、河南、湖南等中西部省份。

三、产品信息

华夏越秀高速 REIT 采用的是“公募基金+ABS”的两层结构，专项计划将持有项目公司股权及债权，公募 REITs 持有专项计划的全部份额，如图1-4所示。根据招募说明书，原始权益人拟认购的基金份额比例为总发售基金份额的30%。

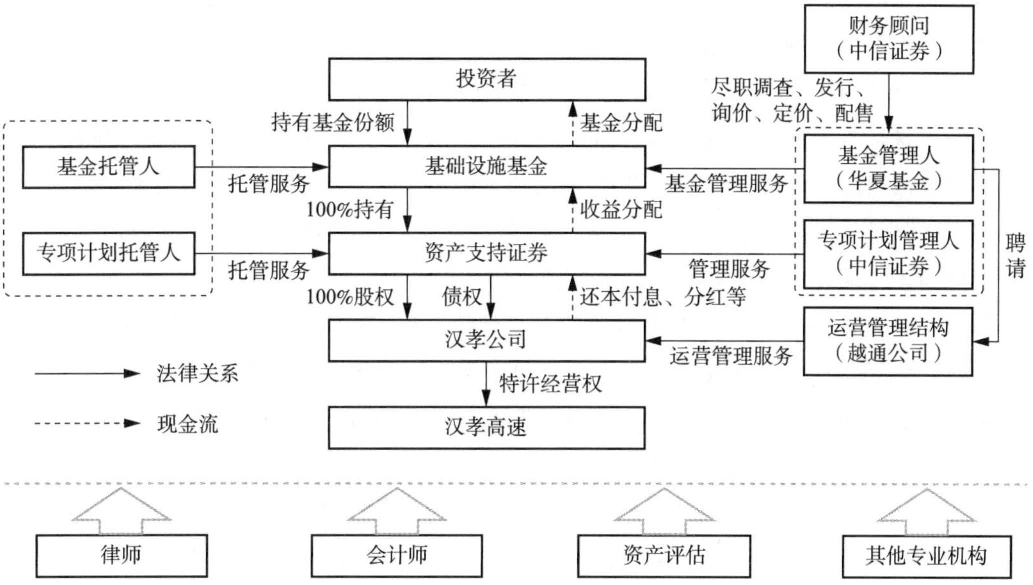

图1-4　华夏越秀高速REIT结构

表1-4　华夏越秀高速公路封闭式基础设施证券投资基金——产品要素

基金期限	自基金合同生效之日起50年
基金类型	基础设施证券投资基金
基金的运作方式	契约型封闭式
底层资产	汉孝高速（由汉孝高速公路主线路和机场北连接线构成）
底层资产估值	汉孝高速公路特许经营权的评估结果为22.86亿元（评估基准日2021年6月30日，收益法）
募集资金用途	定向用于公司成熟高速公路项目的改扩建

该产品由中信证券等作为做市商提供流动性支持。中信证券是国内市场最大的上市基金流动性服务商，在交易所市场提供流动性的能力绝对领先，日均成交占比排名行业第一。

四、项目优势

收费公路产生长期稳定现金流，且收入来源高度分散，是基础设施公募REITs理想的底层资产类型之一。华夏越秀高速REIT有以下亮点：

一是从底层资产来看，汉孝高速车流稳定增长的动力较强。具体分析如下。

（1）汉孝高速项目位于中部第一城、“祖国立交桥”——湖北武汉，既是要道组成，又连接纵横两大交通动脉。

汉孝高速是国家高速公路网中福银高速的一段，连接京港澳高速和沪蓉高速两大交通动脉，位置重要；汉孝高速不仅是武汉与孝感间的城际通道，还是武汉以北、西北地区与武汉以东和东南地区交通出行的交通要道，未来将持续受益于“中部龙头”武汉与中西部地区的经济增长以及经济联系的增强。

(2) 城市化及产业园发展持续带动项目交通量及通行费增长。

随着武汉城市不断外延式扩张，路段周边城市化水平和人口的上升，汉孝高速作为城市出口以及沟通相邻城区“市政道路”的功能属性将进一步得到强化。项目毗邻武汉天河机场，未来机场客货吞吐量的增加，以及临空经济港、临空产业园、物流园的发展和扩张，也能为汉孝高速交通量的增长提供有力支撑。

(3) 项目增长基础好，对未来增长的预测谨慎合理。

周边物流园、产业园的集聚和发展，能够带动货物运输需求和货车车流量增长；社区的逐渐成熟、城市化水平的提高，会带动通勤人口增加和出行量上升。周边路网的不断优化，使得近两年汉孝高速交通量保持了良好的增长势头。2019 年、2020 年和 2021 年 1—6 月，项目公司营业收入总额分别为 18570. 02 万元、15797. 61 万元和 11159. 45 万元。从 2019 年上半年到 2021 年上半年，汉孝高速日均车流量复合增长率 14. 59%，通行费收入复合增长率 13. 41%。交通量和收入的预测相对谨慎，根据中交第二公路勘察设计研究院有限公司对汉孝高速交通量的预测，2021—2036 年复合增长率为 6%左右，到 2027—2036 年剩余 10 年时，预计复合增长率为 5. 3%左右。

此外，预计可能引起收入波动的因素有限：第一，汉孝高速已经通车 10 多年，周边的路网已经非常成熟、密集，后续路网调整因素可能引起的波动相对较小；第二，在规划阶段已经充分考虑未来车流增长，机场北延线以及东边城镇化程度较高的路段已经按 6 车道建设，未来基本没有改扩建压力。

二是从原始权益人和管理人来看，该产品由越秀集团与头部基金公司华夏基金、头部券商中信证券联合打造。越秀集团拥有超过 15 年的 REITs 资产管理经验，越秀交通专注于以高速公路为主的交通基础设施投资并购及经营管理 20 多年，成熟资产储备充足。本次发行的资产分拆自越秀交通，治理规范且信息透明。华夏基金、中信证券作为本项目的公募基金管理人和资产支持计划管理人，依托强大的投研能力、深入的公募 REITs 行业理解以及丰富的执行经验，实现了密切沟通、紧密配合，从而为本项目在存续期内的高效平稳运行和资产的保值增值提供保障。

讨论

结合华夏越秀高速 REIT 的情况，谈谈你对 REITs 的认识。联系我国高速公路投资与资管实践，谈谈 REITs 在高速公路资管中的功能。

02

第二章

基础设施与基础设施行业的收入来源

学习目的

了解基础设施的定义、行业分类及特征；掌握交通行业基础设施及收入来源；掌握能源产业基础设施及收入来源；理解供水、污水处理基础设施及收入来源。

关键词

基础设施　交通行业基础设施　能源产业基础设施　水电基础设施

基础设施既是经济发展的重要前提，也是社会生活的核心支撑，其发展程度直接影响居民的生活水平。可持续的基础设施可以保护全球重要的自然资源和环境，也有助于更加高效地使用金融资源。基础设施英文为“Infrastructure”，由拉丁文“Infra”和“Structure”组合而成，其最初的含义是“构成任何操作系统的装置”，引自法语意思“在建筑路面或者铁路下面的天然材料”。1943年，发展经济学先驱罗森斯坦·罗丹在其著作《东欧和东南欧国家的工业化问题》中首次提到“基础设施”这一概念，认为一个社会在进行一般产业投资之前，应该具备基础设施方面的积累，基础设施是社会发展的先行资本。

20世纪90年代中后期，中国城镇化提速，基础设施投资成为推动经济增长的重要动力，并因此积累了巨量的基础设施资产。但是，基础设施资产缺乏流动性，导致地方政府背上了沉重的债务，并积聚了大量的债务风险。基础设施REITs试点是我国深化金融供给侧结构性改革的新举措，通过试点可以以存量带增量、以融资促投资，探索解决基础设施底层资产原始权益人的退出通道，让更多投资人有机会分享高质量基础设施资产收益的成果，这也是增强金融服务实体经济能力、推动金融业健康发展的直接体现。

第一节　基础设施的定义、行业分类及特征

一、基础设施的定义

1996年，约基姆森从基础设施在市场经济发展中的作用出发，提出了以下定义：基础

设施，是指基于劳动力分工和各机构的主体地位，在有效处置资源的基础上，那些有助于实现按要素分配的激励相容机制的实务、制度和人力资本的总和。基础设施可以分为实务基础设施、制度基础设施和人力基础设施。

在实际操作中，人们对基础设施所下的定义往往关注实务基础设施，即基础设施由道路、港口、公共设施之类的实物资产组成（Frey，1978）。布尔（2007）按照人类生活中的实物及社会需要进行分类，推导出必要的基础设施产品（如水、能源、供热、照明等）及相关的实物资产（实物基础设施）。富尔默（2009）梳理了上述不同定义的要义，提出以下定义：基础设施是由相互关联的实物构成的系统，用于提供那些实现、维持或提升社会生活条件必需的产品与服务。

我们可以从三个层次理解基础设施的内涵。

第一个层次的基础设施，是指狭义上的传统基础设施，是为社会生产提供一般性条件的先行资本，主要包括交通基础设施、能源基础设施、通信基础设施、水利基础设施等。传统基础设施配套性比较强，其有效性发挥作用依赖于整体状况及网络化程度。

第二个层次的基础设施，是指经济基础设施（economic infrastructure）和社会基础设施（social infrastructure），包括狭义上的传统基础设施概念中的交通、能源、通信、水利等基础设施，以及教育、医疗、水环境、空气质量和基础研究、科技攻关等社会基础设施。

第三个层次的基础设施，是更为广义的基础设施概念，体现了大基础设施的理念。大基础设施是指进行一次、二次和三次产业活动，提供其不可或缺的基本服务的设施、机构、制度的总体，包括硬基础设施和软基础设施。硬基础设施包括前两个层次所说的基础设施。软基础设施包括法律法规、行政管理、科技创新、基础研究、专业咨询等系列治理体系和智力体系。硬基础设施和软基础设施具有不可分割的、相互促进的紧密关系。

随着时代的进步，基础设施的概念也在不断发展。近年出现的“新基建”概念，可分为信息基础设施（如5G、工业互联网等）、融合基础设施（如智能交通、智慧能源等）和创新基础设施（如科教基础设施、产业技术创新基础设施）三类，进一步丰富了基础设施的内涵。我国基础设施公募REITs试点项目涵盖的重点行业，不仅包括传统的经济基础设施和“新基建”，还进一步延伸至仓储物流、国家战略性新兴产业集群、高科技产业园区、特色产业园区等。这些基础设施资产范围的界定，突破了传统房地产物业类公募REITs的资产范围。从推动经济社会高质量发展的创新性视角，创新基础设施公募REITs，体现了我国金融市场服务实体经济的价值取向，具有鲜明的战略性、前瞻性和全局性。

结合我国经济社会发展实际，所谓“基础设施”，是指为社会生产和居民生活提供公共服务的物质工程设施，是用于保证国家或地区社会经济活动正常进行的公共服务系统。基础设施在我国投资领域占据着非常重要的地位。从对国民经济发展的贡献来看，自20世纪90年代中后期起，基础设施与房地产和制造业大约各占1/3。

二、基础设施的行业分类

目前，国际层面对基础设施的分类尚未达成共识。主流观点认为，基础设施是指为社会生产和居民生活提供公共服务的工程设施，是用于保证国家或地区社会经济活动正常进行的公共服务系统，是社会赖以生存和发展的物质基础条件，包括经济基础设施和社会基础设施两大基本类型。基础设施在我国是一个广义的概念，包括经济基础设施、社会基础设施和新型基础设施。

经济基础设施，是指用于提供经济性公共服务的基础设施。经济性公共服务，是指政府为促进经济发展而提供的公共服务。经济基础设施主要包括能源、交通运输、水利、通信等领域的基础设施。在一个国家经济发展的初级阶段，经济发展占据着特别重要的地位，基础设施建设在传统上主要指向经济基础设施的建设。

社会基础设施，是指用于提供社会性公共服务的基础设施。社会性公共服务，是指为促进社会公正与和谐而为全社会提供的基本公共服务，包括基础教育、基本医疗、社会保障等服务。社会基础设施主要包括医疗卫生、基础教育、社会福利服务等设施。随着国家发展阶段的提升，我国将更加重视社会发展，社会基础设施在整个基础设施建设中的地位将不断提升。

新型基础设施，包括5G网络、工业互联网等信息基础设施，智能交通、智慧能源等融合基础设施，以及科教基础设施、产业技术创新基础设施等创新基础设施。“新基建”这一概念进一步丰富了基础设施的内涵。

基础设施的行业分类（部分）见表2-1。

表2-1　基础设施的行业分类（部分）

经济基础设施				社会基础设施	新型基础设施
能源	交通运输	水利	通信		
传统能源	陆路运输	供水	长途通信	医疗	新型网络
煤	公路	家庭用水	固定网络	诊断	5G 网络
油/气	铁路网络	工业用水	移动网络	治疗/手术	千兆固网
核	本地公共交通	给排水	高速互联网	护理	卫星互联网
可再生能源	水路运输	雨水	塔（移动通信或广播）	康复	车联网
太阳能	内陆水运	市政污水处理	空中	养老院	工业互联网
风能	远洋运输	工业污水处理	卫星网络	教育/文化	政务专网
水能	运河		观测站	学校	数据智能
生物质能	港口			学生公寓	数据中心
地热	航空运输			图书馆	云边端设施
传输/配送	机场服务			剧院	大数据平台

续表

经济基础设施				社会基础设施	新型基础设施
能源	交通运输	水利	通信		
电力	航线服务			博物馆	人工智能设施
气	空中交通管制			体育	区块链服务平台
油/燃料	多式联运			大众体育	数据交易
区域供暖	内陆目的地（公铁联运）			专业运动	生态系统基础设施
海上目的地				行政	共性支撑软件
				办公室	产业园区生态
				电子政务	科创平台
				安全	智慧应用
				监狱	智慧城市
				警察	智慧政务
				国防	安全基础设施

《国家发展改革委关于切实做好传统基础设施领域政府和社会资本合作有关工作的通知》（发改投资〔2016〕1744号）提出，传统基础设施包括能源、交通运输、水利、环境保护、农业、林业以及重大市政工程七大领域，基本属于经济基础设施领域，未包括社会基础设施领域。《财政部关于在公共服务领域深入推进政府和社会资本合作工作的通知》（财金〔2016〕90号）提出，公共服务包括能源、交通运输、市政工程、农业、林业、水利、环境保护、保障性安居工程、医疗卫生、养老、教育、科技、文化、体育、旅游15个领域，基本覆盖全部基础设施领域，与产业发展领域对应。

三、基础设施的特征

1. 专业垄断性

一方面，基础设施行业具有较高的进入和退出壁垒。存在进入壁垒的主要原因在于，基础设施项目投资规模大、回收周期长、资产专业化程度高、技术及管理运营经验要求高。存在退出壁垒的主要原因在于，基础设施资产的专用性特征突出，产品或服务的公共物品属性导致资产难以变卖，从而造成大量的沉没成本，同时，由于基础设施涉及公共安全和利益，具有较强的外部性及公益性等特征，政府不允许企业随意退出。另一方面，基础设施的规模经济性使得由一家或少数几家企业垄断经营能使成本效率最大化，使得传统基础设施领域各行业普遍存在自然垄断性特征，客观上要求制定基础设施高质量发展政策时，必须充分考虑这些突出特征。

2. 社会关注性

基础设施具有较强的社会关注性，对经济社会可持续发展的影响很大。部分基础设施投资主要来源于国家及地方财政支出，涉及政府公共资源的优化配置问题。基础设施高质量发展相关政策的制定，往往会引起社会公众的高度关注，需要通过广泛调研、公众参与、深度协商达成共识。这不仅要求政策的内容合理科学，而且要求程序合法合规，社会公众能够普遍接受，形成尽可能广泛的社会共识及共同行动。

3. 政策共通性

不同地域、不同领域基础设施规划建设的目标、路径具有相仿性。与之相对应，基础设施的政策主体、政策目标、政策工具及其涉及的供给、需求、环境、时空等层面均具有一定的共通点，只是在专业技术和行业特质方面有差别。就基础设施的政策主体而言，各行业领域政策均分为国家、部门、地方政府三个层面；就基础设施的政策目标而言，一般分为总体战略目标、区域目标、地方目标、行业目标等；就基础设施的政策工具而言，一般包括规划、资金、人才、技术、科创、财税、金融、政务等方面。不同领域基础设施政策的酝酿、发布、实施、反馈等环节遇到的问题相似。

4. 超前基础性

在国家发展层面，基础设施是国民经济和社会发展的重要基础，其基础性包含两层含义：一是基础设施提供的产品和服务是其他生产部门进行活动的基础性条件，几乎没有产业活动不利用交通、通信、电力等基础设施；二是基础设施提供的产品和服务的价格构成其他部门产品和服务的成本。基础设施提供公共服务的质量和效率，会影响其他相关行业发展的质量，并对其他部门的发展产生连锁反应。在地方发展层面，基础设施提供当地经济社会体系运转必需的交通、水、气、热、电、通信等条件，是当地经济发展、人居环境改善、公共服务提升和社会安全运转的基本保障。

5. 系统层次性

各类基础设施之间具有复杂的物质流、信息流、能量流；在组织方式上，以地块为单元，各类设施在地块单元上进行集成，作为一个整体共同作用于工程设施。同时，基础设施具有不同的层次，不同层级的设施耦合，构成基础设施复杂系统。按照基础设施对国家安全影响的重要程度，可将其分为关键基础设施和一般性基础设施。关键基础设施包括能够对国家安全产生重要影响的能源、通信和信息技术、水利、交通运输、食品和农业、医疗保健和公共卫生、金融系统、政府和公共服务、公共安全、化学和核工业、关键制造、国防工业基地、太空和研究等领域的基础设施。

6. 关联协调性

基础设施必须与宏观及区域经济、人口规模、国家发展规划、国土空间规划、区域规划、各类专项规划、社会发展需要等保持协调。即使是同类别基础设施内部，也要构成有机整体，各相关部分不能相互割裂，如综合交通体系综合的公路和铁路网、水资源和排水系统等。不同类别基础设施（如交通网、电网、水网、气网等）互为网络、密切联系、相互制约、相互依存。基础设施与社会经济系统之间、各类基础设施体系之间、各行业基础设施内部构成要素之间，要综合协调发展，并考虑空间布局问题。空间上的平面关系、竖向关系，规模、质量的关系，管线工程和总体规划布局的关系，等等，形成各子系统相对独立又综合协调的基础设施大系统。

7. 社会公益性

基础设施对社会公众一般具有积极的效用，即公益性。积极的公益效用可以被基础设施的使用者或服务购买者享用，也可以通过外部性发挥作用。但在特殊情况下，基础设施也可能存在负的外部性，如造成周边生态环境变化或污染等。基础设施项目的公益性，决定了其投融资的可行性分析、项目事前及事后评估必须同时建立在经济性和社会性的基础上，不能仅考虑项目的商业性及盈利能力，要重视公众参与及社会评价等。

8. 效益间接性

基础设施的建设和管理，目的不完全在于获得项目自身的财务效益，还在于为整个国家和地方经济社会发展提供基础条件。基础设施的效益主要通过服务对象的效益和整体社会经济效益间接地表现出来。例如，高速铁路的建设投资和维护费用很高，孤立地看，高铁运营亏损、项目负债偏高等情况较为严重，但它们为城镇化、区域一体化、满足人民日益增长的美好生活需要创造了条件，间接效益明显。对基础设施项目质量的评价，要综合考虑直接效益和间接效益。

9. 效果长期性

与其他产业相比，基础设施产业初期投资巨大、使用期长、回收期长，例如，城市轨道交通平均综合造价为每公里 7 亿~10 亿元，但其发挥作用的时间可能达到上百年。另外，基础设施的社会公益性特征导致其服务价格往往不能以建设和运作成本为基准，而要考虑社会公众的可接受性，往往实行低定价政策，项目建成运营后，通常需要 15~25 年才能达到现金流量平衡乃至损益平衡。规模巨大的总投资，其效果难以在短期内集中反映，其带来的经济影响、社会影响、环境影响也要通过一段相当长的时期才能表现出来。对于类似的百年工程，需要通过完整的项目生命周期来全面评价其质量和效果。

第二节　交通行业基础设施及收入来源

一、交通行业基础设施

交通行业包括各式各样既相互联系又相互竞争的运输工具与交通方式，交通运输基础设施是其赖以存在的物质基础。在高度发达的工业化国家中，无论是在两个地点之间旅行还是进行货物运输，用户都可以在汽车、火车、飞机等运输工具，以及公路、铁路、空运或水运等交通方式中选择。一个有效的交通体系，能够节约通勤成本与信息成本，提高效率。交通行业一般可以分为陆路运输、航空运输、水路运输和多式联运（intermodality）。

（一）陆路运输

陆路运输包括公路运输及铁路运输。在货物起运地或者目的地非港口时，除航空运输外，一般采用国内铁路运输或者国内公路运输与海洋运输相结合的方式。

（1）铁路运输。在国际货运中，铁路运输的地位仅次于海洋运输。我国对外贸易铁路运输主要包括国际铁路货物联运和对香港特别行政区铁路货物运输（以下简称“对港铁路运输”）两个部分。

国际铁路货物联运，是指使用一份统一的国际联运单据，由铁路部门负责经过两国或者两国以上铁路的全程运送，并且由一国铁路当局向另一国移交货物时，不需要发货人和收货人参加。国际铁路货物联运通常是基于《国际铁路货物运送公约》或《国际铁路货物联运协定》进行的。我国对朝鲜、俄罗斯的大部分进出口货物采用国际铁路联运方式运送。国际铁路货物联运的单据主要是铁路运单正本和副本。在国际铁路货物联运方式下，发送国铁路的运送费用按发送国铁路的国内运价计算，到达国铁路的运送费用按到达国铁路的国内运价计算，过境国铁路的运送费用按《国际铁路货物联运协定》统一过境运价规程（统一货价）的规定计算。

对港铁路运输由内地段铁路运输和港段铁路运输两部分组成。供应港澳地区的物资经铁路运往深圳为内地段铁路运输部分；货车到达深圳后，要过轨至香港，继续运送至九龙车站，这一段为港段铁路运输部分。各地外运分公司以承运人的身份向发货单位提供经深圳中转香港的“承运货物收据”，并以此作为向银行办理结汇的凭证。对港铁路运输的费用，按内地段铁路运输和港段铁路运输分别计算，内地段铁路运输按人民币计算，港段铁路运输按港币计算。内地段铁路运输运费包括铁路运费、深圳过轨租车费和深圳外运公司劳务费。港段铁路运输运费包括铁路运费、港段终点站卸货费、港段调车费及劳务费等。

（2）公路运输。公路运输又称“汽车运输”，是一种现代化的运输方式。它不仅可以直接承担跨国货物运输，而且是车站、港口和机场集散进出口货物的重要手段。公路运输具有机动灵活、速度快和方便等特点，利于实现“门到门”运输。在我国与周边接壤国家的对外贸易中，公路运输占据重要地位。此外，内地对香港和澳门的部分货物进出口也是通过公路运输完成的。

（3）公共交通。公共交通也称“大众运输”（mass transit），泛指所有向大众开放并提供运输服务的交通方式，通常作为一种商业服务付费使用，但也有少数免费的例外状况。公共交通系统由通路、交通工具、站点设施等物理要素构成。广义的公共交通包括民航、铁路、公路、水运等；狭义的公共交通，是指城市范围内定线运营的公共汽车及轨道交通、渡轮、索道等交通方式。如再进一步分类，公共运输包括人员运输与货物运输；公共交通则仅指人员运输，且限于都市区范围的人员运输。为公众提供快速运输服务的公共交通被称作“大容量快速交通系统”。公共交通的收入来源主要是使用者付费加上适当的政府补贴。

（二）航空运输

航空运输是在具有航空线路和飞机场的条件下，以飞机为运输工具进行货物运输的一种运输方式，包括相关航空服务、机场地面服务及空中交通管理。在我国运输业中，航空运输的货运量占比相对较小，主要是承担长途客运任务。随着物流业的快速发展，航空运输在货运方面将会扮演重要角色。航空运输业受国际因素（如安全规则、标准及规定、航空器飞行及空域的监控、国家之间的协议、航空公司与机场组成的联盟，以及全球性的需求、航空器飞行和跨区域的枢纽机场）主导的程度远高于其他运输业。全球化是空运行业脆弱性日益明显的原因之一。例如，金融危机、SARS 等事件的发生，严重影响了航空产业的收入流，为航空产业的基础设施投资带来了风险。但是，全球范围内的劳动分工深化以及财富增长，激活了人员的商务出行需求，从而促进了航空运输业的发展，为航空业的基础设施投资价值提升提供了条件。

从价值链要素来看，航空运输基础设施主要配置在机场。在多数情况下，机场通过使用者付费与政府拨款补贴的方式获得收入，机场的付费用户主要包括航空公司与旅客，以及只使用商业服务的到访者。航空运输业的基础设施主要包括机场服务体系、航线服务以及空中交通管制等领域的配套设施。

（1）机场服务体系。机场的通用基础设施包括旅客航站楼、货运航站楼、停机坪、滑行道与飞机库等；而机场的运营基础设施则是指地面服务提供机构依赖的机场设施，如加油系统、行李运输系统等。从作业区域来看，地面服务可以简单地划分为航站楼内的客运服务、飞行区的机坪作业（如行李装卸、货邮装卸、运输、特种车辆等）、货站的货运服务三大区域。从目前各机场的实际运行情况来看，前两个区域在现行的经营管理模式下基本处于亏损状态，只有货站，几乎成了大型机场的利润中心。

（2）航线服务。航路是指根据地面导航设施建立的供飞机做航线之用、具有一定宽度的空域。飞机飞行的路线称为“航线”，航线确定了飞机飞行的具体方向、起讫和经停地点。飞机离开机场起飞之后，需要地面导航设施引导飞行，飞机航线以连接各地面导航设施的直线为航路中心线，航路规定有上限高度、下限高度和宽度。航路的宽度取决于飞机能保持按指定航迹飞行的准确度、飞机飞越导航设施的准确度、飞机在不同高度和速度时的转弯半径，并需加必要的缓冲区，因此航路的宽度不是固定不变的。《国际民用航空公约》附件十一规定，当两个全向信标台之间的航段距离在 50 海里（92.6 公里）以内时，航路的基本宽度为中心线两侧各 4 海里（7.4 公里）；航段距离在 50 海里以上时，根据导航设施提供飞机保持航迹飞行的准确度进行计算，扩大航路宽度。航路航线首先要保证安全，充分考虑所经地区的地形、气象特征以及附近的机场和空域，充分利用地面导航设施，方便航空器飞行和提供空中交通服务。

（3）空中交通管制。为了提高飞行安全，对飞机在航路内飞行必须实施空中交通管制。无论是空中及地面的控制，还是飞机的导航服务，都需要设施、系统以及设备等基础设施，以确保航空飞行安全。为了方便驾驶员和空中交通管制部门的工作，航路标有明确的名称代号。国际民用航空组织规定，航路的基本代号由一个拉丁字母和1~999的数字组成。地区性空中交通服务航路或国际航路是根据国际民航组织亚太地区航行规划确定的或我国确定的对外开放航路，其航路走向是由地区航行会议确定的，航路代码由国际民航组织亚太地区办事处指定，分别为A、B、G、R。地区性区域导航航路同样由国际民航组织亚太地区航行规划确定，航路代码由国际民航组织亚太地区办事处指定，分别为L、M和N。国内空中交通服务航路由国家确定代码，分别为H、J。国内区域导航航路由国家确定代码，分别是Q（航向180~359度）、Y（航向360~179度）和T（双向）。对于规定高度范围的航路或供特定飞机飞行的航路，可在基本代码之前增加一个拉丁字母，如K表示直升机低空的航路，U表示高空航路，S表示超音速飞机用于加速、减速和超音速飞行的航路；也可在基本代码之后增加一个拉丁字母，如D表示航路、航线或者部分航段只提供咨询服务，F表示航路、航线或者部分航段只提供飞行情报服务。

专栏2-1

随着中国通航产业的不断发展，将需要更多的基础设施，包括机场，地面固定基地运营商（FBO），维修、修理和大修（MRO）。目前，通航产业正处于快速发展时期，FBO成为支撑产业发展的必要工具。如今，许多FBO正在向更发达的市场学习并探索最适合中国的运营模式。MRO设施为飞机和飞行员提供必要的支持。随着通航产业的发展，通用飞机MRO行业也得到快速发展。截至2019年6月30日，共有26家为直升机提供大型维修（12个月及以上的定检、维修或大修）服务的MRO、17家为公务机提供服务的MRO、11家为涡桨飞机和活塞飞机提供服务的MRO。中国的MRO主要分为三类：飞机制造商直接或者合作设立的MRO、飞机制造商授权的MRO和其他在CAAR-145规章下运营的第三方MRO。通用机场和旨在进一步发展基础设施的政策对保证通航具有至关重要的作用。中国民航局推出了一系列针对地方和省级政府的政策，计划到2030年，通用机场的总数超过2000个，这将最终促进MRO设施在中国的发展。

（资料来源：亚翔航空2019年度《中国通航产业报告》）

（三）水路运输

水路运输是以船舶为主要运输工具，以港口或港站为运输基地，以水域（包括海洋、河流和湖泊）为运输活动范围的一种运输方式。水路运输行业包括主要用于货物转运的港口，以及作为货物运输通道的航道（如海洋、河流、运河等）。水陆运输的技术经济特征是载重量大、成本低、投资省，但灵活性小、连续性差，较适于担负大宗、低值、笨重和各种散装货物的中长距离运输，特别是海运，更适于承担各种外贸货物的进出口运输。水路运输的基础设施，不仅包括航道中的自然河道、运河、桥梁、船闸、升降设施及其他附属基础设施，还包括运营体系中的运输数据收集系统、智能交通服务系统及油库等基础设施。

（1）内河航道。内河航道可分为天然航道和人工航道。大多数航道由天然河道组成，只有少部分由人工建造而成，航道的使用对天气有一定的依赖性。大多数航道由天然河道组成，并不意味着不需要进一步投资就可以直接利用。自然河道需要通过挖深水道，建设船闸、升降设施、泵站以及弯道取直等工程，成为便利的交通网络。按航道对船行阻力的大小，内河航道可分为限制性航道和非限制性航道。人工运河和渠道属于限制性航道，天然航道大多为非限制性航道。航道具有真正的自然垄断特征，因此水运基础设施的必要资金主要由公共部门提供，或者由具有国资背景的大型水利投资公司提供开放资金。

（2）远洋运输（ocean shipping）。远洋运输，是指以船舶为工具，从事本国港口与外国港口之间或者外国港口之间货物和旅客的运输，即国与国之间的海洋运输，或称“国际航运”。当前，国际上普遍采用的远洋船舶的运营方式可分为两大类，即班轮运输和租船运输。班轮运输又称“定期船运输”，是指船舶按事先制定的船期表（时间表），在特定的航线上，以既定的挂靠港口顺序，经常地从事航线上各港口间的船舶运输。班轮运输的费率相对固定。班轮运输可分为两种形式：一种是核心班轮，即定线定期班轮；另一种是定线不一定定期班轮。租船运输又称“不定期船运输”，它和班轮运输不同，没有事先制定的船期表（时间表），航线、挂靠港口也不固定，具有一定的灵活性。自1946年美国货车司机马尔科姆·麦克莱恩发明集装箱运输货物成功之后，集装箱很快引发了远洋运输的一场革命。集装箱与港口吊塔等基础设施的配套组合，大大提高了远洋运输的效率。

（3）运河航道。运河航道既有连接内陆江河的人工河道，也有连接海洋的人工航道。按照是否设有船闸，运河可分为设闸运河和无闸运河。设闸运河，即运河内设有船闸，以克服水面落差大的运河，如巴拿马运河和德国基尔运河；无闸运河，即水面落差较小，不设船闸的运河，如中国京杭大运河。运河的建设，能够带来航运成本的降低，以及更多投资机会。公开资料显示，中国是巴拿马运河的第二大用户。巴拿马运河88%的业务量是美国与亚太地区间的贸易货物，而来自中国的贸易货物占了38%。中远集团与中海集团对巴拿马运河的拓宽和尼加拉瓜新运河的建设，将大大节约货船的续航里程，降低运输成本。

（4）港口。港口是水陆交通的集结点和枢纽，也是商贸和物流的重要节点与支撑，更是工农业产品、商贸流通、外贸进出口物资的集散地。港口是江、海运和陆运的交接点，多式联运、综合物流的中心，也是工业活动基地，更是城市发展的增长点。港口可以分为海港与内陆港。海港一般位于海岸，主要服务于国际贸易，从地区与经济角度来看，海港一般是重要的工业基地；而内陆港主要位于航道（如河流、湖泊或运河）上，用于国内货物运输并可作为跟其他运输方式的接口，较少用于国际物流。此外，按照主要货物的种类，可以将港口/码头分为集装箱码头、干散货（沙/煤）码头、液体散货（如液化天然气、石油）码头和零散杂货（如木头）码头。港口的主体设施是码头相关设施，包括吊车、堆场、仓库、生产及处理设施等，一般由本地港务局或者私营码头运营商进行投资与管理。

（四）多式联运

由两种及以上交通工具相互衔接、转运而完成的运输过程统称为“复合运输”，我国习惯称为“多式联运”。《联合国国际货物多式联运公约》对国际多式联运的定义如下：按照国际多式联运合同，以至少两种不同的运输方式，由多式联运经营人把货物从一国境内接管地点运至另一国境内指定交付地点的货物运输。国际多式联运是采用两种或两种以上不同运输方式进行联运的运输组织形式。这里所指的“两种或两种以上不同运输方式”，可以是海陆、陆空、海空等。这与一般的海海、陆陆、空空等形式的联运有着本质的区别。后者虽然也是联运，但是同一种运输工具之间的运输方式。一般来说，水路运输具有运量大、成本低的优点；公路运输较为机动灵活，便于实现货物的门到门运输，铁路运输的主要优点是不受气候影响，可深入内陆和横贯内陆，实现货物长距离的准时运输；航空运输的主要优点是可实现货物的快速运输。国际多式联运严格规定必须采用两种或两种以上不同运输方式进行联运，因此可综合利用各种运输方式的优点，充分体现社会化大生产大交通的特点。根据组织方式和体制的不同，多式联运可分为协作式多式联运和衔接式多式联运两大类。

(1）协作式多式联运。协作式多式联运是指两种或两种以上运输方式的运输企业，按照统一的规章或商定的协议，将货物从接管地点运到指定交付地点的运输。根据开展联运依据的不同，协作式多式联运可进一步细分为法定（多式）联运和协议（多式）联运两种。

法定（多式）联运，是指采用不同运输方式的运输企业之间根据国家运输主管部门颁布的规章开展的多式联运。铁路、水路运输企业之间根据原铁道部、原交通部共同颁布的《铁路和水路货物联运规则》开展的水陆联运即属此种联运。在这种联运形式下，有关运输票据、联运范围、联运受理的条件与程序、运输衔接、货物交付、货物索赔程序，以及费用清算等，均应符合国家颁布的有关规章规定，并实行计划运输。

协议（多式）联运，是指运输企业之间根据商定的协议开展的多式联运。不同运输方式的干线运输企业与支线运输或短途运输企业，根据所签署的联运协议开展的多式联运，即属此种联运。在这种联运形式下，联运采用的运输方式、运输票据、联运范围、联运受理的条件与程序、运输衔接、货物交付、货物索赔程序，以及承运人之间的利益分配与风险承担等，均按联运协议的规定办理。与法定（多式）联运相比，协议（多式）联运最大的缺点是联运执行缺乏权威性，而且联运协议的条款可能会损害货方或弱小承运人的利益。

(2）衔接式多式联运。衔接式多式联运，是指由一家多式联运企业（以下简称“多式联运经营人”）综合组织两种或两种以上运输方式的运输企业，将货物从接管地点运到指定交付地点的运输。在实践中，多式联运经营人既可能由不拥有任何运输工具的国际货运代理、场站经营人、仓储经营人担任，也可能由某一区段的实际承运人担任。但无论如何，多式联运经营人必须持有国家有关主管部门核准的许可证书，能独立承担责任。

在衔接式多式联运下，运输组织工作与实际运输生产实现了分离，多式联运经营人负责全程运输组织工作，各区段的实际承运人负责实际运输生产。在这种体制下，多式联运经营人也具有双重身份。对货方而言，多式联运经营人是全程承运人，与货方订立全程运输合同，向货方收取全程运费及其他费用，并承担承运人的义务；对各区段实际承运人而言，多式联运经营人是托运人，与各区段实际承运人订立分运合同，向实际承运人支付运费及其他必要的费用。很明显，这种运输组织与运输生产相互分离的形式，符合分工专业化的原则，由多式联运经营人“一手托两家”，不但方便了货主和实际承运人，也有利于运输的衔接。因此，它是联运的主要形式。在国内联运中，衔接式多式联运通常被称为“联合运输”，多式联运经营人则被称为“联运公司”。

二、交通行业收入来源

交通行业的收入来源，是交通基础设施资产证券化定价的基础，也是交通设施 REITs 定价的基础。一般来说，无论是由政府还是由社会资本投资，交通基础设施项目都可以通过公共预算或使用者付费来支撑。交通行业的潜在收入来源见表 2-2。公路与航空业的收入一般足够自保，归集的收入除了覆盖各自的特定成本，还有超额部分。通常，铁路行业亏损，必须由政府进行补贴。这是因为铁路基础设施成本特别高，而票价往往受政治和社会因素的影响。

表 2-2　交通行业的潜在收入来源

公共预算	税收
	直接税收（如收入税、资本利得税、财产税等）
	间接税（如增值税等）
	关税
	使用费、缴费（如社会福利费等）
	缴费（如使用费、人头费等）
	其他收入
（交通）行业特定收入	行业特定税收、收入、缴费等
	消费者购买商品（如燃料等）
	交通服务（如航空服务等）
	消费者的商品与服务增值税
	使用者付费（如公共交通、铁路、船运的收费等）
	其他收入（如出让机场或铁路公司的收入等）
	机场、高铁站或其他火车站等的零售/特许权/商业

续表

（公路、高速公路等）子行业的特定收入	子行业特定税收、收费、缴费等
	消费者购买商品（如燃料、机动车拥有税等）
	道路相关服务（如智能交通服务、交通管理等）
	使用者付费（如通行费、缴费券、拥堵费等）
	其他收入（如私有化收入、加油站或检测区的特许经营费、商业等）

资料来源：韦伯，斯托布－比桑，阿尔芬．基础设施投资指南［M］．罗连桂，译．2版．北京：机械工业出版社，2018。

第三节　能源产业基础设施及收入来源

一、能源产业基础设施

能源产业又称“燃料动力工业”，是指开发利用自然界中各种能量资源及将其转变为二次能源的工业生产部门。能源产业的发展，对于国民经济的发展具有十分重要的作用。全球一次能源消耗（包括能源损耗）已经超过151000亿瓦特。1988年以来，能源使用量的复合增长率为2.5%，化石燃料（煤、石油、天然气）目前在全部能源消耗中占比87%，核电、水电和可再生能源占13%。随着可持续发展理念的深入人心，能源结构正在发生重大变化，煤电与石化燃料所占比例在不断下降，而可再生能源及清洁能源所占比例在不断上升。

能源业是基础工业的重要组成部分，一般分为两大类：一类是能源开采工业，其产品为一次能源，如煤炭工业、石油工业、天然气工业、制氧工业等；另一类是能源加工转换工业，其产品为二次能源，如炼焦工业、石油冶炼工业、电力工业和蒸汽动力工业等。随着科技进步和社会生产的发展，许多新能源或过去难以大规模利用的低热值能源被逐步开发利用，成为能源工业新的组成部分，如太阳能发电、地热能发电、垃圾发电、沼气生产和核电站等。传统能源产业的发展，需要以大量的基础设施投入为前提。能源产业基础设施需要占用大量资金，导致能源投资企业的成本高昂、风险集中。因此，通过新的金融合约将占用的资金释放出来，将有利于能源企业的进一步发展。

政府的主要职责是为终端用户提供各种各样的能源产品与服务，即电力和区域性加热/制冷服务，以及可用燃料。这些产品与服务中的每一项都涉及从能源生产到终端消费的专用技术、标准、投入和产出、基础设施和规制政策。在能源业的产业链条中，价值链要素与商业模式多种多样，相关资产设施也存在差异。提高这些产品与服务的市场价值和服务效率，需要在全球市场配置能源资源，这就涉及政府、企业及国际经济组织之间的博弈与协调。能源产业的价值链要素与商业模式的多样化结合，对能源REITs底层资产的价值具有重要影响。

（一）电力行业

电力占全球能源消耗总量的15%，主要来源是化石燃料（68%）、水力发电（16%）、核电（11%）和虽然数量不大却在逐步增加的可再生能源（主要是风力、太阳能、生物质/垃圾）。电力行业的组织结构主要基于集中式发电厂、单项传输及配送网络和最小额度的能源储存能力。但是，随着可再生能源发电厂（如太阳能、风力等）和分布式网络（分布式发电）使用范围的扩大，以及新储能技术的发展，电网的复杂程度在不断增加。

电是由不同能源渠道按照不同方式转换的一次性能源，这个转换过程就是电力的生产过程。在这个过程中，传输系统运营商（TSO）通常使用专用的高压传输网络从发电厂对电力进行长距离输送。传输网络中的电力被销售到市场，并通过配送网络输送到终端用户处。配送网络既包括中等电压的区域性配送网络，也包括配送终端用户“最后一公里”的低压网络。中国的传统能源主要分布在西部地区，而电力用户主要在东部地区，因而“西电东送”是我国电力基础设施的主要框架。这个市场组织构架为“发电设施—可用的存储设施—高压输电设施—中压配电设施—低压输送设施—终端用户”。三类电力网络（高压、中压、低压）都属于自然垄断行业，因此，新进入者会面临较高的市场壁垒。由此可见，电力市场是一个竞争不充分的市场，电力基础设施的投资方为收回投资成本并获得相应的盈利，往往受制于政府规制。

可再生能源发电是电力产业发展的新趋势。为了不将贮存于地球的能源耗尽，可再生能源的发展成为可持续发展的重要内容，也是绿色发展的核心内容。据有关机构预测，到2030年，可再生能源有潜力满足全球全部电力需求的50%~90%。在那些水电资源丰富的国家，可再生能源占全部发电量的比例已经很高了。例如，在冰岛和巴西，可再生能源分别提供了100%与85%的电力。在电力市场中，有很多种类的可再生能源用于发电，包括水能、风能（内陆和海上）、生物能（如用生物质发电）、太阳能光伏、集中式太阳能、地热和海洋（波浪与潮汐）。水能（主要基础设施是大型水库/大坝）是当前可再生能源发电的主体，占全球可再生能源总量的70%左右。但是，水能的增长基本达到了极限，目前全球增长最快的是风能、太阳能和生物能。

1. 太阳能发电

太阳能是最原始的能源，地球上几乎所有其他能源都直接或间接来自太阳能。太阳能是太阳内部或者表面的黑子连续不断的核聚变反应过程产生的能量。尽管在全球范围内，太阳能很丰富，而且可以预测，但其强度（指特定时期在特定表面接收的太阳辐射能源的总量）在地理上有差异，每天和每年也有波动。

太阳能发电，是指利用电池组件将太阳能直接转变为电能。太阳能电池组件是利用半导体材料的电子学特性实现P-V转换的固体装置。在广大无电力网地区，该装置可以方便地实现为用户照明及提供生活供电，在一些发达国家，还可与区域电网并网实现互补。目前，从民用的角度看，在国外技术研究趋于成熟且初步产业化的是“光伏建筑（照明）

一体化”技术，而国内主要研究生产适用于无电地区家庭照明的小型太阳能发电系统。太阳能发电系统主要由太阳能电池组件（阵列）、控制器、蓄电池、逆变器、用户即照明负载等组成。其中，太阳能电池组件（阵列）和蓄电池为电源系统，控制器和逆变器为控制保护系统，用户即照明负载为系统终端。

太阳能既可以通过太阳能电站转化为电力，并接入电网；也可以通过分布式光伏发电系统，满足农村、牧区、山区以及小城镇等特定用户的需求。分布式光伏发电系统的基本设备包括光伏电池组件、光伏方阵支架、直流汇流箱、直流配电柜、并网逆变器、交流配电柜等设备，以及电站监控装置和环境监测装置。其运行模式是在有太阳辐射的条件下，光伏发电系统的太阳能电池组件（阵列）将太阳能转换为输出的电能，经过直流汇流箱集中送入直流配电柜，由并网逆变器逆变成交流电供给建筑自身负载，多余或不足的电力通过连接电网调节。

2. 风力发电

风力发电是指把风的动能转为电能。风能作为一种清洁的可再生能源，越来越受到世界各国的重视。其蕴量巨大，全球的风能约为 2.74×10^9 兆瓦，其中，可利用的风能为 2×10^7 兆瓦，比地球上可开发利用的水能总量还要多 10 倍。中国风能储量很大、分布较广，仅陆地上的风能储量就有约 2.5 亿千瓦，海上可开发和利用的风能储量约 7.5 亿千瓦，共计 10 亿千瓦。随着全球经济的发展，风能市场也迅速发展起来。2004 年以来，全球风力发电能力翻了一番，预计未来 20~25 年，世界风能市场每年将递增 25%。随着技术进步和环保事业的发展，风能发电在商业上将完全可以与燃煤发电竞争。

风力发电的原理是利用风力带动风车叶片旋转，再通过增速机将旋转的速度提升，来促使发电机发电。依据风车技术，大约是每秒 3 米的微风速度（微风的程度），便可以开始发电。风力发电所需的装置，称作“风力发电机组”。这种风力发电机组，大体上可分为风轮（包括尾舵）、发电机和塔筒三个部分。发电装置、传输系统、调峰体系以及相关配套设施共同组成了风力发电的基础设施。作为风力发电基础设施的投资者，其投资回报与资金回流主要通过平价上网实现。如果因为技术以及成本过高不能直接平价上网，则需要一定时间的补贴，即通过价格补贴扶植国家与社会所需的清洁能源生产商和清洁能源产业。

风力发电在芬兰、丹麦等国家很流行，中国也在西部地区大力提倡。小型风力发电系统效率很高，但它不是由一个发电机头组成的，而是一个有一定科技含量的小系统：风力发电机+充电器+数字逆变器。风力发电机由机头、转体、尾翼、叶片组成。每个部分都很重要，各部分功能如下：叶片用来接受风力并通过机头转换为电能；尾翼使叶片始终对着来风的方向，从而获得最大的风能；转体能使机头灵活地转动，以实现尾翼调整方向的功能；机头的转子是永磁体，定子绕组切割磁力线产生电能。因风量不稳定，风力发电机输出的是 13~25 伏变化的交流电，须经充电器整流，再对电瓶充电，使风力发电机产生的电能转化为化学能。然后，用有保护电路的逆变电源，把电瓶里的化学能转变成交流 220 伏市电，才能保证稳定使用。小型风力发电投入产出比较高，在小范围与短半径范围内，其效率是比较高的，其发电成本比全国性电网的价格低。因此，小型风力发电系统在经济上是有效的，在市场上有竞争力。

3. 水力发电

水力发电是全球最传统和规模最大的可再生能源渠道，因为其战略重要性及对社会的重要影响，水力发电受到各国政府严格的限制。水力发电是指利用河流、湖泊等位于高处具有势能的水流至低处，将其中所含势能转换成水轮机的动能，再以水轮机为原动力，推动发电机产生电能。利用水力（具有水头）推动水力机械（水轮机）转动，将水能转变为机械能，如果在水轮机上接上另一种机械（发电机），随着水轮机的转动便可发出电来，这时机械能又转化为电能。因水力发电厂发出的电力电压较低，要输送给距离较远的用户，就必须先将电压经过变压器增高，再由空架输电线路输送到用户集中区的变电所，最后降低为适合家庭用户、工厂用电设备的电压，并由配电线输送到各家庭及工厂。

发电站、发电设备、变压设备以及输电设备，构成了水力发电的基础设施。水电站的基础设施主要包括：为形成水库需要的挡水建筑物，如坝、水闸等；排泄多余水量的泄水建筑物，如溢洪道、溢流坝、泄水孔等；为发电取水的进水口；由进水口至水轮机的水电站引水建筑物；为平稳引水建筑物的流量和压力变化而设置的平水建筑物（调压室、前池），以及水电站厂房、尾水道、水电站升压开关站等。

水轮机和水轮发电机是水电站的基本设备。为保证安全经济运行，在厂房内还配置有相应的机械、电气设备，如水轮机调速器、油压装置、励磁设备、低压开关、自动化操作和保护系统等。在水电站升压开关站内，主要设升压变压器、高压配电开关装置、互感器、避雷器等，以接受和分配电能。通过输电线路及降压变电站，可将电能最终送至用户。这些设备要求安全可靠，经济适用，效率高。为此，对于设计施工和安装，都要精心研究。

4. 生物质发电

生物质发电利用生物质具有的生物质能发电，是可再生能源发电的一种，包括农林废弃物直接燃烧发电、农林废弃物气化发电、垃圾焚烧发电、垃圾填埋气发电、沼气发电。世界生物质发电起源于20世纪70年代，当时，世界性的石油危机爆发，丹麦开始积极开发清洁的可再生能源，大力推行秸秆等生物质发电。中国是一个农业大国，生物质资源十分丰富，各种农作物每年产生秸秆6亿多吨，其中，可以作为能源使用的约4亿吨；全国林木总生物量约190亿吨，可获得量为9亿吨，可作为能源利用的约3亿吨。发展生物质发电产业是构筑稳定、经济、清洁、安全能源供应体系，突破经济社会发展资源环境制约的重要途径。

生物质的发电方式包括直接燃烧发电、混合发电、气化发电、沼气发电以及垃圾发电等。①直接燃烧发电是将生物质在锅炉中直接燃烧，生产蒸汽带动蒸汽轮机及发电机发电。生物质直接燃烧发电的关键技术包括生物质原料预处理、锅炉防腐等。锅炉的原料适用性及燃料效率、蒸汽轮机效率等也会影响生物质发电。②生物质还可以与煤混合作为燃料发电，称为“生物质混合燃烧发电技术”。混合燃烧方式主要有两种：一种是生物质直接与煤混合后投入燃烧，该方式对于燃料处理和燃烧设备要求较高，不是所有燃煤发电厂都能采用的；另一种是生物质气化产生的燃气与煤混合燃烧，这种混合燃烧系统中的燃烧，产生的蒸汽送入汽轮机发电机组。③生物质气化发电技术是指生物质在气化炉中转化为气体燃料，经净化后直接进入燃气机中燃烧发电或者直接进入燃料电池发电。气化发电的关键技术之一是燃气净化技术，气化出来的燃气都含有一定的杂质，包括灰分、焦炭和焦油等，需经过净化系统把杂质除去，才能保证发电设备的正常运行。④沼气发电是随着沼气综合利用技术不断发展而出现的一项沼气利用技术，其主要原理是，利用工农业或城镇生活中的大量有机废弃物经厌氧发酵处理产生的沼气驱动发电机组发电。沼气设施所需投资很少，运营成本相对较低。这类能源通常很便宜，原料成本主要产生在收集与运输环节。沼气发电厂的盈利能力主要取决于生物质的供应距离（降低运输成本）、原料的质量和电厂的规模（大型电厂通常效率更高）。⑤垃圾发电包括垃圾焚烧发电和垃圾气化发电，它不仅可以解决垃圾处理的问题，还可以回收利用垃圾中的能量，节约资源。垃圾焚烧发电是利用垃圾在焚烧锅炉中燃烧放出的热量将水加热获得过热蒸汽，推动汽轮机带动发电机发电。垃圾焚烧技术主要有层状燃烧技术、流化床燃烧技术、旋转燃烧技术等。发展起来的气化熔融焚烧技术，包括垃圾在450~640摄氏度下的气化和含碳灰渣在1300摄氏度以上的熔融燃烧两个过程，垃圾处理彻底，过程洁净，并可以回收部分资源，被认为是最具前景的垃圾发电技术。

5. 传输与配送

在基础设施行业中，传输与配送意味着通过专用网络（高压、中压、低压）“输送”电力、油或天然气。电力系统主要由电源、输变电设备、线路、配电设备、负载五大环节构成。其中，通过骨干网络进行长距离高压调度被称为“传输”。为了长距离低损耗输电，要将电源发出的低电压大电流的电能转变为高电压小电流的电能进行传输，这就需要变电设备及其保护设备（如升压变压器和断路器）。被升压的电能通过电力线路向负荷中心传送，线路形式有架空线缆、输电管道、电缆等。电能传送到负荷中心后，要将其降压，这时电流增大，再通过配电设备对电能进行分配和计量，最终送到负载点。用户的各种电器设备通过配电网获得电能。配送包括区域性的中压调度和面向终端用户的低压的“最后一公里”交付。

传输与配送不仅指物理网络（输电线和变电站），还包括用于控制/管理网络及其绩效（需求与供给的设计/平衡、频率与电压控制、持续性供电、计量等）等的系统服务。三种电力网络（高压、中压、低压）都是“自然垄断”，容量有限且进入壁垒较高。因此，在大多数国家，由政府主管部门规制这些网络，包括变电站及其高压网络接口，以确保向所有市场参与者开放。规制的目的是确保消费者的利益不因为传输与配送运营商的垄断地位而受损。在不同国家和规制构架下，传输与配送运营商的收益差异较大，其在电力价值链中所占成本为25%~40%，通常情况下，这些成本的1/3与传输相关，2/3产生于配送环节。进入21世纪以来，传输与配送领域出现了智能电网系统、高压直流系统、高速数字转换器以及城市/农村地区的微电网等技术创新，这些技术的实际运用，需要相应的基础设施投资，并形成现实的生产力。

6. 电力存储

可再生能源电力生产加大了电网不同时间供应能力的波动性，如何调峰并维持电网供电能力的平衡成为一个重要课题。可再生能源发电通常只是增量，因为它没有内生的储能机制。很多可再生能源发电厂，只能基于所用的可再生能源（如风能、太阳能、波浪与潮汐等）的实时供应情况向电网供电。随着电力市场中风能与太阳能光伏占比不断上升，电网的电力波动率进一步上升。电网需要不断平衡，以确保进入电网的电力数量与终端用户的电力消耗数量匹配。平衡电网是输电商和配电商的任务，其中，对电力的供应与需求是其核心工作。可再生能源电力生产具有不连续性，而基于长周期的电力生产商（如大型水电站、核电厂、燃煤电厂等）的生产活动具有连续性，为平衡电网，需要投资建设大规模的储能设施。

电力存储技术为电网实现平衡提供了技术支持。现有储能技术包括抽水储能水电站、压缩空气、超级电容、飞轮与电池等。其中，抽水储能水电站与压缩空气储能技术的效益最为明显，超级电容、飞轮则适于短期、高频率的储能需要，电池是适合较低使用频率、成本最低的解决方案。新兴可再生能源专用的存储技术主要包括电转气技术与熔盐集中式太阳能技术。能源存储技术为能源存储供应商获利提供了契机。电力存储技术降低了电力存储的成本，为电力存储的盈利提供了前提条件。通常，能源存储供应商在低需求、低市场价格的时段买入和存储能源，而在需求高峰期、市场价格高的时段卖出，从而产生收入。

专栏2-2

昆宇电源

新型储能是构建新型电力系统的重要技术和基础装备，是实现碳达峰、碳中和目标的重要支撑，也是催生能源新业态、抢占国际战略新高地的重要领域。2021年，全球新增储能装机规模为29.6亿瓦时，同比增长72.4%。预计到2025年，全球新增储能装机量将达到362亿瓦时，全球储能市场将持续保持高增长态势。当前储能装机增量以锂电储能为主，其在新型储能装机中的占比超过90%，预计5~10年，锂电储能将在新型储能市场占据主导地位。锂电储能市场已进入爆发期。

东营昆宇电源科技有限公司成立于2019年，在整合了光宇国际集团优质资产、优秀团队的基础上，已成长为一家具备一流技术和全球影响力的新能源锂电池企业。团队核心成员拥有20余年的电化学储能产品研发、生产、系统集成经验，持续多年为全球客户提供高品质的锂电池产品与服务，目前拥有网络能源、电力储能、绿色出行、消费类锂电池四大产品线，并具备核心产品锂电池电芯生产、能量管理系统设计开发、系统集成的一站式综合解决能力。

昆宇电源通信储能产品已经连续多年保持全球出货量第一，并依靠多年的技术积累及产品开发经验，响应市场需求，推出超长循环寿命、超高功率、超高低温区等行业领先的系列产品，顺利打开电力储能市场。该公司在电力储能领域已先后完成山东垦利渔光互补、云南昆明供电局35千伏招桂变电站项目、西藏日喀则光伏配储、山东滕州光伏配储、国网冀北变电站风光储综合能源示范项目、联合国扶贫索马里光伏配储、印度光伏配储等国内外多个场景下的磷酸铁锂电池储能项目。

（资料来源：根据本书主编对昆宇电源常德基地的调研资料整理）

（二）天然气网络

天然气占全球能源消费需求的21%，是全球能源的第三大来源。全球每年的天然气需求量估计是3.5万亿立方米，相当于石油消费量的70%。燃气开发一般从油田（油气混生）、气井/凝析油气井中开采天然气。从工序上说，天然气生产与处理环节所需投资的基础设施包括钻井和打井设施、生产井、收集管道、收集与增压站以及天然气处理厂。这类上游与中游的基础设施资产，具有较高的风险，传统上由诸如油、气专业公司或者勘探公司进行投资开发。而用于传输、存储与配送天然气的下游资产，尽管其资产专用性程度较高，但是资产风险相对油气开采的投资而言较低。

1. 天然气传输

天然气管道是指将天然气（包括油田生产的伴生气）从开采地或处理厂输送到城市配气中心或工业企业用户的管道，又称“输气管道”。天然气管道是天然气网络中重要的基础设施，在现有的天然气传输体系中，长距离、高压力的管道输送和运输占天然气供应量的68%，剩下的32%作为液化气通过海运或陆路运输。由于天然气管道运输具有运输成本低、占地少、建设快、油气运输量大、安全性能高、运输损耗少、无“三废”排放、发生泄漏危险小、对环境污染小、受恶劣气候影响小、设备维修量小、便于管理、易于实现远程集中监控等优势，许多国家将发展天然气传输作为能源战略的重要组成部分。因此，输气管道作为国家能源产业的基础设施，往往被提到能源战略的高度予以关注。输气管道按照用途可分为集气管道、输气管道、配气管道三种。

集气管道，是指从气田井口装置经集气站到气体处理厂或起点压气站的管道，主要用于收集从地层中开采出来未经处理的天然气。由于气井压力很大，一般集气管道压力在100千克力/平方厘米以上，管径为50~150毫米。

输气管道，是指从气源的气体处理厂或起点压气站到各大城市的配气中心、大型用户或储气库的管道，以及气源之间相互连通的管道，输送经过处理符合管道输送质量标准的天然气（见管道输气工艺），是整个输气系统的主体部分。输气管道的管径比集气管道和配气管道的管径大，最大的输气管道管径为1420毫米。天然气依靠起点压气站和沿线压气站加压输送，输气压力为70~80千克力/平方厘米，管道全长可达数千公里。

配气管道，是指从城市调压计量站到用户支线的管道，压力小，分支多，管网稠密，管径小，除大量使用钢管外，低压配气管道也可用塑料管或其他材质的管道。

从遥远的抽气场所到消费市场，通过长距离的天然气管道输送不具有经济上的可行性，一般采用液化天然气的输气方式，即通过冷链物流输送液化天然气，从路途遥远、地缘风险较高的国家与地区进口天然气，以实现国家气源的多样性，从而降低一个国家的能源风险。

2. 天然气存储

天然气存储要达到的目的是缓和气价波动、缓冲季节性供应与需求变化且确保供应。天然气运抵市场，不可能立即完成交易，因此天然气配气公司需要将天然气存储起来，以备将来季节性需求量变化时出售（基本负荷储备），或者作为战略储备（高峰负荷储备），在不可预知的供气中断或短缺时保障供给。天然气通常被存储在地下废弃的天然气/油库或者盐洞、蓄水层。存储设施连接主干管网，利用各种井实现注气、测量、回收、脱水和收集功能。地下储气需要很多天然气充满洞穴，还要形成足够的压力（形成不能取用的垫层气）。因此，垫层气的成本是天然气存储设施单一最大投资成本，占总资金支出的比例高达50%。

存储天然气有两个必备的地方：基本负荷储存库和高峰负荷储存库。基本负荷储存库的特点是长期充注和季节性抽取，因此常常每年更换一次库存；高峰负荷储存库的设计具备在天然气短缺时大量输送的能力，并保证满足突发性和短期性天然气需求量猛增（这种储存库的规模较小，并要具备比基本负荷储存库更快被重新装满的能力），高峰负荷储存库的更新速度可缩短至几天或几周。

用于天然气存储的压缩机类型取决于工作条件。人们经常选用由汽轮机或电动机驱动的离心式压缩机或由汽轮机驱动的往复式压缩机。存储天然气的基础设施，资产专用性程度较高。

3. 天然气配送

类似于电力配送，天然气配送系统运营商将燃气配送给终端用户。天然气运营商通过两个阶段将气体稀释到较低的压缩率，以满足客户的使用需要。尽管是管理其自有网络，但配送系统运营商/地区配送公司不仅要对自身运行的健康和安全负责，而且要对影响其运行的自然灾害或技术故障做出紧急反应。在物理上，有这样一个准则：气体的临界温度越高，越容易液化。天然气的主要成分是甲烷，甲烷的临界温度很低，因此很难液化；而液化石油气的主要成分临界温度较高，很容易液化。

天然气的定额与燃气用具、气候、生活方式等密切相关。当然，在现实生活中，每天使用的气体量是不均匀的，因而存在不均匀系数。气体的不均匀系数随处可见。燃气公司能够通过计算得出最大瞬时气体供给量，以便确定在开始铺设天然气管道时的气体管道直径。城市燃气的需求不一致，但燃气公司供给的气源一般是一致的，不能按所要求的公共条件分配。为了处理这一矛盾，天然气配送店一般通过三种办法平衡供需：一是调理供气能力，二是调理不同时节用气的不均匀性，三是选用共同的气体储存设备。通过储存设备，可以在气体峰值时期储存过剩气体，并在气体耗费顶峰开释气体，以保证供需平衡。

（三）区域能源系统

联合国环境规划署（UNEP）在2015年发布的《城市区域能源：充分激发能源效率和可再生能源潜力》报告中指出，到2050年，现代化的区域能源体系将能贡献全球能源领域减排需求的60%，并减少一次能源消耗达50%。该报告选取了包括中国鞍山在内的全球45个区域能源利用示范城市，为世界各国城市的能源利用和转型提供了参考。2009年，联合国秘书长潘基文和世界银行行长等全球合作伙伴共同发起了“人人享有可持续能源”的全球倡议，以实现2030年全球能效和可再生能源占能源比例翻番。在该倡议下，联合国设立了区域能源、建筑、交通、照明、家电设备等多个领域的加速器平台。国际能源署建筑和社区节能项目（IEA ECBC）研究表明，区域能源系统整体优化产生的节能潜力远大于单个对象节能改造具有的节能效果。

广义上，区域能源可以定义为在某个特定的区域内，人们生产、生活所需的各种形式、各种品位能源被合理地、集成地、高能效地生产、输配、利用与耗散；狭义上，区域能源可以定义为区域供暖、区域供冷、区域供电以及解决区域能源需求的能源系统的综合集成。由此可见，区域能源具有以下五层含义：

（1）区域能源不是指具体的能源形式，而是指对区域范围内各种能源资源进行基于需求的系统集成——一次能源、二次能源的接收、生产、转化、传输与供应。

（2）本质上应理解为规划概念，是以提高区域内能效、降低能耗为目的的能源系统（一次与二次）布局与管理。

（3）区域能源以终端需求为出发点，重视区域内能源资源的综合与能效提升，而非传统的“大能源”供应侧思维，更强调能源供应的可靠性。

（4）通过区域能源实现终端用能的合理配置，构建形式多样、能源品位多元、按需分配、梯级利用的能源网络，也因此实现区域内低品位可再生能源、余热及废热的充分利用。

（5）区域能源所指的区域可以是城区、园区或综合建筑群，实践中更多地体现为园区级和楼宇级（综合建筑群）。

区域能源通过能源网络系统向建筑物等服务对象提供能源服务，实现一次能源与二次能源的接收、生产与输配；主要的能源形式包括电力、燃气、热水/蒸汽（区域供热）、冷水（区域供冷）；涉及的系统形式有锅炉房供热系统、冷水机组供冷系统、热电厂系统、冷热电联产系统、热泵供能系统、太阳能利用系统、风力发电系统及生物质能系统等。区域内不同形式的能源服务通常会平行运行，因此区域能源的一个重要作用或者说价值就是，基于区域内特定的终端能源需求（形式、品位、耗散），通过对平行运行的能源体系的优化集成，实现品位对应、温度对口、梯级利用、多能互补的能源生产、供应与利用。

区域能源系统的核心是使用一套绝热管道网络（通常埋在地下），将多种来源的热水/蒸汽或冷水配送到特定地理区域的诸多使用（或存储）地点。另外，它们可以连接并有助于实现电力和热能网络之间的平衡。区域能源系统是支持全球能源传输的优秀工具，主要有以下四个方面的优势：

（1）具有更高的能源效率。区域能源系统可以很好地利用热电联产电厂、垃圾焚烧或工业热处理过程中的余热。此外，区域能源系统可以将一些建筑物（如数据中心）的余热转移到有供热需要的网络中的其他建筑物中。通过这种与大多数传统加热和制冷系统不一样的方式，区域能源系统可以提高能源效率并减少气体排放。

（2）能够更方便地整合利用可再生能源。区域能源系统可以更方便地整合区域内诸如地热、太阳能、生物质、余热、风能等可再生能源（热与电）。可再生能源产生的过剩电力可以存储在系统中。风能和太阳能等供应量容易变化的可再生能源，可以显著提高区域能源系统在电力系统中的参与率。实现这个目的的方式是将电力转换为热水或者冷水，并使用大规模热泵和储热器。“免费制冷”可以利用当地湖泊或海洋，提供可持续的制冷来源，进而降低用电空调设施对化石燃料的依赖。由此，区域能源系统通过利用可再生能源和提高能源效率，助力实现能源安全，并创造市场价值。

（3）能够维持能源和天然气网络的平衡。由于区域能源系统有能力整合可再生能源，可以在很短的时间内利用生物质生产电力/气体，有助于拉平供应与需求峰值，这是目前电力网络面临的最严重的问题。

（4）容易根据本地条件和供需变化调整。得益于使用诸多加热和制冷供应来源实现系统的弹性，区域能源系统可以在全球范围内使用，不过仍然需要根据不同的天气情况和地理条件进行本地化调整。

从全球范围来看，大多数区域能源系统用于提供室内加热和热水供应相关的热能。在寒冷的气候下，通常还会产生电力。目前采用的第四代区域供热技术，可以在低温环境下使用，与之前的各代系统相比，可以减少热能损失，还可以连接能源密度较低的地区。这类系统可以使用不同来源的热能（包括低等级的余热），允许用户将自己的热能送进网络。热能存储、智能系统和弹性供应，有条件将波动水平高的可再生能源接入网络。

专栏2-3

时代嘉华公司作为中国唯一的智能化、系统化能源服务商，致力于为客户提供基于数据能效交互体系的E&Q能效解决方案。时代嘉华公司遵循“数据是一门科学，更是一门艺术”的原则，全新打造具有自主知识产权的“E&Q数据能效交互体系”。该体系可以持续不断地为工业、建筑、区域、新能源等客户以及公用事业部门（如政府）提供设备、通信、网络、数据四个层级的建设服务，而最具吸引力的是它具有数据融合、数据共享、统计分析、智能决策、能源资产管理等多个功能模块。

那么，什么是数据能效交互体系，它又是如何做到能效稳定的呢？下面以区域能源为例，对该方案做一个简单的说明：基于时代嘉华公司独创的“E&Q 数据能效交互体系”，根据区域内个体单位的能效冗余、结构分布，依托采集的数据，运用自己的软件系统进行用能分析，打破传统的中心化、单一化、个体化的集中模式，实现区域内各独立用能单位之间在能源使用上的金融交易，实现了从用户端向消费端的转变，以及能源双向、多体之间的交互流动，从而大大消除了原有各自独立系统的冗余，将新建立的能源系统的能效始终保持在持续、稳定的高水平上。由此可见，“E&Q 数据能效交互体系”完全可以为各类用户提供定制化的用能管理以及节能建议。

二、能源产业收入来源

能源也称“能量资源或能源资源”，是可产生各种能量（如热量、电能、光能和机械能等）或可做功的物质的统称，包括煤炭、原油、天然气、煤层气、水能、核能、风能、太阳能、地热能、生物质能等一次能源和电力、热力、成品油等二次能源，以及其他新能源和可再生能源。从能源产业结构及其基础设施特征来看，能源产业可以分为电力行业、天然气网络以及区域能源系统。对能源产业各行业的收入来源与盈利能力的清楚认识，是资本市场发行能源基础设施 REITs 的基础。

电力行业涉及诸多价值链要素，从发电、输配到存储，都有其自身的价值链要素。在任何地理区域内，电力市场都包括批发商（通过传输网络）、零售商（通过配送网络）和最终用户。主要电力交易包括双边直接交易、批发电力交易所、零售电力市场。从电力行业的价值链要素与基础设施（见表 2-3）来看，最主要的价值增值涉及发电厂的实物提供与管理、调度网络与存储项目，包括设计、建设与维护。

表 2-3　电力行业的价值链要素与基础设施

<table>
<tr><th>项目</th><th>价值链要素（收入来源）</th><th>基础设施</th></tr>
<tr><td rowspan="4">可再生能源发电</td><td>太阳能电厂生产与销售电力</td><td>光伏电站、集中式太阳能电厂</td></tr>
<tr><td>风电厂（陆上与海上）生产与销售电力</td><td>风电场（陆上与海上）</td></tr>
<tr><td>水电站（水库与流动河流）生产与销售电力</td><td>水电站</td></tr>
<tr><td>生物质电厂（木材、农业垃圾、市政垃圾）生产与销售电力</td><td>生物质原料存储设施</td></tr>
<tr><td rowspan="3">电力输配</td><td>高压电力传输</td><td>传输网络</td></tr>
<tr><td rowspan="2">中、低压电力配送</td><td>中压（配送网络）</td></tr>
<tr><td>低压（“最后一公里”）网络</td></tr>
</table>

续表

项目	价值链要素（收入来源）	基础设施
电力/能源传输	抽水储能（能源销售和系统服务）	抽水储能水电站
	网络管理（自动需求平衡）和质量水平相关的存储（销售系统服务）	智能电网
		基于现有和新技术的设施/设备（飞轮、电池等）
电力销售	账单管理	计量设施
	收益管理（定价）	客户的自我存储和能效投资

资料来源：韦伯，斯托布-比桑，阿尔芬．基础设施投资指南［M］．罗连桂，译．2版．北京：机械工业出版社，2018。

天然气的基础设施投资与其价值链关系紧密。在大多数国家的天然气传输体系中，传输与配送运营商的收入来源主要取决于该国的行业监管和价格规制。根据这些规制，运营商就其传输、配送与系统服务向天然气拥有者（如公用事业公司/经销商）收费，并允许拥有者将这些成本转移给最终用户。政府主管部门或者监管部门（我国主要是国家发展改革委）定期设定天然气传输与配送运营商的收费标准，收费标准主要由许可收入机制确定，基于特定成本的回收和投资资金的收益。在大多数经济合作与发展组织（OECD）国家，该机制还包括一些调整因素（必要的激励机制），如质量、可用性、必要投资水平和系统服务。天然气的价值链要素与基础设施见表2-4。

表2-4 天然气的价值链要素与基础设施

项目	价值链要素（收入来源）	基础设施
抽气和处理	生产	钻孔和打井
		生产井
		收集管道
	处理	收集与增压站
		天然气处理厂
		LNG 液化装置
		LNG 船舶
		LNG 终端站
		LNG 再化气站
传输	长距离	洞穴（地下）
		低压（“最后一公里”）网络
电力/能源传输	抽水储能（能源销售和系统服务）	抽水储能水电站
	网络管理（自动需求平衡）和质量水平相关的存储（销售系统服务）	智能电网
		基于现有和新技术的设施/设备（如飞轮、电池等）
电力销售	账单管理	计量设施
	收益管理（定价）	客户的自我存储和能效投资

资料来源：韦伯，斯托布-比桑，阿尔芬．基础设施投资指南［M］．罗连桂，译．2版．北京：机械工业出版社，2018。

在很多气候区和经济体中，区域能源系统有成本优势，导致很多国家的区域能源系统没有获得政府补贴，而是采用直接使用者付费模式。但是，区域能源系统有些部分有可能获得某种类型的（财政）补贴，如苏格兰政府的区域供热贷款基金，目的就是为某些高资金成本的区域供热系统提供低息贷款；在丹麦，可再生热源（如与区域能源系统连接的 CHP 提供的热源）可以免征能源生产环节的税收；德国为使用生物质原料的 CHP 和加热锅炉的投资提供低息贷款。

具体来说，区域能源系统的收入来源如下：

（1）加热和制冷。销售收入取决于绝对需求及连接到网络的建筑物的载荷等级。用户的多元化以及热存储可以缓和总体载荷，由此形成有吸引力的加热或者制冷模式。每项服务的价格可能受到监管部门的规制，也可能是某种程度上的自由市场定价。一般情况下，按照容量与用量两个要素收费。

（2）电力。区域能源系统通常包括一家或多家 CHP 电厂，在供热的同时发电。电力通常被注入配送或传输网络，并通过长期供电协议或在即期市场按市场价格销售。

（3）附属服务。如果位于电网供应压力很大的区域可以获得供应能力补贴，则为传输与配送网络提供平衡服务也可以获得额外收入。

（4）其他（零散）收入来源。区域能源系统运营商可能获得额外的补贴收入，如适用于可再生/CHP 的供热或发电系统补贴或碳交易收入。

通过促进降低二氧化碳排放和提升区域能源保障，区域能源系统能够提供价值增值。它通过提升效率与系统弹性，实现电力及供热系统之间的衔接与平衡，有能力整合来源广泛的各类能源。

第四节　供水、污水处理基础设施及收入来源

水是所有生物的生命之源，获得干净的水是人类的基本需要。这一事实赋予水行业特别重要的地位。尽管地球表面的 72%被水覆盖，但淡水资源仅占所有水资源的 0.5%，近 70%的淡水固定在南极和格陵兰的冰层中，其余多为土壤水分或深层地下水，不能被人类利用。地球上只有不到 1%的淡水或约 0.007%的水可被人类直接利用，而中国人均淡水资源只占世界人均淡水资源的 1/4。

随着世界经济的发展、人口的不断增长、城市的日渐增多和扩张，各地用水量不断增加。据联合国估计，1900 年全球用水量只有 4000 亿立方米/年，1980 年为 30000 亿立方米/年，1985 年为 39000 亿立方米/年。到 2000 年，全球用水量增加到 60000 亿立方米/年。其中，亚洲用水量最多，达 32000 亿立方米/年，其次为北美洲、欧洲、南美洲等。约占世界人口总数 40%的 80 个国家和地区约 15 亿人口淡水资源不足，其中，26 个国家约 3 亿人口极度缺水。更可怕的是，预计到 2025 年，世界上将会有 30 亿人面临缺水困境，40 个国家和地区淡水资源严重不足。

联合国有关资料显示，在全球范围内，每9人中就有1人（约7.5亿人）无法获得安全、干净的饮用水，25亿人（约占地球人口总数的1/3）缺乏适当的排水设施。每年平均有84万人，由于脏的饮用水或污水处理不到位而死亡，发展中国家的大多数疾病被归咎于落后的供水设施、污水处理和排水设施。在全球范围内，人类对淡水资源的消费结构为农业用途占70%~75%、工业用途约占20%、家庭主要饮用水占5%~10%。水消费是自然水循环的组成部分，这个过程包括蒸发、降水、渗透等。人类使用泉水、井水、湖水、河水或直接从地下抽水，对于不同的水质，使用不同的技术与化学处理方式，有时将其保留在水库中。随后，通过水处理及供水网络，借助重力或泵站将水输送给用户，进一步的分配取决于计划的用途。水被使用后作为污水流回到公共系统。对人类活动而言，供水与污水处理是确保水资源健康循环的重要环节。

一、供水系统设施

供水系统设施是指按一定质量要求供给不同用水部门所需的蓄水库、水泵、管道和其他基础设施。整个供水系统不但要满足用户对水质、水量和水压的需求，还要满足供水系统设施的投资效率，因此，对供水基础设施的选择非常重要。供水设施就是供水设备，无负压供水设备、变频供水设备、气压供水设备、消防供水设备、落地膨胀水箱等都是供水设施。这些设备适用于不同的场所。比如，无负压供水设备适用于高层建筑、住宅小区、企事业单位等生活及消防给水系统、暖通、中央空调循环和分质高层建筑用水等。无负压供水设备采用先进的人机变频控制技术，能软启动，有过载、短路、过压、欠压、缺相、过热和失速保护等功能。无负压供水设备能在异常情况下进行信号报警、自检、故障判断等，还能根据用水量的高低自动调节给水流量。

市场上流行的供水设备，可以根据类型划分为以下六类。

（一）无负压供水设备

无负压供水设备是一种加压供水机组，直接与市政供水管网连接，在市政管网剩余压力基础上串联叠压供水，从而确保市政管网压力不小于设定保护压力（设定保护压力必须高于小区直供区压力需求，一般不低于1.2千克）。

无负压供水设备的核心是在二次加压供水系统运行过程中如何防止负压产生，消除机组运行对市政管网的影响，在保证不影响附近用户用水的前提下实现安全、可靠、平稳供水。无负压供水设备又被称为“管网叠压供水设备”，目前市场上主要有罐式无负压供水设备和箱式无负压供水设备。

整套设备由稳流罐、真空抑制器、变频调速水泵机组、压力传感器、变频控制柜、倒流防止器（可选）、消毒装置（可选）、小流量保压罐（可选）等组成。从市政管网引来的进水管直接连接到稳流罐的进水口，稳流罐的出水口通过消毒装置后连接到加压泵组的进水管，加压泵组的出水管与用户用水管连接，直接向用户管网供水。

稳流罐式无负压供水设备与市政管网直接连接，在市政管网剩余压力的基础上串联叠压供水，主要有以下五项功能。第一，变频恒压供水。当市政管网供水量大于用户用水量时，稳流罐式无负压供水设备变频恒压供水，此时稳流罐中存储一定量的承压水。第二，消除负压。当用户用水量增加导致市政管网与稳流罐连接处压力下降到相对压力 0 以下时，在稳流罐中形成负压，真空抑制器的进气阀门打开，大气进入稳流罐。此时，稳流罐相当于一个具有自由液面的开口水箱，压力与大气相同，负压被消除。当水位下降到设定值时，液位控制器将控制信号传递给变频控制柜中的控制系统，控制加压机组停止工作，用户停水；当用户用水量减少时，稳流罐中水位上升，气体从真空抑制器排气阀门排出，压力恢复正常后，加压机组重新自动启动，恢复供水。第三，停水停机功能。当市政管网停水时，加压机组在液位控制器控制下自动停止运行；市政管网供水恢复后，自动启动恢复正常供水。第四，小流量休眠功能。当用户不用水或用水量很小时，设备自动进入休眠状态（停机）并保持供水压力；当用户恢复用水时，系统自动唤醒，恢复正常供水。第五，停电继续供水。当小区停电时，由市政管网继续向低区用户供水，停电不停水；设备恢复供电后，会自动启动，恢复正常供水。

市场上用的无负压供水设备主要有稳流罐式、调节水箱式两种。所谓“稳流罐式”，是指罐式无负压供水设备在水泵前装设压力密封罐，罐内部或外部加设稳流补偿器（又称“真空消除器”），水泵通过稳流罐吸水，加压后供至用户，靠稳流补偿器的调节作用降低对公共供水管网的影响。此方式无储备水量，当城市公共供水管网停水时，易出现断水现象。调节水箱式，是指设有不承压的调节水箱，内部加设稳流补偿器，通过电控装置，使调节水箱内的水每天至少循环两次，确保水质不变。当市政管网的水量、水压条件能满足无负压供水要求时，直接从市政管网取水；否则，从调节水箱取水。此方式有一定的储备水量，可用于供水管网不稳定的区域，但是由于存在水箱和检修人孔，仍要按规定定期进行清洗消毒。

（二）无塔变频供水设备

无塔变频供水设备是将交流变频调速技术和微机控制技术应用于水泵自动控制设备之中，并与水泵机组相结合的机电一体化供水装置。其核心设备交流变频调速控制柜融合了先进的微机控制变频调速技术、先进的微机控制 PID 调节技术和先进的微机可编程控制器技术等。这种设备依据供水管网中瞬时变化的压力和流量参数，自动改变水泵的台数和运行转速，实现恒压变量供水的闭环调节，从而达到提高公司质量和高效节能的目的。

变频供水设备作为处理水务的基础设备，通过微机控制、压力分级控制及手动控制三种不同控制方式，确保设备的可靠性。无塔变频供水设备能够实现电机软启动，大大降低了启动负荷和压力波动，实现恒压供水，节能效果显著。该设备采用高可靠性管路附件及电器无触点控制方式，大大延长了设备使用寿命。由于系统配备了小型缓冲压力调节罐，大大减少了管网的水锤现象；还配备了小流量定压泵，起小流量范围内供水及保证消防系统常备压的作用；设有断相、过压、过流、过载、失速及无水等各种保护功能，以及故障显示和报警装置；无塔变频供水设备占地面积较小，灵活机动，安装调试方便，省工省时，能够节省投资。具体而言，无塔变频供水设备具有以下五个特点：第一，经济效益显著。使用无塔变频供水设备，可不建造水塔、不设楼顶水箱，既缩短了工程的施工周期，又解决了工程造价费用高的问题，还弥补了气压波动大、水泵启动频繁等不足。第二，设计严谨。无塔变频供水设备采用水泵变频恒压控制，无论系统用水量怎样变化，均能使管道出口压力保持恒定。第三，运行可靠。无塔变频供水设备采用变频调速器和国内优质水泵，具有完善的保护功能和自动、手动转换功能，运行非常可靠，并且性能良好、控制方式灵活、抗干扰能力强。第四，高效节能。无塔变频供水设备能根据用户用水量的变化调节水泵转速，使水泵始终在高效区工作，节电效果明显，可比恒速水泵节电 35%。第五，操作简单。无塔变频供水设备采用全自动控制，PID 调节，键盘操作，人机界面（文本、数字）显示。操作人员只需要转换电控柜开关，就可以实现用户所需工况，做到全自动无人值守。

无塔变频供水设备可以运用在以下几个方面：有水池的高层建筑、宾馆、学校、城镇居民小区、企事业单位、新农村建设农村的生活用水，工厂、工矿企业的生活或者生产用水，各类水厂、供水站、污水废水厂、农业排灌站等供排水，高楼、小区、企事业单位热水集中供水，生产、生活中的冷却水、循环水的加压，油田输油管道、油库、油站等的恒压输油。

（三）双模变频供水设备

双模变频供水设备是在原有通用型水池（水箱）式变频供水设备和无负压管网叠压变频供水设备基础上开发出来的最新智能化供水设备。这种产品把水池（水箱）式变频供水设备和无负压管网叠压变频供水设备巧妙地结合在一起，实现了真正意义上的高效、节能、环保、运行可靠、用水高峰不断水、停电可维持自来水水压供水等，把二次供水设备的技术水平提升到了一个新的高度，标志着供水设备二次革命时代的来临，具有极大的社会效益和经济效益。

双模变频供水设备具有以下七个特点：第一，双模式供水。双模变频供水设备采用水池（水箱）式变频供水设备和无负压管网叠压变频供水设备两种模式供水，可根据自来水进水压力及流量自动切换。这种运行方式不但避免了市政管网负压的产生，而且保证了供水的连续性，这项功能是通用型无负压供水设备无法做到的。第二，高效节能，运行成本低。双模变频供水设备可充分利用市政管网供水压力，差多少补多少，不产生负压，与传统水池（水箱）式变频供水设备相比，可节能 30%~90%。第三，定时换新功能。控制系统定时对水池（水箱）中的水自动进行换新，可以保持水池（水箱）中水的新鲜程度。第四，运行可靠。双模变频供水设备在停电时，可维持市政管网水压供水；当用水高峰或自来水停水时，由水池（水箱）供水，大大提高了用户用水的可靠性，完全符合自来水供水规范。第五，保护功能齐全。双模变频供水设备具有完美的过载、短路、过压、欠压、缺相、过流、水源缺水等自动保护功能，在异常情况下能进行信号报警、自检、故障判断等。第六，占地面积小，安装方便。整套设备只有一组供水控制柜和水泵机组，安装非常简单。第七，能延长设备的寿命。双模变频供水设备对泵组均能可靠地实现软启动，使电网和管网免冲击，并且轮流运转，大大延长了水泵及电机的寿命。

双模变频供水设备主要适用于以下几个方面：各种已建、在建、待建的住宅小区、公寓、办公楼、写字楼、宾馆、饭店、学校、医院等建筑二次供水系统的应用；高峰期间自来水水压低、水流小的不稳定的高层、小高层住宅小区，宾馆，办公楼的生活用水；离市区较偏、自来水水压较低的工矿企业生产、生活用水；原有气压式、水池（水箱）式变频供水设备的改造工程。

（四）家用供水设备

家用供水设备，是指为解决一个家庭用户或者几个家庭用户由于压力不足无法到达用户用水高度或流量的问题而专门研发设计的新型节能环保设备。家用供水设备大致可以分为四种，分别为水井型家用供水设备、轻便型潜水泵家用供水设备、变频一体化家用供水设备和 CPU 恒压家用供水设备。

家用供水设备具有以下四个特征：第一，高效节能。家用供水设备能根据用户用水的变化控制水泵启停，使水泵无须专人启动和关闭，节电省力，并且弥补了水泵启动频繁等不足。第二，保护功能齐全。家用供水设备具有短路、缺相、过流等自动保护功能。第三，占地面积小，安装方便。家用供水设备体积小，节省空间，并且安装简单，无须专人指导。第四，卫生环保。家用供水设备采用美国进口隔膜罐，安全可靠，卫生无污染。

（五）气压供水设备

气压供水设备是国内前几年出现的新型给水设备。气压供水设备可以弥补低压供水不足，代替屋顶水箱或水塔。

气压供水设备一般由气压供水罐、补气装置和电器控制设备三部分组成。其主体设备气压供水罐，按补气方式，可分为空压机补气供水罐、水力自动补气供水罐、一次充给氮气的隔膜式气压供水罐和人工补气供水罐四种类型。气压供水装置适宜在村镇、居民点、高层建筑等独立的小型集中供水系统中代替高位水池（水箱）、水塔，已用于高层建筑的消防供水系统。由于气压供水罐属于低压容器，其设计、制造单位应获得劳动安全部门颁发的许可证，在安装前按规定进行验收试验。

气压供水设备主要适用于以下四种情况：第一，建筑物自来水管网压力或流量不足、需要二次加压的新建和改造的小型单位；第二，自备水井的小型用水单位、别墅、个人家庭等；第三，气压水罐可设在建筑物内或直接埋于地下，便于防冻，尤其适宜在我国北方高寒地区使用；第四，厂矿企业、乡村等小单位企业。

（六）超静音管中泵无负压变频供水设备

超静音管中泵无负压变频供水设备是在普通型无负压供水设备基础上推出的新型供

水设备。除具有普通型无负压供水设备的所有功能外，超静音管中泵无负压变频供水设备体现了企业追求的“环保卫生，低噪声，不扰民”的设计理念。该设备选用全不锈钢充水式电机，并且是一个密闭系统，因此水质无污染、运行无噪声，是二次增压供水前景最广阔的设备之一。

超静音管中泵无负压变频供水设备具有以下四个特点：第一，节省投资。超静音管中泵无负压变频供水设备无须水池、水箱等储水设施，也无须专用泵房，节省占地面积，建筑费用也较低。第二，超静音优势。超静音管中泵无负压变频供水设备具有先进的防震和消音功能，超静音平稳运行，无水锤、电机运行等噪声污染，声音控制在30分贝以内。第三，高效节能。超静音管中泵无负压变频供水设备能与自来水管网直接串联，充分利用市政给水管网压力，在其基础上差多少补多少，即设备只对自来水的进水压力和所需压力的差进行补压，当自来水压力满足要求时，设备停止工作，全部由市政压力直供。与普通供水设备相比，该设备可节电30%~90%。第四，停电不断水。当供电线路停电时，超静音管中泵无负压变频供水设备能自动切换为市政自来水压力供水，维持自来水管网原有压力。

二、污水处理系统的设施

污水处理是指为使污水排入某一水体或达到再次使用的水质要求对其进行净化的过程。污水处理被广泛应用于建筑、农业、交通、能源、石化、环保、城市景观、医疗、餐饮等领域，也日益成为百姓生活的一部分。按污水来源不同，污水处理一般分为生产污水处理和生活污水处理。具体处理的物质包括漂浮和悬浮的大小固体颗粒、胶状和凝胶状扩散物、纯溶液。

按污水的质性不同，可将水污染分为两类，一类是自然污染，另一类是人为污染，当前对水体危害较大的是人为污染。按污染杂质的不同，可将水污染分为化学性污染、物理性污染和生物性污染三大类。污染物主要包括未经处理而排放的工业废水，未经处理而排放的生活污水，大量使用化肥、农药、除草剂的农田污水，堆放在河边的工业废弃物和生活垃圾，矿山污水。

中国水污染问题一直非常严重，其治理刻不容缓。从污水处理基础设施建设情况来看，一方面，污水处理厂数量逐年递增。2019年，全国污水处理厂增至4332座，同比增长了14.6%，增速明显提高。另一方面，城市排水管道长度加速增加。2019年，全国城市排水管道增至68.3万公里，同比增速为8.4%。但是，在重视城市污水处理厂建设的同时，我国水务基础设施的投资对管网重视不够，导致污水收集系统效率低下、进水浓度低，“重厂轻网”问题突出。

此外，中国城镇化的加快，以及大量村镇和县城污水处理需求的增加，将对全国污水处理能力提出更高的要求。根据住房城乡建设部数据，2017年，乡镇的污水处理率仅为17.19%，远低于城市和县城90%以上的污水处理率。此外，自2018年1月1日起实施的新《中华人民共和国水污染防治法》指出，国家支持农村污水、垃圾处理设施的建设，推进农村污水、垃圾集中处理，地方各级人民政府应统筹规划建设农村污水、垃圾处理设施。由此可见，城乡污水处理基础设施投资空间巨大，而其收益的资本化与证券化，是未来资本市场的重要标的物，也是 REITs 市场发力的重点。

专栏2-4

智慧水务，是通过数采仪、无线网络、水质水压表等在线监测设备实时感知城市供排水系统的运行状态，采用可视化的方式有机整合水务管理部门与供排水设施形成的“城市水务物联网”。智慧水务可对海量水务信息进行及时分析与处理，并做出相应的处理结果辅助决策建议，以更加精细和动态的方式管理水务系统的整个生产、管理与服务流程，从而达到“智慧”的状态。中国智慧水务发展大体可分为三个阶段：水务 1.0 阶段，以自动化控制为核心，着眼于工艺优化及生产效率的提升；水务 2.0 阶段，以企业信息化为核心，更多地在企业资源管理、移动应用、算法应用方面进行突破；水务 3.0 阶段，重视大数据、人工智能、区块链的综合应用。

智慧水务以智能水表为基础，逐步实现水务管理的智慧化。智慧水务包括三个层次，即设备层（如表计、传感器等）、数据传输层（数据的网络接入）以及平台层（如云、大数据、数据挖掘等）。在智能水表数字化达到一定规模后，构建以智慧水务平台为核心的智慧化运营体系将成为智慧水务基础设施企业业务转型重心，即实现数字化向智慧化的过渡。近年来，智慧水务已成为传统水务领域转型升级或业务拓展的重要方向。我国智慧水务已进入高速发展期，大大小小的智慧水务企业如雨后春笋般涌现出来，同时，整个领域也面临诸多问题，离真正的强大和成熟还有较远距离。

随着物联网、大数据、云计算及移动互联网等新技术不断融入传统行业的各环节，以及新兴技术和智能工业的不断融合，智慧水务行业发展具有十分广阔的前景。目前，我国水价采用政府主导下的听证会制度，企业对水价没有定价权，供水业务被动地承受人工成本和原材料价格上涨的压力，长期采用“低水价+亏损+财政补贴”的模式，经营效率低下。污水处理企业通过签订特许经营权协议约定最低污水处理量，保证最低单价，以保证自身盈利。行业整体盈利能力偏弱，并对外部支持有一定的依赖。在中国，全国自来水厂平均产销差率高达 30%，在中西部缺水城市，产销差率甚至超过 45%，而东北部部分城市的产销差率超过 50%，城市水网中漏损水量的经济价值高达 200 亿元以上。

智慧水务的建设是一个庞大而完整的产业链，不仅需要硬件支持，还需要软件支持，不仅需要传统公司的行业经验积累，还需要新进入者的资本技术支撑。因此，未来智慧水务将会出现更多的战略合作，通过强强联合、优势互补、资源共享、数据共享，加速发展与升级，扩大市场占有率，重塑行业形态，创造更大的商业价值。

三、水务行业的特征

与其他基础设施行业相比，在同样的运营成本水平上，供水与污水处理行业的投资成本（生命周期成本）特别高，约为能源及其他基础设施行业的 2 倍。因此，对全球各地政府来说，水务基础设施建设的资金募集压力较大。据 OECD 测算，到 2025 年，全球供水与污水处理行业的投资规模将达到 1.04 万亿元。水务行业的成本一般较高，加上确保以社会可接受的价格水平满足人们基本需求的政治目的，在全球任何地方，供水特别是污水处理的收入很少能够覆盖相关成本。为降低已经投入水务基础设施的沉没成本，在全球范围内出现了一种明确的发展趋势，即提高用户的财务支出以缩小价格与成本之间的差距。此外，通过资产资本化将占用的资金从这些基础设施中释放出来，也能够降低成本，提高整个行业的效率。

水务行业具有以下六个特征：①水务及相关服务是生活必需品。②取水及用水是自然水循环的组成部分，这些活动难免对人类及自然界产生不良生态干扰。③在全球范围内，具有组织形态的水务行业，至少是供水行业，基本采用用户付费模式。尽管如此，由于政府的市场规制，供水与污水处理的收入仍很少能够覆盖相关成本。④将全部成本转移给用户，在很多情况下可能会造成价格过度上涨，从而引发社会矛盾。因此，水务行业是需要公共财政补贴及政府干预的典型领域。⑤水务行业的必要基础设施是高度资本密集型项目。迄今为止，只有高度发达的国家有能力建立完善的供水与污水处理系统，确保向社会公众提供足够水平的供水服务。⑥资本密集型的供水与污水处理网络，其成本—收益对整个社会群体的影响，导致水务行业成为需要政府规制的自然垄断行业。在许多国家，水务行业存在巨大的效率提升空间，主要方式包括：①基础性的理念更新；②在有条件的情况下通过引进社会资本和技术创新，对熟悉的处理流程、组织与商业模式量身定制解决方案。

四、供水、污水处理收入来源

供水与污水处理的收入来源主要是用户支付的水费和污水处理费。此外，管网所有者向其他供水或污水处理企业收取费用，也是供水与污水处理行业的重要收入来源。提高水价的透明度与公众参与决策，一直是水务行业的重要议题。提高水价需要将供水成本和收益与公众沟通，从而降低制度成本。有充分证据表明，只要服务靠谱，提供服务的成本合理、透明，社会就能接受供水与污水处理服务的价格变动，即使是低收入用户，也愿意为供水及排水服务付费。

供水价值链由取水、制水、储水、配水、接水及收费环节构成，见表 2-5。这一价值链从投资建成取水厂开始，取水能力要满足未来的用水需要。取水厂通过管道将原水运到制水厂，经过必要的处理使其达到合适的水质标准。由于供水来源的不确定性，为满足每天不同时段与不同季节的用水量变化，需要对制成的净水进行存储。净水通过管道系统被配送到不同用户的接入点。在供水网络基础设施还不完善或根本不存在的国家或地区，配送工具一般是水车。

污水处理价值链由污水排放、污水输送、污水处理、污水利用或消除等环节构成，见表2-5。人们用水后，需要对排放的污水进行处理。通过区域性或跨区域的分流制或合流制下水道系统，污水将被送到污水处理厂，通过机械/物理、生物、化学等方式进行处理，然后被送回自然水循环。由于污水中所含杂质成分不同，处理后的残留物可用于农业生产，也可被填埋或者焚烧。

表2-5　供水、污水处理行业的价值链要素与基础设施

供水			污水处理	
价值链要素（收入来源）		基础设施	价值链要素（收入来源）	基础设施
取水	地表水	地表水	污水排放	一般由用户建设
	地下水	水塔		
		拦河坝		
		水池		
		取水厂		
		地下水		
		水井		
制水		制水厂	污水输送	区域性或跨区域的分流制或合流制下水道系统
储水		自然或人工水库	污水处理	分散式污水处理设施
		储水湖		集中式污水处理设施
		深水池		机械/物理处理设施
		消防水库		生物处理
		水塔		化学处理
配水		配水网络	污水利用或消除	制蒸汽
		泵站		农业
		增压站		填埋场
		压力管道		焚烧炉
		重力管		
		控制中心		
		水质检测站		
		检测井		
接水		用户服务管道		
收费		计量设施		

资料来源：韦伯，斯托布-比桑，阿尔芬．基础设施投资指南［M］．罗连桂，译.2版．北京：机械工业出版社，2018。

复习思考题

1. 如何判断一项资产是否为基础设施资产？
2. 电力产业发展的新趋势是什么，其主体发电方式的收入来源是什么？
3. 什么是区域能源，能源行业的收入来源有哪些？
4. 交通行业包括哪些子行业，交通设施 REITs 依靠什么来定价？

[案例]

鹏华深圳能源 REIT

一、基金产品概要

鹏华深圳能源 REIT 产品管理人为鹏华基金管理有限公司，基金托管人为招商银行股份有限公司，本基金初始投资的基础设施项目为广东省深圳市的深圳能源集团股份有限公司东部电厂（一期）项目，包括天然气发电机组及不动产建筑，地上建筑面积约 3.16 万平方米，宗地面积约 3.96 万平方米，项目于 2004 年 9 月 15 日开工，于 2008 年 2 月 3 日竣工，项目决算总投资为 34.32 亿元，具体要素见表 2-6。

表 2-6　鹏华深圳能源 REIT 具体要素

基金全称	鹏华深圳能源封闭式基础设施证券投资基金
原始权益人	深圳能源集团股份有限公司
运营管理机构	深圳能源集团股份有限公司东部电厂
基金管理人	鹏华基金管理有限公司
财务顾问	国信证券股份有限公司
专项计划名称	国信证券深圳能源清洁能源第一期基础设施资产支持专项计划
ABS 管理人	国信证券股份有限公司
基金托管人	招商银行股份有限公司
上市交易所	深交所
受理日期	2022 年 2 月 15 日
更新日期	2022 年 6 月 21 日
基金类型	契约型封闭式
基础设施项目	深圳能源集团股份有限公司东部电厂（一期）项目

基于评估基准日为 2021 年 12 月 31 日，深圳能源集团股份有限公司东部电厂（一期）项目评估值为 326413.70 万元，根据基础设施基金可供分配金额测算报告，2022 年度和 2023 年度可供分配金额分别为 38154.354 万元和 31577.471 万元，预计分派率分别为

11.69%和9.68%。

本次REITs的募投项目均符合《关于推进基础设施领域不动产投资信托基金（REITs）试点相关工作的通知》。本次东部电厂REITs项目对于盘活国有存量资产、促进能源行业投资良性循环、推动我国发电基础设施高质量发展具有先行示范意义；同时，项目拟将回收资金全部用于新建光伏电厂、风力电厂、垃圾电厂、燃机电厂的建设资金投入，符合国家产业政策，属于国家发展改革委鼓励的将回收资金用于前期工作成熟的基础设施补短板项目，有助于形成良性投资循环。

二、原始权益人

深圳能源集团股份有限公司成立于1993年8月21日，注册资本4757389916元人民币，控股股东和实际控制人为深圳市国资委。截至2021年12月31日，深圳市国资委直接持有该公司股份2088856782股，直接持股比例为43.91%，为该公司第一大股东。

深圳能源集团股份有限公司是深圳电力能源主要供应商和深圳市属大型综合能源集团，在深圳市以及珠三角区域的电力市场中占据重要地位，是全国电力行业第一家在深圳上市的大型股份制企业，也是深圳市第一家上市的公用事业股份公司，在日常运营和项目资源获取等方面获得了地方政府较多的外部支持。发行人电力资产覆盖区域经济发达，具有较为明显的区位优势。

深圳能源集团股份有限公司的主要业务是各种常规能源和新能源的开发、生产、购销，以及城市固体废物处理、城市燃气供应和废水处理等。2019年度、2020年度和2021年度，公司分别实现营业收入2081700.45万元、2045450.61万元和3156955.46万元，总体呈现上升态势，主要原因是市场用电需求增加、上网电量增加、新项目投产，以及燃煤、燃气价格上涨，同时，按照《企业会计准则解释第14号》要求确认PPP项目收入与成本，营业收入有所增长（见表2-7）。

表2-7　深圳能源集团股份有限公司2019—2021年度各项目营业收入及占比

项目	2019年度		2020年度		2021年度	
	营业收入（万元）	占比（%）	营业收入（万元）	占比（%）	营业收入（万元）	占比（%）
电力	1159865.41	55.72	1399701.72	68.43	1993752.96	63.15
环保	124026.81	5.96	311025.29	15.21	639254.22	20.25
燃气	154515.91	7.42	202715.88	9.91	352093.06	11.15
其他	643292.32	30.90	132007.72	6.45	171855.22	5.44
合计	2081700.45	100.00	2045450.61	100.00	3156955.46	100.00

截至2019年12月31日、2020年12月31日和2021年12月31日，发行人总资产规模分别为9611204.81万元、11406226.42万元和13150729.05万元，呈现快速增长态势，资产规模的持续增加主要得益于经营规模的不断扩大；负债总额分别为6252719.49万元、7220865.47万元和8192012.12万元。2019年度、2020年度和2021年度，分别实现净利

润 182913.95 万元、426747.16 万元和 210959.05 万元。

三、基础设施项目

本基金初始投资的深圳能源集团股份有限公司东部电厂（一期）基础设施项目，位于广东省深圳市大鹏新区大鹏下沙秤头角，资产包括深圳能源集团股份有限公司东部电厂（一期）基础设施项目的 1#机组、2#机组、3#机组、地上建筑面积约 3.16 万平方米房屋（含附属设施设备）及其占用范围内约 3.96 万平方米的国有土地使用权等。

本项目宗地编号为 G16201—0297，宗地面积为 39550.36 平方米，土地用途为工业用地，用地性质为商品，取得方式为出让，使用期限为 2005 年 12 月 28 日至 2055 年 12 月 27 日。

基础设施项目运营数据如下：2019—2021 年度，东部电厂机组平均利用的发电小时数分别为 3055.02 小时、3368.44 小时及 3551.92 小时，售电量分别为 349922.65 万千瓦时、386341.45 万千瓦时及 408876.05 万千瓦时，售电收入分别为 165850.24 万元、164892.10 万元及 174076.68 万元。东部电厂整体运营平稳，发电小时数及售电量呈稳定增长态势。

根据大信会计师事务所（特殊普通合伙）出具的《深圳能源集团股份有限公司东部电厂（一期）基础设施项目专项审计报告》（大信专审字〔2022〕第 22-00024 号），基础设施资产于 2021 年 12 月 31 日的净资产账面价值为人民币 60877.49 万元。根据北京国友大正资产评估有限公司出具的《鹏华基金管理有限公司拟公开募集基础设施证券投资基金涉及的深圳市东部电力有限公司东部电厂基础设施资产组组合项目资产评估报告》（大正评报字〔2022〕第 160A 号），基础设施资产 2021 年 12 月 31 日的评估值为 326413.70 万元，评估增值 265536.21 万元。

四、基金交易架构

基金交易架构如下：

（1）深圳能源设立 SPV。

（2）根据《项目公司股权转让协议》，深圳能源向 SPV 转让项目公司股权，股权转让对价为专项计划实际募集规模（不含专项计划层面不可预见费预留），SPV 支付项目公司股权对价于发行后确定，同时，将项目公司过户至 SPV 名下；项目公司股权转让价款支付条件达成后，深圳能源对 SPV 享有价款为专项计划实际募集规模（不含专项计划层面不可预见费预留）的债权。

（3）本基金募集达到基金备案条件，自基金管理人办理完毕基金备案手续并取得中国证监会书面确认之日起，《基金合同》正式生效。

（4）基金管理人（代表公募基金）通过与专项计划管理人签订《专项计划认购协议》，将《专项计划认购协议》中约定的认购金额以专项资产管理方式委托专项计划管理人管理，专项计划管理人设立并管理专项计划，基金管理人取得资产支持证券，成为资产支持证券 100%的持有人。

（5）根据《SPV 股权转让协议》以及《债权转让与确认协议》，在专项计划设立后，专项计划将以公募基金认购资产支持证券的认购金额扣除必要费用后用于：①向原始权益人购买SPV目标股权；②专项计划实际募集规模（不含专项计划层面不可预见费预留）扣减购买SPV目标股权款的剩余款项，用于向SPV增资及向原始权益人购买其对SPV的目标债权，SPV收到增资款项后将全部用于偿还对原始权益人的债务。SPV形成1∶2的股债结构。

（6）专项计划管理人依据《债权转让与确认协议》相关约定，于专项计划设立之日起，向原始权益人支付SPV目标债权的转让对价；专项计划管理人依据《SPV股权转让协议》相关约定于专项计划设立之日起，办理SPV股权转让手续，于约定条件满足后向原始权益人支付股权转让价款及增资价款，并于基础设施基金上市前完成市监局的股权变更登记。

（7）在上述收购完成后，依据《吸收合并协议》，项目公司将吸收合并SPV。吸收合并完成后，注销SPV，专项计划管理人成为项目公司100%股东。吸收合并后的基础设施基金整体架构如图2-1所示。

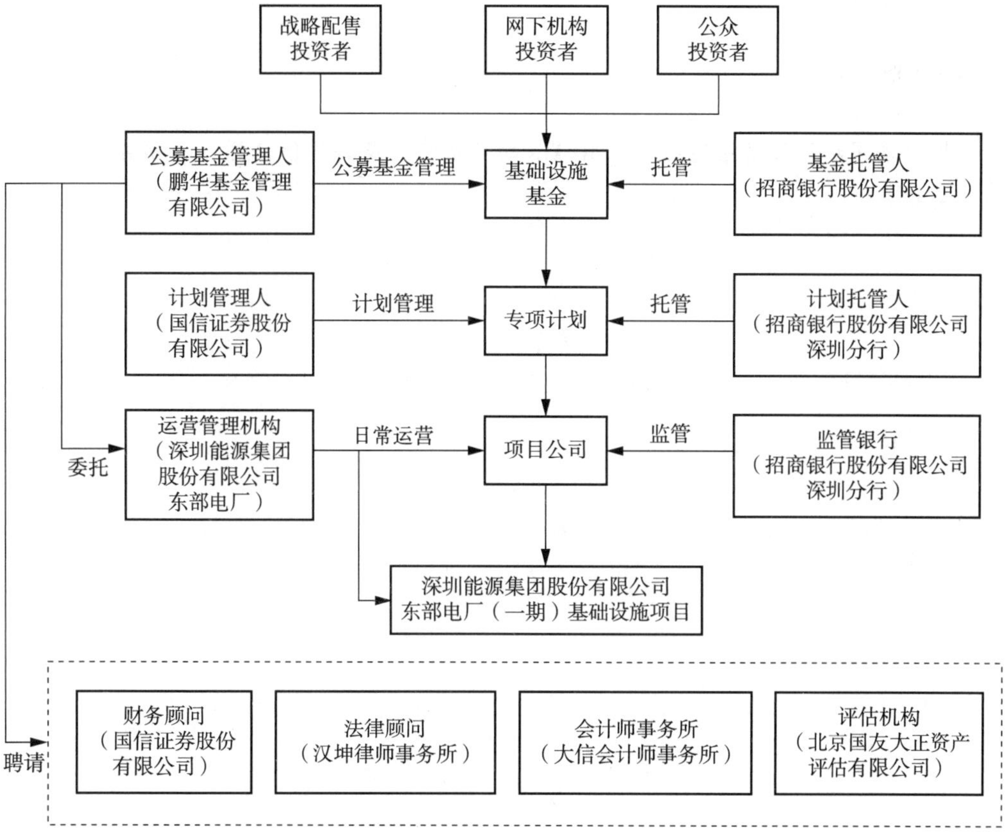

图2-1　基础设施基金整体架构（吸收合并后）

（8）根据《项目公司股权转让协议》《SPV股权转让协议》，自专项计划设立之日（含该日）起，项目公司股权/SPV目标股权由受让方持有，专项计划设立日为项目公司股权/SPV目标股权交割日（以下简称“交割日”）。项目公司股权/SPV目标股权于交割日完成交割，项目公司股权/SPV目标股权交割后，项目公司股权/SPV目标股权自评估基准日（2021年12月31日，不含该日）起的全部股东权益均由受让方享有。

根据《项目公司资金监管协议》以及《SPV资金监管协议》，监管银行应根据协议约定对SPV监管账户和项目公司监管账户的资金接收、存放及支付进行监督和管理。项目公司应将项目运营过程中产生的运营收入存放至监管账户。

（9）在股利分配日，项目公司应按照中国法律以及公司章程规定，向其股东分配与其所持有股权对应的股息、红利等股权投资收益。在《吸收合并协议》约定的吸收合并完成前，项目公司股东为相应的SPV；在《吸收合并协议》约定的吸收合并完成后，项目公司股东为专项计划管理人（代表专项计划）。

（10）在标的债权本息偿付日，标的债权债务人（项目公司）根据与专项计划管理人签署的《债权转让与确认协议》向专项计划账户偿还标的债权应付本息。

（11）专项计划管理人根据专项计划文件的约定，实施专项计划的分配流程，向基金管理人分配相应款项。

思考与讨论

分析鹏华深圳能源清洁能源公募REITs的底层资产及其价值来源，并研究其合约结构与合约条款。

03

第三章

基础设施公募REITs底层资产选择

学习目的

了解基础设施REITs底层资产的主要内容；理解基础设施公募REITs的法律地位，以及REITs项目公司的合法合规性；掌握基础设施公募REITs项目底层资产的可转让性，以及高速公路类基础设施公募REITs底层资产的合法合规性。

关键词

基础设施REITs底层资产　REITs项目公司　底层资产的可转让性　底层资产的穿透　高速公路类基础设施公募REITs

20世纪90年代末，耶鲁大学教授、著名经济学家约翰·吉纳科普洛斯（John Geanakoplos）指出，任何金融合约（包括货币）都是一种承诺，由于合约具有不完备性，任何合约都有违约的可能，所有金融合约都需要某种抵押品（collateral）的支持。例如：债务是支付固定金额的承诺，由某种形式的抵押品（如住房等）支持；股票是一种与状态依存的承诺，其抵押品就是公司的价值（现金流）；REITs是一种介于债券与股票之间的权益型金融合约，其底层资产就是这种金融产品的抵押品。基础设施REITs底层资产的可抵押性或者说其合法合规性，是研究公募REITs的逻辑起点。

基础设施REITs底层资产的合法合规性是若干遴选标准中最基本的要求，不但决定了基础设施REITs未来能否顺利发行，还关系到基础设施REITs项目能否长期稳定地运营，甚至会影响未来公募基金管理人对底层资产的处置。

第一节　基础设施公募REITs底层资产概述

基础资产是REITs的“根本”所在。本质上，基础设施REITs是将基础设施资产进行“证券化”的一种金融产品形态，其投资价值来源于基础资产的价值。因此，基础资产的选择对基础设施REITs而言尤为重要。筛选基础资产需要考量的因素很多，其中，基础资产的合法合规性、基础资产的运营情况以及基础设施REITs管理人和运营管理机构的运营管理能力最为关键。合法合规性是基础资产的价值基础及长期稳定运营的基石，运营情况是基础资产价值水平的重要体现和判断标准，基础设施 REITs 管理人和运营管理机构的运营管理能力则是基础资产稳定运营及价值增长的重要保障。

一、基础设施公募 REITs 底层资产

（一）基础设施公募 REITs 底层资产的定义

金融合约是承诺与抵押品的组合。基础设施公募 REITs 底层资产是其交易过程中具有抵押品功能的资产。底层资产主要是金融资产，分别是现金及银行存款、货币市场工具、债券、理财直接融资工具、新增可投资资产、非标准化债权类资产、金融衍生品、代客境外理财投资、商品类资产、另类资产、公募基金、私募基金和产业投资基金。基础设施公募 REITs 作为证券交易产品，兼具股债特征。投资收益主要来源于现金流收入和二级市场价格波动带来的资本利得，现金流收入则取决于底层资产的运营情况。

根据基础资产的特征、资产性质、产权属性及经营收益形式等，可将基础设施底层资产分为特许经营权类基础设施资产和产权类基础设施资产。其中，特许经营权类基础设施资产主要包括交通、能源、市政、生态环保、主要新型基础设施和探索试点的基础设施（水利设施、旅游设施），产权类基础设施资产主要包括仓储物流、园区基础设施和保障性租赁住房。

特许经营权类基础设施资产，由经营主体通过与地方政府签订协议获取一定期限的特许经营权，并在特许期限内投资建设运营基础设施获得收益。特许经营权类基础设施资产随着剩余经营年限不断缩短，资产价值呈现逐年递减的态势，特许经营期限届满后，资产权益价值归零，资产无偿移交政府。特许经营权类基础设施资产每年通过经营获取的收益包含投资回收和投资回报两个部分。

产权类基础设施资产，主要体现为房地产，由经营主体通过从公开市场取得土地后开发建设相应基础设施并取得产权后投入运营获得收益，或者通过其他方式取得产权后投入运营获得收益，拥有底层资产的产权。产权类基础设施资产经营，除每年通过经营（出租）获取定期收入外，随着时间的推移，核心城市的稀缺资产具有升值的潜力，可能获得相应的资本增值收益。

我国公募 REITs 申报项目资产大体聚焦于七大主要基建领域，涵盖范围较广，底层资产差异性也较大。深入分析其差异性，并理解它们对 REITs 产品的影响，对于 REITs 中的各类市场参与者至关重要。从我国首批发行的 9 只公募 REITs 产品来看，红土创新盐田港 REIT、中金普洛斯 REIT、博时蛇口产业园 REIT、华安张江光大园 REIT 和东吴苏园产业 REIT 5 只属于产权类 REITs，即未来产品收益来自现金分派和资产增值；浙商沪杭甬 REIT、平安广州广河 REIT、中航首钢绿能 REIT 和富国首创水务 REIT 4 只属于特许经营权类 REITs，其底层资产经营权一般有明确的到期日，到期后需要将经营权归还给政府，产品收益只来自现金分红，底层资产价值逐渐减少，直至到期归零。

（二）国内外基础设施公募 REITs 底层资产

基础设施公募 REITs 在国际资本市场上已经发展多年，其公募的基金主要投资于高速公路、污水处理、垃圾焚烧、水力/风力/光伏发电等领域。截至 2016 年底，美国 REITs 市场总规模已突破1 万亿美元，其中，96%是权益类 REITs，投资范围涵盖基础设施、办公、酒店、医疗、工业、零售、数据中心、住宅等。根据美国 REITs 底层资产种类市值占比统计，基础设施占比超过 10%，数据中心占比为 7%，仓储占比为 5%。从表 3-1 中可以看出，2020 年各国基建类 REITs 在普通的商业房地产 REITs 中并不是主流类别。

表 3-1　2020 年各国基础设施公募 REITs

国家	REITs 市场［只数（只）/规模（亿美元）］	基建类 REITs/基建上市权益型基金［只数（只）/规模（亿美元）］	主要基建类别
美国	227/12000	US-REIT Infrastructure REIT（6/2200）	铁塔、无线通信、能源
		MLPs（Master Limited Partnerships）（70/6000）	原油天然气运输管道、提炼及加工、液化基建
澳大利亚	49/1170	LIF（Listed Infrastructure Fund）（8/280）	高速公路及铁路、天然气、机场、电力设施
日本	63/1320	TSE Infrastructure Fund（7/7.5）	太阳能、光伏、可再生能源等
印度	2/63	InvIT（Infrastructure Investment Trust）（2/12.7）	高速公路、电网
新加坡	43/790	Singapore Business Trust（16/283）	数据中心、港口、电力、燃气、管道、无线通信

资料来源：根据相关资料整理。

国际成熟市场 REITs 的底层资产通常为不动产或不动产相关资产。IRS 和美国财政部在 2016 年颁布规定，明确了不动产的定义，将无线电通信设施、停车设施、桥梁、隧道、路基、铁轨、输电线路、石油天然气管道等多种底层资产纳入 REITs 合格底层资产的范畴。日本和新加坡 REITs 底层资产涵盖范围更广泛，除了综合体、零售物业和酒店领域，还涉及工业、物流、公寓、医疗健康、数据中心等领域。印度证券交易委员会（SEBI）于 2014 年 9 月发布了《房地产投资信托守则》和《基础设施投资信托守则》，目前已发行 3 只 REITs 产品。

从收益率情况来看，在美国市场上，与其他资产类别相比，基础设施公募 REITs 呈现总体收益率更高、分红收益率更低的态势。从美国主要的基建类 REITs 来看，以能源、通信为主的底层资产，由于持续而稳定的现金流，表现出较强的抗周期能力，在分红回报率相对较低的情况下，产生了理想的股价回报（price），从而得到了更高的整体回报率。在 2020 年较为极端的市场情况下，符合中国定义的基建类公募 REITs 在美国总体公募 REITs 市场中都有大幅高于平均的表现。

2020 年 4 月，中国证监会、国家发展改革委联合印发 40 号文，标志着境内基础设施领域公募 REITs 试点正式起步。2021 年 6 月，首批 9 只公募 REITs 正式上市，开启了我国公募 REITs 上市发行的新篇章。截至 2023 年 12 月底，我国累计发行上市 29 只公募 REITs 产品，资产范围覆盖产业园区、高速公路、仓储物流、污水处理、清洁能源、保障性租赁住房和新能源等领域，募集资金超 900 亿元，回收资金带动新项目投资近 4500 亿元。

我国内地 REITs 产品的底层资产（见表 3-2）以基础设施资产为主，不包括酒店、商场、写字楼等商业地产项目，项目土地用途原则上应为非商业、非住宅用地。基础设施资产既包括交通运输、供水供电、通信设施、生态环保和市政设施等传统意义上的底层资产，也包括产业园区、仓储物流、数据中心等新型底层资产。不同资产类型对应的收入来源不同。产业园区主要收入来源为租金、物业管理费等，高速公路主要是通行费，仓储物流主要是租金和物业管理费，污染治理项目则主要来自污水处理或垃圾处理服务费。

表 3-2 国内前两批试点公募 REITs 产品资产类型和性质

序号	基金名称	底层资产	基础设施资产	性质
1	博时蛇口产业园 REIT	万融大厦、万海大厦	产业园区	产权类
2	平安广州广河 REIT	广河高速广州段	高速公路	特许经营权类
3	红土创新盐田港 REIT	深圳盐田区物流中心	仓储物流	产权类
4	中航首钢绿能 REIT	首钢生物质、残渣暂存场等	清洁能源	特许经营权类
5	华安张江光大园 REIT	张江光大产业园	产业园区	产权类
6	浙商沪杭甬 REIT	沪杭甬高速浙江段	高速公路	特许经营权类
7	富国首创水务 REIT	合肥及深圳污水净化项目	污水处理	特许经营权类
8	东吴苏园产业 REIT	国际科技园五期 B 区	产业园区	产权类
9	中金普洛斯 REIT	普洛斯物流园	仓储物流	产权类
10	建信中关村 REIT	互联网创新中心 5 号楼、协同中心 4 号楼和孵化加速器	产业园区	产权类
11	华夏越秀高速 REIT	汉孝高速	高速公路	特许经营权类
12	华夏中国交建 REIT	武深高速嘉通段	高速公路	特许经营权类
13	国金中国铁建高速 REIT	渝遂高速公路重庆段	高速公路	特许经营权类
14	中金厦门安居 REIT	园博公寓、珩琦公寓	保障性租赁住房	产权类
15	华夏北京保障房 REIT	文龙家园和熙悦尚郡公租房	公共租赁住房	产权类
16	鹏华深圳能源 REIT	深圳能源集团股份有限公司东部电厂（一期）基础设施项目	清洁能源	特许经营权类
17	红土创新深圳安居 REIT	保利香槟苑项目、凤凰公馆项目、安居百泉阁项目、安居锦园项目	保障性租赁住房	产权类

资料来源：根据基金招募说明书等公开披露文件整理。

二、基础设施公募 REITs 与其他金融产品的区别

作为标准化的权益型投资产品，基础设施公募 REITs 的收益主要来源于期间分红和资

产增值，属于流动性较高、收益相对稳定、安全性较强的标准化金融产品，能够降低投资组合波动率，并提升组合整体收益。基础设施公募 REITs 与股票、债券、普通公募基金的区别如下。

（一）基础设施公募 REITs 与股票的区别

（1）风险较低。基础设施公募 REITs 上市，与公司的 IPO 不同，资产本身的价值受人为因素影响较小，更客观，具有高度透明性，更易于进行投资分析和判断。因此，基础设施公募 REITs 投资更关注资产价值本身，能够客观反映经济环境的变化，受到市场炒作与操作的风险较低。

（2）收益相对稳定。由于基础设施公募 REITs 本身具备客观、透明的特点，且底层资产主要为成熟优质、运营稳定的基础设施项目，现金流预期相对明确。从海外公募 REITs 市场实践来看，与股票相比，其资产价值及运营现金流出现大幅波动的可能性较低。因此，基础设施公募 REITs 产品的收益相对稳定。

（3）强制分红。与大部分上市公司股票相比，基础设施公募 REITs 产品具有较高的分红比例，采取强制分红政策。根据相关要求，基础设施公募 REITs 收益分配比例需不低于基础设施项目年度可供分配金额的 90%。因此，投资人可以充分享受到底层资产产生的现金流收益，且收益分配比股票稳定。

（二）基础设施公募 REITs 与债券的区别

（1）资产增值。与债券产品相比，基础设施公募 REITs 作为权益型产品，本身不对派息率进行承诺，但是有稳定强制的分红机制。除了稳定的派息以外，通常持有产权类底层资产的基础设施公募 REITs 产品也能享受资产增值收益。

（2）不依赖主体信用。由于基础设施公募 REITs 是权益型投资，对本息没有主体信用担保，真正实现了聚焦资产，不依赖主体信用，打破了刚性兑付。因此，基础设施公募 REITs 主要受资产客观价值、基金管理人及资产运营管理机构运营管理能力的影响，而非资产原始权益人主体信用的影响。

（三）基础设施公募 REITs 与普通公募基金的区别

（1）以不动产为底层资产。基础设施公募 REITs 产品以拥有持续、稳定经营现金流的不动产为底层基础资产，而普通公募基金通常以上市公司股票、债券等为主要投资标的。

（2）分红收益稳定。基础设施公募 REITs 收益来源主要为资产运营带来的分红收益以及因资产增值带来的资本利得收益，分红收益非常稳定；而普通公募基金主要依靠灵活调整投资组合配置，资本利得收益显得更重要。

（3）具备较高的资产配置价值。基础设施公募 REITs 产品作为“资产上市平台”，借助发行人、管理人在不动产投资经营领域的专业优势及资源积累，促进基金价值不断提升。普通公募基金主要依靠基金管理人的主动投资能力，通过灵活配置资产实现投资收益。基础设施公募 REITs 以其独特的风险收益属性，高度透明化、资产长期稳定增长趋势、持续稳定的分派收益、良好的市场流动性等特点，成为优化投资组合、备受关注的标准化权益型投资产品，具备很高的配置价值。

（4）基础设施公募 REITs 在基金净值披露、发行认购等方面与普通公募基金存在差异。在基金净值披露方面，普通的公募基金至少每周披露一次基金净值，而基础设施公募 REITs 每半年披露一次基金净值。在发行认购方面，普通公募基金发售时，每份份额的价格是 1 元，基础设施公募 REITs 则采取网下询价的方式确定基金份额认购价格，每只基础设施公募 REITs 产品的询价区间不同，每份份额的认购价格在实践中通常高于 1 元。

三、底层资产的穿透

（一）穿透的含义

穿透核查，顾名思义，就是对某个事物的表面现象进行由表及里的追查，打开事物的外壳，对内部结构进行逐层剖析，并获知其最终层次的构造或相关安排。一般谈及“穿透”问题有两层含义：第一，产品方向往底层资产穿透，识别最终的资产类别是否符合特定资产管理的监管规定，其风险是否经过适当评估；第二，往最终客户方向穿透，识别最终风险收益承担者，防止风险承担和资产类别错配或防止私募产品公众化。

（二）穿透的目的

从历史教训来看，穿透主要是为了防止高风险产品向低风险承受能力客户错误销售，同时，防止金融机构通过结构设计规避监管，从宏观审慎角度防止因为监管盲区发生系统性危机。简言之，穿透主要是为了保障金融消费者信息透明和监管信息透明。

穿透底层资产的最终目的是确保项目的真实性和安全性。理财产品最终呈现在投资人眼前的是包装完毕的项目，但是在琳琅满目的项目中，哪些是真的好项目，哪些是以次充好的项目，哪些是假项目，需要使用各种工具并结合相关政策去辨别，以避免资金被期限错配、混合运作等暗箱操作，达到管控风险、保护投资者利益等目的。

对投资者而言，看清底层资产，提高资产辨别能力非常必要。比如，一只信托产品，穿透到底层资产，实质投向可能是三四线城市的房地产；一只私募产品，穿透到底层资产，实质投向也可能是三四线城市的房地产。这种情况具有隐蔽性，投资者表面上看似乎做好了配置，但穿透到底层，风险依然过于集中。部分交叉性金融产品跨市场，层层嵌套，底层资产看不见底，最终流向无人知晓。e 租宝、中晋、快鹿就是这方面的典型案例。不知道资金投向，看不清底层资产，就无法真正识别投资风险。

第二节　基础设施公募 REITs 的法律地位

根据国家发展改革委等部门发布的相关文件，对基础设施公募 REITs 试点项目“已经按照规定完成了项目投资管理，以及规划、环评和土地等有关手续，并且已经完成了竣工验收”。因此，在申请注册基础设施基金之前，基金管理人通常会雇用一个专业团队，对其进行详细的法律、财务等方面的尽职调查和资产评估，并对基础设施项目的合法合规性、基础设施项目转让行为的合法性、主要参与主体的资格等出具法律意见。从“经济人”假定出发，利益主体有意识或无意识地对公共建设工程进行遮蔽，以推进公共建设工程的先期实施。在 REITs 的试点期，有关部门有必要对 REITs 的基础设施进行详细的审查。

目前，我国对基础设施公募 REITs 底层资产的法律合规要求已经初步形成了一个比较完备的规范框架。与之相关的法律规范体系，既有《中华人民共和国信托法》《中华人民共和国证券法》《中华人民共和国证券投资基金法》等较高层次的法律，也有具体的规范性文件，如 40 号文、《关于做好基础设施领域不动产投资信托基金（REITs）试点项目申报工作的通知》（发改办投资〔2020〕586 号，以下简称“586 号文”）、958 号文、《基金指引》等。此外，中国基金业协会还颁布了《公开募集基础设施证券投资基金尽职调查工作指引（试行）》（以下简称《公募基金尽调指引》）、《公开募集基础设施证券投资基金运营操作指引（试行）》等行业规章。在证券交易所层面，上交所和深交所都发布了相关的业务办法，以及对审核事项的关注等方面的自律性规范。与前述法律、规范性文件、行业规章及自律性规范相结合，监管部门对基础设施公募 REITs 项目的资产合法合规要求主要集中在权属、权利负担、固定资产投资管理手续、土地用途、项目的成熟稳定及运营合规性等方面。

一、基础设施公募 REITs 对底层资产的权属要求

基础设施公募 REITs 项目对底层资产最基本的要求就是产权明晰。尽管国家发展改革委、中国证监会以及证券交易所在具体要求上有区别，但它们对“合格的底层资产”都有明确的权利完整、边界清晰的要求。具体来说，国家发展改革委要求基础设施项目权属清晰、资产范围明确，发起人依法设立并有效存续，经营合规，直接或间接拥有项目所有权、特许经营权或经营收益权；中国证监会要求原始股东在没有重大经济纠纷和法律纠纷的情况下，拥有完全的所有权和管理权；证券交易所对基础设施项目的要求是产权清晰、资产范围清晰，并按规定完成了相应的权属登记，从第三方受让的资产，已支付对价且公允，登记、批准备案等手续已完成。

虽然国家发展改革委、中国证监会及证券交易所对“合格基础设施”的定义一致，但其关注重点（包括产权资产与特许经营资产）在产权合规要求上存在一定的差异。

专栏3-1

索托与《资本的秘密》

赫尔南多·德·索托，秘鲁著名经济学家，《经济学家》将其所在的自由与民主学会

列为世界上两个最重要的“智囊团”之一。德·索托被《时代》和《福布斯》杂志称为“世界上最具号召力的改革家之一”，其主要活动是同自由与民主学会一起为亚洲、南美洲、北美洲、非洲和欧洲的贫困国家制定和推行资本形成计划。德·索托的代表作有《另一条道路》和《资本的秘密》。

他在《资本的秘密》一书中指出，资本并不是积累下来的资产，而是蕴藏在资产中、能够开展新的生产的潜能。也就是说，资产并不是生下来就是资本，只有在被用于生产过程并满足资本家对剩余价值欲求的情况下才转化为资本。要使资产成为资本，必须有一个转化过程，即创造一个合适的所有权机制，使资产的潜能发挥出来并被加工成实实在在的东西，便于人们清楚地认识、掌握和使用。德·索托在这本书中向人们展示了所有权制度的六种效应：

（1）可以确定资产的经济潜能。正如高山顶上的湖泊具有的势能可以被确认，然后被转化成动能一样，一幢房屋、一块砖瓦的潜在价值也能通过明确的所有权表述释放出来并转化为活跃的资本。正规的所有权表述可以通过提供信息、参考、规章和执行机制，成为获取其他团体利益、建立责任制度的出发点。

（2）可以把分散的信息综合融入一套制度。资本主义之所以在西方国家取得成功而在其他各国难以为继，是因为西方国家的大多数资产已经被综合融入一套正规的产权表述制度。

（3）可以建立责任制度。发达国家的正规所有权制度把享有资产所有权的人转化成能够担负责任的个体，人们不再需要依赖邻里关系或地方性协定保护他们对资产的权利。资产的拥有者从具有限制性的地方性法规中解脱出来，进入一个更全面的法律制度，便于他们在全国范围内负起责任。

（4）使资产能够互换。在西方，正规所有权制度的重要任务之一就是使资产更加容易取得，从而能够用于创造剩余价值。在正规所有权制度下，每件资产都好像一块冰，所有权制度使人们可以将冰融化成水，或把它加工成水蒸气，使其能够带动涡轮发动机的叶片旋转或者为轮船提供动力，但它作为水的本质并未改变。

（5）可以建立人际关系网。合法的所有权制度是西方第一个真正的互联网——它是一个有生命的实体，能够随着每一次交易成长，从不断发展的表述中识别出新的经济潜能和额外作用。正规的所有权制度使资产可以互换，把资产的所有人和资产、资产和地址、所有权地位和执行机制联系起来，使人们可以方便地得到资产所有者的全部资料。

（6）西方国家的正规所有权制度像网络一样发挥作用。其中一个重要原因在于，无论时间和空间如何变换，全部的所有权记录始终能被找到并一直受到保护。这些记录保证了资产以合适的形式得到恰当、准确的表述，能够随时更新，便于查找。

既然正规的所有权制度有诸多好处，那么通过何种途径能达到“彼岸”呢？德·索托认为，最有效的方式莫过于尊重已经存在的、被当局视为非法的制度创新——将实际上富有效率的“不合理法规”融入正规的法律制度并加以推广。中华人民共和国成立，特别是改革开放以来的发展过程，同样可以说明，正视生产力发展现实、尊重劳动人民的选择，就能提高生产力。

（一）财产权：资产的合法所有权

对产权类资产的基础设施公募 REITs 来说，项目收益以拥有不动产的所有权为基础。在试点阶段，产权资产的类型一般包括产业园区、仓储物流和保障性租赁住房等。原始权益人应当依法、合法地直接或间接拥有项目的所有权，而拟发行的基础设施公募 REITs 的底层资产最终由项目公司直接持有。

《中华人民共和国民法典》规定，不动产物权的设立，应当经依法登记，未经登记，除另有明确规定，否则不发生法律效力。当前证券交易所的审核要求也明确指出，基础设施项目应当按照规定完成了相应的权属登记。因此，对于产权类资产，原始权益人应当持有与之相对应的物权证书，并以此作为确定其权属及范围的主要依据。

我国已发行的产权类基础设施 REITs 见表 3-3。

表 3-3　我国已发行的产权类基础设施 REITs

序号	基金名称	资产类型	底层资产基本情况
1	中金厦门安居 REIT	保障性租赁住房	2 个保障性租赁住房项目，无配套用房和车位
2	华夏北京保障房 REIT	保障性租赁住房	2 个公共租赁住房项目，无配套用房和车位
3	红土创新深圳安居 REIT	保障性租赁住房	4 个保障性租赁住房项目，含配套商业和未登记的地下车位
4	华安张江光大园 REIT	产业园区	1 个园区项目，工业用地上多层研发办公用房，含地下车位
5	博时蛇口产业园 REIT	产业园区	1 个园区中 2 个子项目，工业用地上研发办公楼，含登记的配套用房和未登记的地下车位
6	建信中关村 REIT	产业园区	1 个园区中 3 栋楼，科教用地上研发办公用房，含登记的地下车位
7	东吴苏园产业 REIT	产业园区	1 个大园区中的 2 个子园区，科研用地、工业用地上的多层、高层研发办公楼，含登记的地下车位
8	国泰君安临港创新产业园 REIT	产业园区	1 个园区中的两期，主要为单层厂房
9	国泰君安东久新经济 REIT	产业园区	长三角 4 个不同地区的产业园，主要为单层厂房
10	华夏合肥高新 REIT	产业园区	1 个产业园，主要为工业、科研用地上的高层研发办公用房
11	红土创新盐田港 REIT	仓储物流用房	深圳 1 个物流中心园，为仓储及配套办公用房
12	中金普洛斯 REIT	仓储物流用房	含 7 个市场化运营的仓储物流园，分布于京津冀、长三角、大湾区

表 3-3 中的 12 只产权类基础设施 REITs 的底层资产及评估基本情况如下：

（1）资产类型。3 单保障性租赁住房（含 1 单公共租赁住房），7 单市场化运营的产业园区，2 单市场化运营的仓储物流用房。

（2）地域分布。京津冀、长三角、大湾区是主要分布地域，厦门和合肥各有 1 单。

（3）权利主体。同一基础设施 REIT 中包含多个项目的，多个项目的权利主体各不相同。

（4）空间范围。产业园区和仓储物流基础设施资产范围一般是整个园区，少数是园区内的整栋楼。在保障性租赁住房基础设施中，1 单是所在整个小区（包含配套商业设施和地下未办理权属登记的车位），2 单为整个项目中部分楼层的多套保障性租赁住房，不包含商业、车位等配套设施。

（5）运营时间。2 单保障性租赁住房运营年限短于 3 年，但出租率高且预期运营稳定；其他项目均已运营满 3 年，且经营成熟稳定。

总体来看，产权类基础设施 REITs 底层资产权属清晰、范围明确，出租率高，经营成熟稳定，符合相关文件要求。

（二）特许经营或合作伙伴关系资产：对特许经营权或运营收益的合法持有

对 2015 年 6 月以前通过建设—经营—转让（BOT）、转让—运营—移交（TOT）、股权投资等方式进行特许经营的项目，应当按照建设时国家和地方政府有关固定资产投资建设与特许经营管理的规定①判断项目是否合法。对 2015 年 6 月以后批准实施的特许经营项目，按照《基础设施和公用事业特许经营管理办法》的相关规定，通过竞争性采购，签订特许经营协议，期限不得超过 30 年。

对于非特许经营类 PPP 项目，需要对经营收益原始取得的审批和招标程序、经营收益权的实施主体、经营收益权的范围和期限等问题进行研究。尤其要注意的是，在 2015 年 6 月以后批复实施的非特许经营类 PPP 项目，应当按照国家关于规范有序推广 PPP 模式的规定，从是否已获得实施方案批复、是否经过公开招标等竞争方式确定社会资本方、依照法定程序规范签订 PPP 合同等方面，对项目的合法合规性进行判断。

（三）产权类资产和特许经营权类资产在基础设施公募 REITs 中的主要区别

产权类资产开展基础设施公募 REITs 项目，与特许经营权类资产或 PPP 类资产开展基础设施公募 REITs 项目的主要区别在于权属来源和土地使用权不同。按照 958 号文，对于非 PPP（包括特许经营）类项目，如果项目土地使用权通过划拨方式取得，则以 100%股权转让的方式发行公募 REITs，土地所在地政府或自然资源主管部门不应有任何异议；如果项目土地使用权是通过协议出让方式取得的，则原土地出让合同的签署机构应当对项目以 100%股权转让的方式发行基础设施公募 REITs 没有异议；如果项目土地使用权是通过招拍挂出让或二级市场交易方式取得的，则应该对取得土地使用权的具体方式、出让（转让）方、取得时间及相关的前置审批事项进行说明。对于 PPP（含特许经营）类项目，发起人（原始权益人）和基金管理人应该承诺，在项目估值中不含项目使用土地的土地使用权市场价值，在基金存续期间，不会对所涉土地使用权进行转移（政府相关部门另有要求的除外），在基金清算或者特许经营权等相关权利到期时，将按照特许经营权等协议约定以及政府相关部门的要求，对该类土地使用权进行处理。

产权类资产与特许经营权类资产或 PPP 类资产开展基础设施公募 REITs 项目的一个重

① 例如，《市政公用事业特许经营管理办法》（建设部令第 126 号）。

要差异，就是是否将土地使用权的价值纳入项目估值。这一差异不仅导致产权类资产与特许经营类资产或PPP 类资产的估值存在差异，而且导致在开发基础设施公募REITs 时，对土地使用权的具体处理方式存在差异。

二、基础设施公募 REITs 对底层资产的要求

基础设施项目属于重资产投资。为了解决自身开发建设的资金需求，或者盘活资产、提高收益，在基础设施项目施工建设时，一般会设立相关的不动产抵押、项目公司股权质押或应收账款质押，用于融资筹划。这些权利负担通常是为债权融资提供的担保，有担保的债权人对基础设施项目享有的权利，优先于基础设施项目的所有权人或特许经营权人，也优先于基础设施公募 REITs 投资者。因此，为了保护投资者，监管者要求基础设施项目上没有其他权利限制，如抵押、查封、没收、冻结，以及其他应付的债务。除了符合相关规定且不存在他项权利设定的对外借款之外，基础设施项目在基础设施基金成立前存在的对外借款，应在基础设施基金成立后以募集资金等方式进行偿还。总之，在基础设施基金成立之后，对基础设施项目已有的他项权利负担应予以解除。

需要指出的是，上述要求并不禁止为搭建股债结构以及提高权益投资的收益率，而对基础设施基金设立之前基础设施项目上已存在的无抵（质）押担保的对外借款进行保留，也不禁止基础设施基金成立后基础设施基金直接或间接举借并购贷款或经营性贷款用于基础设施项目日常运营、维修改造，允许项目公司为担保并购贷款和经营性贷款在基础设施项目上设立他项权利。以博时蛇口产业园 REIT 为例，其创新之处在于，在基础设施基金成立之后，以底层资产为抵押物获得并购贷款。

除了他项权益之外，由于涉及诉讼和仲裁，基础设施项目还会涉及资产被查封、项目公司股权被冻结等情形。这类权益责任往往与基础设施建设中出现的争议有很大关系，因此，应在基金设立之前予以充分豁免，以保障投资者权益。

三、固定资产投资审批程序

在很长一段时间里，基础设施建设被认为是固定资产投资的一种重要形式，因此，基础设施公募 REITs 底层资产均被认为是固定资产投资的一种。固定资产投资项目要履行与之相适应的固定资产投资管理手续，一般情况下，涉及立项、规划和用地手续、环评、节能审查、施工和竣工验收等方面。40 号文、586 号文、958 号文等明确要求，公募 REITs 试点项目必须按照国家有关规定，完成规划、环境影响评价、土地使用审批，并且已经完成竣工验收。但是，在实际操作中，很多基础设施项目存在未批先建，未验先投，投资管理手续不齐全、不规范等情况。这些项目都有被主管部门责令限期改正、处以罚款、没收违法所得、停止建设、停止生产或使用甚至责令关闭的风险。若基础设施公募 REITs 中的项目发生违约，就会对其总体收益产生负面影响，使投资者的权益受到损害。为此，基金管理人及法律顾问等中介组织应对固定资产投资的管理程序进行系

统而严格的梳理。

（一）立项手续

对固定资产投资项目，国家按照不同情况分别进行审批、核准和备案。建设单位应当根据项目的具体情况，向主管部门提出申请，并取得相关的审批、核准或备案手续。

2004 年《国务院关于投资体制改革的决定》出台前，我国的固定资产投资项目，无论投资主体、资金来源和项目性质，均按照投资规模分别由各级政府和相关部门进行审批。《国务院关于投资体制改革的决定》明确提出，对不是由政府投资建设的项目，取消审批制度，区分不同情况实行“核准制”和“备案制”。政府只出于维护社会公共利益的考虑，对重大项目和限制性项目予以批准；对其他项目，不管规模多大，都实行“备案制”。此后，国家发展改革委又出台了一系列规范投资项目核准的规范性文件，包括 2004 年颁布的《企业投资项目核准暂行办法》、2014 年颁布的《政府核准投资项目管理办法》等。2016 年，国务院颁布了《企业投资项目核准和备案管理条例》（国务院令第 673 号），规定“对关系国家安全，涉及全国重大生产力布局、战略性资源开发和重大公共利益等项目，实行核准管理。具体项目范围以及核准机关、核准权限依照政府核准的投资项目”。2017 年，国家发展改革委颁布了《企业投资项目核准和备案管理办法》，明确了“对关系国家安全，涉及全国重大生产力布局、战略性资源开发和重大公共利益等项目，实行核准管理。其他项目实行备案管理”。因此，要判断一个基础设施项目的立项手续是否合法，必须了解该项目的立项时间，并结合当时合法有效的法律法规和规范性文件等。

专栏3-2

浙江浙商证券资产管理有限公司沪杭甬杭徽高速封闭式基础设施证券投资基金

2001 年 7 月 24 日，浙江省发展改革委向浙江省交通厅提交了《关于同意将 02 省道昌化至昱岭关段一级公路调整为高速公路的批复》（浙计投资〔2001〕631 号），同意将 02 省道昌化至昱岭关段一级公路调整为高速公路。2002 年 4 月 2 日，浙江省交通厅下发《关于杭州市“交通西进”公路建设规划的批复》（浙交函〔2002〕78 号）给杭州市交通局，原则上批准了“交通西进”公路规划中“一环，三线，三连，四大连接”的总体布局方案，杭徽高速公路就是“三线”中的一条。这次发行的产业园区和仓储物流项目，大部分不是关系国家安全的项目，只需要在国家发展改革委备案即可，无须审批。

一、基金的投资目标

基金的主要资产投资于基础设施资产支持证券，并持有其全部份额，通过投资基础设施资产支持证券穿透取得基础设施项目完全所有权或经营权利，基金管理人主动运营管理基础设施项目，以在基础设施项目运营过程中稳定现金流为主要目的。

二、基金的投资范围

基金募集的资金只能根据基金合同的约定，主要投资于基础设施资产支持证券全部份额，本基金的其他基金资产应当依法投资于利率债、AAA 级信用债或货币市场工具。如法律法规或监管机构以后允许基金投资其他品种，基金管理人在履行适当程序后，可以将其纳入投资范围。

三、基金的投资策略

基金合同生效后，基金将根据与资产支持证券管理人签署的认购协议等的约定，以基金资产认购并全额持有基础设施资产支持证券份额，从而向下穿透取得杭徽高速基础设施项目，力争获取稳定的车辆通行费等稳定现金流收益。基金其余基金资产将投资于利率债、信用等级在 AAA（含）以上的债券及货币市场工具，以有效利用基金资产，提高基金资产的投资收益。

（1）基础设施基金运营管理策略。基金管理人将主动履行基础设施项目运营管理职责，通过与运营管理机构签订基础设施项目运营管理服务协议的方式委托运营管理机构依约负责委托职责和协助职责，并自行派员负责基础设施项目公司财务管理，以求确保基础设施项目的正常运转，力争基础设施基金的稳定收益。

（2）扩募收购策略。基金将积极寻求符合扩募条件的扩募基础设施项目，根据《基金指引》等规定开展扩募相关工作，力争将优质的扩募基础设施项目装入本基金，以进一步确保基础设施基金的稳定、持续收益。

（3）资产出售及处置策略。基金将积极拓宽与各类市场参与主体的多方位沟通，捕捉资产出售及处置的适当机会，从维护基金份额持有人的权益出发，灵活安排并推进资产出售及处置相关事宜。

（4）基础设施资产支持证券及基础设施项目投资策略。本基金将积极运营管理所投资的基础设施项目资产，力争获取车辆通行费等稳定现金流收益。

（5）债券投资策略。具体包含以下三种：①资产配置策略。基金将通过对宏观经济运行情况、国家货币及财政政策、资本市场资金环境等重要因素的研究和预测，结合投资时钟理论，并利用公司研究开发的多因子模型等数量工具，优化基金资产在利率债、信用债以及货币市场工具等各类固定收益类金融工具之间的配置比例。②利率类品种投资策略。基金对国债等利率品种的投资，是在对国内外宏观经济运行状况及政策环境等进行分析和预测的基础上，研究利率期限结构变化趋势和债券市场供求关系变化趋势，深入分析利率品种的收益和风险，预测债券组合的平均久期，并通过运用统计和数量分析技术，选择合适的期限结构的配置策略。基金在合理控制风险的前提下，综合考虑组合的流动性，最终决定投资品种。③信用债投资策略。本基金将在深入的宏观研究基础上，综合分析各类信用债发行主体所处行业环境，发行人的市场地位、财务状况、管理水平等，结合具体发行契约，对债券进行信用评级。在此基础上，建立信用类债券池，积极发掘信用利差具有相对投资机会的个券进行投资。

（6）融资策略。基金直接或间接对外借入款项，应当遵循基金份额持有人利益优先原则，不得依赖外部增信，借款用途限于基础设施项目日常运营、维修改造、项目收购等，且基金总资产不得超过基金净资产的140%。其中，用于基础设施项目收购的借款应当符合下列条件：①借款金额不得超过基金净资产的20%；②基础设施基金运作稳健，未发生重大法律、财务、经营等风险；③基础设施基金已持基础设施和拟收购基础设施相关资产变现能力较强且可以分拆转让以满足偿还借款要求，偿付安排不影响基金持续稳定运作；④基础设施基金可支配现金流足以支付已借款和拟借款本息，并能保障基金分红的稳定性；⑤基础设施基金具有完善的融资安排及风险应对预案；⑥中国证监会规定的其他要求。基金总资产被动超过基金净资产140%的，基础设施基金不得新增借款，基金管理人应当及时向中国证监会报告相关情况及拟采取的措施等。

（二）用地手续

建设项目涉及建设用地时，必须依法取得建设用地使用权；涉及农用地转为建设用地的，应办理农用地转用、土地征用等审批手续①。

基础设施项目的用地首先应当符合土地利用总体规划、城市总体规划、村庄和集镇规划及其他专项规划等。按照《国土资源部关于严格土地利用总体规划实施管理的通知》（国土资发〔2012〕2号）的要求，凡是与土地利用总体规划不符的，一律不予批准。

《建设项目用地预审与选址意见书》作为基础设施建设的重要文件，由自然资源主管部门统一签发。对某些基础设施项目来说，项目建设单位在申请审批项目时，必须拿到《建设项目用地预审与选址意见书》，如果没有拿到或者没有通过预审，就无法进行项目的审批备案。随着《国务院办公厅关于全面开展工程建设项目审批制度改革的实施意见》（国办发〔2019〕11号，以下简称“11号文”）的实施，《建设项目用地预审与选址意见书》不再分别核发，而是由自然资源主管部门统一核发。

建设用地批准书既是土地使用合法性的证明，也是土地使用合法性的重要依据。在《中华人民共和国土地管理法实施条例》、《建设用地审查报批管理办法》（2021年修订前）中，国有土地有偿使用与划拨使用均需取得建设用地批准书。但是，11号文颁布以后，2019年9月17日，自然资源部发布的《关于以“多规合一”为基础推进规划用地“多审合一、多证合一”改革的通知》（自然资规〔2019〕2号）中，对建设用地规划许可证和建设用地批准书进行了合并，不再单独发放建设用地批准书。

用地手续申请流程如图3-1所示。

---

① 《中华人民共和国土地管理法》第4条第2款规定：“国家编制土地利用总体规划，规定土地用途。”

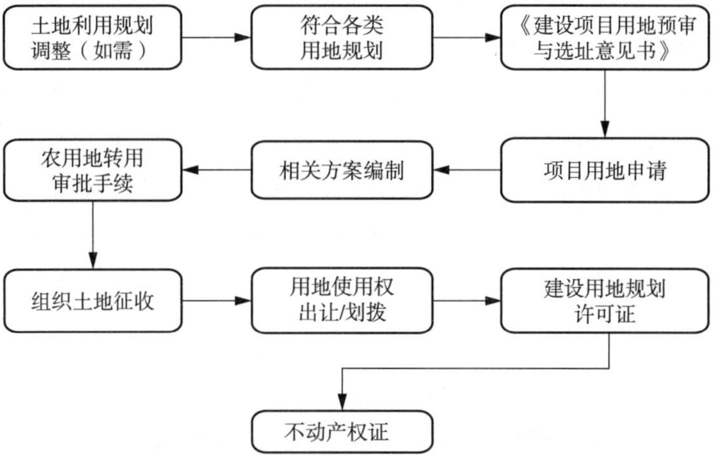

图 3-1　用地手续申请流程

专栏3-3

自然资源部深化规划用地"多审合一、多证合一"改革

2023 年 5 月，自然资源部印发《关于深化规划用地"多审合一、多证合一"改革的通知》，明确以"多规合一"为基础，推进"多审合一、多证合一"，提高审批效能和监管服务水平。

各地要贯彻落实深化"多规合一"改革和《全国国土空间规划纲要（2021—2035 年）》要求，加快推进地方各级国土空间总体规划编制审批，及时开展详细规划编制或修编，为开发建设、城市更新、乡村建设，以及实施建设用地规划许可、建设工程规划许可、乡村建设规划许可等提供法定依据。报批城镇用地农用地转用和土地征收应符合国土空间总体规划、详细规划与土地使用标准等要求，并按照《国土空间调查、规划、用途管制用地用海分类指南》明确土地规划用途和建设项目用地类型。

位于城镇开发边界外并涉及耕地、永久基本农田、生态保护红线的交通、能源、水利等建设项目，地方自然资源主管部门应整合现行的规划选址论证、耕地踏勘论证、永久基本农田占用补划论证、生态保护红线不可避让论证、节地评价等事项，防止重复论证和审查，论证报告作为《建设项目用地预审与选址意见书》的申报材料。

对市政基础设施和标准厂房建设项目，在不违反市场公平竞争原则的前提下，可在土地供应前，由自然资源主管部门依据国土空间详细规划及土地使用标准核提规划条件，审查建设工程设计方案，按程序纳入供地方案，实施"带方案供应"。以出让方式配置国有建设用地使用权的，国有建设用地使用权出让合同签订后，一并核发建设用地规划许可证、建设工程规划许可证；以划拨方式配置国有建设用地使用权的，一并核发国有建设用地划拨决定书、建设用地规划许可证与建设工程规划许可证。鼓励地方探索同步发放不动产权证书，依法依规实行"交地即交证"。

对于市、县自然资源主管部门或省级人民政府确定的镇人民政府审查建设工程设计方案是否符合国土空间详细规划和规划条件，重点审查涉及安全、主要控制线、景观风貌等管理要求。各地可在不影响周边利害关系人合法权益、不改变建筑主体结构、不破坏景观环境、保证公共安全和公共利益的前提下，对老旧小区微改造、城市公共空间服务功能提升等微更新项目，探索制定建设工程规划许可豁免清单并完善监管机制。各地还可区分项目类型、风险程度，按照最大限度利企便民原则探索建设工程规划许可告知承诺制；申请人以书面形式做出承诺的，可由自然资源主管部门直接做出许可决定并做好后续监管工作。

以出让方式取得土地使用权的项目，可以分为“拍卖”与“协议出让”两类。2004年3月，国土资源部和监察部联合发布了《关于继续开展经营性土地使用权招标拍卖挂牌出让情况执法监察工作的通知》，要求自2004年8月31日起，全国各类经营性用地实行公开竞拍出让，各地区不得以历史遗留问题为借口签订协议出让合同，由此形成了“8·31大限”。同时，为了贯彻《国务院关于加强土地调控有关问题的通知》（国发〔2006〕31号），落实工业用地招标拍卖挂牌出让制度，2007年4月，国土资源部与监察部联合发布了《关于落实工业用地招标拍卖挂牌出让制度有关问题的通知》，要求在2007年6月30日前签订工业用地协议。所有工业用地都将被拍卖。

在基础设施建设项目中，特许权、经营权类的土地使用，大多涉及划拨土地使用。另外，《中华人民共和国土地管理法实施条例》规定，国有土地使用权的取得和国有土地使用权的出资方式，也可以用于基础设施建设。而国有土地授权经营是国家授权投资机构所属企业进行基础设施投资的一种重要方式。此外，《关于支持新产业新业态发展促进大众创业万众创新用地的意见》（国土资规〔2015〕5号）对光伏、风电等产业项目进行了规划，并对其用地性质做了规定。

（三）规划和建设程序

（1）规划程序。采取出让方式取得土地使用权的项目，建设单位应在取得项目审批、核准或备案文件并签订国有土地使用权出让合同的同时，向当地规划部门申请办理建设用地规划许可证。以划拨方式取得土地使用权的项目，建设单位应在取得建设用地审批、核准或备案文件后，向规划部门申请办理建设用地规划许可证。

建设工程规划许可证基本建设项目的建设单位，应当向规划部门提出申请，取得规划许可。应当注意，建设工程规划许可证上的规划条件一般要符合《国有建设用地使用权出让合同》上的要求；如有变更，需另行与土地行政主管部门签署《国有建设用地使用权出让合同补充协议》。

（2）建设程序。建设单位应当在基本建设项目开工前，向建设部门提出申请，取得施工许可。与建设工程规划许可证相似，基础设施工程在随后的过程中也可能涉及施工许可证的变更。一些基础设施建设项目可能还存在“先建设，后取得土地使用权”的缺陷。

（四）单项审批手续

（1）环评。依据《中华人民共和国环境影响评价法》《建设项目环境保护管理条例》等法律法规，建设项目应当根据其对环境的影响程度，依照《建设项目环境影响评价分类管理目录》进行环境影响评估，并分别向环保部门申请环境影响报告书和环境影响报告表，或者向环保部门申请环境影响登记。

（2）节能审查。现行的《固定资产投资项目节能审查办法》规定，对政府投资项目，建设单位必须取得节能审查机构的节能审查意见后，才能提交可行性研究报告；对企业投资项目，建设单位在开工前须取得节能审查机构出具的节能审查报告；但是，对年综合能源消费低于 1000 吨标准煤、年用电量低于 500 万千瓦时的固定资产投资项目，以及用能工艺简单、节能潜力较小的产业，可以不进行单独的节能审查。建设单位应当将项目的能源利用状况、节能措施及能效等级列入项目的可行性研究或项目申请书。

（3）消防手续审查。2019 年 4 月之前，在公安部门规定的大型人员密集场所以及其他特殊的建设工程中，建设单位应该向公安机关消防机构申请消防设计的审核，其他建设工程应该进行消防设计备案。从 2019 年 4 月开始，按照“多规合一”的原则，由住房建设部门制定的特殊建筑工程，需要有住房建设部门提供的消防设计审核报告；对其他建设项目，在取得施工许可证或核准开工报告的同时，还应提供符合施工要求的防火设计图纸和技术文件。

（4）其他。除上述环评、节能审查、消防手续审查外，基础设施项目建设单位根据具体情况，还会涉及其他单项审批或验收手续，如交通影响评价、人防审批等。

（五）竣工验收手续

工程竣工验收可分为整体验收和专项验收两大类。根据《建设工程质量管理条例》的规定，基本建设工程完工后，由施工单位组织相关的勘察、设计、施工和监理单位进行竣工验收，也就是通常所说的“五方验收”，并出具竣工验收报告。在基础设施工程竣工验收通过后，建设单位应当到当地住房建设部门办理备案手续，并获得由当地住房建设部门出具的盖有收件人公章的工程竣工验收备案表。除此之外，一般情况下，基础设施建设单位还需要完成各项验收程序，包括规划验收、消防验收、节能验收、环保验收、档案验收等。

按照 958 号文的规定，应按照相关法律法规和国家政策等的要求，对审批过程的合法性进行判断：如不需要审批，则原始权益人应进行详细说明，并提出相应的证据；如项目投资审批文件有遗漏的情况，则由原始权益人补办，或经有关部门批准。对于现行法律法规、政策文件等明确规定不需要办理的情形，原始权益人应对其进行详细的解释，并提供项目所在地相关部门或机构出具的证明。

专栏3-4

富国首创水务 REIT

以富国首创水务 REIT 为例，因缺少建设用地规划许可证、建设工程规划许可证、建设工程施工许可证和竣工验收备案资料，为符合国家发展改革委的要求，相关政府部门提供《深圳市水务局关于福永、燕川、公明水质净化厂有关报建手续办理情况的说明函》等书面资料，表明以上资料的缺少是政府审批过程中的历史遗留问题导致的，相关资料和手续还在进行中。以该项目的招募说明书、法律意见书等披露的信息为依据，基金管理人、法律顾问等中介机构认为，有关文件的缺失并不会对项目的合法、合规运营造成任何影响，也不会出现暂停运营、重大合同纠纷及重大违法违规的情况（这些情况都会对本次发行造成重大不利影响）。此项风险缓解措施已获国家发展改革委核准。

四、确保基础设施项目资产稳定

（一）土地用途

目前，基础设施公募 REITs 的试点范围不包括酒店、商场、写字楼等商业地产项目。按照交易所对基础设施建设项目审核重点的要求，基础设施建设项目土地的实际使用情况应当与规划使用情况和权证记载的使用情况一致；如果有矛盾，则应解释其实际适用的法律法规和政策文件。

按照《中华人民共和国土地管理法》《中华人民共和国土地管理法实施条例》和各地的有关规定，当土地的实际使用情况与规划使用情况不符时，相关部门可能会进行行政处罚，如罚款、责令归还土地、没收地上建筑和附着物等。在实际工作中，一些基础设施建设项目在实际使用和规划使用之间存在着一定的偏差。

针对这一情况，可以采取如下措施：①由政府主管部门出具专项批复；②原始权益人承诺赔偿项目公司因此蒙受的一切损失；③申请变更土地使用权出让合同中约定的用途；④核实项目所在地政府是否出台了相关产业发展的政策文件，包括但不限于放宽土地使用的规划扶持政策，并且已经证实了项目的实际使用并没有违反规划用途。

（二）业务资质

如果底层资产与营运资格有关，那么交易所通常会要求其营运许可证和营运资格是合法有效的。在基础设施基金底层资产存续期内，相关经营资质如有展期安排，应根据有关规定或主管部门的要求，办理延期手续，并在相关文件中对具体安排进行披露。

基建工程对企业资格的要求主要针对特定的行业和领域，具体如下：

（1）经营电信业的执照。按照《中华人民共和国电信条例》和其他有关规定，对电信业务实行许可制，对基础电信业务和增值电信业务，应当按照电信业务分类取得相应的许可证，如电信铁塔工程要求有基础电信经营许可，而 IDC 工程要求有增值电信经营许可。

（2）排污许可证。按照《排污许可管理条例》和其他有关规定，排污单位应当依法办理排污许可证，没有排污许可证的，不允许排污。对基础设施公募 REITs 来说，如果其基础资产是污水处理厂、垃圾处理厂等，则需要取得排污许可证。

（3）取水许可证。按照《取水许可和水资源费征收管理条例》的有关规定，取水单位或者个人，应依法办理取水许可证并缴纳水费。在没有取得取水申请批准文件的情况下，擅自建设取水工程或者设施，或逾期不补办或者未被批准的，以及逾期不拆除或者不封闭其取水工程或者设施的，可能面临强制拆除或者封闭、罚款等行政处罚。对于基础设施公募 REITs，如果其基础资产是供水项目，则需取得取水许可证。

（三）基础设施项目的稳定性

基础设施项目的试点申报要求，必须将优质资产作为重点，相应的底层资产主要是成熟优质、运营稳定的基础设施项目。这些项目应该具备现金流预期相对明确、单位价值波动性原则上相对有限等特征，从而确保基础设施公募 REITs 产品的收益相对稳定。

依据规管稽核要求，应以工程营运时间和营运收益衡量基础设施工程的成熟度与稳定性。958 号文中有四项规定：①项目运营年限应在 3 年以上，对于能够获得长期稳定收益的项目，可以适当降低运营年限；②项目投资回报好，在最近 3 年内总体保持正的盈利或经营净现金流量；③项目收益持续稳定，来源合理分散，直接或穿透后来源于多个现金流提供方，而且重要现金流提供方具有良好的资质和稳健的财务情况；④预测未来 3 年的净现金流量派发率，原则上应该不低于 4%。

根据交易所层面的监管要求，以收入来源、运营效果等为依据，项目运营应满足如下条件：①具有成熟稳定的运营模式，运营收入具有较好的增长潜力。②经营年限不少于 3 年，且具有较好的投资回报率。③对以租赁收入为主的基础设施项目，如产业园区、仓储物流、数据中心等，近 3 年整体出租率保持在较高水平，租金回收状况良好，承租人行业分布合理，主要承租人资信良好，租赁合同稳定。④以收费为基础的基础设施项目，如收费公路、污水处理厂等，在最近 3 年内，应满足以下要求：营业收入保持在较高水平或持续增长，用户需求充足稳定，区域竞争优势明显，运营水平在行业内位居前列。

（四）基础设施项目运营的合法性

结合 958 号文和国家发展改革委的审核要求，项目运营期内不能出现重大安全、质量和环境问题，不能出现重大风险，不能出现项目发起人（原始权益人）和运营管理机构最近 3 年内重大违法违规记录。发起人（原始权益人）和运营管理机构还应该对基础设施项目运营的合法性与合规性做出相应的承诺，并将其与项目文件一起披露出来。

第三节　REITs 项目公司的合法经营

对基础设施公募 REITs 而言，随着对基金管理人责任的严格规定，项目公司作为基础设施项目的SPV角色也逐渐弱化。在此基础上，监管层对基础设施公募REITs的合规性监管侧重于基础设施类项目，对项目公司的监管并没有超越现行《中华人民共和国公司法》对一般法人主体的规范要求。但是，因为基金最终持有的是基础设施项目公司的全部股权，所以项目公司股权向专项计划转让也是基础设施公募REITs业务流程中的关键一步，项目公司历史上存在的债权债务等风险事项仍有可能对基础设施基金的未来净值产生影响。针对这一现状，在《公募基金尽调指引》的指导下，监管机构在基础设施公募REITs业务中，对项目公司的法律行为进行了规范。

一、项目法人的设立、资本结构与经营

广义的资本结构，是指项目公司全部资本的构成，不但包括长期资本，而且包括短期资本；狭义的资本结构，是指项目公司拥有的各种长期资本的构成及比例关系，尤其是长期股权资本和债务资本的构成及比例关系。项目资本金内部结构比例是指项目投资各方的出资比例。投资方对项目不同的出资比例决定了投资各方对项目的建设和经营所享有的决策权、应承担的责任以及项目收益的分配。采用新设法人筹资方式的项目，应根据投资各方在资本、技术、人力和市场开发等方面的优势，通过协商确定各方的出资比例、出资形式和出资时间。采用既有法人筹资方式的项目，在确定项目资本金结构时，要考虑既有法人的财务状况和筹资能力，合理确定既有法人内部筹资与新增资本金在项目筹资总额中的比例。

（一）设立、存续及合规经营

以当前监管实践和实际已发行项目披露的具体情况为依据，在整个交易架构下，项目公司是由专项计划作为唯一股东的一人有限责任公司，不再设立董事会，其所持资产范围也仅包括入池资产。

项目公司的合法成立和合法有效的存续，是它能够长期、合法地持有基础设施项目的先决条件。按照《中华人民共和国公司法》的有关规定，项目公司是依法成立并合法存在的法人实体，应着重审核其成立程序、工商登记、股东人数、住所、出资比例等是否符合法律法规的规定。除此之外，还需要对项目公司设立时的股东是否合法拥有出资资产的产权、资产权属是否存在争议或潜在争议进行关注，从而确保项目公司在初始设立时股权结构稳定。对于项目公司的经营合规性，虽然目前没有明确的审查期限要求，但可以参考对原始权益人、运营管理机构等参与机构的要求，对项目公司在过去3年内的合规经营情况进行核查，具体包括是否存在重大违法违规或不诚信行为，是否被认定为失信被执行人，是否受到过行政处罚以及相应的整改情况等。

（二）重大股本变动

原始权益人持有基础设施项目成立的项目公司，历史沿革比较简单，只需将设立、存续及合规经营的情况作为重点即可。与之相比，一些项目公司，尤其是特许经营权类资产或者通过剥离与其无关联的资产装入基础设施公募REITs，可能已经建立了很多年，情况

比较复杂。

对项目公司历史沿革的审查，涉及基础设施项目的合法合规性，需要对项目公司重大股权变动是否符合相关法律法规和规范性文件的规定做出判断，即需要对项目公司历次内部决议进行审查：根据《中华人民共和国公司法》的规定判断项目公司股权变更是否经过内部授权；审查以往的增资协议和股权转让协议，确定项目公司实际持股情况和支付金额；审查历次股权变动是否已完成工商变更登记等事项。

在回顾项目公司的历史时，也会涉及项目公司的可转让性。除了项目公司历史沿革中涉及的股东可能因为股权变动而产生争议之外，基于基础设施领域特定行业的监管要求，行业主管部门可能对项目公司的股权转让设置一些限制条件，国资管理部门也会对股权转让设置一些监管要求。上述股权转让的相关转让限制条件、特殊规定及约定均需满足相关要求或具备解除条件，并应取得相关部门对国有资产交易相关事宜的批复。

（三）重大资产重组

与项目公司重大股权变动一样，按照重组方案安排，原始权益人持有基础设施项目成立的新项目公司，历史沿革相对简单，可能不涉及重大资产重组的情况。而一些项目公司，可能由于集团的发展规划等，涉及一些重大资产重组事项。

根据《公募基金尽调指引》，应对基础设施项目进行尽职调查，重点关注项目公司成立后发生的对投资者投资决策有重大影响的重组事件，包括但不限于获得相关权威机构的决策或审批文件、审计报告、评估报告，中介机构的专业意见，债权人同意债务转让的相关文件，与重组相关的对价支付凭证、资产转让文件等，对项目公司的重组动因、内容、程序及完成情况应进行调查。按照 958 号文的要求，对于发生了资产剥离、资产重组和资产划转的基础设施项目，还需要提供一份经过会计师事务所审核的备考财务报表，以反映最近 3 年和最近一期的经营状况。

（四）项目法人的财产独立性

原始权益人通过转让项目公司股权的方式实现了资产出售，项目公司全部股权最终由专项计划直接持有。按照当前的监管要求，原始权益人须作为战略投资者，持有至少 20% 的份额，且最终基础设施项目不出表。除此之外，在试点初期，由于基金管理人的基础设施运营管理经验不足，以及原始权益人对运营管理基础设施项目的诉求等，原始权益人或其关联公司可能会担任基础设施项目的运营管理机构。因此，从本质上讲，在基础设施公募 REITs 资产上市的过程中，要确保项目公司独立，防止出现利益冲突和利益输送等问题。

根据《公募基金尽调指引》，对基础设施建设项目的尽职调查，首先需对项目公司的独立性进行调查。该项调查包括以下两方面内容：①项目公司的产权是否完整、合法，以及项目公司的产权是否被实际占有。调查商标、专利、著作权、特许权等权利的存续期，核实上述资产有无重大经济纠纷、法律纠纷或潜在纠纷；对金额较大、期限较长的其他应收款、其他应付款、预收及预付账款产生的原因以及交易记录、资金流向等进行调查，并对项目公司的资产进行核查，对其资产的独立性进行判断。②项目公司是否成立了财会部门，有没有财务人员，有没有独立的核算体系，有没有规范的财务会计制度，有没有对分公司、子公司的财务管理制度，有没有在银行开立账户，有没有独立的纳税记录，等等，判断项目公司的财务独立性。

除此之外，按照交易所对基础设施项目所涉关联交易情况的核查要求，基金管理人还需对基础设施项目最近 3 年及最近一期的关联交易情况进行核查，并在招募说明书等文件中进行披露。具体来说，关联交易应符合以下条件：①符合有关法律法规的规定，以及公司内部管理制度的要求；②交易定价合理，依据充分，与市场交易价格和独立第三方的价格相差不大；③项目资金来源比例合理，且不影响项目的市场运作；④基金管理人和专项计划管理人应该分析关联交易的合理性、必要性及可能存在的风险，并设置合理的、充分的风险防控措施。

二、土地利用管制与创新

（一）基础设施公募 REITs 关于土地用途的监管要求

国家发展改革委和中国证监会等多次明确指出，酒店、购物中心和办公大楼等商业地产项目不在试点范围内，并且在原则上，这些项目的土地使用应该是非商业和非住宅用地。在发债过程中，可能遇到土地使用障碍的资产集中于产业园类基础资产。根据 586 号文的规定，园区基础设施包括研发、创新设计和实验平台，工业厂房，孵化器，产业加速器，产业发展服务平台以及其他基础设施，用地性质为非商住区。

一般情况下，产业园中的工业用地或新型产业用地，在土地使用上并无实质障碍。但是，在试点初期，国家发展改革委对《城市用地分类与规划建设用地标准》（GB 50137—2011）B29 中属于商业用地一类的“科研和设计用地”，一直保持着谨慎的态度。

2012 年正式实施的《城市用地分类与规划建设用地标准》（GB 50137—2011），将原《城市用地分类与规划建设用地标准》（GBJ 137—90）中仅有的“C65 科研设计用地”调整为“A35 科研用地”以及“B29 其他商务用地”。

《城市用地分类与规划建设用地标准》（GB 50137—2011）的具体规定如下：

（1）双重性质的用地按实际使用的主要性质归类，如北京的故宫和颐和园均是国家级重点文物古迹，但故宫用作博物院，颐和园用作公园，因此应分别归到“图书展览用地”（A21）和“公园绿地”（G1），而不是归为“文物古迹用地”（A7）。

（2）多功能综合楼用地，如一栋高层建筑的底层是商店，2~15 层为企事业管理机构办公室，16~20 层为公寓，地下室为车库，总体看其使用的主要性质是办公，因此应归为“行政办公用地”。若综合楼使用的主要性质难以确定，则按底层使用的主要性质进行归类。

（3）利用上空或地下做多种用途的用地按地面使用的主要性质作为用地归类的依据。如一个广场的下面虽然做了地下汽车库，但这块用地仍归为“广场用地”（G3），而不是“社会停车场用地”（S42）。

（二）基础设施公募 REITs 项目土地的法律规定

（1）958 号文对基础设施项目土地使用情况的规定。土地使用依法合规：①对项目公司拥有土地使用权的非 PPP（含特许经营）类项目。如项目以划拨方式取得土地使用权，则土地所在地的市（县）人民政府或自然资源主管部门应对项目以 100%股权转让方式发行基础设施 REITs 无异议；如项目以协议出让方式取得土地使用权，则原土地出让合同签署机构（或按现行规定承担相应职责的机构）应对项目以 100%股权转让方式发行基础设施 REITs 无异议；如项目以招拍挂出让或二级市场交易方式取得土地使用权，则应说明取得土地使用权的具体方式、出让（转让）方、取得时间及相关前置审批事项。②对项目公司拥有土地使用权的 PPP（含特许经营）类项目。发起人（原始权益人）和基金管理人应就土地使用权做出包含以下内容的承诺：项目估值中不含项目使用土地的土地使用权市场价值，基金存续期间不转移项目涉及土地的使用权（政府相关部门另有要求的除外），基金清算时或特许经营权等相关权利到期时将按照特许经营权等协议约定以及政府相关部门的要求处理相关土地使用权。③对项目公司不拥有土地使用权的项目。应说明土地使用权拥有人取得土地使用权的具体方式、出让（转让）方和取得时间等相关情况，土地使用权拥有人与项目公司之间的关系，以及项目公司使用土地的具体方式、使用成本、使用期限和剩余使用年限，分析使用成本的合理性，并提供相关证明材料。

（2）《上海证券交易所公开募集基础设施证券投资基金（REITs）规则适用指引第 1 号——审核关注事项（试行）》（2023 年修订）（以下简称“上交所《审核关注事项》”）对基础设施项目土地使用情况的规定。第 11 条规定，基础设施项目应当符合下列条件：①权属清晰，资产范围明确，原则上应当依照规定完成相应权属登记。②不存在法定或者约定的限制转让、抵押、质押的情形，主管机关或者相关权利方同意转让的除外。③基础设施资产的土地实际用途原则上应当与其规划用途、权证所载用途相符。存在差异的，律师应当对实际用途是否符合法律法规和相关政策进行核查并发表明确意见；管理人应当充分揭示风险，并设置相应的风险缓释措施。

（3）《公开募集基础设施证券投资基金尽职调查工作指引（试行）》对基础设施项目土地使用情况的规定。调查基础设施资产安全性及投资价值，包括但不限于以下内容：基础设施资产用地性质、所处区位和建设规划，基础设施资产使用状况，保险购买、承保范围和保险金额情况，基础设施资产各项设施设备现状，基础设施资产维修保养及定期、不定期改造需求或规划等。

（三）已申报基础设施公募 REITs 项目的土地使用状况

截至 2023 年 10 月，已经发行的项目已经在园区内有了科研设计用地。比如，在建信集团中关村工业园的 REIT 招股书中，就有一条信息，“互联网创新中心 5 栋”的规划使用范围是教育、科研、地下停车场，房屋规划使用范围是研发大楼，而实际使用范围是研发办公、餐饮和停车场。协同中心 4 号楼项目的规划使用范围是教育科研设计、地下教育科研设计、地下车库，房屋规划使用范围是科研楼，而实际使用范围主要是研发办公、职工食堂、停车场。孵化加速器项目的用地规划为教育、科研、设计、地下停车场，房屋规划为研发大楼，而实际使用以研发办公、餐饮、停车场为主。在《科技园五期 B 区土地出让合同》中，东吴苏园产业 REIT 项目的募集文件中明确了该项目的用地性质为研究、设计等。

（四）基础设施公募 REITs 中科研设计用地是否符合规定

在传统意义上，科研设计企业需要通过中试平台、工业厂房、实验室等完成科技创新，而软件行业等需要通过计算机设备、互联网等完成研发。考虑到这一点，仅凭建筑物的形状等物理特征，不能完全将产业园类资产区分为基础设施类和商业办公楼。

考虑到科研设计用地的分类沿革、已发行产品的实践以及新型科技研发产业的特点，在一定条件下，科研设计用地可以作为基础设施公募 REITs 底层资产。但是，以当前审核监管对用地性质的沿革把握为基础，对于涉及科研设计用地的项目，建议仍在正式申报之前，与监管部门进行有针对性的沟通，确认监管方面的意见和处理建议。

专栏3-5

风电、光伏项目的用地相关政策

《中华人民共和国土地管理法》规定，将土地分为农用地、建设用地和未利用地［详见《土地利用现状分类》（GB/T 21010—2017）］。《国家发展改革委、国家能源局关于积极推进风电、光伏发电无补贴平价上网有关工作的通知》（发改能源〔2019〕19 号）规定，为推进平价上网，风电、光伏项目应优先利用未利用地。

陆上风电、光伏项目用地各地政策不一致，一般认为：①陆上风电、光伏项目升压站、综合楼及风电项目风机基础的用地应按建设用地进行管理；②光伏项目的光伏阵列、陆上风电项目的吊装平台及施工道路等用地按照不改变原用地性质进行管理，可通过租赁的方式解决用地问题；③陆上风电、光伏项目的进场、检修道路用地，均应符合建设用地的要求，但实践中也存在利用农村道路或其他现有道路，通过“以偿代征”模式解决用地；④如果项目用地涉及林地、草地、永久基本农田、生态保护区等特殊用地，还需先行办理相应的审批手续。

对于海上风电项目，除风力发电机组及海底电缆确定布置于海域或无居民海岛上外，升压站、箱变及运维站等配套设施可能布置于海域、无居民海岛上，也可能布置于陆地上。置于海域上的风力发电机组、海底电缆，以及升压站、箱变及集电线路等配套设施，涉及占用海域或无居民海岛，按照《中华人民共和国海域使用管理法》等法律规范的要求，需办理海域使用手续。若涉及占用无居民海岛，根据《海上风电开发建设管理办法》的规定，则需依照《中华人民共和国海岛保护法》等法律法规办理无居民海岛使用申请审批手续，并取得无居民海岛使用权。布置于陆地上的升压站、配电楼、运维站等附属设施，涉及占用国有土地，按照《中华人民共和国土地管理法》等法律规范的要求，需办理建设用地使用手续。此外，在办理海域使用或无居民海岛开发利用使用手续时，需关注海域、无居民海岛的用途、最高期限的限制。

三、对基础设施项目成熟度和稳定性的判断

在 958 号文中，关于项目成熟稳定的要求中，列举了六个方面的具体要求，即基础设施项目的产权、土地使用的合法合规、基础设施项目的可转让性、项目的成熟稳定、资产规模和发起人（原股东）。对基础设施公募 REITs 而言，入池资产应为成熟的不动产资产，目前还在开发建设阶段、尚未投入运营的房地产项目则无法满足基础设施公募 REITs 试点的申报要求。评估基础设施项目的成熟度和稳定性，主要考虑项目运营时间、项目现金流投资回报、项目收益及分派率等方面的要求。

（一）运营时间要求

考虑到基础设施建设项目的总体运营特点，监管机构对其运营年限的要求原则上不得少于 3 年。此外，必须考虑基础设施项目所处的行业和资产特点，避免将 3 年运营期的要求绝对化。958 号文明确规定，对于已经取得长期稳定收益的项目，可以适当放宽运营年限的要求。比如，产业园、仓储物流园、互联网数据中心等，可能在投入运营后较短的时间内就实现了整体运营收益的持续稳定。对运营时间的要求，还需结合整个项目的运营时间和收益状况判断。部分基础设施项目未实现运营时间超过 3 年，可以从该部分基础设施项目资产比例、预计产生的资产收益及预计将占基础设施项目整体收益的比例、目前是否已实际影响基础设施项目整体收益率等方面进行综合分析。例如，红土盐田港地产开发项目的招股说明书显示，该项目 B3 仓库的运营年限还不到 3 年，但是因为底层资产其他部分在 2014 年已经投入运营，所以 B3 仓库的运营时间与现代物流中心项目整体运营时间不低于 3 年的要求并不冲突。

（二）与政府补贴无关的具体判断

基础设施项目具有一定的公益属性，在建设和运营过程中，有可能得到政府的资金支持。基础设施项目的这种公益属性与基础设施公募 REITs 的市场化要求之间存在矛盾，有可能无法满足项目收益持续稳定、来源合理分散的要求。

在规制上，涉及政府补贴的基础设施项目，按照有关规定，不能依赖非经常性收入，如第三方补贴，但是没有明确的“依赖性”判断标准。《公募基金尽调指引》要求，对于底层资产的现金流是否具有合理的分散性、是否以市场运作为主、是否不依赖第三方补贴等非经常性收入，应结合区域概况、区域经济状况、行业政策、供需变化等因素，具体分析现金流提供者的集中度风险。例如，已发行的中航首钢绿能 REIT（代码：180801）与发电补贴有关，其招募说明书披露，2018 年、2019 年和 2020 年项目确认的国家补贴收入分别为 6175. 55 万元、6291. 63 万元和 5500. 75 万元（分别占当年营业收入的 15. 74%、14. 59%和 15. 29%）。参照以上项目的经验可以推断，在监管层面，垃圾发电项目属于清

洁能源领域，应允许国家补助收入占其运营收入的15%左右。

非经常性收入由政府补助，受政策影响较大。政府部门在任何时候都可以发挥宏观调控的作用，对各种基础设施项目的补贴也可以根据不同基础设施产业的发展状况进行调整。地方政府也要按照当地的发展规划，调整对基础设施建设项目和相关项目公司的财政补助。除了政策变动，政府补贴也可能存在账期长、回款慢等风险，导致当年实际收入低于承诺收入，实际回款偏离预期，进而影响投资者收益。

第四节　基础设施公募 REITs 底层资产的可转让性

底层资产的转让，既可以表现为与底层资产相关的土地使用权、建筑物及构筑物的转让或资产处置，也可以表现为直接对持有底层资产的项目公司股权的转让，还包括与基础设施相关的特许经营权、经营收益权等的转让。在基础设施公募 REITs 的发行与上市过程中，以合适的方式持有基础资产，是构建交易架构与进行重组的关键一步。在这一过程中，要对标的物进行合适的剥离，首先要消除标的物转让中的种种制约因素；而在项目公司已经拥有底层资产的情况下，在项目公司股权转让专项计划中，也需要解除各种转让限制。

一、转让约束的种类

958 号文在“项目基本条件”一栏，明确规定“基础设施项目具有可转让性”，对申报时需提供的证明项目可转让的相关手续进行了详尽的说明，并规定在资产转让和处置过程中，如涉及任何限定条件、特殊规定约定等，必须得到相关部门或者协议签署机构的同意书。根据 958 号文对项目可转移性的规定，可从广义上将基础设施的转移性限定分为如下类型。

（一）内部决议

根据 958 号文的规定，底层资产的可转让性要求原始权益人和项目公司的相关股东履行内部决策程序，并且达成对底层资产转让的一致意见。按照上述要求，当基础设施公募 REITs 的交易结构涉及将底层资产以适当方式剥离到新设项目公司时，原始权益人应该按照公司治理制度及内部决策程序，做出同意转让项目公司股权或底层资产的股东会或董事会决议。原始权益人通常会在基础设施公募 REITs 的发行中，对底层资产转让、重组方案、募集资金的使用，以及项目特定问题的处理等，以整体的方式做出决议安排。一些原始权益人也会考虑对战略配售事宜做出相关决议。如果项目涉及多个原始权益人，除了主要原始权益人，其他原始权益人还应按照内部决策程序做出相应的决议。

（二）外部审批

当前，基础设施公募 REITs 试点主要集中在交通基础设施、能源基础设施、市政基础设施、生态环保基础设施、仓储物流基础设施、园区基础设施以及各类新型基础设施、保障性租赁住房等领域。在此背景下，一方面，基础设施公募 REITs 底层资产因具有公共服务的特性而被普遍禁止转让。各地为了落实保障性租赁住房不得上市销售或变相销售的要求，一般会在相关政策中规定保障性租赁住房资产层面的转让限制。另一方面，因为部分基础设施享受了准入、用地、税收等方面的优惠政策，所以相关政策或协议会规定资产层面甚至项目公司股权层面的转让限制。基于上述特点，底层资产的转让一般需要获得主管部门或者协议签署方的同意，并履行相关程序。

（1）法律法规对底层资产转让的限制。法律法规对底层资产的转让限制，除了土地使用权方面的，还需要结合不同类别的底层资产，对不同行业、不同土地用途下的转让限制进行明确。法律法规对转让限制的规定，既可能涉及国家法律法规一般性的规定，也可能涉及地方政策法规、规范性文件在执行层面的具体要求，还可能涉及园区的管理要求。

（2）有关基础资产转让的限制条件。项目有关主体在投资、建设和运营的整个过程中签订的各种协议，都可能涉及对底层资产转让的限制。例如，投资协议、入园协议、监管协议等对底层资产转让及项目公司股权转让的限制，特许经营或 PPP 合同对特许经营权及项目公司股权转让的限制，租赁合同约定的承租人优先承租权及优先购买权等限制，以及相关融资协议中对借款人或担保人资产处置、重组、分立及股权转让等方面的限制。此外，主管部门也可能在相关协议中进一步落实政策要求。比如，在土地出让合同中对整体转让或分割转让的限制、对土地使用权受让对象或建筑物承租人的限制等进行约定。

关于底层资产的转让限制，存在相当大的个体差异，因而要结合底层资产所在地政府部门或所在园区管理部门的相关规定和政策，对具体项目进行具体分析，甚至同一种底层资产，在不同的地区，转让限制也会有所不同。因此，在启动基础设施公募 REITs 项目申报时，应详细梳理项目的转让限制，以便后续沟通。

二、底层资产的转让约束

土地使用权转让的限制是基础设施公募 REITs 项目面临的一个难题。《关于完善建设用地使用权转让、出租、抵押二级市场的试点方案》（国土资发〔2017〕12 号）和国务院办公厅印发的《关于完善建设用地使用权转让、出租、抵押二级市场的指导意见》（国办发〔2019〕34 号，以下简称“34 号文”）对建设用地使用权转让做了严格要求。

（1）土地使用权转让的限制性规定。土地使用权的取得和转让都有严格的限制条件。在土地使用权取得问题上，《中华人民共和国民法典》明确规定，应当严格限制土地使用权的划拨方式；《中华人民共和国土地管理法》和《划拨用地目录》已经明确规定了划拨土地使用权的用地范围，供水、公共运输等市政设施用地，国家重点支持的能源、交通、水利等基础设施用地，福利性住房等，均可划拨土地使用权。

根据《中华人民共和国城市房地产管理法》第 40 条、《城镇国有土地使用权出让和转让暂行条例》第 45 条、《城市房地产转让管理规定（2001 年修正）》第 12 条、34 号文等的规定，划拨土地使用权及其地上建筑转让，须经主管部门批准，转让后土地用途符合

《划拨用地目录》的，可免予出让，也可免交出让价款，转让后不符合《划拨用地目录》的，按规定办理出让手续，缴纳出让金。

（2）土地出让金的限制。与需要依法审批的划拨用地使用权转让不同，34 号文明确提出：以出让方式取得建设用地使用权的，应当充分保障交易自由，并符合法律法规和出让合同的约定；以作价出资、入股方式取得建设用地使用权的，参照出让方式取得建设用地使用权的有关规定；转让后，既可以以作价出资的方式或者参股的方式运作，也可以直接改为以出让的方式运作，从而实现土地出让金的资本化。

虽然通过出让取得建设用地使用权的自由转让得到了充分保障，但是相关部门对此也有明确的监管规定。例如：在交易价格方面，按照 34 号文的规定，对于报价额低于标定地价 20%以上的，县级人民政府可以行使优先购买权；在开发强度上，根据《城市房地产转让管理规定（2001 年修正）》第 10 条的规定，土地使用权出让后，应当按照出让合同的约定，进行投资开发。土地出让合同中对转让条件有约定的，还应当按照约定的条件办理。34 号文进一步明确，土地出让合同约定的权利和义务也随之发生转移，受让人必须依法履行。

在“房地合一”制度下，建设用地使用权发生转移时，地上建筑物和附着物的所有权也发生转移；在此基础上，对土地使用权转让的限制，也是对地上建筑物及其附着物所有权的限制。建筑物的工程规划许可、施工许可及不动产权证书等与该建筑物本身的转让限制有关。比如，不动产权证书附记载明相关建筑物不得转让等限制，也一并适用于相应的建设用地使用权。

（3）其他规定。在土地使用权的转让限制方面，除了土地管理法律法规的限制之外，一些特殊用地，如产业用地或科研设计用地，还涉及因为对产业项目的监管等而专门设置的土地使用权的转让限制，具体包括转让的审批流程、分割转让限制、受让对象或受让价格要求、持有年限要求等。

虽然法律法规或者政策要求并没有明确规定资产转让的审批程序，但是在实际操作中，主管部门可能会根据审慎监管要求或者对政策法规的不同理解，要求相关资产转让履行相应的审批程序。鉴于 958 号文对底层资产转让的严格审慎监管趋势，在申报试点项目时，应与主管部门进行充分沟通，以明确主管部门在实际操作中的限制性要求。

三、项目公司股权的转让约束

（一）涉地公司股权转让的联合监管

现行法律并未明确涉地公司股权转让是否属于土地使用权转让，也没有明确规定这类交易的性质和效力。对基础设施公募 REITs 项目而言，股权转让是必不可少的一步。按照 958 号文的要求，对以项目公司名义转让土地使用权、特许经营权、经营收益、建筑物和构筑物，以及相关资产的处置等，相关的法律法规和协议中如果有任何限制和特别规定，相关的主管部门和协议的签署机构必须出具没有异议的函。根据相关规定，在试点项目中，即使只涉及对底层资产（如土地使用权、房屋等建筑物所有权）的限制，也应取得主管部门或协议签署机构对项目公司股权转让的无异议函。

与严格界定建设用地使用权的各种转让形式类似，项目公司股权结构、出资比例、实际控制人等变更也可能被视为项目公司股权转让。34 号文明确了自然资源、房建、税务、市场等部门要加强对土地使用权转让过程中涉及的土地使用权转让行为的共同监督。部分地区对项目公司股权转让也有一定的监管要求。比如：上海市规定，在产业用地使用权变动时，必须征得出让方的同意；江苏省提出，要加强土地使用权转让的联合监管，建立信息咨询、反馈与共享机制；南京市明确规定，由市场监督管理部门负责对涉外企业股权转让进行依法联合监管。

虽然在政策法规层面已经明确了对涉地股权转让的联合监管，但是在实际操作过程中，一些地区的土地管理部门或相关行业主管部门并没有与市场监督管理部门实现信息的协同共享，因此主管部门无法对项目公司股权转让进行有效监管。一些地方的市场监督管理部门认为，自己没有共同监管涉地公司股权转让的权力和职能。

（二）是否构成分拆上市

《基础设施领域不动产投资信托基金（REITs）项目申报材料格式文本》（2024 年版）对上市公司直接或间接持有的项目进行了规定。如涉及分拆上市事宜，应说明已取得了有关部门的相关意见；如不涉及分拆上市事宜，应说明理由，并要求律师提供相应的法律意见。根据上述规定，如果涉及分拆上市事宜，那么在发展改革委申报阶段的法律意见书中，就应该对是否构成分拆上市事宜提出相应的法律意见。

在已发行的基础设施公募 REITs 项目中，如浙商沪杭甬 REIT 等，其原始权益人为中国香港地区的上市公司。原股东在中国境内公开发行 REITs 产品，可依《有关发行人呈交的将其现有集团全部或部分资产或业务在本交易所或其他地方分拆作独立上市的建议之指引》（以下简称“《香港上市规则》[①] 第 15 项应用指引”）的有关规定。香港联合交易所可依《香港上市规则》第 15 项应用指引的有关规定，认定原股东为分拆上市。

根据《上市公司分拆规则（试行）》（中国证监会公告〔2022〕5 号，以下简称“5 号公告”），上市公司分拆是指上市公司将部分业务或资产通过其直接或间接控制的子公司，在境内外上市或进行重组。根据上述规定，上市公司分拆仍然局限于股票发行，发行基础设施公募 REITs 并不属于《上市公司分拆规则（试行）》规定的分拆上市范畴。

（三）国有资产转让

基础设施公募 REITs 项目涉及两个环节的国有资产交易。

（1）如需通过分立、资产划转、增资减资、剥离重组等方式搭建新项目公司，则该环节可能构成《企业国有资产交易监督管理办法》（国务院国资委、财政部令第 32 号，以下简称“32 号令”）项下的“企业国有资产交易行为”。

① 《香港上市规则》全称为《香港联合交易所有限公司证券上市规则》。

需要注意的是，对于土地等资产进行处置可能涉及相应国资监管要求。例如，广州市有规定，市属企业处置土地资产后土地资产权益仍为市属国有控股或国有实际控制的，由市属企业董事会决策并严格按有关规定、程序实施；失去市属国有控股或国有实际控制，并达到相应面积标准的，应报市国资监管机构审批或征求意见。

（2）原始权益人将其持有的项目公司和（或）SPV（如有）股权转让给基础设施公募 REITs 持有的资产支持证券、原始权益人将其持有的项目公司股权转让给资产支持证券持有的 SPV（如有），公募基金通过募集资金支付转让对价。根据 32 号令，该环节难以适用非公开协议转让的规定，原则上应通过产权市场公开进行。但 32 号令项下的产权市场并不包括证券交易所，因此，仍需就上述交易取得国资监管部门的同意或豁免。

根据国家发展改革委对申报材料格式文本的要求，涉及国有资产转让的项目，目前仍需取得国资监管部门对发行基础设施公募 REITs 的意见。在已发行的项目中，多地区的国资监管部门出具的函件已显示出对基础设施公募 REITs 项目市场化运作的认可，同意基础设施公募 REITs 按照《基金指引》等证券监管制度要求，遵循等价有偿和公平公正的原则公开、规范发行基础设施公募 REITs，无须另行履行国有资产进场交易程序。

四、解除转让限制的充分性

解除股权转让限制的最终目的，是使基础设施公募 REITs 能够通过资产证券化、项目公司等载体获得对底层资产的完全所有权或经营权。因此，在对入池资产和项目公司的转让限制进行仔细核实之后，确保资产的转让限制得到充分解除尤为重要。一般情况下，只要符合设定的转移限制条件，就可以通过批准或同意实现转移限制的解除。但是，解除对转让的限制，需要注意以下两点：

第一，解除转让限制是合法有效的。为使转让限制合法有效地解除，有必要明确其主管部门。除了限制条款特别明确规定有权解除转让限制的主管部门或协议相对方等有权主体之外，实践中还可能存在未明确或其他需要进一步明确主管单位的管辖范围等情况。此外，对于设定的特定转移条件，有关解除情形应在同意转移文件中明确而具体，且对转移限制的解除没有附加条件或要求。

第二，其他涉及限制转让的风险。基础资产在建造或运作时，可能会有不符合规定的缺陷。为了避免上述合规风险最终落到项目公司或者基础设施公募 REITs 头上，对于涉及瑕疵事项的，建议在基金发行前对瑕疵事项可能产生的罚款或赔偿责任进行处理，或者由原始权益人承诺承担相应的责任。当底层资产涉及产权变更时，应在解除限制后及时完成产权变更登记；当涉及转让价款支付时，应注意转让价款的公平性和合理性，并及时完成转让价款的支付。

需要指出的是，对于前述已发行基础设施公募 REITs 项目中所涉底层资产和项目公司股权转让限制的解除，在大多数情况下，只是表明相关主管部门对本次基础设施公募 REITs 发行中涉及的底层资产和后续以项目公司 100%股权转让方式没有任何异议。基础设施公募 REITs 取得底层资产及项目公司股权后，相关限制依然存在。比如，对保障性租赁住房项目通常设有转让、销售限制。基础设施公募 REITs 发行后，如需转让项目公司股权或通过其他方式处置项目，仍需取得住房城乡建设部等相关部门的同意。

五、豁免公开进场交易的合理性

（一）基础设施公募 REITs 的询价发行机制

《基金指引》规定，基础设施基金认购价格采用网下询价方式确定，并委托基金管理人或其聘请的财务顾问进行推介、询价、定价和配售等。基础设施公募 REITs 的询价发行过程与 IPO 类似。按照《证券发行与承销管理办法》的有关规定，IPO 价格，既可以通过向网下投资者询价确定，也可以通过发行人和主承销商自主协商直接定价等合法可行的方式确定，以询价方式确定发行价格的，由主承销商负责办理路演推荐、询价定价和配售等业务（详见第七章）。通过公开询价机制与专业投资者共同确定发行价格，可达到进场交易保护国有资产的目的。

（二）应对基建项目进行评估

基金管理人在申请登记前，应聘请独立评估机构对其所持基础设施项目进行评估和备案。评估结果能够反映国有资产的真实价值，而最终的交易价格并不会偏离评估结果，也不会造成国有资产流失。

（三）国资监管法规的进一步明确

对于已经发行的项目，多地国资监管部门已下发文件，表示认可其市场化运作，并同意按照《基金指引》等证券监管规定，以及公开、公平、公正的原则规范发行，不需要再走国有资产的进场交易程序。国资监管部门充分认识并支持基础设施公募 REITs 的发展。《中华人民共和国企业国有资产法》为基础设施公募 REITs 不入市交易提供了一定的解释空间，即便在规范层面，仍然缺乏明确的政策法规基础。《中华人民共和国企业国有资产法》第 54 条规定，国有资产转让应当遵循等价有偿和公开、公平、公正的原则，对国有资产的转让，应当依法进行。国有资产转让应当在依法设立的产权交易所公开进行，但依法可以直接协议转让的除外。上市交易股份的转让，应当按照《中华人民共和国证券法》的有关规定办理。《中华人民共和国企业国有资产法》第 52 条规定，国有资产转让应当有利于国有经济布局和结构的战略性调整，避免国有资产遭受损失，并不损害交易各方的合法权益。

2022 年 5 月 16 日，国务院国资委发布《关于企业国有资产交易流转有关事项的通知》（国资发产权规〔2022〕39 号），明确指出："国家出资企业及其子企业通过发行基础设施 REITs 盘活存量资产，应当做好可行性分析，合理确定交易价格，对后续运营管理责任和风险防范做出安排，涉及国有产权非公开协议转让按规定报同级国有资产监督管理机构批准。"

第五节　高速公路类基础设施公募 REITs 底层资产的合法性

立足新起点，面向我国全面建成社会主义现代化强国的新要求，《国家发展改革委、交通运输部关于印发〈国家公路网规划〉的通知》提出，要积极盘活存量资产，积极推进基础设施领域 REITs 试点，实现存量资产与新增投资的良性循环。

根据中国证监会于 2020 年发布的《基金指引》和国家发展改革委于 2021 年发布的《国家发展改革委关于进一步做好基础设施领域不动产投资信托基金（REITs）试点工作的通知》，发起人（原始权益人）必须直接或间接依法拥有项目的所有权、特许权或经营权。高速公路类基础设施公募 REITs 是一种特许经营项目，其收费权利来源的合法性是其成功与否的关键。

根据 2004 年颁布的《收费公路管理条例》，省、自治区、直辖市人民政府交通主管部门可以对本行政区域内的政府还贷公路实行统一管理、统一放贷和统一还款；对经营性公路建设项目，应当公开招标，并采用招标的方式确定投资主体。因此，律师在获取收费路权时，要根据高速公路的性质来判断有没有进行招标的必要。

一、权属清晰、资产范围明确

40 号文、568 号文、958 号文、上交所《审核关注事项》、《深圳证券交易所公开募集基础设施证券投资基金业务指引第 1 号——审核关注事项（试行）》（2023 年修订）（以下简称“深交所《审核关注事项》”）均要求基础设施项目（底层资产）权属清晰、资产范围明确。对高速公路项目而言，基础设施资产为高速公路特许经营权及基于特许经营权而持有的高速公路所占土地对应的土地使用权、高速公路沿线附属建筑物的房屋所有权、公路资产及其他附属设施。

1. 特许经营权

项目公司按照其与有关人民政府、交通主管部门签订的《特许经营协议》，取得高速公路项目在特许经营期间的特许权。高速公路具有特殊性，在特许经营期满后，由国家无偿收回，交由交通运输部管理。因此，特许经营权的剩余期限将影响募集资金的规模。

2. 土地使用权

高速公路是一种重要的交通基础设施，在建设过程中往往会占用大量的土地。在现行《划拨用地目录》中，国家重点支持的能源、交通和水利等基础设施项目可划拨出让土地使用权，但是，高速公路服务区内的经营性用地不属于该划拨出让土地使用权的范围。因此，服务区域内的商业用地存在政府征收土地使用费和土地出让金的风险。另外，划拨土地使用权和房屋所有权对外出租，违反了以下规定：现行有效的《中华人民共和国城镇国有土地使用权出让和转让暂行条例》中关于划拨土地使用权和地上建筑物与附着物的所有权，经土地管理部门和房产管理部门批准后，可以转让或者出租的有关规定；《中华人民共和国城市房地产管理法》中有关以划拨方式取得国有土地使用权的房屋出租时，其租金所得收入应上缴国家的规定。在高速公路服务区，服务设施用地为划拨地和将划拨地上的房屋出租可能是较为普遍的问题，但不会对基础设施公募 REITs 项目造成实质性影响。一般情况下，会对原股东或有关各方做出承担风险的承诺。

3. 房屋所有权

为了满足高速公路的管理、养护和运营需要，高速公路沿线通常会建设管理处、收费站和服务区等建筑物。在很多情况下，这些建筑物并没有取得产权证书，但是《中华人民共和国民法典》规定，这些建筑物的所有权属于工程公司。在高速公路建设的批复文件中，通常还包括有关上述建筑物建设的批复文件，而且上述建筑物有可能随高速公路一起被验收，因此，暂未办理权属证书并不会对高速公路的正常运营和基础设施公募 REITs 的发行造成实质性影响。如果此类建筑物难以补办权属证书，那么可以由建筑物所在地的县级以上政府部门出具确认函，确认在高速公路收费经营期内，项目公司对项目运营涉及的地上建筑物等相关附属设施合法拥有、占有、使用。

专栏3-6

高速公路的投资与价值

2021 年，中交路桥建设有限公司投资建设了首都地区环线高速公路（G95）承德（李家营）至平谷（冀京界）段政府和社会资本合作（PPP）项目。项目位于河北东北部，环渤海经济区腹地的承德市，南临京津，北靠内蒙古，是京津冀、环渤海和冀辽蒙经济区的重要城市之一。项目总投资 146.08 亿元，合作期共计 28 年 6 个月，其中建设期 3 年 6 个月，运营期 25 年。项目可行性研究报告显示：经济净现值（ENPV）为 296830 万元；经济内部收益率（EIRR）为 9.96%，高于社会折现率 8 个百分点；投资回收期（EN）为 21.64 年（包括建设期）。

2013 年 6 月，国务院批复了《国家公路网规划（2013—2030 年）》，将首都地区环线高速公路列入国家高速公路网，编号 G95。本项目是首都地区环线高速公路的重要组成部分，也是京津冀一体化区域内的主要通道。本项目对于加快推进京津冀协同发展、缓解首都交通压力、促进地方经济发展和旅游资源开发、完善区域路网结构具有重要意义。（撰写：王用文，中国路桥建设有限公司）

二、项目投资建设手续

根据 958 号文的规定，基本建设项目必须按照规定办理有关固定资产投资管理的手续。上交所《审核关注事项》及深交所《审核关注事项》也指出，基础设施资产已通过竣工验收，工程建设质量和安全标准符合相关要求，原则上已按照投资建设时的规定履行规划、用地、环评等审批、核准、备案、登记以及其他依据法律法规应当办理的手续。

高速公路建设过程中主要的审批手续如图 3-2 所示，具体说明如下：

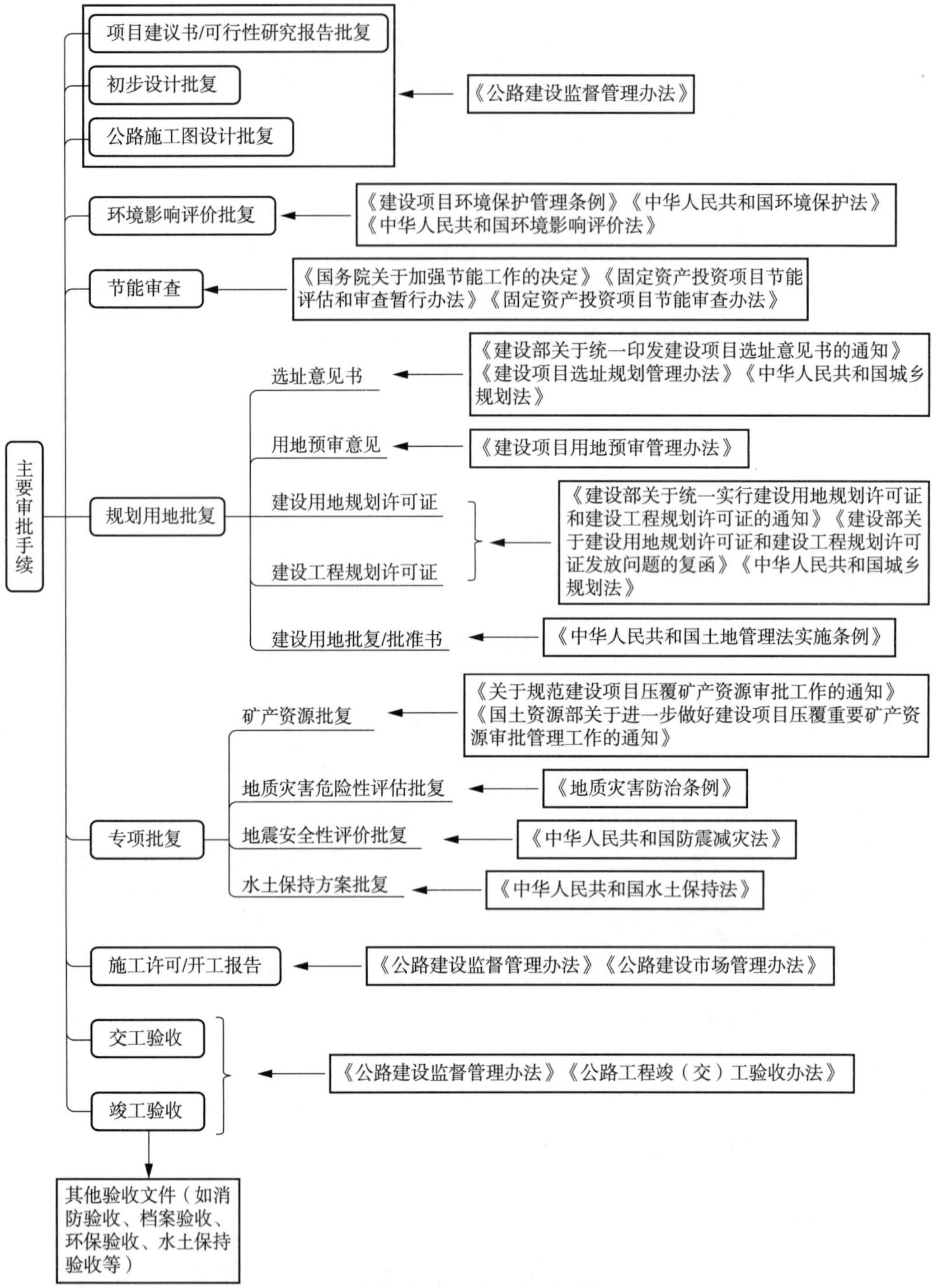

图 3-2　高速公路建设过程中主要的审批手续

（1）图 3-2 中所列批文的先后次序并不代表实际收到回函的先后次序。以上只是高速公路工程建设中的主要审批手续，具体实施还需具体分析。

（2）同一部法律、法规、规章颁布以后，可能经过多次修改，对于批复依据的相关规定，需以行为发生的时间为准。

（3）图 3-2 中所列的特殊情况不适用于一般情况。高速公路项目在涉及压覆矿产资源、对地震监测设施或地震观测环境造成危害、引发地质灾害、在容易发生水土流失的区域建设或项目建设会造成水土流失的情况下，必须在规定时间内完成相关专项审批。

三、项目的可转让性

根据 958 号文的要求，基础设施项目必须具有可转让性，上交所《审核关注事项》、深交所《审核关注事项》也指出，基础设施项目必须“没有法定或约定的限制转让或限制抵押或质押的情形，并且转让已经取得了有效的审批程序（如适用）”。在高速公路项目转让方面，需考虑以下几点。

1. 原股东和项目公司的内部决策过程

原始权益人应根据其内部章程、制度等，履行其转让项目公司股权的内部决策程序，并出具同意转让股权或同意发行基础设施基金的决议文件。如果该项目有一个以上的原始权益人，则每个原始权益人必须同时取得上述文件。在项目公司层面，股东须出具决议文件，同意发行基础设施基金。

2. 法律层面

（1）关于公路营运公司股权变更的法律规制。按照《关于公路经营企业产权（股权）转让有关问题的通知》（交财发〔2010〕739 号，以下简称“739 号文”），因产权（股权）转让而导致其控股方（含相对控股方）发生变更的，应按国家收费公路股权转让有关规定进行审批。《关于进一步规范收费公路权益转让行为的通知》（交财审发〔2017〕80 号，以下简称“80 号文”）于 2017 年 5 月 17 日发布，废止了在清理整顿大背景下实施严管的 739 号文。

在国家层面，公路运营企业变更控股权不需履行审批程序；在地方层面，仍然需要根据高速公路所在地，查询是否有地方性规定限制收费公路经营企业的股权（份额）转让。例如，沪杭甬高速公路已经开通，与现行的《浙江省收费公路管理办法》相关联。按照该办法的规定，收费公路经营企业股权（份额）转让造成收费公路收费权控股股东变更时，应报浙江省政府批准。这是因为，沪杭甬项目发行后，原股东仍然对该项目实施并表管理。

（2）高速公路收费权的转让条款。根据现行《中华人民共和国公路法》，国家还贷公路收费权转让需报国务院交通主管部门备案，国道以外其他公路收费权转让需报省、自治区、直辖市人民政府备案，但目前我国对此尚无定论。按照《交通运输部、国家发展改革委、财政部关于做好公路收费权转让备案工作的通知》（交财审函〔2018〕782 号）的要求，公路收费权转让实行“备案制”，各级交通运输主管部门不能以任何理由对其进行保留，也不能以任何理由对其设置任何前置条件。

（3）上市分离与否。对上市公司直接或间接持有的项目，在涉及分拆上市的情况下，应说明已取得有关监管部门批准分拆上市的意见，如果不涉及分拆上市，则需说明具体理由，并要求律师提供相应的法律意见。因此，在向国家发展改革委提交法律意见时，律师对是否构成分拆上市提出了自己的看法。

5 号公告对在国内分拆上市进行了规定。我们认为，如果高速公路项目直接或间接拥有境内上市公司，那么其发行的基础设施公募 REITs 就不符合上述分拆上市的定义，因此不属于分拆上市。

如果高速公路项目直接或间接拥有中国香港地区上市公司，则需获得香港联合交易所批准。根据《香港上市规则》第 15 项应用指引，将项目公司分拆上市的情形，构成分拆上市。已经发行的沪杭甬项目和华夏越秀高速公路封闭基础设施证券投资基金都属于这类情形。因此，对于直接或者间接持有高速公路项目的上市公司，发行基础设施公募 REITs 是否构成分拆上市，需要结合上市地相关法律法规来判断。

（4）国家财产的买卖。基础设施公募 REITs 涉及两个方面的国有资产交易。例如，原项目公司的资产构成或股债结构比较复杂，一般情况下，需要通过分立、资产划转、增资减资、剥离重组等方式理顺项目权属和管理关系，调整资产构成和股债结构，建立新项目公司。这一环节属于内部资产重组与整合，按照 32 号令的规定，可采用非公开协议转让的方式进行；原始权益人将其所持项目公司股份转让给基础设施基金所持资产证券化证券，再由基础设施基金募集资金支付转让对价。根据 32 号令的规定，这一环节很难适用非公开协议转让，原则上应当在产权市场上公开转让。尽管基础设施基金在证券交易所上市，但是要想突破 32 号令的限制仍是一件困难的事情。按照国家发展改革委对申报材料的要求，涉及国有资产转让事项的，要注明与国有资产监管部门沟通、处理的情况。因此，即使按照 32 号令的规定，目前仍需征得国资监管部门的同意才能发行基础设施基金。已公开披露的项目，各地国资监管部门应出具关于豁免国资进场交易、采用非公开协议转让程序的审批/批复意见/复函/会议纪要等形式的文件。值得注意的是，在已披露的项目中，多地国资监管部门的函已经表明了其市场化运作的态度，并同意按照《基金指引》等证券监管规定，按照“等价有偿”和“公开、公平、公正”的原则规范发行，不需要再走其他国有资产的进场交易程序。

（5）限制基建项目资产的转移。现行《中华人民共和国城镇国有土地使用权出让和转让暂行条例》规定：“划拨土地使用权除本条例第四十五条规定的情况外，不得转让、出租、抵押”；划拨土地使用权、地上建筑物及其他附着物所有权的转让，“须经市、县人民政府土地管理部门及房产管理部门批准”。在高速公路项目中，划拨土地使用权及地上建筑物、其他附着物的所有权人为项目公司，基础设施基金项目为直接的项目公司股权转让，不存在项目公司转让其持有的土地使用权及地上建筑物、其他附着物的情形。

3. 协议层面

就高速公路项目而言，有关限制条款的核查主要来自以下三种类型的协议。

（1）由六部委颁布的《基础设施和公用事业特许经营管理办法》（2024 年第 17 号令）规定，特许经营者获得协议约定期限内对特定基础设施和公用事业项目进行投资建设运营并取得收益的排他性权利，同时应当按照协议约定提供符合质量效率要求的公共产品或者公共服务，并依法接受监督管理。在项目公司股权转让需要相关部门批准或同意的情况下，应取得相关部门同意进行基础设施公募 REITs 的相关文件。比如，“特许经营协议”中关于收费权转让或者项目公司资产转让需要审批的相关条款，因为基础设施基金项目是项目公司股权直接转让，所以不应被理解为项目公司收费权转让或者项目公司资产转让，不需要对此事项另行取得相关政府部门的无异议文件。另外，按照 958 号文的要求，“特许经营协议”中的限制性条款也就迎刃而解了。

（2）贷款协议书。高速公路建设与养护费用巨大，短期内难以收回，项目公司通常采用贷款方式筹集资金，然后将收费权抵押给银行。一方面，双方签订的借款合同一般会约定，除非项目公司偿还了债务，否则不能转让股权；另一方面，根据基金的要求，高速公路收费权不得有抵押权、质押权等限制，但基金设立后，相关限制可解除。因此，根据项目安排，可以设定还款和解除质押的时机，也就是在基础设施基金成立前偿还和解除质押，或者在基础设施基金成立后用募集资金偿还和解除质押，或者按交易安排保留银行贷款，但取消收费权质押。

（3）划拨土地的决定。在高速公路项目中，使用的土地通常是划拨用地，在相关的划拨决定书中，通常会约定，在未经批准的情况下，不能将划拨用地转让或出租。基于此，我们认为，基础设施公募 REITs 项目仅仅是项目公司股东对其持有的项目公司股权进行转让，而项目公司并没有对建设用地使用权进行转让或出租，因而不需要得到有关主管部门的无异议文件。

复习思考题

1. 基础设施公募 REITs 投资价值的核心是什么？
2. 基础设施公募 REITs 的主要收益来源是什么？
3. 基础设施公募 REITs 和其他金融产品有何区别？
4. 为什么要对底层资产进行穿透核查？
5. 可以从哪些方面对基础设施公募 REITs 项目公司的合规性进行审查？

6. 为什么基础设施公募 REITs 的底层资产需要具有可转让性?

7. 底层资产转让还存在哪些问题，应当如何解决?

[案例]

电力基础设施 REITs 资产的合法性

一、现有规则对电力基础设施 REITs 的要求

958 号文附件《基础设施领域不动产投资信托基金（REITs）试点项目申报要求》（以下简称《试点项目申报要求》）中的“能源基础设施”，是指“风电、光伏发电、水力发电、天然气发电、生物质发电、核电等清洁能源项目，特高压输电项目，增量配电网、微电网、充电基础设施项目，分布式冷热电项目”。

958 号文对发电企业与电网企业拥有的基础设施资产进行了区分：在发电企业方面，主要将以煤电为主的火电项目排除在外，目前市场上主要的清洁能源项目都在试点范围内，其中，最典型的就是中航首钢绿能 REIT，它拥有的基础设施项目包括生物能源（垃圾焚烧发电）、垃圾处理等；在电网企业方面，还没有成功发行的案例，958 号文将“特高压输电项目，增量配电网、微电网、充电基础设施项目”作为未来发展的目标。

二、电力基础设施项目现金流的合法合规性

《试点项目申报要求》第 2 条第 4 款第（3）项规定：“项目收益持续稳定且来源合理分散，直接或穿透后来源于多个现金流提供方。因商业模式或者经营业态等，现金流提供方较少的，重要现金流提供方应当资质优良，财务情况稳健。”

对发电企业来说，电力基础设施项目主要包括发电设备、厂房、土地及附属设施等，这些电力基础设施项目产生的现金流主要来自电网企业支付的购电费用。从以上分析可以看出，在“统购统销”运行模式下，发电企业只能向一家或几家电网企业提供现金流，只要电网企业满足“资质优良、财务情况稳健”的条件，就可以满足《试点项目申报要求》的要求。

对电网企业来说，电力基础设施项目主要包括输变电线路、配电网线路、变电所、相关设备、厂房、土地和附属设施等，这些项目的现金流主要来自用户交纳的电费，这也符合《试点项目申报要求》中“收益持续稳定、来源合理分散”的要求。

需要指出的是，根据《电力业务许可证管理规定》，发电公司和电网公司开展电力业务都需要取得电力业务许可证。2004 年实施的《市政公用事业特许经营管理办法》规定，“城市供水、供气、供热、公共交通、污水处理、垃圾处理等行业依法实施特许经营的适用本办法”，但电力业务不在此范围内。2015 年实施的《基础设施和公用事业特许经营管

理办法》也没有对电力业务实行特许经营模式做出明确规定。因此，在对电力基础设施项目现金流的合法性和合规性进行核查时，还需要与该项目所属的特殊行业规定、当地政府的相关政策等相结合，进一步确定该电力基础设施项目是否属于特许经营模式。如果电力基础设施项目在前期规划、设计和招标中明确要求采用特许经营方式，则应根据《基础设施和公用事业特许经营管理办法》的有关标准，对电力基础设施项目特许经营权授予过程进行合法性、合规性审核。

以北京首钢生物能源项目（垃圾焚烧发电）涉及的基础设施项目为例。中航首钢生物质 REITs 招募说明书中提到，垃圾焚烧发电项目一般以政府特许经营的模式运营，这对企业和政府之间的合作关系以及企业自身的能力要求都比较高，具有较高的行业壁垒。为此，本项目运营单位与北京市城管局签订了一份服务协议，约定本项目运营单位按照服务协议的约定，对本项目的设施进行运营、维护、处理，并收取相应的费用。按照《基础设施和公用事业特许经营管理办法》，该项目的服务期限不超过 28 年。

三、可再生能源电价附加资金补助纳入电力基础设施项目现金流的合法合规性

《中华人民共和国可再生能源法》（以下简称《可再生能源法》）第 20 条规定："电网企业依照本法第十九条规定确定的上网电价收购可再生能源电量所发生的费用，高于按照常规能源发电平均上网电价计算所发生费用之间的差额，由在全国范围对销售电量征收可再生能源电价附加补偿。"自《可再生能源法》首次提出"可再生能源电价附加补偿"概念以来，财政部、国家发展改革委和国家能源局相继出台了《可再生能源电价附加补助资金管理办法》等文件，对可再生能源的资金来源、申报主体、申报程序、计算方法和结算方法等进行了详细的规定。

《可再生能源电价附加补助资金管理办法》第 2 条规定：可再生能源电价附加补助资金属于国家为扶持可再生能源发电，促进可再生能源发电产业平稳发展，由可再生能源发展基金划拨。补助资金的来源是可再生能源的电价附加收入。中国证监会发布的《资产证券化监管问答（一）》第 2 条规定，由中央财政按照国家统一政策标准发放的资金（含价格补贴）可以作为资产证券化标的。因此，根据《资产证券化监管问答（一）》第 2 条的规定，可再生能源电价附加补助资金系直接向可再生能源发展基金支付的财政补助资金，可以作为资产证券化的标的资产。

综上所述，在实务中，将可再生能源电价附加补助资金作为基础资产并不存在争议，但能否将可再生能源电价附加补贴纳入电力基础设施项目的现金流有待进一步分析。

《基金指引》第 8 条第 4 款规定，拟投资的基础设施项目应满足"现金流来源合理分散，且主要由市场化运营产生，不依赖第三方补贴等非经常性收入"的条件。对于"第三方补贴"范围的界定，虽然《基金指引》的相关规定意在排除不符合市场化原则

和不稳定因素的补助，但可再生能源的电价附加补助资金是由可再生能源发展基金直接支付的，其支付程序符合市场化原则，支付主体极其稳定，不属于《基金指引》禁止的“第三方补贴”范围。在已发行的基础设施 REIT 案例中，中航首钢生物质 REIT 项下基础设施项目现金流包含垃圾焚烧发电项目的可再生能源电价附加补助资金，它关于可再生能源电价附加补助资金符合基础设施 REITs 规定的论述也得到了国家发展改革委和中国证监会的认可。

此外，按照财政部、国家能源局和国家发展改革委《关于促进非水可再生能源发电健康发展的若干意见》（财建〔2020〕4号）和《关于〈关于促进非水可再生能源发电健康发展的若干意见〉有关事项的补充通知》（财建〔2020〕426号）的规定，可再生能源发电项目 LLC（频率调节）补贴电量=项目容量×LLC 项目 LLC 补贴电量。因此，尽管可再生能源电价附加补助资金被纳入电力基础设施项目现金流具有合法性和合规性，但对使用年限超过20年的基础设施 REITs 项目来说，可能存在不能覆盖整个项目周期的风险。如果需要将可再生能源电价附加补助资金纳入电力基础设施项目的现金流，则应综合考虑可再生能源电价附加补助资金的金额、在项目整体现金流中所占的比重、剩余期限等因素，并设置相应的风险缓释措施。

思考：电力基础设施为什么可以发行基础设施 REITs?

补充材料：根据已发行基础设施公募 REITs 项目招募说明书及法律意见公开披露的情况，我们对境内已发行基础设施公募 REITs 项目底层资产和项目公司股权转让限制及解除方式进行了梳理，见表 3-4。

表 3-4 境内已发行基础设施公募 REITs 项目底层资产和项目公司股权转让限制及解除方式

序号	基金名称	转让限制	解除方式
1	富国首创水务 REIT	1. 深圳资产特许经营协议约定，运营期第4周年后，在不影响污水处理厂正常持续运营的前提下，经政府方批准同意，投资者可部分或全部转让项目公司的股权。 2. 合肥资产特许经营协议约定，自特许经营期开始8年之内，项目公司股东不能直接或间接转让项目公司的股份。特许经营期满8年后，经甲方事先书面同意，项目公司股东可转让项目公司股份	项目实施机构（特许经营协议签署方）深圳市水务局和合肥市城建局分别出具函件，原则上同意在基础设施项目实际运营管理控制权不发生转移的前提下，对所持项目公司股权开展本次发行交易结构下的股权转让
2	中金普洛斯 REIT	《昆山市工业用地再开发及交易管理办法（试行）》（昆政发〔2018〕7号）规定，工业用地项目调整出资比例、股权结构的，经所在地区镇同意后，由市场监管部门依法予以变更，同等条件下，所在地区镇可优先收购	淀山湖镇政府出具回函载明，镇政府同意项目公司股东通过转让项目公司100%股权的方式将普洛斯淀山湖物流园项目纳入公募基础设施基金及其持有的特殊目的载体，从而发行基础设施 REITs

续表

序号	基金名称	转让限制	解除方式
3	东吴苏园产业 REIT	1. 苏州 2.5 产业园一期、二期和国际科技园五期 B 区项目土地出让合同约定，土地使用权转让须按照本合同约定进行投资开发，完成开发投资总额的 25%以上。 2.《苏州工业园区优化产业项目用地出让管理的若干规定》（苏园管规〔2017〕4 号）规定，产业用地使用权原则上不得转让，产业用地受让人股权结构或出资比例发生改变的，应当事先经管委会授权签订《产业发展协议》的单位同意，产业项目的土地、地上建筑和构筑物确需转让的，应经出让人同意，具体按照园区产业项目用地转让相关规定执行。 3.《科智商管产业发展协议》约定了科智商管的出资比例结构，股权结构及实际控制人未经独栋湖管委会同意不得发生变动；《园区艾派科产业发展协议》约定，园区艾派科未经高贸区管委会批准，不得以股权变更的方式变相更改出让地块产业类别、用途开发条件，或违反苏州工业园区产业政策及发展要求。 4.《关于进一步加强存量工业用地管理促进企业转型升级的实施意见》（苏园管〔2018〕93 号）规定，涉及存量工业用地不动产权利人申请股权（结构）变更登记的，应启动合法性审查程序	1. 苏州 2.5 产业园一期、二期项目和国际科技园五期 B 区项目已经全部建成，且苏州工业园区国土环保局已出具无异议函。 2. 高贸区管委会（经苏州工业园区管委会授权签订《园区艾派科产业发展协议》的授权主体）已出具《关于对苏州 2.5 产业园一期、二期资产申请试点发行公募 REITs 的无异议函》，独栋湖管委会（经苏州工业园区管委会授权签订《科智商管产业发展协议》的授权主体）已出具《关于对以国际科技园区五期 B 区资产申请试点发行公募 REITs 的无异议函》。 3. 苏州工业园区管委会出具《园区管委会对于兆润控股以及苏州园区产业园资产申请试点发行公募 REITs 的无异议函》
4	华安张江光大园 REIT	1. 上海市《关于本市盘活存量工业用地的实施办法》（沪府办〔2016〕22 号）规定，存量工业用地使用权人出资比例结构、项目公司股权结构改变的，在办理股权变更前，须按照出让合同约定事先征得出让人同意。 2. 上海市《关于本市推进产业用地高质量利用的实施细则》（沪规土资地〔2018〕687 号）规定，工业用地和研发用地应整体持有，受让人的出资比例和股权结构发生变化的，应事先经出让人同意。 3. 融资及担保合同约定项目公司股权和资产转让的，应事先取得贷款人同意和（或）及时通知贷款人。 4.《上海市经营性用地和工业用地全生命周期管理土壤环境保护管理办法》（沪环保防〔2016〕226 号）规定，经营性用地和工业性用地出让、转让前，土地储备机构或土地使用权人应组织完成土壤环境调查评估、修复（如需）；土地出让人在土地出让前应遵循所在地区环保局意见，对存在污染或治理修复未达环境要求的地块不得出让、转让	1. 上海市浦东新区规划和自然资源局出具《关于同意以张江光大园资产申请试点发行公募 REITs 的无异议函》。 2. 银行出具《提前还款同意函》，同意为发行公募 REITs 之目的转让项目公司 100%股权；以公募 REITs 募集资金偿还借款后，及时配合办理抵质押注销登记。 3. 项目公司和土地使用权的前手权利人张江集电承诺在公募 REITs 发行前完成土壤环境调查评估和修复（如需），并报送环保局，在未完成上述程序前不进行基础设施 REITs 基金份额的发售；张江集电承诺，如基础设施 REITs 发行前的因素导致张江光大园项目因土壤环境测评事宜引发任何行政处罚、赔偿和责任等，由张江集电承担
5	浙商沪杭甬 REIT	1. 原始权益人是浙江沪杭甬高速公路股份有限公司，为港股上市公司。该公司将下属企业中的项目股份转让给基础设施公募 REITs 上市，构成《香港上市规则》第 15 项应用指引项下的分拆上市。 2.《浙江省收费公路管理办法》规定，收费公路经营企业股权转让，致使对收费公路收费权具有控制地位的股东发生变化的，应当报省人民政府批准	1. 香港联交所发出书面通知，同意本次分拆。 2. 浙江沪杭甬高速公路股份有限公司出具承诺函，承诺将在基础设施公募 REITs 发行时，认购相应基金份额，以确保杭徽高速公路（浙江段）的控股股东不发生变化，并将对项目公司进行并表管理；承诺在基础设施公募 REITs 发行后，如减持导致杭徽高速公路（浙江段）收费权的控股股东发生变化，将依照现行法律法规的规定履行相应的报批程序

续表

序号	基金名称	转让限制	解除方式
6	博时蛇口产业园REIT	1.《深圳市工业楼宇及配套用房转让管理办法》及土地出让合同规定，本项目仅能以宗地为单位整体转让，且自土地出让合同签订之日起不满15年进行整体转让的，政府及其指定部门在同等条件下有优先购买权。 2.《深圳市工业楼宇及配套用房转让管理办法》和《深圳市工业区块线管理办法》规定，基础设施项目位于一级工业区块线范围内，转让的受让方应当符合一定资格条件并通过区产业部门审核。 3. 万海大厦项目核准通知书记载，该项目为自用房，不得流入市场。 4. 根据土地出让合同的约定及《不动产权证书》附记的记载，项目配套的商业、食堂经批准进入市场销售的，应当按照市场评估地价标准补缴地价。 5. 项目中包含消防控制室和人防报警室，性质为非商品房，无法单独转让；项目存在不计入规定建筑面积的核增建筑面积（功能为架空休闲），均须与项目整体转让	1. 深圳市规划和自然资源局南山管理局出具《关于招商蛇口产业园参与公募REITs项目情况的复函》和《关于招商蛇口产业园参与公募REITs项目的补充意见》。 2. 深圳市南山区工业和信息化局出具《关于招商蛇口产业园参与公募REITs项目情况的复函》
7	红土创新盐田港REIT	1. 土地出让合同约定，项目宗地及建筑物限整体转让。 2. 土地使用权通过协议出让方式取得	1. 项目公司不涉及分拆转让项目的需求，不会对公募REITs资产处置（如需）、项目估值造成不利影响。 2. 深圳市规划和自然资源局盐田管理局出具《关于盐田港现代物流中心项目参与基础设施不动产投资信托基金REITs相关意见的复函》，确认本项目（宗地号J306—0009）已签订的土地出让合同及补充协议书中未对项目股权转让进行限制，其对该项目以100%股权转让方式发行公募REITs无异议
8	平安广州广河REIT	1. 特许经营协议约定，项目公司股权结构的变更应报请政府批准；未经招标人事先书面同意，项目公司不能转让本合同或本合同项下任何权利或义务，或其任何资产。 2. 原始权益人债券发行文件约定，如发生股权交易等导致发行人净资产减少超过文件约定指标或对发行人的生产、经营影响重大事项，应召开债券持有人会议进行审议。 3. 根据现行有效的法律法规，收费公路项目公司的股权及收费权转让无须履行交通运输管理部门的审批或备案程序。 4. 项目公司银行融资文件约定，进行股权变动等可能对贷款人权益造成不利影响的行动时需征得贷款人同意	1. 项目公司在股权转让的同时会获得以评估值为基础确定的转让对价，对原始权益人净资产应无实质不利影响。 2. 银行与项目公司等相关方签署书面协议，豁免相关转让限制。 3. 广州市交通运输管理部门出具《关于以广河高速（广州段）发行公募REITs的复函》
9	中航首钢绿能REIT	《垃圾处理服务协议》约定，垃圾处理服务期内未经北京市城市管理委员会事先书面同意，项目公司的股权结构不得发生变化；垃圾处理服务期内，经北京市城市管理委员会事先书面同意，项目公司股东可以转让项目公司股权	北京市城市管理委员会出具《关于首钢生物质能源项目股权转让情况说明的复函》

续表

序号	基金名称	转让限制	解除方式
10	华夏越秀高速 REIT	1. 根据现行有效的法律法规，收费公路项目公司的股权转让无须履行交通运输管理部门的审批或备案程序。 2. 越秀交通为中国香港上市公司，分拆汉孝公司及标的公路涉及分拆上市	1. 武汉市交通运输局出具《关于翔丰有限公司出让汉孝公司 100%股权的复函》。 2. 香港联交所同意本次分拆
11	建信中关村 REIT	1.《中关村国家自主创新示范区条例》（北京市第十三届人民代表大会常务委员会公告第 12 号）规定，中关村国家自主创新示范区内以协议出让方式取得的国有土地使用权的转让，应报请北京市人民政府批准，土地所在地的区人民政府享有优先购买权。 2.《北京市人民政府关于加快科技创新构建高精尖经济结构用地政策的意见（试行）》（京政发〔2017〕39 号）规定，园区开发企业不得转让园区产业用地，不得将建设并持有的产业用房及其各项配套服务用房整体或分割销售，不得转让公司股权。 3.《项目备案通知书》载明，“根据《北京市国土资源局关于进一步加强研发、工业项目监管有关问题的通知》（京国土用〔2010〕480 号）的规定，该类项目不得擅自改变用途，未经批准，不得转让或销售”。根据北京市已建成产业项目相关规定［包括京国土用〔2010〕480 号文件、《关于进一步完善已建成研发、工业项目转让管理有关问题的通知》（京建发〔2019〕216 号）、《关于进一步明确已建成产业项目买受人审核有关问题的通知》（京建发〔2019〕217 号）及《北京市海淀区人民政府关于本区已建成产业项目转让事项办理工作流程的通知》］，在北京市海淀区行政区划范围内的规划用途为研发的已建成产业项目的转让，由园区管理部门海淀园管委会进行审核。 4. 土地出让合同约定，仅限受让人自用，未经批准，不得转让。 5. 相关借款合同约定，应就中关村软件园公司进行股权转让、对外投资等重大事项获得北京银行上地支行的同意，除非中关村软件园公司提前偿还相应借款	1. 北京市人民政府出具《关于同意中关村发展集团申报基础设施领域不动产投资信托基金（REITs）试点相关事项的批复》，北京市海淀区人民政府出具《北京市海淀区人民政府关于支持中关村发展集团股份有限公司参与申报基础设施领域不动产投资信托基金（REITs）试点的函》。 2. 海淀园管委会出具《关于海淀区已建成产业项目转让事项办理的说明》并出具《产业审核意见书》，载明海淀园管委会负责审核和办理相关已建成项目的买受人资格和相关转让事项审核，以及项目公司具备受让上述楼宇的产业准入资格，对其受让上述不动产及其后续以 100%股权转让方式发行基础设施公募 REITs 事项无异议。 3. 北京市规划和自然资源委员会出具《关于支持中关村发展集团申报基础设施领域不动产投资信托基金（REITs）试点项目的函》。 4. 北京银行上地支行出具相关同意函
12	华夏中国交建 REIT	1. 划拨用地使用权转让须经有批准权的人民政府批准。 2. 特许经营协议约定股权转让应取得咸宁市人民政府同意。 3. 特许经营协议约定项目收费权转让须经湖北省人民政府批准。 4. 特许经营协议约定土地使用权转让应经咸宁市人民政府同意并经有关部门审批。 5. 项目公司《银团贷款合同》约定，项目公司转让其经营性资产的行为涉及总资产 5%以上的，应事先征得银团书面同意；项目公司如进行重大产权结构变动，应提前通知银团并征得同意。 6. 原始权益人相关债券发行文件规定，发行人如发生股权交易等导致发行人净资产减少超过文件约定指标或对发行人的生产、经营影响重大事项，应召集债券持有人会议进行审议。 7. 根据现行有效的法律法规，收费公路项目公司的股权转让无须履行交通运输管理部门的审批或备案程序	1. 咸宁市人民政府做出了《关于武汉至深圳高速公路嘉鱼至通城段项目参与公募 REITs 试点申报的批复》。 2. 湖北省人民政府办公厅签批文件《关于中交投资有限公司联合体参与基础设施 REITs 试点工作的意见》载明的处理意见为，建议湖北省人民政府授权咸宁市人民政府决定同意该项目进行基础设施 REITs 试点。 3. 咸宁市人民政府办公室签批文件《关于中交投资有限公司联合体参与基础设施 REITs 试点工作的意见》载明的处理意见为，湖北省人民政府授权咸宁市人民政府决定同意该项目进行基础设施 REITs 试点。 4. 银团已做出《关于同意湖北中交嘉通高速公路发展有限公司提前还款等相关事宜的决议》，一致同意将项目公司的全部股权转让至基础设施 REITs 项下指定主体。 5. 中交投资出具《确认及说明函》、中交二航局出具《承诺函》确认项目公司股权转让将获得以基础设施项目评估值为基础进行定价的基金募集资金作为转让对价，对原始权益人净资产无实质变动影响

续表

序号	基金名称	转让限制	解除方式
13	国金中国铁建 REIT	原始权益人铁建重投的控股股东中国铁建是一家香港联交所上市公司，铁建重投参与本项目构成中国铁建分拆上市	香港联交所上市委员会发出书面通知，同意本次分拆
14	中金厦门安居 REIT	土地出让合同约定，本项目涉及出让性质的建筑物及土地使用权，应整体自持，不得分割转让、不得分割抵押；转让、抵押必须经出让人、第三方和第四方同意；基础设施项目不动产权证书记载本宗地及地上建筑物若转让、出租、抵押，应按照土地出让合同相关条款执行	厦门市自然资源和规划局出具《关于园博公寓项目和珩琦公寓项目申请发行基础设施 REITs 的复函》
15	华夏北京保障房 REIT	1. 熙悦尚郡项目建设用地规划许可证《建设工程规划许可证》记载，公共租赁住房只能用于租赁，不得销售。 2. 北京市住房和城乡建设委员会等四部门《关于进一步规范本市新供住宅项目配建公租房、保障性租赁住房工作的通知》（京建发〔2021〕389 号）和《北京市住房和城乡建设委员会关于严禁公租房、保障性租赁住房变相销售行为的通知》（京建发〔2021〕353 号）规定，公租房、保障性租赁住房不得上市销售或变相销售	1. 北京市规划和自然资源委员会出具《关于北京保障房中心有限公司申报基础设施领域不动产投资信托基金（REITs）试点相关意见的函》。 2. 北京市住房和城乡建设委员会出具《关于北京保障房中心有限公司申报基础设施领域不动产投资信托基金（REITs）试点相关事项的批复》
16	鹏华深圳能源 REIT	1.《广东省实施〈中华人民共和国土地管理法〉办法》规定，土地使用权转让的，转让方应当向土地所在地的县级以上人民政府土地行政主管部门如实申报转让价，申报的转让价低于协议出让土地最低价标准的，土地行政主管部门经同级人民政府批准，可以按照申报价行使优先购买权；土地使用权转让的市场价不合理上涨时，政府可以采取必要措施。 2.《深圳市工业楼宇及配套用房转让管理办法》规定，本项目仅能以宗地为单位整体转让，且自土地出让合同签订之日起不满 15 年进行整体转让的，政府及其指定部门在同等条件下享有优先购买权。 3. 土地出让合同约定及不动产权证书附注记载限整体转让。 4. 土地使用权通过协议出让方式取得。 5. 原始权益人深圳能源债券发行文件规定，发行人如发生股权交易等导致发行人净资产减少超过文件约定指标或对发行人的生产、经营产生影响的重大事项，应召集债券持有人会议进行审议	1. 项目所在地自然资源和规划主管部门及土地出让合同的签署机构大鹏管理局出具《关于〈为深圳能源东部电厂一期项目申报基础设施公募 REITs 试点出具无异议函的请示〉的复函》。 2. 深圳能源拟在将项目公司对应股权转让的同时，将获得以基础设施项目评估值为基础进行定价的基金募集资金作为转让对价。根据《深圳能源承诺函》，上述转让行为对深圳能源净资产无实质变动影响，未触发相关债券发行文件中持有人会议的召集情形
17	红土创新深圳安居 REIT	1. 不动产权证书和/或土地出让合同上均存在“非市场商品房”“非商品房”“不得转让”“出租型人才住房（只租不售）”等的记载，项目资产只能对外出租，无法上市交易。 2. 基础设施项目的保障性租赁住房认定书中载明，本项目只能用作保障性租赁住房，不得上市销售或变相销售	1. 深圳市规划和自然资源局大鹏管理局、坪山管理局、福田管理局、罗湖管理局出具《关于支持相应项目参与基础设施 REITs 的复函》，载明对相应项目以 100%股权转让方式发行基础设施 REITs 无异议。 2. 深圳市住房和建设局出具《关于出具对市人才安居集团及其控股子公司以 100%股权转让方式发行基础设施 REITs 意见的复函》

资料来源：根据基金招募说明书等公开披露文件整理。

第四章

基础设施公募REITs的估值逻辑与定价机制

学习目的

了解基础设施公募 REITs 的估值逻辑；掌握基础设施公募 REITs 的定价机制；理解基础设施公募 REITs 二级市场交易体系；理解基础设施公募 REITs 流动性安排的主要内容。

关键词

基础设施公募 REITs　资产估值　定价机制　资产收益

第一节　基础设施公募 REITs 的估值

基础设施公募 REITs 作为一种在一级市场和二级市场上交易的标准化金融产品，其价格由供需双方决定。资本市场要想充分发挥 REITs 的资源配置功能，必须有合理的市场定价机制。因此，应确立符合商业逻辑的定价观念，构建健全的市场定价机制，使 REITs 的价格成为基础设施和不动产的“定价锚”，提高 REITs 价格的合理性。

基础设施公募 REITs 是一种兼具金融产品和基础设施资产双重属性的资产。资产收益与交易价值将影响 REITs 的分红派息表现及金融产品的定价，以及投资人的投资决策和管理人的经营决策。基础设施 REITs 的底层资产可分为经营权类与产权类，这两种类型存在较大差异。在我国公募 REITs 市场上，底层资产发行前的估值、二级网下投资者对 REITs 进行询价的估值、REITs 上市/增发后二级市场价格对应的估值三者关系密切，但各自的定价逻辑不尽相同。

在 REITs 产品运作过程中，对底层资产进行合理的估值，是防范 REITs 市场风险的重要措施。根据《基金指引》，基金管理人在申请登记前，应聘请独立评估机构对其投资的基础设施项目进行评估并出具评估报告。这一举措可以为基础设施 REITs 发行阶段的产品定价提供参考，同时充分披露与资产有关的产权、运作和市场状况；在基金存在期内，每年需对基础设施项目进行一次评估，跟踪资产价值变动情况；在产品撤出、市场状况发生重大改变或者其他需要的情况下，对出售价值或者市值进行评估是必要的。

一、经营权类公募 REITs 与产权类公募 REITs 的区别

（一）特征差异

考虑到目前的法律框架，我国在基础设施 REITs 试点阶段采取了“公募基金+ABS”的独特结构，要求将标的资产所属项目公司的 100%股权通过资产支持证券全部转让给公募基金。在申报基础设施公募 REITs 试点项目时，需要明确项目的权属和资产范围，并且发起人（原始权益人）可以依法合规地直接或间接拥有项目的所有权、特许经营权或经营收益权。

就标的资产的权利属性而言，所有权、特许经营权和经营收益权三种权利的内涵有所不同。所有权也就是产权，是发起人拥有的一种物权，是依法对项目基础资产享有的占有、使用、收益和处分的权利；特许经营权是指政府授予法人实体的一项特权，也就是政府采用竞争方式，依法授权原始权益人，通过协议明确权利义务和风险分担，约定其在一定期限和范围内，投资建设运营基础设施并获得收益，提供公共产品或者公共服务的权利；经营收益权是指政府对基础设施进行运营并获取收益的一种权利，包括经营权和收益权两部分。

从基础资产的土地权属角度来看，产权类项目以有偿方式获得土地使用权为主，如协议出让、招标拍卖和二级市场交易，目前没有划拨的先例；对于特许经营权和经营收益权类项目，除华泰江苏交通控制 REIT 的服务区商业用地由政府出资外，其余项目的土地使用权都是通过划拨方式取得的。

从标的资产收益期来看，产权基础设施 REITs 存在的时间长短主要取决于其土地的剩余使用年限，而该年限的长短与土地的性质密切相关。以我国土地管理法规为依据，保障性租赁住房、产业园区和仓储物流、旅游类项目用地的最长年限分别为 70 年、50 年、40 年，国有土地使用权期限从取得国有土地使用证的时间开始计算。相比之下，特许经营权原则上最长 30 年；经营收益权的期限在经营协议中约定，也可以不约定具体的经营年限。

特许权和经营权两种类型的公募 REITs 统称为“特许经营权类公募 REITs”。经营权类公募 REITs，是指以特许经营权或经营收益权为基础资产的金融产品，主要聚焦政府授权类基础资产，比如，公共服务（如水、电、燃气、有线电视等）经营管理者向用户收费的权利、交通基础设施（如公路、桥梁、隧道、渡口等）经营管理者向过往车辆收费的权利、景区经营者向游客收费的权利、发电企业向电网公司收费的权利等。产权类公募 REITs 和经营权类公募 REITs 的比较见表 4-1。

表 4-1 产权类公募 REITs 和经营权类公募 REITs 的比较

比较事项	产权类公募 REITs	经营权类公募 REITs	
		特许经营权	经营收益权
项目公司权利	投资、建设和运营	投资、建设和运营	以运营为主
土地取得方式	协议出让、招标拍卖或二级市场交易等	以划拨方式为主	以划拨方式为主

续表

比较事项	产权类公募 REITs	经营权类公募 REITs	
		特许经营权	经营收益权
基金存续年限	土地使用证剩余年限	特许经营协议剩余年限	经营协议要求
期满资产处置	资产净值回收	通常无偿移交政府	协议约定
展期或续期	补缴土地出让金	一般重新竞争	协议约定
REITs 收益构成	分红和二级市场溢价	分红、二级市场溢价和“还本”	分红、二级市场溢价和“还本”

（二）估值差异

经营权类 REITs 和产权类 REITs 的资产特征差异显著，由此导致两类资产的估值基础不同。

一是两种资产的资产价值构成不同。在股权交易过程中，经营权类项目的土地所有权并未发生变化，因此，对该类项目 REITs 资产进行估值时，主要依赖标的资产的运营收益，而非项目土地的价值。特许经营权类 REITs 的原始持有者必须保证其价值不包含土地使用权的评估。产权类 REITs 的资产评估收益主要包括物业租金收益，基金持有期内的土地使用费收益则由投资者享有。

二是两种资产估值的折现率存在差异。特许经营权类 REITs 投资者在基金存续期间面临资产规模不断缩水的问题，收费期满后要按照国家相关规定向政府或其指定主管部门办理无偿移交手续（包括项目用地移交），在基金存续期内，不仅要拿到投资分红，还要收回所有投资“本金”，因此其估值折现率普遍偏高，目前已上市 9 只特许经营权类 REITs 的估值折现率为 8%～10%。产权类项目拥有完整的产权，在基金持有期间，资产价值的缩水并不明显，甚至存在增值利得，投资的目的是获得现金流分派，折现率相对较低，基本为 6%～8%。

三是两种资产的评估期限不一致。在经营权到期后，原被授权的经营者在原则上必须再次公开竞争或进行展期谈判，才有可能获得继续经营权，因此，对其进行评估的收益期限通常就是该资产的剩余运营期；产权类项目估值的收益期限由土地使用权的剩余年限决定，但到期按规定缴纳展期的土地出让金，通常可以拥有持续使用权，从这个角度来看，可以将其视为永续经营项目。

四是对资产残值的会计处理要求有所不同。经营权类基础设施在运营期结束后，往往要无偿移交给政府或者政府指定的第三方，因此在评估过程中通常不会考虑剩余价值；产权类资产的折旧、摊销年限一般大于其运营年限，因此需要将到期残值折现并计入资产的估值。

二、经营权类 REITs 资产估值方法

我国经营权类 REITs 估值还处于探索阶段，评估方法、评估模型和参数选取等尚未形成统一标准，导致估值结果在资本市场上缺乏参照价值和锚定效果，直接影响基础资产评估结果的真实性、准确性和有效性。

（一）不同资产估值方法的比较及其适用性

1. 资产评估方法体系

资产评估方法体系是对一项资产进行评估时使用的方法与技术手段的总和。资产评估方法主要包括市场法、收益法和成本法（如图 4-1 所示）。其中，市场法又称“比较法”，以均衡价值理论为基础，基于比较、类比的思想，将评估资产的价值与近期出售的同类资产的市场价格进行对比，对其进行调整并确定。市场法适用于市场活跃、开放，近期有大量可供选择交易的资产。收益法建立在期望效用的基础上，从产出的角度对被评估对象的期望回报进行了折现。收益法适用于产生收入并能单独核算的全部资产或单个资产。成本法以生产费用价值理论为基础，按照重建或重置评估对象的思路，将重建或者重置成本作为确定资产价值的基础，扣除相关贬值，确定资产价值。成本法适用于资产的重组、补偿。

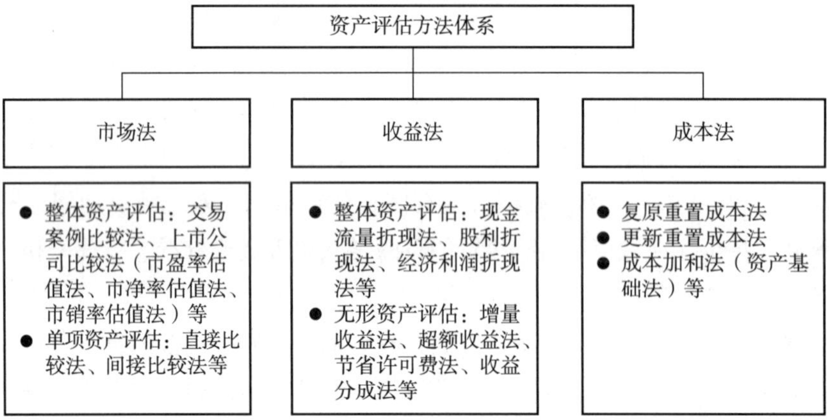

图 4-1　资产评估方法体系

2. 经营权类 REITs 资产估值方法的适宜性

经营权类 REITs 资产估值方法的适宜性可从评估对象的基本特征、评估价值的类型和评估的适用性三个方面进行分析。

经营权类 REITs 资产属于政府授权类无形资产，也就是由政府授权特定经济主体控制，不具有实物形态，对生产经营长期发挥作用且能够带来经济利益的资源。经营权类 REITs 资产具有确定性、可转让性、时效性、排他性和现金流高稳定性的基本特征，总体上适合采用收益法估值（如图 4-2 所示）。

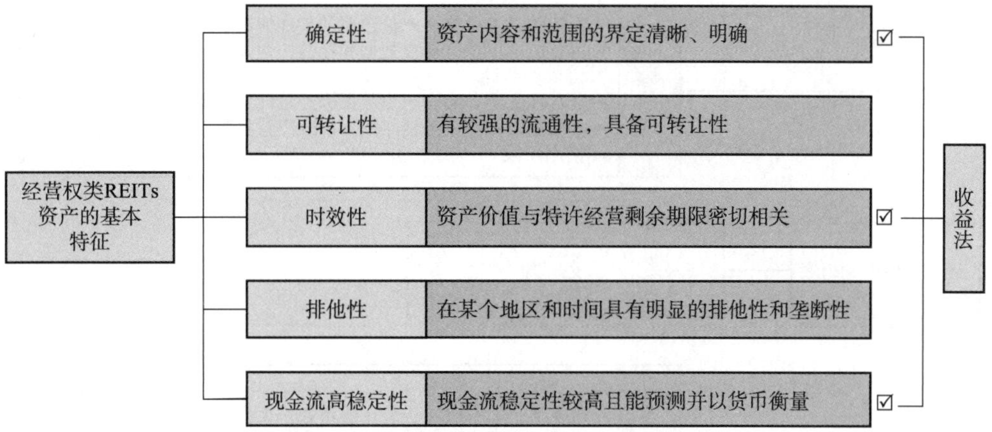

图 4-2　经营权类 REITs 资产的基本特征

经营权类 REITs 资产评估主要是为了交易、融资和合资（或合作），或者获得税收和财务报告。基础设施 REITs 估值以交易和融资为主要目的，也就是在公开市场条件下，为标准化金融产品提供公平交易的价值，帮助理性的买卖双方在地位平等、信息公开、交易成本和时间成本足够低的市场上达成一致价格。这类价值可使用市场法、收益法及成本法评估，其中，收益法具有更好的适用性（如图 4-3 所示）。

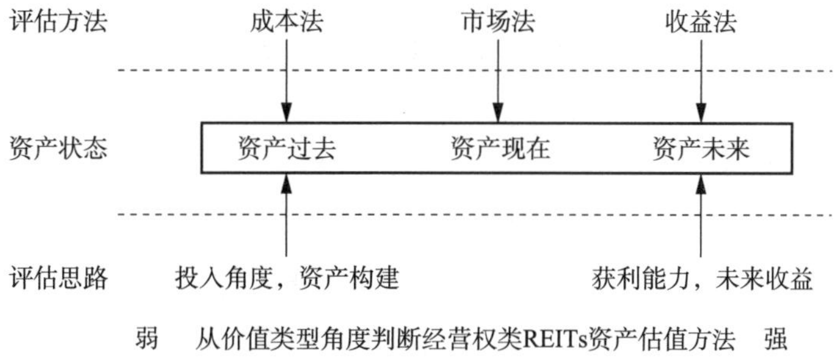

图 4-3　资产评估方法的适用性（价值类型角度）

对经营权类 REITs 进行估值时选择收益法，主要有三个原因：第一，在我国基础设施领域，经营权交易市场的活跃程度相对较低，而且这类资产受到项目条件、地域特征、合作条件等因素的影响，可供比较的案例很少，市场法具有很大的局限性。第二，特许经营权类 REITs 的资产价值以效用为主，与成本的对应性较弱。此外，成本法要求有完整的历史数据、可估算的资产价值和可比较的实际资产。第三，特许经营权类 REITs 资产本身具有较长的运营期、较稳定的收入和较高的现金流量，因此与收益法有较高的契合度。

（二）经营权类 REITs 资产估值模型设计

（1）估值框架。经营权类 REITs 资产估值采用收益法，主要基于项目可分配现金流折现，即在剩余收益期限内对项目可分配现金流逐年进行折现累加（如图 4-4 所示）。

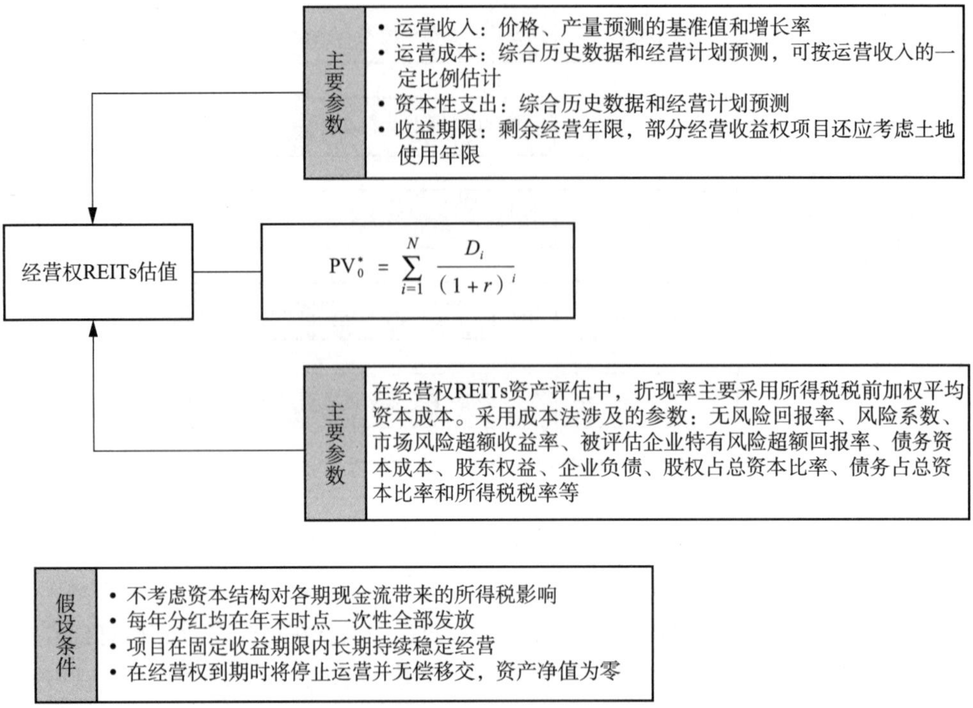

图 4-4 经营权类 REITs 资产估值框架

（2）估值模型。根据图 4-4，经营权类 REITs 收益法估值模型如下：

$$PV_0^* = \sum_{i=1}^{N} \frac{D_i}{(1+r)^i} \tag{4-1}$$

$$D_i = D_0 \times (1+g_i)^i \tag{4-2}$$

模型（4-1）和模型（4-2）中，PV_0^* 表示预测未来可供分配金额现值，即基础资产估值；D_i 表示第 i 期可供分配净现金流；D_0 是基准期可供分配净现金流；g_i 是第 i 期可供分配净现金流增长率；r 是折现率；N 是剩余经营期限。

从模型（4-1）和模型（4-2）中可以看出，在明确基准期可供分配净现金流（D_0）条件下，基础资产估值（PV_0^*）与可供分配净现金流增长率（g）和折现率（r）呈指数相关关系。

经营权类基础设施预期收益具有较强的稳定性和一定的成长性，REITs 预期收益一般基于历史预测未来。基础设施 REITs 试点项目申报要求近 3 年内总体保持盈利或经营性净现金流为正，预计未来 3 年净现金流分派率原则上不低于 4%。因此，未来初始几年可以看作显性的收益期，其增长率一般延续过去 3 年的发展趋势。

（三）经营权类 REITs 资产估值模型的核心参数

经营权类 REITs 资产估值可采用收益法，影响资产估值的参数包括收益期限、预期收益和折现率（见表 4-2）。

表 4-2　收益法估值的核心参数及具体指标

核心参数	具体指标
收益期限	特许经营期限
	剩余经营期限
预期收益	运营收入
	运营成本和资本性支出
折现率	无风险回报率
	风险系数
	市场风险超额收益率
	被评估企业特有风险超额回报率
	债务资本成本
	权益资金成本

（1）收益期限。收益期限是指资产具有获利能力持续的时间。经营权类 REITs 资产的收益期限一般根据有关法律、法规、契约、合同等进行测定。根据《基础设施和公用事业特许经营管理办法》，基础设施和公用事业特许经营期限最长不超过 30 年，一般为 10~30 年。某些特殊领域的项目由于行业特点、公共产品或服务需求、项目生命周期、投资回收期等因素，经营期限有特殊要求。例如：国家民用空间基础设施遥感卫星项目经营期限一般为 8~10 年；大型水利枢纽项目经营期限通常超过 30 年，多为 50 年。

（2）预期收益。经营权类 REITs 预期收益应考虑项目近 3 年运营稳定性，并对比项目可行性研究阶段的预期值，在合理确定基准年收益的基础上，统筹价格增长率和服务量增长率两个方面。其中：价格增长率应考虑调价机制；服务量增长率应考虑设计能力、项目特点、项目周期、空置率和市场竞争，以及特许经营协议（或 PPP 合同）约定的最低需求量等因素。经营权类 REITs 的运营成本、资本性支出可根据项目类型、历史数据以及经营计划进行预测。其中，运营成本可按运营收入的一定比例估算。

（3）折现率。收益法评估采用的折现率本质上是一种期望投资报酬率，是投资者在投资风险一定的情况下，对投资期望的最低回报率。它不仅要反映资金的时间价值，还应当体现与收益类型和评估对象未来经营相关的风险，并与所选择的收益类型和口径相匹配。目前，折现率的测定主要采用资本资产定价模型法、所得税前加权平均资金成本法、风险累加法等。运用折现率，需要综合考虑资产的业态、收益稳定程度、资产投资风险等因素对报酬率做出综合判断。基础设施公募 REITs 底层资产估值采用的报酬率已呈现与城市等级、业态类型相关的梯度关系。

有关研究发现，同一类型不动产的报酬率梯度与城市等级相关。位于北京、上海、深圳三个一线城市的产业园区均采用了 6.0%的报酬率，而位于苏州的产业园区采用的资产报酬率比一线城市高出 50 比特率；位于北京、深圳两个一线城市的保障性租赁住房项目均采用了 6.0%的报酬率，而位于厦门的保障性租赁住房采用的资产报酬率比一线城市高出 50 比特率；同一资产包中位于不同城市的资产报酬率也呈现类似规律。

资本资产定价模型法和所得税前加权平均资本成本法的基本公式分别为

$$R_e=R_f+\beta\times(R_m-R_f)+R_s \tag{4-3}$$

$$\text{WACCBT}=R_e\times\frac{E}{D+E}\times\frac{1}{1-T}+R_d\times\frac{D}{D+E} \tag{4-4}$$

其中，R_e 表示权益资本成本；WACCBT 表示所得税前加权平均资本成本；无风险回报率（R_f）、风险系数（β）、市场风险超额收益率（R_m-R_f）、特有风险超额回报率（R_s）、债务资本成本（R_d）等参数的取值存在一定差异；E、D、$\frac{E}{D+E}$、$\frac{D}{D+E}$分别表示股东权益、企业负债、股权占总资本比例、债务占总资本比例；T 表示所得税税率，若项目运营期存在“三免三减半”等税收优惠政策，应分别说明各年的所得税税率。资本结构一般可采用被评估企业评估基准日的真实资本结构，也可以参考可比公司，行业资本结构水平采用目标资本结构；若收益期限内资本结构变化幅度较大（如真实资本结构与目标资本结构差异较大等），则采用动态资本结构。

（四）核心参数的选取原则与方法

在经营权类 REITs 资产估值过程中，收益期、运营收入基准值及其增值率、折现率等关键参数的选择是本书研究的重点。由经营权类基础设施的基本估值模型（4-1）及其改进模型（4-3）可以发现，折现率（r）和可供分配净现金增长率（g）对基础资产估值（PV_0^*）的影响呈指数变化，其合理性直接影响估值高低及其二级市场表现，参数选取应符合相关原则与方法。

（1）收益期限的选取。经营权类 REITs 资产的收益期限，一般为剩余经营期限，同时，还应符合相关法律法规、政策文件对经营权转让的要求。例如，《收费公路权益转让办法》规定，收费时间已超过批准收费期限 2/3 的，收费公路权益中的收费权不得转让。某些经营收益类项目的收益期限还应考虑评估对象的预期寿命、土地剩余使用期限、法律法规和相关合同等多种因素综合确定。

（2）运营收入基准值及其增长率的选取。经营权类基础设施具有一定的独占性，用户及其付费具有很强的稳定性。因此，经营权类 REITs 资产运营收入基本上是基于历史预测未来，需要合理确定基准值和未来增长率。

在确定运营收入基准值时，应遵循以下原则：如果项目在近 3 年内运行稳定，那么要综合考虑特许经营协议（或 PPP 合同）中对基准值的限制条款，以及评估基准日当年实际发生的平均价格和产量，按两者孰低的原则确定基准值；如果项目在近 3 年内运行不稳定，那么在初步选定基准值并排除偶然或突发因素影响后，再对基准值进行修正。对于一般项目，可以根据评估基准日前 3 年的平均价格和产量，或者通过回归分析确定其评估基准值；对于服务年限较长且价格或产量波动较大的项目，可以延长至 5~10 年。

在 REITs 存续期内，营业收入的成长率与产业特性及项目运作的稳定性密切相关，具有较强的个性化特征。成长率主要由价格增长率及服务量成长率决定。基础设施服务的定价方式主要有两种，一种是政府定价，另一种是市场定价。特许经营权类 REITs 是一种重要的公共服务、公益性服务以及自然垄断性的商品与服务，其定价方法主要是政府定价。例如，污水垃圾处理费单价和通行费收费标准一般以项目所在地发布的相关政策或已签署的特许经营协议为依据，其价格增长率以相关政府价格政策执行或特许经营协议（或 PPP 合同）中的调价机制为依据。

对于基础设施服务收入增长率，应综合考虑项目特征、项目周期和市场竞争性等因素，并结合相关法律法规来确定。大部分基础设施工程能提供满足设计需求的服务，但仍有一些工程存在空置率。如果工程服务数量已经达到设计容量，那么服务数量的增长可以视为不增加；如果国家的产业政策、行业的发展趋势会影响服务质量，就要做出相应调整；如果工程服务能力达不到设计容量，则可根据工程实际，采用回归分析法、时序法等进行计算。

基础设施服务的数量也需要考虑特许权协议中的最低需求。例如，污水处理厂的运营收入主要是污水处理的运营收入，而高速公路的运营收入主要是车辆通行费收入。生活垃圾处理费用根据生活垃圾处理费用的单价及处理量确定。如果预计处理废水或废物的能力和运输能力低于合同的最低要求，则按照合同的最低要求处理；如果预计需求量会超过合同的最低需求量，则按照预计需求量计算。

（3）折现率的选取。基础设施 REITs 采用市场化的定价机制，对经营权类 REITs 资产进行估值时采用的折现率能够反映项目和投资人的个性化特征以及风险偏好，集中体现在风险系数（β）、特有风险超额回报率（R_s）、债务资本成本（R_d）和股债比等参数的取值上，因此不宜规定全国统一的行业基准折现率。根据模型（4-2）与模型（4-3），当折现率较低时，资产估值较高；如果折现率过低，则会造成估值过高，从而使基础设施 REITs 发行后很难通过市场的检验，造成市值缩水。因此，为了使经营权类 REITs 资产估值更加合理，最重要的是选择合适的折现率。

折现率的计算结果主要受以下六个参数的影响：

①无风险回报率（R_f）。R_f 是指投资者投资无风险资产的期望报酬率，该资产不存在违约风险。通常可以用国债的到期收益率表示 R_f。选择国债时，应当考虑其剩余期限与企业现金流时间期限的匹配性。

②风险系数（β）。β 表示系统性因素给股权投资者带来的不可分散的风险，由 REITs 投资收益率与市场收益率的协方差除以市场收益率的方差得到。β 等于 1，表示 REITs 投资风险与整体市场风险相当；β 大于 1（或小于 1），表示 REITs 投资风险大于（或小于）整体市场。

在对经营权类 REITs 资产进行估值时，理论上可以通过对同行业上市基础设施 REITs

的平均系数进行调整获得风险系数。鉴于我国已上市的基础设施 REITs 产品数量及规模有限，在实际操作中，可以选择与基础设施资产性质相同、经营规模相近、资本结构相近的国内 A 股同行业上市公司，查找其有财务杠杆的贝塔系数 β_L、有息负债与权益资本价值之比、企业所得税税率等指标，计算其无财务杠杆的贝塔系数 β_U，并结合其实际资本结构得到其 β_L。

③市场风险超额收益率（R_m-R_f）。R_m-R_f，是指投资者在高于无风险回报率的情况下，对股权投资要求的超额收益。一般情况下，R_m-R_f 可以通过中国股市（沪深 300 和上证综指等）的历史风险溢价数据计算，也可以采用其他成熟资本市场的风险溢价率调整方法计算，还可以通过专家、学者和专业机构的研究数据计算。

④特有风险超额回报率（R_s）。通常来说，R_s 的确定方法有三种。一是用多因素回归分析等数学统计方法计算。二是把企业特有风险超额回报分解成规模溢价和其他特殊风险溢价两种类型。可以利用资本市场数据，通过统计分析获得规模溢价；还可以参考专家、学者或者专业机构研究发布的数据。通常，其他特殊风险溢价可根据经验来确定。三是结合对企业规模、核心能力、对主要客户的依赖性，以及对主要供应商的依赖性等因素的综合分析来确定。

⑤债务资本成本（R_d）。R_d 是指企业债务融资的资金成本，一般可通过以下方法确定：一是以全国银行间同业拆借中心公布的贷款市场报价利率（LPR）为基础调整得到；二是采用企业债务的实际利率，前提是其利率水平与市场利率不存在较大偏差。

⑥权益资本成本（R_e）。R_e 权益资本成本通过资本资产定价模型计算，受 R_f、β、R_m-R_f 和 R_s 这四个指标取值的共同影响。

除以上六个主要参数外，折现率的计算结果还受到杠杆系数$\left(\frac{D}{E}\right)$的影响。不同基础资产的杠杆系数存在差异，从而会导致资产估值折现率选取的差异。作为 REITs 底层资产的基础设施资产的价格波动也对 REITs 产品估值有重要影响。REITs 底层资产和 REITs 产品的定价具有共同的逻辑，从理论上说，二者具有相互锚定的关系。REITs 产品的价格是底层资产在金融市场上的定价（资产的 REITs 价格）。在大宗市场上，通过同类资产的售价可以确定底层资产的价格（资产的大宗价格）。从长期来看，这两个价格应具有一致性，若差异较大，则可能存在套利机会。

从全球成熟 REITs 市场的实践可以发现，REITs 市场具有价格发现的功能，可以成为基础设施资产及不动产市场价格的“锚”。REITs 市场价格与底层资产价格走势具有同步性和相关性，且 REITs 具备抵御基础设施资产及不动产市场短期波动的能力。

专栏4-1

高速公路REITs项目对发行企业和投资人的吸引力分析（财务角度）

原始权益人角度：实现“资金—项目—资金”的循环、解决新项目资金；资产评估增值记作投资收益，影响高速公路企业REITs发行意愿。对原始权益人来说，发行REITs可以将特许经营权无形资产转化为货币资金资产，解决新项目资本金来源，加载债务杠杆后，可撬动相应的投资规模。目前，符合发行要求的高速公路路产多为干线公路，这些公路建设时间早、造价低、车流量充沛，由于建设成本不高，经过多年摊销后的账面价值已经远低于收益法评估后的评估值，通过发行REITs对路产进行重新定价后，增值部分作为投资收益，可以改善企业财务报表。

REITs项目投资人角度：收益率取决于基于项目未来现金流的评估值、项目层面现金流、分红比例、未来合理相关支出预留等，折现率为影响评估值的关键参数。REITs为期限较长的封闭式基金，投资人对内部收益率（IRR）有一定要求，除项目层面现金流外，还要考虑在基金层面能实际分回到投资人的现金流，即在项目现金流的基础上考虑未来合理支出预留等不能分回到投资人手中的部分，分红比例可以为90%~100%，如平安广州广河REIT约定分红比例为至少95%。

第二节　基础设施公募REITs的定价与发行

基础设施公募REITs发行价格的确定通常要经过询价区间的确定、报价和认购价格的确定两个步骤。资产评估是确定询价区间的依据。在确定询价区间之前，资产评估机构会对标的资产的价值进行评估，基金管理人、财务顾问与发起人会参考评估值，并将发行份额、未来现金流分配率等因素考虑在内，审慎确定询价区间。不过，这只是网下投资者参与询价的价格区间，对普通投资者影响不大。网下投资者想要购买，需要了解询价区间，并在该区间内报价；如果报价不在询价区间内，则视为无效报价。

一、基础设施公募REITs发行定价机制

（一）一级市场询价发售

在询价区间确定后，网下投资者将根据对基础设施项目的评估结果，按照独立、客观和诚信的原则向投资者报价。在报价结束后，基金管理人或财务顾问会根据事先确定并公告的条件，剔除不符合条件的报价及其对应的拟认购数量，对网下投资者及各类配售对象的报价情况进行综合考虑，审慎、合理地确定认购价格。该价格必须落在询价范围之内，同时，原则上不能高于网下投资者报价的中位数与加权平均数中的任何一个。

例如，询价区间为2.5~2.7元/份，网下投资者报价的中位数和加权平均数的孰低值是2.65元/份，那么最终的认购价格可能是2.6元/份，而这个2.6元/份就是普通投资者最后看到的基础设施公募REITs的首发认购价格。

需要指出的是，不同基础设施公募REITs的认购价格可能存在较大差异，有的2~3元/份，也有一份十几元的，不同产品底层资产的情况差异很大，因此认购价格高低不具有可比性。在发售开始之后，不管是战略配售投资者、网下发售投资者，还是参与公开发售的普通投资者，都需要以一定的认购价格来购买，也就是说，批发、零售一个价。

初始购买金额一般为1000元以下，或1000份以下。认购的渠道也是多种多样的，不仅有基金公司，还有银行、券商和第三方销售机构。如果认购热情较高，比如，公众投资者募集的资金是10亿元，但募集期首日认购的资金达到了100亿元，那么基金公司就有可能提前结束募集。

（二）一级市场发行报价规则

基础设施类基金首次公开发行时，基金经理或财务顾问应向网下投资者询价，确定其认购价格。在基金认购价格确定之后，战略配售投资者、网下投资者以及公众投资者应根据交易所规定的认购方式参与基金认购。

基金管理人、财务顾问应按照公告中的询价条件，审查网下投资者的资格，并向网下发行电子平台确认拟参与该次网下发售的网下投资者及配售对象的相关信息。如果是由基础设施基金决定的询价区间，那么基金管理人和财务顾问应当根据对基础设施项目的评估结果以及市场状况，合理确定询价区间，并在询价公告中进行披露。

参与询价的网下投资者应该以基础设施项目的评估情况为依据，遵循独立、客观、诚信的原则，合理地报价，不能通过串通合谋、协商报价等方式，故意压低或抬高价格，也不能有其他违反公平竞争、破坏市场秩序的行为。

基金管理人或者财务顾问在报价截止之后，应当按照事先确定和公告的条件，剔除不符合条件的报价和相应的认购数量。在剔除不合格报价之后，基金管理人及财务顾问应根据网下投资者报价的中位数及加权平均数，结合其他配售对象（如公募基金、公募理财产品、社保基金、养老基金、企业年金基金、保险资金、境外机构投资者资金等）的报价，审慎、合理地确定认购价格。

（三）基础设施公募REITs定价逻辑

基础设施公募REITs的发售过程类似于IPO。自2005年1月1日起，我国正式实施“IPO询价制度”，这一制度源于美英IPO累计订单询价，旨在通过询价加强信息交流，降低信息不对称，提高IPO定价的精确性。

在股票定价方面，投行与发行者首先根据发行者的状况和市场的需求确定发行价格范围。在投资者反馈的基础上，以供需价格信息为基础，不断修正发行价，最终使发行价保持在多数投资者可以接受的水平上。

基础设施公募 REITs 的定价也是如此。首先，以相关监管部门核准的基金发行份额数量为基础，由基金管理人、财务顾问和原始权益人结合标的基础设施项目的估值情况，确定单位基金份额的发行价格区间；其次，根据网下投资者的报价和需求数量，审慎、合理地确定认购价格。

基础设施公募 REITs 采用询价定价制度，可以有效保护投资者的权益，使网下投资者直接参与 IPO 定价，大大降低了 IPO 定价的主观性。市场中供需双方直接协商，使得询价投资者能够理性地报价，同时，增强了询价过程中的市场监督作用，是一种真正的市场化定价方式。

二、我国基础设施公募 REITs 的发行定价机制

基础设施公募 REITs 的投资价值取决于对基础设施资产的准确估值。按照国家发展改革委的最新要求，基础设施项目要具备成熟稳定、运营时间原则上不低于 3 年、现金流投资回报良好等条件，基础设施资产比较适合用收益法估值。目前，我国首批基础设施公募 REITs 均采用收益法进行估值，折现率为 6.0%~8.5%。但是，根据底层资产的不同，具体采用的估值方法也有差异，如特许经营权类 REITs 均采用全剩余寿命模式收益法进行估值，而产权类 REITs 的估值大多采用“持有+转售”模式收益法。

（一）全剩余寿命模式收益法

特许经营权类 REITs 通过经营特许经营权获取现金流，在会计处理上，特许经营权每年都会进行折旧，并计入营业成本，净利润与实际现金流相比有较大差距。随着时间的推移，无形资产逐渐减少，直到其剩余价值降至 0 或 5%。基金的期限就是特许经营权的剩余期限，一旦到期，特许经营权就不会继续存在，而类特许经营权（如垃圾处理项目）一般是 0 元回购。因此，这类基础设施公募 REITs 在到期后没有任何剩余价值，而且资产几乎没有增值的可能。对于这类基础设施公募 REITs，大多数情况下会采用全剩余寿命模式收益法进行估值，计算公式为

$$p = \sum_{i=1}^{n} \frac{CF_i}{(1+r)^i} \tag{4-5}$$

其中，p 表示当前资产价格；n 表示资产使用期限；CF_i 表示第 i 年产生的净现金收入；r 表示报酬率（折现率，内部收益率）。对特许经营权项目来说，n 为特许经营权到期年限，能够具体确定，且项目到期后资产价值为零，符合上述计算公式适用条件。我国首批基础设施公募 REITs 中采用全剩余寿命模式收益法估值的产品见表 4-3。

表 4-3 采用全剩余寿命模式收益法估值的产品

基金名称	详情
浙商沪杭甬 REIT	折现率：8.31%
	全剩余寿命周期：9 年
	预期收入增长率：年平均增长 4.4%
中航首钢绿能 REIT	折现率：未披露
	全剩余寿命周期：21 年
	预期收入增长率：未披露
华安张江光大园 REIT	折现率：6%
	全剩余寿命周期：35 年
	预期收入增长率：年平均增长 3%
平安广州广河 REIT	折现率：8%
	全剩余寿命周期：15.96 年
	预期收入增长率：年平均增长 6.5%
富国首创水务 REIT	折现率：未披露
	全剩余寿命周期：13 年
	预期收入增长率：无

（二）“持有+转售”模式收益法

底层资产是不动产项目的基础设施公募 REITs，其经营模式是出租并管理不动产，从而获得租金和物业管理费。在会计处理上，应将其计入“不动产投资性房地产”科目，以公允价值入账，每年随评估价值的增减变动，变化部分计入公允价值变动，进入利润表。但是，也有一些采用成本法入账的项目，每年计提折旧。这类基础设施公募 REITs 大多采用“持有+转售”模式收益法测算价值。具体计算公式为

$$p = \sum_{i=1}^{t} \frac{\mathrm{CF}_i}{(1+r)^i} + \frac{P_t}{(1+r)^t} \tag{4-6}$$

其中，t 表示持有期，一般选择 10 年；P_t 为 t 期末转售价格，售价依据第 $t+1$ 年预测的现金流收入按照适当折现率计算得到，计算公式为

$$P_t = \frac{\mathrm{CF}_{t+1}}{R} \tag{4-7}$$

其中，R 表示资本化率，指一项资产的未来预期收益直接转化为其价值的比率。租售比价是指参照同类资产在市场上的价格水平确定其具体值。我国首批基础设施公募 REITs 中，有 4 只产品采用了“持有+转售”模式收益法进行估值，见表 4-4。

表 4-4　采用“持有+转售”模式收益法估值的产品

基金名称	详情
中金普洛斯 REIT	折现率：7.5%~8.5%
	持有期限：10 年
	预期收入增长率：一线城市未来 10 年增长率 5%，剩余期限 4%；二线城市未来 10 年增长率 4%，剩余期限 3%
东吴苏园产业 REIT	折现率：6.5%
	持有期限：10 年
	预期收入增长率：未来 10 年 3%~5%，剩余期限 2%
红土创新盐田港 REIT	折现率：7%
	持有期限：10 年
	预期收入增长率：未来 10 年 3%
博时蛇口产业园 REIT	折现率：6%
	持有期限：10 年
	预期收入增长率：未来 10 年 3%~4%

三、基础设施公募 REITs 的定价与发行操作

在实操估值过程中，应结合产品特性，着重关注收益期限、现有收入水平、未来收入水平、预期增长率、运营成本及运营净收益、折现率等主要内容。具体来说，应着重关注以下四个方面的内容。

（一）结合底层资产特点选择适当的估值方法

结合我国首批基础设施公募 REITs 试点情况，可将基础设施公募 REITs 底层资产分为特许权（有偿基础设施）与不动产经营（租赁性基础设施）两类。

这里主要参照财政部发布的《资产评估基本准则》，中国资产评估协会发布的《资产评估职业道德准则》《资产评估执业准则——资产评估方法》《资产评估执业准则——不动产》《资产评估执业准则——无形资产》等各类资产评估准则。具体而言，在全剩余寿命周期模式收益法估值过程中，通常可采用资本资产定价模型、加权平均资本成本及风险累加法计算。根据不同的评估价值目标，用于资产评估的收益额有不同的口径，如利润总额（税前）、净利润（税后）、息税前收益（税前）和息税后收益（税后）、自由现金流等。

对租赁性基础设施，应参照住房城乡建设部发布的《房地产估价规范》（GB/T 50291—2015）、《房地产估价基本术语标准》（GB/T 50899—2013）等国家标准，以及 2015 年 9 月 10 日中国房地产估价师与房地产经纪人学会发布的《房地产投资信托基金物业评估指引（试行）》的要求进行评估；可以考虑采用“持有+转售”模式收益法进行估值，其折现率通常可以通过市场提取法、累加法和投资报酬率排序倒插法提取。

（二）区分不同底层资产，设置差异化关键指标，抓取不同数据

在采用收益法进行测算时，可结合不同底层资产的特点，设置不同的关键指标，抓取主要收入与主要成本，见表4-5。

表4-5 不同底层资产的关键指标

底层资产	关键指标	主要收入	主要成本
仓储物流	区位及交通条件、建筑结构、仓库类型、面积、层高、承重、防火等级、配套设施设备、租金及出租率、租户类型	租金、物业管理费	税金及附加、综合管理费、物业管理费、资本性支出等
产业园区	园区定位、产业方向、租户客群、出租率、租金水平、政策补贴、租赁限制或要求	租金、物业管理费	税金及附加、租赁营销费、行政管理费、能源费、维护保养费、资本化改造支出等
数据中心	能评指标、机房登记、机柜数量/功率、服务费单价、电能利用效率(PUE)、电费等	机柜服务费、电费收入	电费支出、运维人员成本、设备维护维保、物业管理、设备更换资本性支出等
高速公路	公路等级、公路里程、车流量、单位收费、单位里程维护成本	高速费	税金及附加、维护成本、管理费等
垃圾处理及发电	垃圾处理规模、装机容量、发电小时数、能耗、收费单价	垃圾处理及发电收入	税金及附加、维护修理费、材料费、渗沥液处理费/飞灰处理费、管理费等
污水处理	处理规模、水价、保底水量、历史年度处理量	污水处理费	税金及附加、能源费、材料费
电站项目	装机容量、发电小时数、损耗率、电价	电费	税金及附加、运维人员成本、管理费
城市供暖	接入面积、覆盖率、收费单价、单位能耗	供暖费、一次性接入费	税金及附加、供热源采购费、电费、维护成本、管理费

（三）结合不同资产类型确定存续/收益期限

预测资产的收益年期一般要结合资产截至评估基准日的剩余经营年限。不同资产类型的经营年限见表4-6。

表4-6 不同资产类型的经营年限

资产类型	年限决定因素	经营年限
收费公路等基础设施	特许经营协议约定时间	一般为10~30年
水、电、气、热等市政工程	特殊经营协议约定时间/土地年限或主体设备年限	一般为10~50年
城镇污水垃圾处理	特许经营协议约定时间	一般为10~30年
固废危废处理等污染治理项目	特许经营协议约定时间	一般为10~30年
仓储物流、产业园区、数据中心	土地使用权年限	一般为50年

（四）关注税收及附加费用计算

税收优惠是基础设施公募 REITs 的一个重要特点和发展动力，美国、澳大利亚、日本和新加坡等国都规定了对投资者分配红利部分的公司所得税的优惠减免。目前，我国还没有针对 REITs 业务的税收优惠政策。在我国现行税收政策框架下，基础设施公募 REITs 业务所涉阶段不同，税负也不同。在内部重组阶段，由原始权益人重组入池资产，形成单一控股资产，所涉税种主要包括企业所得税、增值税、地税、契税等。在产品设立和资产入池阶段，建立基金、资产支持专项计划等载体，收购原始权益人持有的项目公司股权，主要与企业所得税、土地增值税有关。在资金运营阶段，项目公司存续期内运营产生的现金流主要涉及企业所得税、增值税和物业税；当收益转回时，可能涉及企业所得税、个人所得税、增值税。在退出阶段，基金会对持有的资产进行转让或者清算，可能涉及企业所得税、增值税、土地增值税等问题。如果投资者退出，资金就会回流，可能涉及企业所得税、个人所得税、增值税。

整体而言，目前基础设施公募 REITs 业务税负较重，这也成为其业务开展的重要掣肘。我国发行的首批基础设施公募 REITs 产品采用“股权+债权”方式解决了部分环节的征税问题，但只是权宜之计，虽然从短期来看降低了法规调节成本，但存在税收合规风险。我国基础设施公募 REITs 业务的税收政策见表 4-7。

表 4-7　我国基础设施公募 REITs 业务的税收政策

阶段	税种	税率	计税基础	基础设施公募 REITs 优惠
持有阶段	房产税	1.2%	从价计征	无优惠
		12%	从租计征	
	所得税	25%	利润所得	
	增值税	9%	租金收入	
	增值税附加	10%~12%	增值税	
交易处置阶段	印花税	0.05%	应税凭证所载	免税
	契税	3%~5%	交易价格	
	增值税	9%	交易价格	
	土地增值税	30%~60%	交易价格	

第三节　基础设施公募 REITs 二级市场交易

基础设施公募 REITs 产品募集完毕后，需要在交易所上市，目前以上交所、深交所为主。基础设施公募 REITs 上市后，其价格将和上市公司的股票一样，受到二级市场的影响。

在二级市场上，基础设施公募 REITs 的价格除了取决于资产本身的价值，还要考虑交易策略、流动性和市场情绪等方面的因素。因此，市场会出现波动，从而影响投资者的情绪：当价格上涨时，投资者会高兴；当价格下跌时，投资者会郁闷。那么，作为投资者，我们该如何看待基础设施公募 REITs 二级市场价格的波动性呢？

这就要回到基础设施公募 REITs 这一资产配置的新选择上来看，其收入来源到底是什么。基础设施公募 REITs 的长期投资回报主要来源于底层资产项目稳定运营提供的相对稳定的分红收益，并且这个分红的比例不低于基础设施公募 REITs 每年可分配金额的 90%。

那些想要长期投资和分红的投资者在二级市场购买基础设施公募 REITs 时，付出的代价等于持有的成本。对投资者而言，购买价格越低，持有成本越低，则其整个周期的实际内部收益率越高；购买价格越高，持有成本越高，则其整个周期的实际内部收益率越低。

一、基础设施公募 REITs 市场结构

基础设施公募 REITs 申报的项目资产大致集中在七大基础设施领域，覆盖面更广，底层资产差别也更大。因此，深入了解这些差别及其对基础设施公募 REITs 产品开发的影响，具有重要的现实意义。这七大基础设施领域分别是物流、仓储，公路、地铁，新能源——风、火、光、电、网，市政工程——污水处理、垃圾焚烧，港口，数据中心，工业园区。

从底层资产类型来看，2020 年 6 月，行业资产涉及各种类型，如购物中心、写字楼、零售门店、租赁住房、基础设施、酒店、工业园区、社区商业等，最多的是购物中心、写字楼、零售门店、租赁住房，占比分别为 31%、23%、12%、12%。

REITs 起源于 1960 年的美国，美国市场也是迄今为止全球 REITs 市场规模最大、产品架构最成熟、底层资产类型最丰富的市场，多年来经历了立法、发行与上市、税收政策及监管机制的调整。在设立与运作条件方面，REITs 需要满足的条件主要有组织架构、股权架构、资产架构、收入架构、分配架构等。

截至 2019 年末，美国共有 226 只 REITs，总市值为 1.33 万亿美元，占世界总市值的 48%，拥有 REITs 基金的家庭有近 8700 万户。2001 年，大约有 6500 万美国人持有 REITs；到了 2019 年，美国持有 REITs 的居民数量已经翻了一番，达到近 14500 万。与此类似，美国家庭持有 REITs 基金的份额几乎翻了一番，从 23%上升到 44%。

美国 REITs 按投资方式可分为三种类型，即权益型、抵押型和混合型。权益型 REITs 与抵押型 REITs 之间最大的不同体现在投资方式上，前者通过持有物业并对物业进行运营获取租金和物业增值的部分收入；后者为收益性物业提供抵押贷款，并获取利息和相应的服务费。

权益型 REITs 是美国三大类 REITs 中的佼佼者。截至 2019 年底，美国共有 186 只权益型REITs，总市值为 1.2 万亿美元，占比为 93.8%；有 40 只抵押型 REITs，总市值为 800 亿美元，占比为 6.2%。从收益率来看，有些年份会出现权益型 REITs 年收益率低于抵押型 REITs 的情况，但从累计年化收益率来看，近 40 年来，权益型 REITs 的累计年化

收益率均高于抵押型 REITs。因此，权益型 REITs 更适合长期投资者。

权益型 REITs 的投资标的可以分为许多不同的物业类型，主要包含办公、工业、零售物业、基础设施、住宅、医疗服务、数据中心等 12 类。每种物业类型的 REITs 都具备不同的风险和优势点，底层资产的多元化可以显著分散 REITs 的投资风险。截至 2019 年底，在各物业类型中，住宅型 REITs 的市值最大，占比为 14.30%；零售物业、医疗服务和办公类次之，占比分别为 13.50%、9.40%和 8.90%；基础设施 REITs 和数据中心 REITs 位居中游，占比分别为 7.90%和 7.20%。

相关统计数据显示，截至 2019 年底，亚洲市场上较为活跃的 REITs 共 178 只，总市值达到了 2924 亿美元。其中，市场以日本、新加坡和中国香港为主。日本 REITs 总市值达到了 1513 亿美元，为亚洲规模最大、全球规模第二大的 REITs 市场。新加坡和中国香港紧随其后，总市值分别为 834 亿美元和 367 亿美元。三者市值合计占比达到了亚洲 REITs 市场的 93%。亚洲 REITs 的基础资产主要包含以下物业类型：酒店、办公、工业/物流、医疗健康、零售、公寓、数据中心和综合。其中，70 只是包含多种物业类型的综合型 REITs。综合型 REITs 通过构建丰富的房地产投资组合达到分散投资风险的目的；办公型 REITs、零售型 REITs 和工业/物流型 REITs 分别为 28 只、25 只和 25 只。

与美国相比，亚洲 REITs 市场起步较晚。直到 2001 年，REITs 才进入亚洲市场，首只 REIT 在日本发行上市。虽然起步晚，但亚洲 REITs 在市场机遇的影响下迅速发展，每年保持约 20%的增幅。目前，亚洲市场已有近 10 个国家（地区）发行了 REITs 产品，但市场主要集中在日本、新加坡和中国香港三地。在日本，综合型 REITs、办公型 REITs 以及工业/物流型 REITs 占总体的 78%；在新加坡，零售型 REITs、工业/物流型 REITs、办公型 REITs 占总体的 64%，涉及的物业类型最广泛；在中国香港市场流通的 11 只 REITs 产品涉及的物业类型较为单一，主要是综合型 REITs，其他较有前景的物业类型暂未涉及。

各物业类型的分派收益率如下：在新加坡市场，分派收益率最高的是酒店型 REITs，平均分派收益率为 6.6%；其次为医疗健康型 REITs、零售型 REITs、工业/物流型 REITs，平均分派收益率分别为 6.5%、6.4%、6.4%。在中国香港市场，酒店型 REITs 和零售型 REITs 的分派收益率最高，平均分派收益率均为 5.7%。日本市场的平均分派收益率明显低于新加坡市场和中国香港市场，分派收益率最高的物业类型为酒店，仅为 5.1%。从以上数据可以看出，酒店型 REITs 在三个市场中分派收益率均最高。通过对每个市场中酒店型 REITs 过往派息额和股价变化趋势进行观察可以发现，酒店型 REITs 分派收益率最高是股价下跌所致。

二、境外公募 REITs 资产交易规则

（一）美国 REITs 交易规则

美国 REITs 分为公开发行 REITs 和私募发行 REITs。其中，公开发行 REITs 可直接通

过投资 REITs 基金、交易型开放式指数基金（ETF）或者从做市商那里购买股票实现；私募发行 REITs 仅能通过做市商购买。在交易规则方面，美国 REITs 采用 9：30—16：00 的连续竞价交易模式，以“价格优先，时间优先”为原则。在交易机制方面，公开上市的 REITs 需向美国证券交易委员会（SEC）备案，并在全国证券交易所进行交易。投资最小为一股，财务资料强制性要求必须定期披露，包括季报、年报；非公开上市的 REITs 同样需要向 SEC 备案，但是不需要在全国证券交易所进行交易，并且通常有最短的持有期限，即投资金额不能超过 1000 美元。投资者的退出策略有两种：一种是在 10 年内完成清算，另一种是在 REITs 上市后完成清算。此外，投资者还需向 SEC 提交季度和年度审计财务资料；私人发行的 REITs 无须向 SEC 备案，也无须在交易所进行交易。因此，不同 REITs 发行者的赎回程序和最短持有期各不相同。私募 REITs 的投资者大多是机构投资者，投资门槛较高，需要 25000 美元，对信息的披露没有强制性规定。

（二）日本 REITs 交易规则

与美国一样，日本 REITs 也是以公司形式在交易所上市发行。交易时间为 9:00—11:30 和 12:30—15:00，共两个时间段，但在上午、下午开盘之前（8:00—9:00，12:05—12:30），系统允许接受订单。涨跌幅限制原则上以上一个交易日的收盘价为基准，称为“基准价格”。为防止 REITs 价格在某个时点或时段发生异常波动，东京证券交易所引入了特别出价或询价制度对 REITs 价格区间进行控制。

日本 REITs 的最小申报单位为 100 股，可以 100 股的整数倍进行交易。其中，开盘价和收盘价采用集中竞价系统，通过买卖委托间的均衡关系匹配成交价格。日内价格由“连续竞价系统”形成，该系统由日内下单委托逐笔配对。竞标指令以“价格优先，时间优先”为原则，以优先级高的指令为准。

（三）新加坡 REITs 交易规则

新加坡 REITs 一般在新加坡证券交易所（以下简称“新交所”）上市交易，是新交所交易产品的重要组成部分，约占新交所总市值的 15%。在交易日 9：00—17：00 的正常交易时间之外，新交所还规定了开盘前常规时段、收盘后常规时段，时长分别为 30 分钟、60 分钟。在交易方法上，采用“价格优先、时间优先、逐笔成交”的竞价原则，没有涨跌幅限制或交易熔断措施。标准交易单位为每手 100 股，最小报价单位取决于价格范围。

新加坡 REITs 引入做市商制度，其职责是提供富有竞争性的买入价和卖出价，以改善流动性。作为奖励，新交所将基于新加坡 REITs 的报价表现及流动性水平，为做市商提供清算费补偿（正常清算费为成交额的 0.0325%）。

三、境内基础设施公募 REITs 资产交易规则

境内基础设施公募 REITs 资产交易规则如下：

（1）基础设施公募 REITs 投资者以银行、保险等机构投资者为主，从投资者偏好角度

出发，基础设施公募 REITs 同时在交易所固收平台交易，基本要素除交易时间、交易单位和交收方式外，与竞价一致。

（2）在交易单位方面，基础设施基金采用竞价交易的，单笔申报的最大数量应当不超过 1 亿份；基础设施基金采用询价和大宗交易的，单笔申报数量应为 1000 份或者其整数倍。

（3）在申报单位方面，基础设施基金申报价格最小变动单位为 0.001 元。

（4）在涨跌幅限制方面，基础设施基金上市首日涨跌幅限制比例为 30%，非上市首日涨跌幅限制比例为 10%，交易所另有规定的除外。基础设施基金涨跌幅价格的计算公式为

$$\text{涨跌幅价格} = \text{前收盘价} \times (1 \pm \text{涨跌幅比例}) \tag{4-8}$$

（5）在手续费方面，基础设施公募 REITs 上市交易后，主要通过佣金的形式收取，佣金费率同账户原交易场内基金的费率，暂不收取印花税。

四、基础设施公募 REITs 资产交易分析

REITs 资产交易的总和构成了资本市场的有机组成部分。对资本市场而言，REITs 是投融资机制上的一项重要创新，也是加快建设多层次资本市场的需要，可以推动金融对实体经济的支持；对投资者而言，REITs 丰富了人们对大类资产的配置，可以把它当作中长期品种来持有，享受底层不动产带来的分红和增值收益。

（一）基础设施公募 REITs 市场价格与基础资产价格的相关性

基础设施公募 REITs 市场价格与基础资产价格的相关性成为 REITs 价格发现的突破口。国外很多学者对基础设施公募 REITs 和基础资产价格之间的关系做了大量研究，得出的结论是：在短期内，基础设施公募 REITs 市场价格和基础资产价格之间的关联度很低。REITs 是一种公开交易的金融资产，其价格受股市波动性的影响较大。巴甫洛夫在《REITs 与底层房地产市场有联系吗?》一文中利用卡尔森、蒂特曼和蒂乌（2010）的 REITs 回报模型估计了 REITs 与基础房地产回报之间的关系强度，得出以下结论：REITs 的价格与底层资产的价格相关性较弱。但随着 REITs 市场的不断成熟，REITs 价格与标的资产价格长期存在相关关系，且随着 REITs 市场的成熟，这种关系会变得更加紧密。REITs 的市场价格更能体现其内在价值，与标的资产价格的差值越来越小，与股市波动性的相关性也越来越弱。

REITs 持有的底层资产具有大宗交易市场属性。REITs 有一个发行市场和一个二级市场，二者之间存在着相互锚定的价格关系。国内商业地产的大宗交易市场依然活跃，基础设施项目（物流、产业园）中永续类的资产（物流、产业园）在大宗交易市场上可以根据同类资产的售价对基础资产的价格进行估算。另外，在 REITs 市场中，REITs 基础资产的价格可通过 REITs 产品的价格估值和物业的营业收入计算，该估值过程涉及物业的营业收入/REITs 产品价格这一重要计算指标。从理论上讲，在这两个市场中，REITs 标的资产

价格差异较小，说明 REITs 产品市场和标的资产的大宗交易市场密切相关。

REITs 是一种新的投融资工具，有些人担心它会影响房地产市场，引发房地产市场泡沫。我国 REITs 的试点发行聚焦基础设施，不包括房地产，因此不会对房地产市场造成坏的影响，而基础设施公募 REITs 的推行为房地产市场的发展带来了诸多好处。第一，拓宽了国内房地产开发商的融资渠道。国内房地产融资渠道较为单一，直接或间接从银行贷款的比例较大。通过基础设施公募 REITs 进行融资，可以分散银行体系的风险。第二，改变房地产的运营模式。基础设施公募 REITs 推出后，房地产开发将进入“产业资本+金融资本”时代，房地产行业将进一步细分，房地产价值链将进一步完善。第三，可以抵抗房地产泡沫。基础设施公募 REITs 的推出并不会促进房价进一步上涨，引发房地产泡沫；相反，当房地产市场出现严重泡沫时，REITs 可以及时出售不动产，增加市场供给，从而抑制房价的上涨。

基础设施公募 REITs 与基础设施项目资产既有区别，又有联系（见表 4-8）。两者的区别主要体现在两个方面：一是评估对象不同，二是资产交易市场不同。

表 4-8　基础设施公募 REITs 与基础设施项目资产的比较

项目		基础设施公募 REITs	基础设施项目资产
区别	评估对象	对基金份额的估值	对支持基金份额的资产进行评估
	资产交易市场	估算基金份额在证券交易市场的交易价值	根据交易目的不同，可能是对该资产在产权（资产）交易市场上价值的评估，或对其在用价值的评估，而并非对其市场价值的评估
联系		基础设施公募 REITs 资产的价值是基金份额价值的基础。如果基础设施公募 REITs 项目资产失去价值，则基金份额也会失去价值	

（二）基础设施公募 REITs 市场的投机性与价格泡沫

基础设施公募 REITs 的底层资产是能产生长期、稳定收益现金流的成熟资产。基础设施公募 REITs 不仅能让中小投资者通过资本市场参与普通居民或个人难以单独投资的商场、工业园区、仓储基地、医疗保健用房等项目，还能疏导大众资金进入多元化的房地产投资领域，追求长期、稳定的租金回报，而不是短期的价值提升。基础设施公募 REITs 的推出，有利于规范市场投资者的投资行为。中国基础设施公募 REITs 不仅可以让投资者享受到基础设施城镇化高速发展带来的红利，而且可以有效约束一些投资者的投机行为。

基础设施公募 REITs 市场不利于投资者的投机性行为，也不会促进价格泡沫的发生。第一，基础设施公募 REITs 拥有明确的基础资产，并且对其投资于不动产资产的比例和分红派息都有明确的规定，其经营活动由专门的管理团队进行操作，这些规定大大降低了信息不对称带来的风险。第二，基础设施公募 REITs 的收入来源以底层资产的租金收入为主，而且具有高比例分红的特征，这就决定了其价值取决于未来股利的现金流折现价值。

基础设施公募 REITs 属于长期投资，而不是短期投资，这也限制了投资者的投机行为。第三，基础设施公募 REITs 的推出，表明基础资产主要集中在基础设施领域，而不是房地产和商业地产。基础设施公募 REITs 并不会使房地产市场出现价格泡沫，反而会为房地产市场带来新的机遇。总体而言，在基础设施公募 REITs 市场上，投机行为较少，即使有，其成本也较高。

（三）基础设施公募 REITs 相对资产净值的折溢价

鹏华前海万科 REITs 封闭式基金于 2015 年 9 月 30 日在深交所挂牌上市，是我国首只投资 REITs 项目的公募基金，其折溢价情况深受市场投资者的关注。事实上，这种折溢价情况并不是只发生在鹏华前海万科 REITs 基金上。在现实中，上市交易的基础设施公募 REITs 都存在折溢价的风险。基础设施公募 REITs 市场价格与资产净值之间的差，即资产净值折溢价。当基础设施公募 REITs 预期收益高于标的资产收益时，就会出现资产净值折价现象；当基础设施公募 REITs 预期收益低于标的资产收益时，就是资产净值溢价。在不同的市场上，基础设施公募 REITs 上市的市值与净资产之间的折价是不一样的。从 2019 年的数据来看，港股 REITs 处于折价状态。在我国香港，有 13 只 REITs 的市场价格与净资产之间的平均折价是 25.2%。新加坡 REITs 呈溢价状态，其市场价格较净资产的平均溢价率为 8.4%。美股 REITs 呈溢价状态，市场价格较净资产的平均溢价率为 110.4%，其中，溢价率最高的物业类型为公寓（148%），其次为工业（129%）、医疗健康（117%）。

相较于直接投资基础资产，直接投资基础设施公募 REITs 具有诸多好处。基础设施公募 REITs 流动性强、交易量大，市场价格的变动会先于基础资产市场价格的变动。基础设施公募 REITs 市场价格能够更快地响应市场信息，并及时做出反应，这就会使其与基础资产价格发生偏差，出现折溢价的情况。也就是说，基础设施公募 REITs 市场具有价格发现功能。随着基础设施公募 REITs 的逐渐发展，投资者扮演着越来越重要的角色，投资者情绪对资产净值的折溢价也会产生重要影响。

基础设施公募 REITs 是一种封闭式基金。在我国资本市场上，封闭式基金发行初期是以溢价形式出现的，但发行后不久就出现了折价，而且这种折价会随着时间的推移而持续。根据有关学者对基金净值折价的研究，基金净值折价程度会因基金到期日的不同、基金规模的变化而有差异。已有研究表明，基金折价会使投资人和基金经理之间产生利益冲突，并与其他基金的清盘结果产生溢出效应关联。

第四节　基础设施公募 REITs 的流动性安排

基础设施公募 REITs 在定价发售后，即进入二级市场。从新加坡、中国香港等成熟市场的情况来看，REITs 换手率普遍不高，二级市场流动性较弱，不足的流动性也可能带来价格的波动，因此流动性安排在基础设施公募 REITs 二级市场中尤为重要。流动性安排主要有做市商制度、绿鞋机制等。做市商制度是其中最重要的一种，会对市场流动性提供持续、稳定的保护，起到“稳定器”与“润滑剂”的作用。境外公募 REITs 首次公开发行时经常采用的绿鞋机制，有利于在上市初期提高流动性，为国内基础设施公募 REITs 的发展提供了有益的参考。我们通过对两大制度的基本情况、实践经验和相关数据进行比较，分析我国基础设施公募 REITs 的流动性安排对其发展的重要性。

一、基础设施公募 REITs 的做市商制度

（一）做市商制度的起源和发展

做市商制度，又称“报价驱动交易”，最早出现在美国的柜台交易市场上，在国外成熟市场上得到广泛应用。做市商制度，是指在证券市场中，由具有一定实力和信誉的法人作为经纪商，向投资者报出特定证券的买卖价格（双边报价），并在所报价位上接受投资者的买卖要求，以其自有资金和证券与投资者进行交易，从而为市场提供流动性。

早在 20 世纪 90 年代，我国就开始探索将做市商制度引入证券市场。2007 年 1 月，中国人民银行发布了《全国银行间债券市场做市商管理规定》，正式确立了做市商制度。随着中国证监会于 2022 年 1 月初发布《证券公司科创板股票做市交易业务试点规定（征求意见稿）》，我国在银行间外汇市场、“新三板”市场和沪深两市的基金市场等积累了一定的经验，科创板市场也引入了做市商制度。做市商制度在我国证券市场已经在激活市场、提供流动性、稳定市场价格和提高价格发现效率等方面发挥了重要作用。因此，引入做市商制度对我国基础设施公募 REITs 的持续健康发展具有重要意义。

（二）做市商制度对基础设施公募 REITs 的重要意义

（1）做市商制度在保证交易连续进行的同时，为市场提供了充足的流动性。做市商采用双边报价形式，增加了交易量。主动做市策略型做市商的报价策略往往更激进，其买卖价格大多高于市场报价，从而增加了交易量，特别是在交易量不足、价差过大时，投资者不愿参与，做市商制度的优越性就会充分显现。做市商采用双向连续报价的方式，保证了市场价格的连续性，同时避免了在某个价格区间出现对手缺位的现象。做市商持续的双边报价义务在一定程度上保障了投资者的交易需求，保持了市场的流动性，增强了投资者的信心，逐步吸引了更多的投资者。

（2）做市商制度对基础设施公募 REITs 价格的波动性有一定影响。在市场交易需求相等的情况下，做市商的双边报价能在一定程度上降低大宗交易对市场造成的冲击，从而降低基础设施公募 REITs 的价格波动性，有利于维护基础设施公募 REITs 市场的稳定。

在基础设施公募 REITs 价格波动剧烈的情况下，做市商可以通过与投资者双向报价的方式平抑价格的波动，帮助投资者理性定价，这对于抑制价格操纵和过度投机行为、实现价格向市场价值的回归具有重要意义。此外，当做市商的数量足够多时，他们之间可以形

成良性竞争，将价差缩到最小，使得做市标的的价格更加合理，同时降低投资者的交易成本，保护中小投资者的利益。

（3）做市商制度有利于基础设施公募 REITs 的价值发现。做市商通常是专业投资机构，它们拥有人力及财务资源、信息等方面的优势。通过对底层项目资产质量和市场行情的分析，做市商相较于个人投资者，对基础设施公募 REITs 的市场价格会有更加理性、客观的判断。因此，做市商给出的报价会更加公允。与普通投资者相比，做市商的报价会更接近基础设施公募 REITs 的真实价值，从而引导市场价格回归合理区间。随着做市商制度的引入，基础设施公募 REITs 市场中专业投资机构所占比重不断提高，这将进一步促进其价格发现功能的实现。

（4）做市商制度可以帮助投资者更好地管理风险。首先，做市商制度有助于降低基础设施公募 REITs 价格的波动性，以及产品的总体风险，从而有利于投资者进行风险管理；其次，做市商制度有助于提高基础设施公募 REITs 市场的流动性，降低退出成本，使投资机构更容易实现基础设施公募 REITs 投资的退出，降低风险管理的难度。

（5）做市商制度有助于基础设施公募 REITs 市场的良性循环。做市商制度提升了基础设施公募 REITs 的流动性，降低了交易成本，促进了基础设施公募 REITs 的价值发现，进而吸引更多机构及个人投资者参与投资，这些新增投资人的参与为基础设施公募 REITs 市场提供了额外的流动性，进而会吸引更多的投资者。市场参与者的水平不断提高，有助于基础设施公募 REITs 市场的良性循环，形成整个市场的正反馈机制。

（三）基础设施公募 REITs 引入流动性服务商

根据上交所、深交所的公开信息，截至 2022 年 9 月 30 日，已上市 17 只基础设施公募 REITs 的做市商共涉及 14 家证券公司，每只基础设施公募 REIT 均有 3 家及以上做市商。境内基础设施公募 REITs 做市商数量见表 4-9。

表 4-9　境内基础设施公募 REITs 做市商数量　　单位：家

基金名称	做市商数量	基金名称	做市商数量
博时蛇口产业园 REIT	4	建信中关村 REIT	7
东吴苏园产业 REIT	6	华夏越秀高速 REIT	6
华安张江光大园 REIT	3	华夏中国交建 REIT	7
中金普洛斯 REIT	5	国金中国铁建高速 REIT	6
红土创新盐田港 REIT	3	鹏华深圳能源 REIT	6
富国首创水务 REIT	7	红土创新深圳安居 REIT	4
中航首钢绿能 REIT	4	中金厦门安居 REIT	4
平安广州广河 REIT	9	华夏北京保障房 REIT	5
浙商沪杭甬 REIT	7		

（四）基础设施公募 REITs 做市商制度的流程和评价规则

（1）制度流程。按照上交所、深交所的规定，做市商应制定完善的业务制度及业务流程，包括做市业务管理、交易业务、结算业务、风险管理业务、内控业务、应急业务等，并对各有关部门的职责和岗位设置进行明确。做市商应建立相应的做市业务管理制度，以保证业务的规范运作，包括但不限于做市业务的执行机制、决策程序、授权制度、风险管理、合规和内控、考核和问责机制。

做市商应当建立相应的风险管理体系，以加强风险管理、有效防范和化解风险、应对可能发生的各种突发事件。具体来说，该风险管理体系包括风险指标体系、风险识别与评估体系、风险控制与处置体系、风险报告体系、压力测试情景设置与分析体系等。

（2）评价规则。上交所、深交所设定了指标体系并进行定期统计监测，按照公开、公平、公正的原则对基金流动性服务商进行评级。根据《上海证券交易所基金业务指南第 2 号——上市基金做市业务》《深圳证券交易所证券投资基金业务指南第 2 号——流动性服务商评级》，对做市商有以下做市报价要求（见表 4-10）：

第一，需要满足基本的报价义务。最小申报金额、最大买卖价差、平均单笔申报金额、开盘和收盘集合竞价参与率（其中，上交所仅有开盘集合竞价）、连续竞价参与率等均需要满足及格线要求。例如，做市商不得进行内幕交易、市场操纵、牟取不正当利益，以及其他可能损害投资者合法权益的行为。

表 4-10　境内基础设施公募 REITs 对做市商做市报价要求

交易场所	最小申报金额（万元）	最大买卖价差（%）	最小平均单笔申报金额（万元）	最低集合竞价参与率（%）	最低连续竞价参与率（%）
上交所	20	1	5	60	40
深交所	10	1	5	60	40

第二，沪、深两市在满足基本报价义务后，以时间加权价差、连续竞价参与率、交易量占做市服务平均交易量的比例为评价指标，定期评估做市商为某只基金提供主做市服务的情况。上交所以月为周期，深交所以季度为周期，评价可分为 AA、A、B、C、D 五个等级，其中，D 等级为不合格。

（五）基础设施公募 REITs 的流动性和波动率

在流动性方面，基于基础设施 REITs 公告中对做市商做市义务的要求，做市商做市报价占市场总报价的比例一般在 10%以上，做市商数量与基础设施公募 REITs 日换手率之间存在一定的正相关关系。从价格波动性角度来看，基础设施公募 REITs 的日波动率与做市商数量呈现一定的负相关关系，并且 17 只基础设施公募 REITs 的平均日波动率为 2.26%①。境内基础设施公募 REITs 做市商达到优秀的报价宽度、日均交易额、日波动率、日换手率见表 4-11。

表 4-11 境内基础设施公募 REITs 做市商达到优秀的报价宽度、日均交易额、日波动率、日换手率

项目分类	基金名称	做市商数量（家）	交易场所	达到优秀的报价宽度（%）	日均交易额（万元）	日波动率（%）	日换手率（%）
仓储物流	中金普洛斯 REIT	5	上交所	0.80	2972	0.99	1.56
	红土创新盐田港 REIT	3	深交所	0.60	1325	1.59	1.44
产业园区	华安张江光大园 REIT	3	上交所	0.80	1195	1.19	1.52
	博时蛇口产业园 REIT	4	深交所	0.60	1678	1.33	1.99
	东吴苏园产业 REIT	6	上交所	0.80	1677	1.06	1.10
	建信中关村 REIT	7	上交所	0.80	2701	2.57	2.13
环保	中航首钢绿能 REIT	4	深交所	0.60	991	1.14	1.70
	富国首创水务 REIT	7	上交所	0.80	2043	1.80	2.80
	鹏华深圳能源 REIT	6	深交所	0.60	3710	3.28	2.68
高速公路	浙商沪杭甬 REIT	7	上交所	0.80	1018	0.71	0.89
	平安广州广河 REIT	9	深交所	0.60	2361	0.56	1.33
	华夏越秀高速 REIT	6	深交所	0.60	1855	2.09	2.31
	华夏中国交建 REIT	7	上交所	0.80	4214	0.39	1.77
	国金中国铁建高速 REIT	6	上交所	0.80	2846	0.48	2.32
保租房	红土创新深圳安居 REIT	4	深交所	0.60	1858	6.46	2.75
	中金厦门安居 REIT	4	上交所	0.80	1891	6.41	2.94
	华夏北京保障房 REIT	5	上交所	0.80	1984	6.44	2.95

资料来源：根据 Wind 相关资料整理。

注：日换手率=日成交量/流通份额。为保持换手率可比，数据收集时间为 2021 年 7 月 1 日—2022 年 9 月 30 日，首批 9 只 REITs 的换手率计算截止日为 2022 年 6 月 20 日（首批 REITs 解禁前一日）。

在新的资产类型方面，在首批保障性租赁住房 REITs 项目中，深圳安居、厦门安居、北京保障房三个项目已在 2022 年 8 月 31 日正式挂牌交易。保障性租赁住房的底层资产具有较高的出租率、较稳定的租金，这使得保障性租赁住房 REITs 具有一定的抗周期属性，因此得到投资者的认可和青睐。从上市第 6 个交易日到第 22 个交易日（扣除上市前 5 个交易日），3 只保障性租赁住房 REITs 的日均换手率为 1.30%，比其他 14 只公募 REITs 同期的日均换手率（1.25%）略高。

（六）境内 ETF 市场做市商制度的应用

基础设施公募 REITs 与交易型开放式指数基金（ETF）的做市商制度均依托沪、深两

① 如不考虑上市仅一个月（截至 2022 年 9 月 30 日）的 3 只保障性租赁住房 REITs，则其他 14 只基础设施公募 REITs 的平均日波动率为 1.37%。

市的基金流动性服务体系，且两者都是在交易所上市，投资者可像买卖股票一样进行交易，两者具有较高的相似性。下面以运行多年的ETF做市商制度为例量化分析做市商的重要作用。

2012年，我国ETF市场推出了基金流动性服务。2018年底，新的做市商选择机制和评价体系开始实施，在实施的几年内，总体上还算平稳有序。根据上交所2022年初发布的《2021年度上海证券交易所基金做市商报告》，截至2021年12月20日，上交所基金市场包括14家主做市商（主要为头部券商）、15家普通做市商（主要为中小券商）。2021年12月20日，有372只基金产品有做市商，比2020年多了158只。目前，有357只基金有做市商，占沪市基金份额的90%左右，比2020年增加了10个百分点左右。做市商交易量占全部做市产品交易量的19%，较2020年增加了8个百分点左右，可见做市商对ETF市场的重要性。

以上交所的股票ETF为例。2021年，上交所有做市商的股票ETF平均换手率为6.57%，无做市商的ETF平均换手率只有1.49%，有做市商的ETF平均换手率比无做市商ETF的平均换手率高5.08个百分点，可见有做市商的ETF比无做市商的ETF活跃得多。因此，做市商在提升市场交易活跃度方面起到了明显的作用。股票型基金的平均相对买卖价差是0.12%，无做市商的股票型基金的平均相对买卖价差是0.46%，有做市商的股票型基金的平均相对买卖价差是0.09%。可见，有做市商的股票型基金的平均相对买卖价差下降了0.37个百分点，做市商的参与使基金的相对买卖价差变得更小，从而提高了基金的定价效率，使普通投资者有机会在更加合理的价位进行交易。同时，做市商数量的增多，也会增加交易量，降低价格的波动性。2020年7月29日，广发基金旗下的中证500指数基金新增了一家券商作为做市商，做市商的数量由原来的2家增加到了3家，加入新做市商前2个月，中证500指数基金的平均换手率为1.53%，而加入新做市商后，平均换手率为1.93%，上涨了0.4个百分点，波动性则下降了0.58个百分点，降至1.22%。可见，做市商的引入，有助于ETF的交易价格向价值回归，提高了定价效率，降低了投资者的交易成本。

二、境外绿鞋机制

国外对公募REITs的流动性安排通常采用绿鞋机制。绿鞋机制主要在IPO 30天后开始实施，目的是在发行初期稳定价格，提高市场流动性。下文我们将对绿鞋机制的发展和应用进行简要介绍，并将其与国内基础设施公募REITs做市商制度进行比较，探讨可供我国借鉴的经验。

（一）境外绿鞋机制的起源与发展

“绿鞋机制”是超额配售选择权制度的俗称，因美国波士顿绿鞋制造公司在1963年IPO时率先使用而得名。绿鞋机制主要在市场行情不佳、对发行结果不乐观或难以预料的情况下使用，目的是防止新股发行上市后股价下跌至发行价或发行价以下，增强参与一级市场认购投资者的信心，实现新股股价由一级市场向二级市场的平稳过渡。采用绿鞋机制可根据市场情况调节融资规模，使供求平衡。

绿鞋机制，主要是指承销商在股票上市之日起 30 天内，择机按同一发行价格比预定规模多发 15%（一般不超过 15%）的股份。该机制的作用体现在以下两个方面：第一，如果发行人股票上市之后的价格低于发行价，主承销商就用事先超额发售股票获得的资金（事先认购超额发售投资者的资金），按不高于发行价的价格从二级市场买入，然后分配给提出超额认购申请的投资者；第二，如果发行人股票上市后的价格高于发行价，主承销商就要求发行人增发 15%的股票，分配给事先提出认购申请的投资者，增发新股资金归发行人所有，增发部分计入本次发行股数量。显然，绿鞋机制的引入可以起到稳定新股股价的作用——对于可用绿鞋机制的新股，从上市之日起 30 天内，其快速上涨或下跌的现象将有所抑制，其上市之初的价格波动会有所收敛。

（二）绿鞋机制的安排、执行结果和策略

股票初次发行簿记完成后，发行人和承销商将根据簿记情况，决定是否在初始发行规模之外，进行超额配售，即初始超额配售。如果进行初始超额配售，承销商就会与发行人或基石投资者签署借股协议，以便进行配售。此时，承销商处于卖空状态，初始超额配售所募集资金暂不计入发行人的融资规模，该部分资金可全部或部分供后市稳定商用于稳定后市。

最终，承销商/后市稳定商会根据上市后的股价表现和市场稳定性的需要，选择购买或者行使绿鞋机制权利，偿还给发行人或基石投资者。授权发行绿鞋机制获得的资金可计入发行人的融资规模。绿鞋机制的安排如图 4-5 所示。

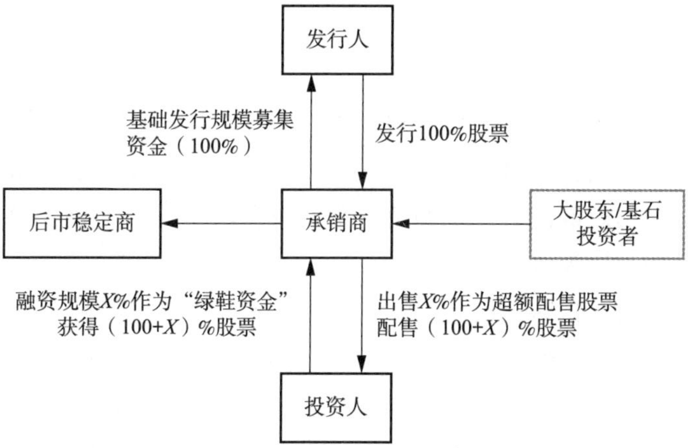

图 4-5　绿鞋机制的安排

在绿鞋机制下，行权对于扩容至关重要，但能否最终行权取决于股票定价水平和上市后的股价表现，而后市稳定商的操作并不直接影响公司能否获得超额配售。绿鞋机制的执行结果见表 4-12。

表 4-12　绿鞋机制的执行结果

项目	股价始终低于发行价	股价始终高于发行价	股价较发行价有涨有跌
后市稳定期内后市稳定商操作	后市稳定商将 15%“绿鞋资金”全部用于二级市场购买股票	后市稳定商无须进入二级市场购买股票	股价低于发行价：稳市商从市场买入股票。股价高于发行价：稳定商向市场卖出股票以刷新绿鞋机制
后市稳定期结果示意	超额配售权失效 股票：15%还给大股东/基石投资者。募集资金：100%不变	超额配售权全额执行 股票：上市公司增发 15%股票还给大股东/基石投资者。募集资金：后市稳定商将 15%资金交给上市公司，募集规模为原规模的 115%	超额配售权部分执行 股票：增发与二级市场买入股票合计 $X\%$ 还给大股东/基石投资者。募集资金：100%+增发部分

根据发行人的要求，持续稳定的目标通常是：第一天的开盘价不会低于发行价；确保股票在未来的平稳时期有好的表现；超额配股权尽可能多地发行，以扩大募集规模。

常见的后市稳定策略主要有：挖掘多渠道的护盘资金，重点是挖掘配售中未能足额获配的机构、与发行人或承销商保持较好合作关系的机构投资者、没有参与配售的机构；有针对性的护盘策略。

在上市首日，一般情况下会采取较为激进的护盘策略，设置开盘、盘中和尾盘相应的交易策略，有效利用绿鞋机制保证上市首日的股价表现。在未来的稳定时期，一般会采取持续挂出一定数量买单的策略，在出现恐慌性跌势的时候，就会减少抛售压力，及时进行保护。

（三）境外公募 REITs 发行中绿鞋机制的运用

以新加坡公募 REITs 和中国香港公募 REITs 发行为例，在其发行时实施绿鞋机制的要求与一般公司一致。超额配售规模上限通常不超过初始发行规模的 15%，后市稳定期间为定价日后的 30 个自然日内。

（1）行权结果。新加坡公募 REITs 绿鞋机制行权结果更优。从选取的 38 只新加坡公募 REITs 和 11 只中国香港公募 REITs 样本的 IPO 情况来看，32 只新加坡公募 REITs 发行设置了绿鞋机制，初始超额配售比例均值为 9.19%；11 只中国香港公募 REITs 设置了绿鞋机制，初始超额配售比例均值为 11.45%。

从绿鞋机制行权的结果来看，32 只新加坡公募 REITs 绿鞋机制发行股票的实际行权规模平均仅为初始行权规模的 6.05%，11 只中国香港公募 REITs 绿鞋机制发行股票的实际行权规模平均仅为初始行权规模的 5.06%（见表 4-13）。总体而言，新加坡公募 REITs 的绿鞋机制行权条件较好，发行者可以获得更大规模的发债资格。原因可能是新加坡市场对公募 REITs 的认知度较高，或者发行价格较为合理，投资者的牛市预期较好。

表 4-13　境外公募 REITs 发行时绿鞋机制执行情况

公募 REITs 上市地	样本数（只）	设置绿鞋机制样本数（只）	绿鞋机制行权（只）	绿鞋机制额度（%）	行权规模（%）
新加坡	38	32	23	9.19	6.05
中国香港	11	11	6	11.45	5.06

（2）流动性。初始超额配售资金有利于基金在发行初期改善流动性。初始超额配售资金需在 30 个自然日内由后市稳定者决定是否动用，基于后市稳定者的目标，后市稳定者通常会在上市首日交易最活跃的时候大量动用绿鞋机制，从而导致“绿鞋资金”出现，进一步增加 REITs 产品在上市首日的换手率。

在法律规定的后市稳定期内，若资金尚有盈余，则后市稳定者会选择在一个合理的位置进场护盘。根据对样本公募 REITs 后市稳定期内平均换手率（剔除上市首日换手率）和稳定期后一个月平均换手率的观察，初始超额配售资金可能在一定程度上提升了产品的流动性。

此外，通过对比新加坡设有绿鞋机制和未设绿鞋机制的公募 REITs 在上市初期的换手率发现，设有绿鞋机制的 32 只公募 REITs 在上市后市场稳定期内日均换手率为 1.25%（见表 4-14），而未设绿鞋机制的 6 只公募 REITs 在同一期间的日均换手率为 0.84%。

表 4-14　公募 REITs 设置绿鞋机制后上市流动性对比

公募 REITs 上市地	样本数（只）	设置绿鞋机制样本数（只）	后市稳定期内日均换手率（%）	后市稳定期后一个月日均换手率（%）
新加坡	38	32	1.25	0.28
中国香港	11	11	1.54	0.43

注：后市稳定期内日均换手率剔除了上市首日换手率。

绿鞋机制在企业上市初期有利于企业资金流动性的提高。例如，2011 年 4 月汇贤产业信托发行时，曾将 15%的超额配售权授予包销商，但在发行之后，汇贤产业信托曾一度跌破发行价，而稳定价格操作者则在香港联交所以低于发行价的价格购入初步基金单位总数的 15%，稳定期间的日均换手率是 1.32%，稳定期结束后一个月的日均换手率是 0.15%。越秀房地产信托基金在 2005 年 12 月上市，向承销商提供了 15%的超额配股权。上市之后，股价一度超过了发行价，稳定价格操盘人全部行使了超额配股权，在稳定期间，日均换手率达到了 2.84%，稳定期结束后的一个月，日均换手率达到了 1.40%。

（3）价格波动性。绿鞋机制对房地产价格走势的推动作用不大。我们选取新加坡市场设有绿鞋机制的 32 只公募 REITs 和未设绿鞋机制的 6 只公募 REITs，通过对比分析发现，在发行时设有“绿鞋基金”，对市场价格波动的影响并不明显，主要原因可能是有更多的“绿鞋资金”投到了首日的市场维护，从而使后续阶段资金对市场价格的影响减弱。

另外，一些被设置了绿鞋机制但在第一天就破发的公募 REITs，在随后的一段时间里，价格并没有实现快速上涨，这主要是因为“绿鞋资金”在第一天就减少了，而第二天也有可能由于市场流动性较弱，对破发的 REITs 采取了抛售和护盘的策略。

（四）公募 REITs 的绿鞋机制和做市商制度的比较

以 2021 年 6—12 月中国公募 REITs 的日均换手率为例，中国内地首批 9 只基础设施公募 REITs 上市 133 个交易日，日均换手率均值为 1.60%，而新加坡 32 只公募 REITs 和中国香港 11 只公募 REITs 日均换手率均值分别为 0.36%和 0.56%（见表 4-15）。

表 4-15　中国境内外（基础设施）公募 REITs 上市 133 个交易日日均换手率均值对比

基础设施公募 REITs 上市地	样本数（只）	上市首日换手率均值（%）	日均换手率均值（%）	剔除上市首日成交后日均换手率均值（%）	上市后第 21~133 个交易日日均换手率（%）
中国内地	9	21.99	1.60	1.44	1.44
新加坡	32	9.80	0.36	0.29	0.22
中国香港	11	17.87	0.56	0.43	0.27

注：中国内地日均换手率=日成交量/流通份额，新加坡/中国香港日均换手率=日成交量/上市份额。

中国内地基础设施公募 REITs 的日均换手率比新加坡和中国香港高得多。与新加坡和中国香港公募 REITs 市场的绿鞋机制相比，中国内地的做市商制度更能为基础设施公募 REITs 市场提供流动性。

三、扩募对基础设施公募 REITs 流动性的影响

扩募是基础设施公募 REITs 发展的里程碑事件之一。扩募对于盘活基础设施资产具有重要意义，有利于进一步促进我国基础设施领域投资的良性循环，打通基础设施建设全生命周期路径，促进基础设施项目平稳运营，增强市场流动性，开创基础设施投资建设的投融资新模式。

扩募凸显了基础设施公募 REITs 产品的"壳资源"和"股性"。对基金管理人而言，扩募有利于将更多基础设施纳入基础设施公募 REITs 底层资产，有利于基础设施公募 REITs 产品分散风险、增加收益；对投资者而言，应从更加长远的视角看待基础设施公募 REITs 的价值。

2022 年 9 月，中金普洛斯 REIT、红土创新盐田港 REIT、博时蛇口产业园 REIT、华安张江光大园 REIT、富国首创水务 REIT 5 只基础设施公募 REITs 公告扩募，预示着国内基础设施公募 REITs 市场首批扩募开启。扩募是基础设施公募 REITs 产品的重要特性，是市场建设不可缺少的重要环节。

（一）扩募是构建基础设施公募 REITs 市场不可或缺的重要环节

在政策层面，监管机构不断优化基础设施公募 REITs 顶层设计，初步建立了涵盖试点指引、交易规则、税收政策等在内的政策体系，推动基础设施公募 REITs 市场健康发展。我国基础设施公募 REITs 已经形成了以 958 号文、《国家发展改革委关于规范高效做好基

础设施领域不动产投资信托基金（REITs）项目申报推荐工作的通知》（发改投资〔2023〕236 号，以下简称“236 号文”）为核心的政策体系及交易所配套措施，并且不断优化流程，以加快申报效率。

从宏观层面来看，基础设施公募 REITs 扩募对于扩大基础设施公募 REITs 市场规模、盘活存量资产、增加基础设施建设资金、更好地服务稳增长工作大局具有积极意义。

从行业层面来看，基础设施公募 REITs 扩募将为基础设施公募 REITs 市场注入更多活力，有利于提升基础设施公募 REITs 的整体市场表现，促进相关行业的高质量可持续发展。

从微观层面来看，扩募路径走通后，可以为企业提供更多帮助：一是在一定程度上满足企业融资需求，降低负债率；二是打通存量资产上市路径，助力企业探索建立轻重资产分离的运营模式；三是持续引入优质资产，进一步扩大基础设施公募 REITs 平台管理规模，提升平台核心价值及盈利能力。

（二）扩募底层资产筛选的重要因素

资产的营收能力与潜力、资产类别和资产的区域集中度，是影响扩募底层资产筛选的重要因素。首批 4 只基础设施公募 REITs 包括产业园区类 2 只（博时蛇口产业园 REIT 和华安张江光大园 REIT）、仓储物流类 2 只（中金普洛斯 REIT 和红土创新盐田港 REIT）。这 4 只基础设施公募 REITs 上市 3 年，整体运行平稳，治理结构健全，具备较好的扩募条件。

扩募有助于基础设施公募 REITs 实现四大目标：第一，为新购入资产打开上市通道，形成良性的投融资循环；第二，扩大基金资产与储备的规模；第三，实现资产组合的多元化，提高资产的分散性和抗风险能力；第四，持续注入高质量资产，保持基金在市场上的关注度，提高基金在二级市场的流动性。

（三）潜在扩募项目

从市场供需的角度来看，我国的基础设施公募 REITs 市场刚刚起步，目前市场上的产品供给很少，而已经上市的产品底层资产都比较优质，因此市场上出现了供不应求的局面。基金募集的启动能够为基础设施公募 REITs 市场带来新的投资机会，吸引更多的资金进入 REITs 市场；从 2021 年 6 月首批基础设施公募 REITs 试点项目落地到 2023 年底，已经有 29 只基础设施公募 REITs 产品上市，其底层资产类型涵盖交通基础设施、园区基础设施、生态环保、仓储物流、能源基础设施和保障性租赁住房等。旅游、消费基础设施 REITs 的发展势头强劲，发行规模突破 900 亿元，向千亿元市值迈进。在资产类型上，产权型 REITs 的资产扩张路径比较明确，而特许型 REITs 的资产扩张路径则比较多样化。

总之，扩募可以增加市场供给，健全正向激励机制，形成优胜劣汰的市场化机制，真正实现盘活存量资产，形成投融资的良性循环。扩募的完成是我国基础设施公募 REITs 市场快速发展的重要标志。“首发+扩募”双轮驱动，叠加各领域试点项目加速落地，基础设施公募 REITs 市场将持续扩容，基础设施公募 REITs 市场的发行主体、底层资产、投资主体、创新产品将越来越多元化。

四、基础设施公募 REITs 做市商制度的前景展望

作为金融创新产品，基础设施公募 REITs 引入做市商制度是一大特色，目的是增强基础设施公募 REITs 市场流动性，维护市场稳定发展。参考新加坡和中国香港两个成熟市场的经验，投资者对基础设施公募 REITs 长期持有意愿较强，但交易意愿较低，导致其换手率较低；二级市场流动性较弱，投资者在购入和售出时可能因出现交易对手缺位而未能及时成交的情形，同时，由于基础设施公募 REITs 的流动性不足，上市后短期内可能会出现较大的波动。因此，做市商在基础设施公募 REITs 市场上发挥着买卖桥梁的作用。

基础设施公募 REITs 做市商可以通过合理的定价和连续的双边报价，在为市场提供充足流动性的同时，减少市场波动，降低投资者的交易成本。同时，基础设施公募 REITs 做市商还可以利用自身的研究和系统优势，通过专业的分析和对自身风险进行衡量，形成较为合理的报价，引导市场价格向其内在价值靠拢。与新加坡和中国香港公募 REITs 市场绿鞋机制相比，中国内地做市商制度能为基础设施公募 REITs 市场提供更为长期稳定的流动性保障，具有重要的现实意义。另外，考虑到当前基础设施公募 REITs 价格大幅上涨，投资者对其预期较好，可以在其发行时引入绿鞋机制，使其从一级市场向二级市场平稳过渡，从而和做市商制度形成互补，发挥市场的“润滑剂”与“稳定器”作用。

整体而言，做市商制度对基础设施公募 REITs 市场的良性运行起到了促进作用，并在市场上形成了正向的反馈机制。做市商制度还有利于增强已上市基础设施公募 REITs 原始权益人扩募的动力，有利于让原始权益人在资产开发建设运营环节就将基础设施公募 REITs 上市作为目标，提升基础设施质量，丰富基础设施公募 REITs 的底层资产，进而吸引多方主体参与，为 REITs 市场注入新的活力，从而更好地贯彻落实党中央深化金融供给侧结构性改革，服务国家战略、服务实体经济的重要指示。

未来，做市商制度可在以下三个领域发挥更大作用：

（1）我国首批基础设施公募 REITs 战略投资者在 2022 年 6 月解禁，使得其市场流通规模大幅扩大，价格出现波动，此时做市商对市场的平抑作用凸显，市场很快稳定下来。未来，基础设施公募 REITs 规模的不断扩大，也会为做市商提供一体化服务带来新的挑战。

（2）基础设施公募 REITs 一级市场的发行与扩容将收到二级市场价格的正向反馈，二级市场作为新发行与扩容资产价格的重要“锚”，对未来基础设施公募 REITs 市场容量的扩大发挥着重要作用，而做市商则起到引导二级市场价格的作用。

（3）随着基础设施公募 REITs 市场的快速发展和规模扩大，预计将出现二级创新产

品，如基础设施公募 REITs 指数基金、基础设施公募 REITs 主题 ETF 基金等，以满足投资者对资产配置、“固收+”和风险管理的不同需求，对定制产品组合的需求将会增加。由于具备较强的流动性、管理能力和研究能力，做市商未来还可在成分选取、市值加权、价格加权甚至流动性加权等指数的构建过程中，为以基础设施公募 REITs 产品为标的资产的创新产品构建提供帮助。

复习思考题

1. 如何确定基础设施公募 REITs 的发行价？
2. 各类定价方法分别适合哪种类型的基础设施公募 REITs？
3. 公募 REITs 业务的不同阶段应该缴纳何种税？
4. 在交易方面，国内外 REITs 有何区别？私募 REITs 与公募 REITs 有何区别？
5. 做市商制度和绿鞋机制各有何优缺点？它们分别适合什么样的公募 REITs 产品？
6. 扩募对基础设施公募 REITs 市场有什么样的影响？

[案例]

本章选取了中金安徽交控高速公路 REIT 的底层资产，进行资产估值模型的搭建。作为课堂讨论练习，选择中金安徽交控高速公路 REIT，只是为了让学生更好地理解高速公路公募 REITs 底层价值评估的内在逻辑。

1. 未来交通量的预测

在资产估值模型中直接引用施伟拔咨询（深圳）有限公司于 2022 年 9 月 20 日出具的《安徽省沿江高速公路交通量及通行费收入预测》中基本方案的交通量数据（见表4-16）。

表 4-16 沿江高速分车型折算全程日均交通量（基本方案）

时间	客 1（辆/天）	客 2（辆/天）	客 3（辆/天）	客 4（辆/天）	货 1（辆/天）	货 2（辆/天）	货 3（辆/天）	货 4（辆/天）	货 5（辆/天）	货 6（辆/天）	合计（辆/天）	年增长率（%）
2022 年 1—6 月	13848	22	31	85	1340	964	482	814	576	3906	22068	5.6
2022 年 7—12 月	15045	37	65	139	1574	1222	535	903	731	5104	25355	7.0
2023 年	15216	30	47	110	1562	1173	509	859	702	4841	25049	16.0
2024 年	16389	30	47	110	1667	1253	509	859	751	5180	26795	-5.2
2025 年	19809	41	65	158	1878	1355	517	873	813	5525	31094	3.0
2026 年	18763	38	60	142	1757	1274	467	775	751	5443	29470	5.9
2027 年	19370	37	59	138	1816	1322	454	754	767	5651	30368	4.1
2028 年	20609	37	59	138	1919	1397	454	754	813	5984	32164	4.5
2029 年	21493	36	58	137	1997	1457	445	744	851	6258	33476	-38.0
2030 年	22435	36	57	133	2100	1533	445	744	898	6596	34977	4.9

续表

时间	客1（辆/天）	客2（辆/天）	客3（辆/天）	客4（辆/天）	货1（辆/天）	货2（辆/天）	货3（辆/天）	货4（辆/天）	货5（辆/天）	货6（辆/天）	合计（辆/天）	年增长率（%）
2031年	22626	35	55	135	2007	1432	399	662	811	5500	33662	4.8
2032年	23823	35	55	135	2100	1500	399	662	851	5768	35328	4.6
2033年	25033	35	55	135	2193	1568	400	662	891	6038	37010	4.4
2034年	26256	35	55	135	2287	1636	399	662	931	6309	38705	43.0
2035年	27488	35	55	135	2381	1704	399	662	972	6582	40413	1.2
2036年	28730	35	55	135	2476	1772	399	662	1012	6856	42132	1.1
2037年	29067	36	56	136	2505	1793	404	669	1024	6935	42625	5.6
2038年	29398	36	56	138	2533	1813	409	677	1035	7013	43108	7.0

2. 折旧摊销的预测

纳入资产组的存量资产包括路产、公路附属设备设施等。报表显示，截至2022年6月30日，资产组的固定资产和在建工程合计37.75亿元。原始权益人根据固定资产的账面原值及会计折旧政策计算未来年度的折旧金额，在中金安徽交控高速公路REIT招募说明书中进行了详细披露，见表4-17。

表4-17 底层资产安徽省沿江高速公路的未来年度折旧预测　单元：万元

时间	折旧预测
2022年7—12月	10380.02
2023年	20870.12
2024年	22070.33
2025年	23650.41
2026年	22542.89
2027年	23189.11
2028年	24467.89
2029年	25515.73
2030年	26610.28
2031年	24414.48
2032年	25275.95
2033年	26282.67
2034年	27354.57
2035年	28508.39

续表

时间	折旧预测
2036 年	29531.29
2037 年	14763.28
2038 年	4917.42

3. 人工成本的预测

人工成本主要包括人员的基本工资、社会保险、住房费用等。根据中金安徽交控高速公路 REIT 招募说明书（2022 年），在当前的生产条件下，底层资产的人员编制趋于饱和，因此，2022 年及以后的人工成本在 2021 年基础上按 7%逐年增长进行预测。

4. 养护工程费用预测

根据中金安徽交控高速公路 REIT 招募说明书，养护成本是企业在运营高速公路过程中，由自然损耗以及车辆对路面的损坏产生的必要维修养护成本，包括公路日常养护成本、公路专项养护成本等。中金安徽交控高速公路 REIT 发行成功后，道路养护将沿用原有模式进行，因此，根据原始权益人提供的预算计划数据及项目历史情况综合分析后确定，对底层资产安徽沿江高速公路的养护成本进行预测。

5. 营运成本的预测

根据中金安徽交控高速公路 REIT 招募说明书，底层资产运营中的营运成本包括：

（1）机电日常维护费，未来预测按照原始权益人提供的预算计划数据及项目历史情况分析确定。

（2）联网结算费，根据《安徽省高速公路联网收费路网运行服务协议》含税通行费收入的 0.23%和 0.33%预测。

（3）保险费，根据保险单，保险期为 2022 年 6 月 1 日至 2023 年 5 月 31 日，保费合计 50.73 万元，以后按居民消费价格指数（CPI）增长率 3%进行预测。

（4）其余日常运营成本，如道路安全维护支出、征收业务收入（不含联网结算费）、其他等企业在营运过程中产生的相关营运成本，历史年度费用水平较为稳定，故在 2019—2021 年平均费用水平上按与收入正相关进行预测。

6. 税金及附加的预测

底层资产的税项主要有增值税、城市维护建设税及教育费附加、印花税、房产税、城镇土地使用税等（见表 4-18）。

表 4-18　底层资产安徽省沿江高速公路涉及税项、计税依据及税率

税项	计税依据	税率
企业所得税	应纳税所得额	25.00%
增值税	销售额	3.00%

续表

税项	计税依据	税率
城市维护建设税	应纳流转税额	7.00%
教育费附加	应纳流转税额	3.00%
地方教育附加	应纳流转税额	2.00%
印花税	应税金额	0.03%
房产税	核定征收	41.14 万元/年
土地使用税	核定征收	32.83 万元/年
水利基金	应纳流转税额	2.00%

7. 管理费用的预测

管理费用为产权持有人资产划转后，委托安徽皖通高速公路股份有限公司代管产生的委托代管费。协议签订的委托代管期限为2021—2023年，预测期（2022年7月至2023年底）内按委托代管协议预测，以后按委托代管协议中2021—2023年的平均增长率预测。

8. 资本性支出的预测

高速公路通常以10年为周期进行大修，大修年份涉及较重的资本性支出。资本性支出包括为维持企业经营生产能力，长期资产达到经济使用年限时的更新资本性支出，以及为增加产能需要投入的新增资产资本性支出。主要由原始权益人预测未来新增投资计划。

9. 营运资金的预测

营运资金的预测，一般根据企业最近几年每年营运资金占用额占营业收入的比例进行分析和判断，在历史平均比例水平基础上结合企业目前及未来发展进行调整。根据预测企业未来付现成本以及年资金周转次数预估年营运资金需求量，确定年营运资金占用额。

10. 折现率的估算

按照收益额与折现率协调配比的原则，运营净收益口径为税前现金净流量，则经营权类资产的折现率普遍选取税前加权平均资本成本。

所得税前加权平均资本成本（WACCBT）计算公式为

$$\mathrm{WACCBT}=R_e\times\frac{E}{D+E}\times\frac{1}{1-T}+R_d\times\frac{D}{D+E} \quad (4\text{-}9)$$

式中，R_e 表示权益资本成本；R_d 表示债务资本成本；T 表示所得税税率；$\frac{E}{D+E}$表示股权占总资本比例；$\frac{D}{D+E}$表示债务占总资本比例。

资本资产定价模型为

$$R_e=R_f+\beta\times\mathrm{ERP}+R_s \quad (4\text{-}10)$$

式中，R_e 表示权益资本成本；R_f 表示无风险回报率；β 表示风险系数；ERP 表示市场风险超额回报率；R_s 表示特有风险超额回报率。

按照上述所得税前加权平均资本成本（WACCBT）的计算公式计算中金安徽交控高速公路 REIT 底层资产估值的折现率。

第一步，计算行业风险系数（β）及资本结构。

根据中金安徽交控高速公路 REIT 招募说明书的披露和可比公司的选取标准，选取 5 家上市公司作为可比公司，分别是中原高速、福建高速、皖通高速、吉林高速、粤高速 A。

根据行业可比公司数据计算行业风险系数（β）及资本结构，如图 4-6 所示。

利用同花顺iFinD提取对比公司的带息负债

利用同花顺iFinD提取对比公司的总市值

利用同花顺iFinD提取对比公司的β值

股票代码	可比公司	带息负债（D）（元）	债权比例（%）	股权公平市场价值（E）（元）	股权价值比例（%）	含资本结构因素的β	剔除资本结构因素的β	所得税税率（T）（%）
600020.SH	中原高速	3173650.15	81.9	701180.01	18.1	0.5463	0.1243	25
600033.SH	福建高速	272369.54	26.4	760198.60	73.6	0.3628	0.2860	25
600012.SH	皖通高速	699281.44	38.1	1138008.52	61.9	0.4678	0.3202	25
601518.SH	吉林高速	82064.74	18.5	360555.50	81.5	0.6968	0.5952	25
000429.SZ	粤高速A	675482.23	29.9	1584314.87	70.1	−0.0200	−0.0152	25
平均值		980569.62	39.0	908851.54	61.0	0.4107	0.2621	25

注：表中数值选取时间为2022年6月30日。

$$\beta_u=\frac{\beta_l}{1+(1-T)\times\frac{D}{E}}$$

图 4-6　行业 β 值及资本结构

第二步，计算基本参数。

（1）无风险回报率（R_f）。无风险回报率取 10 年以上国债到期收益率中位数，经计算，R_f=3.74%。

（2）市场风险溢价（MRP）。沪深 300 指数比较符合国际通行规则，其 300 只成分股能较好地反映中国股市的状况。通过 iFinD 对我国沪深 300 各成分股的平均收益率进行测算分析，测算结果为 17 年（2005—2021 年）的市场平均收益率［对数收益率（R_m）］为 11.66%，对应 17 年（2005—2021 年）无风险回报率（R_f）的平均值为 3.97%，则市场风险溢价（R_m-R_f）为 7.69%。

（3）债务资本成本（R_d）。选取中国人民银行 2022 年 6 月 20 日发布的 5 年期以上

LPR，5 年期以上 LPR 是 4.45%，则 $R_d=4.45\%$。

（4）特有风险超额回报率（R_s）。

参考中金安徽交控高速公路 REIT 招募说明书中披露的方法，将个别风险因素分为低、较低、中、较高、高五个等级，以“中”为基准，按每个等级±0.25%进行分析，特有风险超额回报率的计算结果如图 4-7 所示。

标的公司：个别风险回报率

序号	叠加内容	风险等级	取值（%）
1	企业所处经营阶段	较高	0.25
2	历史经营情况	中	0
3	主要业务所处发展阶段	中	0
4	企业经营业务和地区的分布	较高	0.25
5	公司内部管理及控制机制	中	0
6	管理人员的经历和资历	中	0
7	对主要客户及供应商的依赖	较高	0.25
8	财务风险	较高	0.25

个别风险回报率 1.00%

标的公司：规模风险回报率

规模风险回报率 0.50%

特有风险超额回报率（R_s）= 个别风险回报率+规模风险回报率= 1.5%

图 4-7　公司特有风险超额回报率（R_s）

（5）行业按照市值剔除财务杠杆的风险系数（β）。行业按照市值剔除财务杠杆的风险系数（β），即图 4-6 中计算出的 β_u，$\beta_u=0.2621$。

（6）行业资本结构$\left(\frac{D}{E}\right)$。行业资本结构$\left(\frac{D}{E}\right)=39.0\%\div61.0\%\times100\%=63.93\%$。

第三步，计算折现率。

将基本参数代入式（4-9），可计算出所得税前加权平均资本成本（WACCBT）为 8.42%，且假设未来年份的折现率保持不变。

11. 未来现金流折现

根据折现率计算未来年份的折现系数，并计算未来现金流的现值，对未来现金流的现值进行加总，即可得到资产估值。根据资产估值模型，最终的资产估值为 111.87 亿元。

思考与讨论

高速公路 REITs 底层资产价值如何评估？

05

第五章

基础设施公募REITs税制

学习目的

了解基础设施公募 REITs 的税收机制；认识我国境内基础设施公募 REITs 涉及税种及税收效应；了解我国境内基础设施公募 REITs 试点的税务处理内容与方法；分析我国境内基础设施公募 REITs 的税收问题。

关键词

基础设施公募 REITs　税收机制　税务处理　税收制度

第一节　我国基础设施公募 REITs 涉及的税种及其影响

在《基金指引》与中国证监会、国家发展改革委联合发布的 40 号文监管下，我国境内基础设施公募 REITs 产品采取“公募基金+ABS”模式。

“公募基金+ABS”模式，是指由符合条件的基金管理公司设立封闭式公募基金，在公开市场发售基金份额募集资金，并通过投资基础设施不动产资产支持证券的方式完成对基础设施的收购，从而实现基础设施 REITs 的公募发行。对于置入基础设施公募 REITs 中的关键项目，要求权属清晰、无法律漏洞、无历史问题。当前符合金融监管要求的基础设施 REITs 的交易结构如图 5-1 所示。

境内基础设施 REITs 的交易主体包括原始权益人、项目公司和投资人，交易过程包括三个环节，即设立、运营和退出。在交易过程中，可能涉及的金融产品包括私募基金、资产支持专项计划、基础设施公募 REITs 或公募基金。在设立环节、运营环节与退出环节发生的资产收购和转让、证券发行和购买、取得项目收益、收益的分派、中介服务机构收取服务费和资产的回购等交易行为都涉及税收的缴纳。

我国在 2022 年 1 月 29 日出台了一项专门针对基础设施公募 REITs 的税收政策，即《关于基础设施领域不动产投资信托基金（REITs）试点税收政策的公告》（以下简称“财税 2022 年 3 号公告”），其中明确了原始权益人通过投资项目获得的股权不征收企业所得税，原始权益人在基础设施 REITs 初创阶段转让股权或自持股权获得的收益可以递延企业所得税，基础设施 REITs 按照原有税收法规的规定运营，并明确了适用范围及适用时间。值得一提的是，虽然财税 2022 年 3 号公告发布时间为 2022 年 1 月 29 日，但是其内容从 2021 年 1 月 1 日起就实施了。因此，凡在 2021 年 1 月 1 日前发生且符合该公告要求的项目，均可享受该公告的相关规定。除该公告所列事项外，其他事项均按一般税法办理。

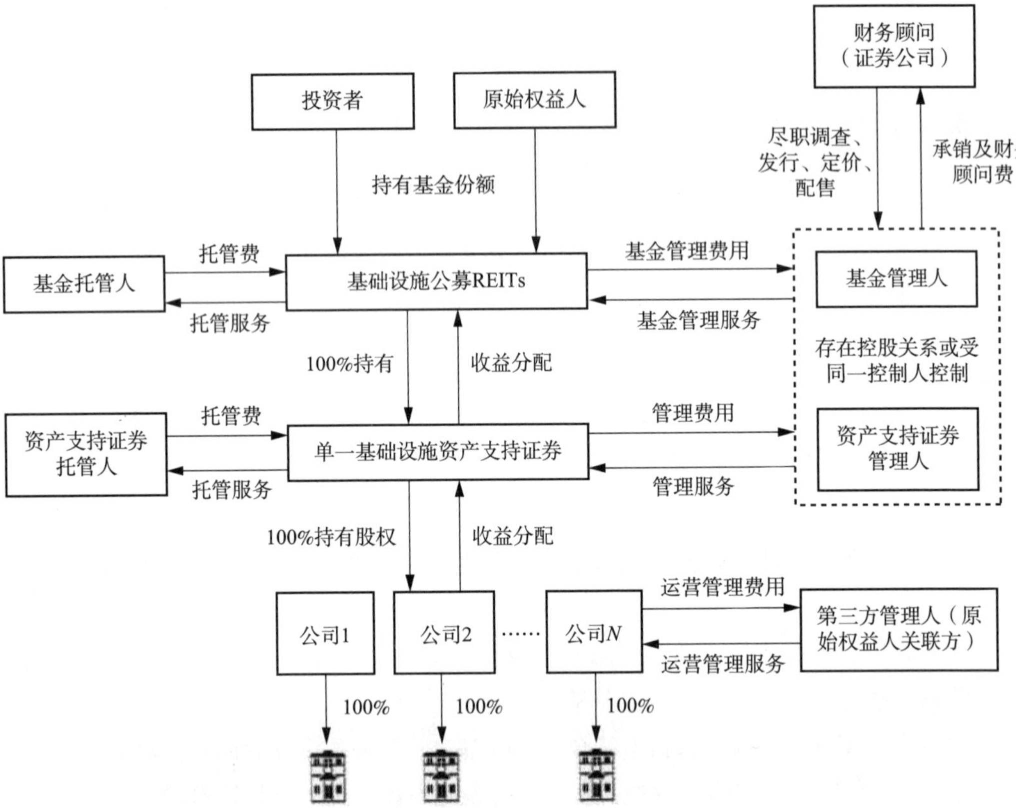

图 5-1　符合我国金融监管要求的常见基础设施 REITs 交易结构

一、我国境内基础设施公募 REITs 涉及的税种

（一）增值税及附加税费

增值税及附加税费是指增值税及城市维护建设税、教育费附加、地方教育附加等附加税费。

1. 定义及纳税范围

增值税是对在我国境内销售货物，提供加工修理修配劳务（以下简称“提供应税劳务”），销售服务、无形资产及不动产（以下简称“发生应税行为”），以及进口货物的企业、单位和个人，就其销售货物、提供应税劳务、发生应税行为的增值额和货物进口金额为计税依据而课征的一种税。所谓“增值额”，是指企业或其他经营者在一定时期内，因从事生产和商品经营或提供劳务而“增加的价值额”。增值额是纳税人在一定时期内取得的商品销售（或劳务）收入额大于购进商品（或取得劳务）支付金额的部分。增值税是一种价外税。《中华人民共和国增值税暂行条例》第 6 条规定，销售收入额为纳税人销售货物或者应税劳务向购买方收取的全部价款和价外费用，但是不包括收取的销项税额。《中华人民共和国增值税暂行条例实施细则》详细规定了价外费用的内容，即销售价格以外向购买方收取的手续费、补贴、基金、集资费、返还利润、奖励费、运输装卸费、代收款项、代垫款项及其他各种性质的价外费用。凡是价外费用，无论纳税人的会计制度如何计算，均应并入销售额计算应纳税额。

增值税纳税人是在中华人民共和国境内销售服务、无形资产或者不动产的单位和个人。增值税纳税人可分为一般纳税人和小规模纳税人。增值税实行凭专用发票抵扣税款的制度，客观上要求纳税人具备健全的会计核算制度和能力。小规模纳税人是指年销售额在规定标准以下，并且会计核算不健全，不能按规定报送有关税务资料的增值税纳税人。小规模纳税人采用简易计税方式征收增值税，即适用征收率，不能抵扣进项税额，以销售额为计税依据。一般纳税人是指年应征增值税销售额超过规定的小规模纳税人标准的企业和企业性单位。销售额在标准以下，但是会计核算健全的纳税人也可申请为一般纳税人。一般纳税人适用增值税税率，可按照发票抵扣进项税税额。

$$\text{增值税应纳税额}\begin{cases}\text{一般纳税人}=\text{应纳税所得额}\times\text{税率}-\text{进项税额}\\ \text{小规模纳税人}=\text{应纳税所得额}\times\text{征收率}\end{cases} \tag{5-1}$$

$$\text{应纳税所得额}=\text{销售额}=\text{向购买方收取的全部价款}+\text{价外费用} \tag{5-2}$$

增值税税率。现行增值税税率为五档，即 13%、10%、9%、6%和零税率。销售或者进口货物适用 13%的税率，金融服务适用 6%的税率，销售不动产、不动产租赁服务和建筑服务适用 9%的税率。由于“营改增”的影响，对于 2016 年 4 月 30 日前取得或开工的“房地产老项目”，其销售和出租可以选择简易计税方式，按照销售额适用 5%的征收率，不能进行进项税额抵减。其中，“房地产老项目”是指《建筑工程施工许可证》注明的合同开工日期在 2016 年 4 月 30 日前的房地产项目及《建筑工程施工许可证》未注明合同开工日期或者未取得《建筑工程施工许可证》但建筑工程承包合同注明的开工日期在 2016 年 4 月 30 日前的建筑工程项目。

2. 城市维护建设税、教育费附加、地方教育附加等附加税费

城市维护建设税、教育费附加、地方教育附加等附加税费，是以纳税人依法实际缴纳的增值税、消费税税额为计税依据征收的一种附加税。

城市维护建设税的纳税人是负有缴纳“两税”义务的单位和个人。城市维护建设税实行地区差别比例税率。按纳税人所在地的不同，我国设置了三档差别比例税率：纳税人所在地为市区的，税率为 7%；纳税人所在地为县城、建制镇的，税率为 5%；纳税人所在地不在市区、县城或者建制镇的，税率为 1%。

教育费附加是为加快发展地方教育事业，扩大地方教育经费资金来源，以纳税人实际缴纳的增值税、消费税为对象征收的一种附加费。教育费附加按固定比例征收，其计征比率为3%，征收标准统一为单位和个人（包括外商投资企业、外国企业及外籍个人）实际缴纳的增值税与消费税税额的3%。

地方教育附加是指根据国家有关规定，为实施“科教兴省”战略，增加地方教育的资金投入，促进各省、自治区、直辖市教育事业发展而开征的一项地方政府性基金。地方教育附加征收标准统一为单位和个人（包括外商投资企业、外国企业及外籍个人）实际缴纳的增值税与消费税税额的2%。

附加税费应纳税额=实际缴纳的增值税、消费税税额×税率 (5-3)

增值税及附加税费是基础设施公募REITs从设立、运作到终止，所有相关方交易行为均涉及的税收。根据现行的增值税规定，其纳税义务发生时间为收讫销售款项或者取得商品的当天，如先开具发票，则为开具发票的当天。增值税相关政策对基础设施公募REITs的资产转让、物业经营和相关方的各种交易行为都有直接影响。

（二）所得税

在现行税收体系下，企业和个人分别适用不同的所得税法规，即企业适用企业所得税法规，个人适用个人所得税法规。需注意的是，合伙企业采取“先分后税”的原则，即合伙企业在进行利润分配后，按照合伙人的性质纳税：合伙人为企业的，适用企业所得税；合伙人为个人的，适用个人所得税。

1. 企业所得税

企业所得税是对企业取得的生产、经营所得和其他所得征收的一种税。纳税企业按照所属地原则分为居民企业和非居民企业。居民企业，是指依法在中国境内成立，或者依照外国（地区）法律成立但实际管理机构在中国境内的企业；非居民企业，是指依照外国（地区）法律成立且实际管理机构不在中国境内，但在中国境内设立机构、场所的，或者在中国境内未设立机构、场所，但有来源于中国境内所得的企业。

在征税范围上，税收居民企业的纳税范围是企业来源于中国境内、境外的所得，即税收居民就其全球收入缴纳企业所得税。非居民企业仅就其来源于中国境内的所得及境外与其中国境内所设机构、场所有联系的所得缴纳企业所得税。

在适用税率和计税依据上，居民企业的企业所得税税率为25%（高新技术企业等特殊情况下可享受15%的优惠税率），其应纳税所得额为企业每个纳税年度的收入总额减去不征税收入、免税收入、各项扣除以及允许弥补的以前年度亏损后的余额。非居民企业目前适用的企业所得税税率为20%，给予减按10%征收的优惠税率，按照下列方法计算其应纳税所得额：股息、红利等权益性投资收益和利息、租金、特许经营权使用费所得，以收入全额为应纳税所得额；转让财产所得，以收入全额减除财产净值后的余额为应纳税所得额。

居民企业（税率 25%，特殊情况下为 15%）：

$$\text{应纳税所得额}=\text{收入总额}-\text{不征税收入}-\text{免税收入}-\text{扣除项}-\text{允许弥补的以前年度亏损} \tag{5-4}$$

非居民企业（税率 20%，减按 10%征收）：

$$\text{应纳税所得额}=\text{以收入全额减除财产净值后的余额（转让财产所得）} \tag{5-5}$$

$$\text{收入全额}=\text{股息、红利等权益性投资收益}+\text{利息、租金、特许经营权使用费所得}$$

2. 个人所得税

个人所得税是以自然人取得的各类应税所得为征税对象而征收的一种所得税。纳税人分为居民个人和非居民个人。在中国境内有住所，或者无住所而一个纳税年度内在中国境内居住累计满 183 天的个人，为居民个人。居民个人从中国境内和境外取得的所得都要交纳个人所得税。在中国境内无住所又不居住，或者无住所而一个纳税年度内在中国境内居住累计不满 183 天的个人，为非居民个人。非居民个人就从中国境内取得的所得交纳个人所得税。

基于收入性质不同，个人适用不同的所得税税率。其中，在中国境内取得的投资收益，包括利息、股息、红利所得，财产转让收入，适用 20%的税率。利息、股息、红利所得以每次收入额为应纳税所得额（国债和国家发行的金融债券利息，免纳个人所得税），财产转让收入以转让财产的收入额减去财产原值和合理费用后的余额为应纳税所得额。

所得税也是基础设施公募 REITs 从设立、运作到终止，所有相关方交易行为均涉及的税收。原资产持有人转让金融资产的利润，基础设施公募 REITs 的经营收益，投资者的分得收益，管理公司和其他服务机构取得的佣金、收益或手续费等，都需要缴纳所得税。

（三）土地增值税

土地增值税是对有偿转让国有土地使用权、地上建筑物和其他附着物产权并取得收入的单位和个人，就其转让房地产所取得的增值额征收的一种税。土地增值额为纳税人转让房地产所得的收入扣除项目金额后的余额。扣除项目主要包括取得土地使用权时支付的价款、对土地进行开发的成本和费用、建造商品房及配套设施的成本和费用、销售税金等。目前，我国土地增值税以增值额占扣除项目的比例为依据，实行四级超率累进税率。土地增值额未超过扣除项目金额 50%的部分，税率为 30%；超过 50%未超过 100%的部分，税率为 40%；超过 100%未超过 200%的部分，税率为 50%；超过 200%的部分，税率为 60%。纳税人应当自转让房地产合同签订之日起 7 日内向房地产所在地主管税务机关办理纳税申报，并在税务机关核定的期限内缴纳。

$$\begin{aligned}\text{土地增值税应纳税额}&=\text{增值额}\times\text{超率累进税率}\\&=(\text{转让收入}-\text{土地增值税扣除项目})\times\text{超率累进税率}\end{aligned} \tag{5-6}$$

土地增值税是基础设施公募 REITs 和房地产的原始权益人进行房地产投资、经营与买卖均会涉及的税种。土地增值税的主要目的是对房地产交易中的利润进行适当的调节。

（四）房产税及城镇土地使用税

房产税是以房产为征税对象，以房屋的计税余值或房产租金收入为计税依据，向房屋产权所有人征收的一种财产税。房产税的纳税人是产权所有人。按现行税法规定，房产税分为从价计征和从租计征两种。从价计征按账面原值一次性减去残值（原值的一定比例，如10%~30%）之后的净值的一定比例（如1.2%）计算缴纳。没有房屋价值做计税依据的，由房产所在地税务机关参考同类房产核定计算。其他用于出租投资的房屋，以租金收入为计税依据，按一定税率（如12%）缴纳房产税。房产税按年征收，分期缴纳。

城镇土地使用税是以城镇土地为征税对象，以实际占用的土地面积为计税依据，按规定税额对拥有土地使用权的单位和个人征收的一种税。城镇土地使用税的征税范围为城市、县城、建制镇、工矿区，坐落在农村地区的房地产不属于城镇土地使用税的征税范围。其中，城市是指经国务院批准设立的市，城市的征税范围为市区和郊区；县城是指县人民政府所在地，县城的征税范围为县人民政府所在的城镇；建制镇是指经省、自治区、直辖市人民政府批准设立的镇，其征税范围为镇人民政府所在地；工矿区是指工商业比较发达、人口比较集中、符合国务院规定的建制镇标准但尚未设立镇建制的大中型工矿企业所在地，且工矿区须经省、自治区、直辖市人民政府批准。《关于土地使用税若干具体问题的解释和暂行规定》中规定，“城市、县城、建制镇、工矿区的具体征税范围，由各省、自治区、直辖市人民政府划定”。人口50万以上的大城市每平方米税额1.5~30元；人口20万~50万的中等城市每平方米税额1.2~24元；人口20万以下的小城市每平方米税额0.9~18元；县城、建制镇、工矿区每平方米税额0.6~12元。城镇土地使用税税额定为幅度税额，以拉开档次，而且规定了每两个幅度税额的差距为20倍。具体税额由省级政府确定，以长沙市为例，城镇土地使用税税额标准见表5-1。城镇土地使用税按年计算，分季缴纳。

表5-1　长沙市城镇土地使用税税额标准　　单位：元/平方米

地区	地段等级税额标准									
	一级	二级	三级	四级	五级	六级	七级	八级	九级	十级
长沙城区	30		20	16	12	8				
望城区					12	8	6	4		
长沙县	12	10	8	6			3			
宁乡市		10	8	6	5		3			
浏阳市		10	8	6	5		3			

房产税及城镇土地使用税是基础设施公募REITs和房地产的原始权益人在运营基础设施公募REITs期间，进行房地产经营涉及的税种。

（五）契税

契税是指在我国境内转移土地、房屋权属时，就当事人双方订立的契约向产权承受人征收的一种税。契税与产权证明密切相关。契税的纳税义务人是境内转移土地、房屋权属时承受的单位和个人。现行税制规定，契税实行 3%～5%的幅度比例税率。各省、自治区、直辖市人民政府可以在此幅度比例税率范围内，按照本地区的实际情况决定。契税是基础设施公募 REITs 和房地产的原始权益人进行房地产买卖会涉及的税种，为我国传统税种。

（六）印花税

印花税是行为税，其征税对象是书立、使用和领受应税凭证的行为。根据现行印花税法规，在中国境内书立、领受应税凭证的单位或个人都需要缴纳印花税，一般是合同书立双方或多方按同一税率纳税。应税凭证包括产权转移书据、营业账簿、权利许可证、借款合同等，产权转移书据适用税率为书据所载金额的 0. 05%，营业账簿适用税率为账簿金额的 0. 05%，权利许可证按每件 5 元征税，借款合同适用税率为合同金额的 0. 005%。现行印花税法规特别规定，买卖证券（股票）时仅由出让方在转让时按 0. 1%的税率缴纳印花税。

基础设施公募 REITs 从设立、运作到终止，会涉及购销合同、资产租赁合同、产权转移书据、营业账簿、权利许可证等，这些都可能被征收印花税。

二、基础设施公募 REITs 的税收效应

基础设施公募 REITs 是一种新兴的金融产品，可以为不动产资产提供更多的投资者，也可以为投资者投资不动产资产提供更多的机会，还可以有效活跃不动产投资市场、优化投资市场结构等，从而在某种程度上起到开拓税源和增加税收的作用。

首先，基础设施公募 REITs 作为资本市场的大类资产，其创设过程可带来新的税源。目前，我国房地产市场已进入存量时代。对相当一部分存量资产，持有人并没有出售的意愿，因此不会触发销售或转让等应税行为。据了解，该类持有人中有相当一部分对资产证券化尤其是基础设施公募 REITs 是有意愿的，并愿意适度承担税收成本，而设立基础设施公募 REITs 的过程会导致一些应税行为，从而增加税收。中国基础设施公募 REITs 前景广阔，其设立过程将催生大量的应税行为，增加的税收金额也将是巨大的。

其次，基础设施公募 REITs 可提升商业地产投资市场活跃度，并对税收产生积极效应。对发起人而言，基础设施公募 REITs 既是一种融资手段，也是一个对外投资的平台，需要按相关规定进行。这里以香港为例进行说明。香港《房地产投资信托基金守则》对收购处置做出如下规定：“需投资于可产生稳定收入的项目；不能投资空置土地，不能从事或参与物业开发活动。”香港 REITs 上市以后，存在对国内资产的投资、收购行为，虽数量不多，但体现出 REITs 在投资市场上能够有效地发挥作用。这些投资项目均通过境外 SPV 的交易进行，适用的是非居民企业股权转让所得企业所得税管理的规定，通常卖方均

做了所得税的申报缴纳。

此外，基础设施公募 REITs 改变了商业地产市场投资者结构，有利于税收增长。中国商业地产散售情况突出、个人持有比例较大、存在税收差异，而基础设施公募 REITs 的出现，既会促进行业的机构化、规模化发展，又能为个人投资者提供分红稳定增长的金融产品，使更多的个人从直接持有资产转而持有基础设施公募 REITs 份额。长期下来，以基础设施公募 REITs 为主的机构持有资产并经营的比重将大大增加，市场结构也会发生改变。从税收角度来看，机构持有资产并经营的税收占租金收入的比重为 20%～44%，而个人持有资产并出租的税收占比为 4%～14%。资产持有结构朝着机构化的方向转变，会使税款增加。商业地产行业机构化、专业化发展不仅会改善个人持有资产带来的诸多问题，也会带来很多规范化的增值业务，包括卫生保洁、家政、安保、生活服务等，这些业务也会增加税收。

综上所述，基础设施公募 REITs 的推出和发展对税收具有积极作用，也为相关部门推出基础设施公募 REITs 的税收优惠政策打下了基础。

第二节　我国境内基础设施公募 REITs 试点的税务处理

基础设施公募 REITs 生命周期各环节都存在纳税问题，会产生相应的税收成本。对参与基础设施公募 REITs 的利益主体而言，税收成本是影响融资成本和投资回报的重要因素，甚至会直接影响是否发行基础设施公募 REITs 的决策。

一、基础设施公募 REITs 设立环节

设立基础设施公募 REITs 时，原始权益人要将目标资产的完全所有权或特许经营权注入项目公司（以下简称“目标资产入池”），然后将项目公司的股权转让至单一基础设施资产支持证券。如果目标资产已在独立的项目公司名下，则原始权益人只需转让项目公司股权即可。

（一）目标资产入池

原始权益人通过资产交易方式将资产注入项目公司，由于涉及房地产权属的转移，发起人一般作为房地产的投资方或出售方。从税法角度来理解，以资产换取项目公司的股权，应当视同销售，涉及增值税、土地增值税、企业所得税和契税等多个税种。

1. 增值税

当目标资产入池时，原所有者应缴纳增值税：动产销售税率为 13%，不动产销售税率为 9%（如图 5-2 所示）。对于不动产，如果转让的是 2016 年 4 月 30 日前的“房地产老项目”，转让方可以选择适用简易计税方法；如果转让的是自建不动产，则以取得的全部价款和价外费用为销售额，按照 5%的税率计算缴纳增值税；如果转让的是非自建不动产，

则以取得的全部价款及价外费用扣除不动产购置原价或者取得不动产时的作价后的余额为销售收入，并按 5%的税率计算缴纳增值税。对 2016 年 5 月 1 日以后取得的不动产进行转让，应按照一般计税方法，将取得的全部价款以及价外费用作为销售收入，按照 9%的税率计算缴纳增值税。虽然按照一般征收方式，项目公司可以得到等量的进项税额，但在基础设施公募 REITs 的起步阶段，增加了融资成本。

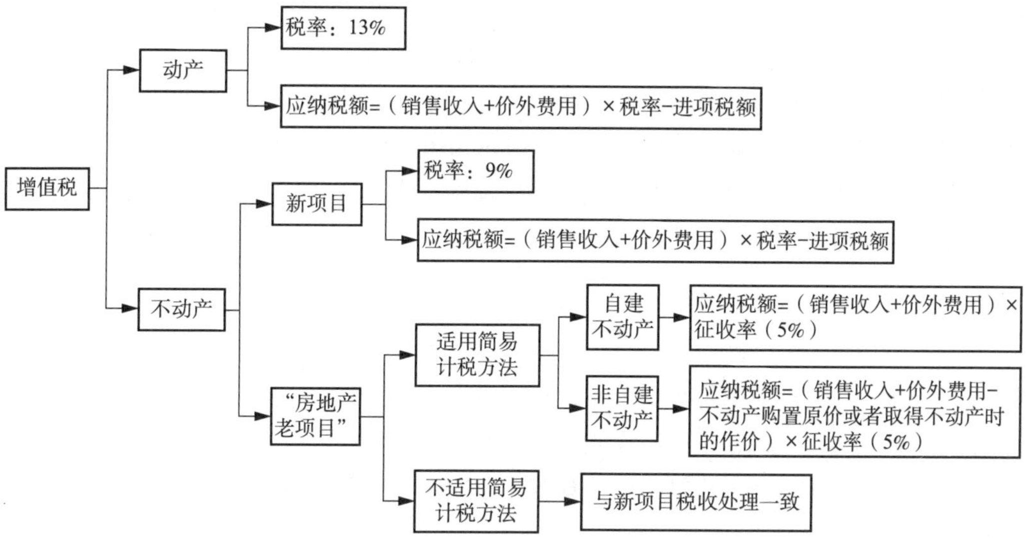

图 5−2　增值税详情

在实际操作中，为了减轻增值税负担，可以按照企业重组的相关政策，如采用分立方式剥离涉及的基础资产。现行支持资产重组的政策文件包括《国家税务总局关于纳税人资产重组有关增值税问题的公告》（国家税务总局公告 2013 年第 66 号）、《国家税务总局关于调整增值税纳税申报有关事项的公告》（国家税务总局公告 2019 年第 15 号）、《财政部、国家税务总局关于全面推开营业税改征增值税试点的通知》（财税〔2016〕36 号）等。根据以上文件，在资产重组过程中，企业通过合并、分立、出售、置换等方式，将实物资产的全部或部分及其相关的债权、负债、劳动力一并转让给其他单位或个人，涉及的货物、不动产、土地使用权的转让，不征收增值税。

原始权益人在适用上述税收优惠政策时，应特别注意两点：第一，债权、负债和劳动力必须一并转让。例如，如果要转让一家污水处理厂，那么污水处理厂的资产、债务、人员，必须一并转让，才能享受以上政策。第二，如何确定与入池目标资产对应的负债金额。是按照入池目标资产在企业总资产中所占比例来计算，还是按照目标资产特有的负债来计算，需要与主管税务机关进行沟通，并根据税务机关的意见来确定。

2. 土地增值税

当目标资产入池时，原始权益人要缴纳土地增值税，按照增值额占扣除项目的比例，在 30%、40%、50%、60%四档税率中确定适用税率，根据增值额和适用税率计算缴纳土地增值税。根据《关于继续实施企业改制重组有关土地增值税政策的公告》（财政部 税务总局公告 2021 年第 21 号），对企业改制重组过程中发生的房地产交易，除了房地产开发企业以外，暂免征收土地增值税。原股东是否具备开发房地产的资格，将对其享受上述税收优惠产生影响。一些房地产企业在剥离房地产的时候，通过取消房地产开发商的资质来规避要求，这种做法的风险很大。一些主管税务机关认为，在企业具有房地产开发资质期间开发、建设的项目，即使在后来取消了房地产开发资质，也属于限制范围。因此，此项税收优惠是否适用，需与当地税务机关沟通后才能确定。

除此之外，我国税法还对政策性住房（需提供证明）做出了免征土地增值税的规定。企业、社会团体和其他组织转让旧住房作为廉租住房、经济适用房，增值额不超过扣除项目金额 20%的，也可以免征土地增值税。如果基础设施公募 REITs 项目所建住宅符合政策性住房条件，则可享受上述税收优惠。

3. 企业所得税

按照财税 2022 年 3 号公告，在设立基础设施公募 REITs 前，原始权益人向项目公司划转基础设施资产，相应取得项目公司股权，适用特殊性税务处理，也就是项目公司取得基础设施资产的计税基础，以基础设施资产的原计税基础确定。原股东取得项目公司股份时，应按照基础设施资产的原计税依据计算。原股东与项目公司的收入不能被确认，因此不能被征收企业所得税。

4. 印花税

在设立基础设施公募 REITs 时，无论是股权交易还是资产交易，都会产生印花税。如果转让的资产为土地使用权、不动产或股权，则应按合同价款的 0.5‰缴纳印花税；对无须登记的其他动产，买方和卖方均需按合同价款的 0.3‰缴纳印花税。

5. 契税

当目标资产入池时，买方（项目公司）需支付契税。契税的适用税率为 3%～5%，由各省、自治区和直辖市确定。适用税率为 3%的省份包括北京、天津、广东和福建；适用税率为 4%的省份包括河北、山西和辽宁；适用税率为 5%的省份包括吉林、黑龙江等。

如果项目公司的股东和目标资产所属的企业为同一股东，那么无论持股比例是多少，项目公司对目标资产所属企业涉及的房屋土地权属的转让，均可按照《财政部 税务总局关于继续执行企业事业单位改制重组有关契税政策的公告》（财政部 税务总局公告 2021 年第 17 号）的规定进行。企业改制时，原出资主体在改制后的企业中持有的股权比例超过 75%，改制后的企业享有原企业的权利和义务，改制后的企业对原企业的土地和房屋免征契税；接受公司股权转让时，公司的土地和房屋产权未发生转移的，免征契税；公司合并、公司分立、同一投资主体内部所属企业之间土地和房屋权属的划转、债转股涉及的土地和房屋权属变更，免征契税。但不同的股东不能享受此项政策。当目标房产入池时，只要符合以上条件之一，就可减征或免征契税。

（二）原始权益人转让项目公司股权

原始权益人转让项目公司股权时，无须缴纳增值税、附加税费和契税，需要缴纳印花税，也可能涉及土地增值税和企业所得税。

1. 土地增值税

国家税务总局曾于 2000 年、2009 年、2011 年三次以个案批复的形式答复有关省级税务机关，如果公司的主要资产是房地产，那么转让 100%公司股权应当视同转让房地产，计算缴纳土地增值税。但上述批复均未抄送其他省级税务机关，是否普遍适用，还需进一步研究论证，各方意见不尽相同。据了解，在目前的税收执法实践中，各省级税务机关对于股权转让是否应视同转让房地产计算缴纳土地增值税也存在不同理解。

在基础设施公募 REITs 试点过程中，企业须就此类情况咨询主管税务机关，依据主管税务机关的答复制定纳税方案，聘请专业、权威的税务师事务所或会计师事务所就拟订纳税方案出具第三方意见。原始权益人还须公开承诺，如果按照拟订纳税方案执行时发生相关税收问题，则由原始权益人承担所有经济和法律责任。

2. 企业所得税

根据财税 2022 年 3 号公告，在基础设施公募 REITs 设立阶段，原始权益人向基础设施公募 REITs 转让项目公司股权实现的资产转让评估增值，当期可暂不缴纳企业所得税，允许递延至基础设施公募 REITs 完成募资并支付股权转让价款后缴纳。其中，对原始权益人按照战略配售要求自持的基础设施公募 REITs 份额对应的资产转让评估增值，允许递延至实际转让时缴纳企业所得税。

二、基础设施公募 REITs 运营环节

基础设施公募 REITs 发行成功、进入运营阶段后，会涉及增值税、增值税附加、房产税、城镇土地使用税、印花税、企业所得税、个人所得税等。

（一）项目公司

现行税收政策对于基础设施公募 REITs 结构中的项目公司在运营阶段没有专门的税收优惠。项目公司运营期间，可能会产生不动产租赁收入、高速公路运营收入等，须按照现行税收政策缴纳各项税费，包括企业所得税、增值税、房产税、城镇土地使用税等，符合普适性税收优惠政策的，也可享受相关优惠。高新技术企业、设在西部地区的鼓励类产业企业可享受 15%的企业所得税优惠税率；对按政府规定价格出租的公有住房和廉租住房，暂免征收房产税。经营公租房的租金收入，免征房产税；2019 年 1 月 1 日至 2021 年 12 月 31 日，对国家级、省级科技企业孵化器，大学科技园和国家备案众创空间自用以及无偿或通过出租等方式提供给在孵对象使用的房产，免征房产税；2019 年 1 月 1 日至 2021 年 12 月 31 日，对城市公交站场、道路客运站场、城市轨道交通系统运营用地，免征城镇土地使用税等。

项目公司在向资产支持证券分配利润时，需要先缴纳企业所得税，再将税后利润分配给资产支持证券。需要注意的是，利息支出的企业所得税税前扣除问题。按照《财政部 国家税务总局关于企业关联方利息支出税前扣除标准有关税收政策问题的通知》（财税〔2008〕121号）的规定，如果项目公司接受关联方债权性投资与其权益性投资比例不超过2：1，且利率在金融企业同期同类贷款利率以内，则按此计算，并且实际支付的利息部分，可以在企业所得税税前扣除，超过部分不得在企业所得税税前扣除。在基础设施公募REITs试点过程中，要注意资产支持债券与项目公司之间的股债结构。此外，对于债权性投资取得的利润收入，需要考虑缴纳增值税的影响，且进项税额不得从销项税额中抵扣。

（二）资产支持证券和基础设施公募REITs

1. 增值税及附加税费

根据“营改增”之后《关于全面推开营业税改征增值税试点的通知》（财税〔2016〕36号）、《关于明确金融 房地产开发 教育辅助服务等增值税政策的通知》（财税〔2016〕140号）、《关于资管产品增值税有关问题的通知》（财税〔2017〕56号）等文件的规定，资管产品（含专项计划及私募基金）取得的保本收益需缴纳增值税，并按3%的税率简易征收，管理人为代扣代缴义务人。若不是保本收益，则无须缴纳增值税。资产支持证券和基础设施公募REITs适用资管产品增值税征税规定。现行的增值税法规对于所有资管产品和资管计划，均要求其运营过程中取得的利息收益由资管产品管理人缴纳增值税。

资产支持证券和基础设施公募REITs的管理人在基础设施公募REITs运营过程中收取的管理费，属于直接收费金融服务，应按6%的税率计算缴纳增值税。相应地，以增值税税额为基数缴纳城市维护建设税、教育费附加和地方教育附加。

2. 企业所得税

资产支持证券和基础设施公募REITs从项目公司取得股息时，项目公司应当从企业所得税的税后利润中列支，资产支持证券和基础设施公募REITs无须纳税。资产支持证券和基础设施公募REITs将股息分配给投资者时，是否需要纳税取决于投资者的身份。

基金管理人、基金托管人、基金代销机构从事基础设施公募REITs管理活动取得的收入，需要缴纳企业所得税。

（三）原始权益人

按照中国证监会《基础设施REITs指引》的有关规定，原始权益人应回购不低于20%的REITs基金份额，并且持有时间不得少于60个月，有些原始权益人出于增强自身对基金的影响力等方面考虑，实际回购的基金份额还会大于20%。

根据《财政部 国家税务总局关于企业所得税若干优惠政策的通知》（财税〔2008〕1号）的规定，投资者从证券投资基金分配取得的收入暂不征收企业所得税，原始权益人购买基础设施公募REITs取得的分红收入是否可以参照这一规定存在不确定性。

（四）社会投资者

1. 企业所得税

原始权益人之外的其他企业投资者购买基础设施公募 REITs 基金份额取得分红，是否可以参照《财政部 国家税务总局关于企业所得税若干优惠政策的通知》（财税〔2008〕1 号）的规定视为从证券投资基金分配取得的收入暂不征收企业所得税存在不确定性。

2. 个人所得税

根据《财政部 国家税务总局关于证券投资基金税收问题的通知》（财税字〔1998〕55 号）的规定，对投资者从基金分配中获得的股票的股息、红利收入以及企业债券的利息收入，由上市公司和发行债券的企业在向基金派发股息、红利、利息时代扣代缴 20%的个人所得税，基金向个人投资者分配股息、红利、利息时，不再代扣代缴个人所得税。

三、基础设施公募 REITs 退出环节

基础设施公募 REITs 到期清算时，退出方式主要有原始权益人回购、项目公司处置不动产和投资者在二级市场转让公募基金份额等，主要涉及企业所得税、个人所得税、印花税。

1. 企业所得税

企业投资者通过转让、赎回基础设施公募 REITs 份额退出，取得的投资价差收益需要按照转让所得缴纳相应的企业所得税。如果原始权益人的回购金额与专项计划的账面价值基本一致，即不存在价差收入，则企业所得税和增值税无须缴纳。

如果以项目公司处置资产方式退出，则在基础设施公募 REITs 设立环节（底层资产转让）所需缴纳的增值税、土地增值税、印花税、契税可能都需要再次进行缴纳。

2. 个人所得税

个人投资者通过转让、赎回基础设施公募 REITs 份额退出，参考《财政部 国家税务总局关于开放式证券投资基金有关税收问题的通知》（财税〔2002〕128 号），对个人投资者申购和赎回基金单位取得的差价收入，在对个人买卖股票的差价收入未恢复征收个人所得税以前，暂不征收个人所得税。

3. 印花税

根据《财政部 国家税务总局关于对买卖封闭式证券投资基金继续予以免征印花税的通知》（财税〔2004〕173 号）的规定，投资者（包括个人和机构）买卖封闭式证券投资基金免征印花税。按照规定，受托机构发售信贷资产支持证券以及投资者买卖信贷资产支持证券，暂免征收印花税。

第三节　我国基础设施公募 REITs 税收问题分析

一、基础设施公募 REITs 的税制原则

从基础设施公募 REITs 的历史来看，它的发展与税收政策密不可分。基础设施公募 REITs 发行规模较大的国家或地区都有配套的税收中性或税收优惠政策。可以说，税收中性、税收优惠是基础设施公募 REITs 发展的主要驱动力之一。

（一）税收中性原则

税收中性思想最早出现在英国古典经济学家亚当·斯密的赋税理论中。亚当·斯密认为，税收的唯一职能就是收入职能，不具有调节经济的职能。税收中性原则的核心内容是税收不应干扰和扭曲市场机制的正常运行。税收不应改变生产者和消费者的经济决策，不应扭曲资源配置格局；税收不应给纳税人带来额外负担，应促使社会经济效率水平和福利水平提高；税收不应扭曲和破坏平等竞争的外部条件。

（二）导管理论

导管理论又称“实际受益人纳税原则”。该理论认为，信托财产不具有独立性，信托不具有独立法律人格，主张信托只能视为受托人与受益人之间进行财产利益输送或传送的代持或管道，受托人与受益人之间并未发生真正的财产让渡，故受益人需要承担课税义务。

导管理论在我国关于信托的税收法规和税收规范性文件中有着广泛应用。究其实质，导管理论是税收中性原则的具体体现，即受益人投资基础设施公募 REITs 承担的税负，不应超过其亲自从事房地产投资承担的税负，否则纳税人就会选择直接从事房地产投资，而不会选择购买基础设施公募 REITs。

二、基础设施公募 REITs 税收政策的市场驱动效应

税收上的优惠待遇，是基础设施公募 REITs 的主要制度优势和吸引力。税法的特别规定及其修订是推动公募 REITs 在美国诞生和发展的重要因素。在美国，公募 REITs 不会因本身的设立运作和结构设计带来新的税负，即实现了税收中性。进一步地，在美国，公募 REITs 通常要把当期获得应税收入的 90% 以上用于向投资人分配，公募 REITs 的企业所得税税基为应税收入减去当期向投资人分配的股息。如果公募 REITs 将当期应税收入全部支付给公募 REITs 份额的持有人，则当期无须缴纳 REITs 层面的公司所得税。这些税收优惠政策极大地降低了设立公募 REITs 的税负，促进了各主体投资公募 REITs 的积极性。

国内正在实行积极的财政政策，除落实减税降费等短期措施外，更有必要尽快明确对基础设施公募 REITs 的税收支持措施，以较少的税收让渡推动理顺基础设施项目的投融资机制，这可以达到四两拨千斤的政策效应。由于依托公共基础设施项目提供基本公共服务是政府的责任，公共基础设施项目本身的主营业务收入主要来自使用者付费或财政付费。因此，基础设施项目往往面临严格的规制和监管，这一点与商业地产存在实质性区别。基础设施公募 REITs 的发展，可以缩小垄断性国企和地方国企的债务规模，减轻中央和地方政府公共财政承担隐性担保责任的潜在损失，显著提高各级财政的稳健性，降低财政风险。

三、基础设施公募 REITs 存在的税务问题

当前市场上的基础设施公募 REITs 产品均是在《中华人民共和国信托法》及其配套管理办法的法律框架下运行的，我国仅仅出台了专门针对基础设施 REITs 的税收政策，对基础设施 REITs 在设立前及设立时涉及的企业所得税进行了明确；其他税种及运营中的一系列问题，依然没有专门的税收政策，而是适用通用的税收法规及相关补充文件。基础设施公募 REITs 具有参与主体众多、交易结构复杂、税务流程烦琐等特征，法律法规的缺失不仅使其优势难以充分发挥，还造成了税务实践中适用主体不明确、提前征税等违背导管理论和税收中性等原则的问题，不利于其持续发展。

（一）增值税

1. 设立环节

增值税优惠适用难度大，项目公司进项难退税。目标资产入池时，在投资环节，按照增值税相关规定，属于视同销售不动产的，需要计算相应的增值税销项税额。按一般计税方法计征时，项目公司可获得等额的进项税额，但发起人在基础设施公募 REITs 设立阶段会增加一笔融资支出。项目公司产生的大额进项税，会因为短时期内无法抵扣完，形成留抵税额。按照有关税收政策，项目公司的纳税信用等级是 A 级或者 B 级时，才能享受新增留抵退税政策。项目公司成立当年的纳税信用等级是 M 级，只有等到成立满一年重新评定纳税信用等级时，才有可能为 A 级或者 B 级。这就导致目标资产入池时产生的大额进项税，至少要在项目公司成立一年之后才能享受退税，这无疑会加大项目公司的资金压力。

虽然不动产、土地使用权转让行为属于不征收增值税项目，但在实际操作时，文件要求将与实物资产相关联的债权、负债和劳动力一并转让给项目公司。基础设施公募 REITs 业务一般会将关联的部分资产剥离，这可能会引起主管税务机关的异议，需要进行复杂的沟通。

2. 存续环节

目前，我国基础设施公募 REITs 业务在实际操作时面临很多认知差异与不确定性。

《财政部 国家税务总局关于明确金融 房地产开发 教育辅助服务等增值税政策的通知》（财税〔2016〕140号，以下简称“140号文”）规定，资管产品管理人是资管产品运营过程中发生的增值税应税行为的增值税纳税人。《财政部 税务总局关于资管产品增值税有关问题的通知》（财税〔2017〕56号）规定，资管产品管理人适用简易计税办法，按照3%的证收率缴纳增值税。虽然基础设施公募REITs主要通过投资不动产、基础设施等获取收益，但为了获得更高收益，或考虑基础设施公募REITs股权及交易结构的需要，可能会部分再投资于其他投资基金、资管产品等，从而形成嵌套投资。140号文规定，合同中明确承诺保本的资管产品才征收增值税。在现实中，在进行基础设施公募REITs产品设计时，为了增信，通常会通过架构设计、劣后兜底、关联方回购、流动性支持等多种安排保障本金（甚至是收益）安全。在此种情况下，对于是否征收增值税，征纳双方往往有不同的理解。

（二）土地增值税

在设立环节，对房地产企业适用土地增值税税收优惠政策进行限制，加重了税负，违背了税收中性原则。《关于继续实施企业改制重组有关土地增值税政策的公告》（财政部 税务总局公告2021年第21号）规定，按照法律规定或者合同约定，企业分设为两个或两个以上与原企业投资主体相同的企业，对原企业将房地产转移、变更到分立后的企业，暂不征收土地增值税；单位、个人在改制重组时以房地产作价入股进行投资，对其将房地产转移、变更到被投资的企业，暂不征收土地增值税。但是，以上优惠不适用于房地产转移任意一方为房地产开发企业的情形。纳税人身份不同会导致相同的行为不能适用相同的税收政策，这会影响具有房地产开发资质的企业发起基础设施公募REITs的积极性。此类情况主要集中出现于产业园区项目，因为许多产业园区的开发建设公司往往具有房地产开发资质。

（三）企业所得税

在基础设施公募REITs项目持有期间，项目公司利息能否在公司层面扣除存在问题。项目公司的股权最终会由私募基金层或资产专项支持计划层持有。同时，项目公司和私募基金层或资产支持专项计划层之间要搭建债权关系，也就是“股权+债权”的交易结构。那么，基础资产产生的运营收入，一部分应以税后分红的形式分配给私募基金层或资产专项支持计划层，另一部分应以利息支出的形式分配给私募基金层或资产支持专项计划层。利息支出能否在项目公司层面抵扣，将直接影响基础设施公募REITs产品的收益率。但截至目前，仅能按照关联方利息支出税前扣除标准的规定来判断利息支出的扣除问题，而“股权+债权”交易模式下债权部分的利率水平往往难以控制，会造成项目公司不能享受利息抵税的情况，从而产生重复征税的问题。

第四节　境外 REITs 税收制度经验

一、境外成熟市场关于 REITs 产品“自行申请+税局认定”的界定

当前，美国、日本、新加坡、中国香港等境外主要 REITs 市场关于 REITs 产品的界定主要采用“自行申请+税局认定”方式，发行人依据监管部门制定的 REITs 产品认定标准，主动向税务部门提出申请，税务部门审核通过后即可享受 REITs 产品的相关税收支持政策。具体的认定标准如下：

（1）上市要求：美国无强制性上市要求，公募 REITs 和私募 REITs 共存；日本无强制性上市要求，但实践中大多上市交易；新加坡具有税收引导性，仅上市 REITs 可获得税收优惠；中国香港有强制性上市要求。

（2）强制分配要求：美国要求对每年普通应纳税收入中的 90%进行分配，日本要求对可分配利润的 90%进行分配，新加坡要求一个财政年度分配至少 90%的应纳税所得额，中国香港要求每年分配股息不得少于经审计税后净收入的 90%。

（3）收入和资产集中度要求：美国要求每年至少 75%应纳税总收入来源于不动产相关收入且每个季度至少 75%资产总价值由不动产资产、现金及现金等价物和政府证券组成；日本要求不动产资产占基金所管理资产比率在 70%以上且不动产相关资产和流动资产的总比率为管理总资产的 95%以上；新加坡要求投资范围仅限于不动产相关资产、公司债券和上市公司股份等许可投资，而且至少 75%的现存不动产投资于创收物业；中国香港要求至少 75%的资产投资于创收物业。

海外主流 REITs 市场之所以形成上述认定模式，主要是因为以下两点：第一，海外市场基于 REITs 产品的“税收驱动理论”，税务部门在 REITs 市场建设初期即深度参与相关政策体系制定过程，对海外 REITs 市场，尤其是美国市场的开拓和发展起到了奠基作用。这种理论以美国的实际情况为代表，基于上述历史原因，美国市场逐步形成了由税务部门直接对 REITs 产品进行认定并给予相关税收支持的模式。第二，海外 REITs 市场经过数十年的探索和发展，已形成各种不同形式的 REITs 产品，如公募和私募、上市和非上市、权益型和抵押型等。金融监管部门并非将全部 REITs 产品严格纳入其监管范围，因此由该部门对市场上各类 REITs 产品进行认定实际操作难度较大，而从产品实质角度加入税务部门的判断更具有可操作性。

二、境外成熟市场关于 REITs 产品的税制

1960 年，美国发行了世界上首只 REITs 产品。经过 60 多年的发展，美国、日本等发达国家及地区相继建立起比较完善的 REITs 税收制度。

（一）美国

美国是最早推行和发展 REITs 的国家，1971—2019 年，REITs 市值从 15 亿美元增至

1.33 万亿美元。美国 REITs 市场已经发展为全球规模最大、配套制度最完善的 REITs 市场。美国的税收改革与税收优惠政策推动了美国 REITs 市场的壮大，公司型 REITs 的税负高于合伙企业，从而促使美国 REITs 结构发生变化。美国国会于 1960 年修订了《国内税收法典》，该法典规定，只要 REITs 的股权结构、收入、资产、分配等符合相关条件，就可享受税收优惠。对于分红，投资者可以税前扣除。1976 年，美国颁布了《REITs 简化修正法案》，允许 REITs 在商业信托的基础上以公司形式成立；1986 年，美国国会颁布了《税收改革法案》，对有限合伙企业做了限制，权益型 REITs 的税收优势逐渐显现。为了规避交易产生的高额税收成本，1992 年，投行人士创造了伞形合伙房地产投资信托基金（Umbrella Partnership REITs，UPREITs）的交易结构，使市场上大量存量资产可以通过税收递延的办法转化为 REITs，提高了公司设立 REITs 的积极性。

美国 REITs 税制（见表 5-2）分为三个阶段，在不同的阶段，税收政策和税率有所不同。第一，购置处置物业阶段。买方在从境外个人或机构通过购买、交换、授予、赎回或让与获得不动产时缴税，代扣代缴税为成交价的 15%；买卖双方取得不动产时无税收优惠，由买卖双方支付成交价 0.5%~1%的转让税；卖方在不动产转让时，除持有超过 10 年享受税收优惠、出售物业利得用于分红部分免税外，其他超过成本部分的收入均需正常缴税，按照出售利得的 15%~35%缴纳累进企业所得税。第二，持有物业阶段。运营公司/REITs 的违规金额按照 100%缴纳惩罚性税收；物业价值按 1%~3%缴纳房产税；未分配利润按照 15%~35%缴纳累进企业所得税。第三，投资者分红阶段。境内企业按照分红、利得的 35%缴纳所得税；境内个人按照分红收入的 43.4%或者出售利得的 23.8%缴纳所得税；境外企业按照分红收入的 30%或者出售利得的 35%缴纳代扣代缴税；境外个人按照返还股本的 10%缴纳代扣代缴税。

表 5-2 美国 REITs 税制

阶段	纳税主体	征税对象	税种	税率	征税情形
购置处置物业	买方	成交价	代扣代缴税	15%	从境外个人或机构通过购买、交换、授予、赎回或让与获得不动产时缴税
	买卖双方	成交价	转让税	0.5%~1%	取得不动产时无税收优惠，由买卖双方支付
	卖方	出售利得	累进企业所得税	15%~35%	不动产转让时，除持有超过 10 年享受税收优惠、出售物业利得用于分红部分免税外，其他超过成本部分的收入均需正常缴税
持有物业	运营公司/REITs	违规金额	惩罚性税收	100%	收益来源和分配比例未达到 REITs 成立要求的 75%或 90%
					从事禁止性交易
		物业价值	房产税	1%~3%	各州适用税率不同，但对 REITs 都无税收优惠
		未分配利润	累进企业所得税	15%~35%	用于分红的租金收入免税

续表

阶段	纳税主体	征税对象	税种	税率	征税情形
投资者分红	境内企业	分红、利得	所得税	35%	均需缴税
	境内个人	分红收入	所得税	43.4%	
		出售利得	所得税	23.8%	
	境外企业	分红收入	代扣代缴税	30%	
		出售利得	代扣代缴税	35%	
	境外个人	返还股本	代扣代缴税	10%	

（二）日本

日本 REITs 起步于 21 世纪初。2011—2019 年，日本 REITs 市值从 382 亿美元增至 1514 亿美元，规模位居全球第二。2000 年新修订的《关于投资信托以及投资法人法》明确了 REITs 成立的基本条件，并允许投资信托资金投资房地产领域。在设立和运营阶段，日本对分红税和企业所得税给予一定减免，但力度比欧美国家小。在持有和交易阶段，日本从国内、国外、企业、个人四个维度对投资者的性质进行划分，分别实行不同的抵扣和减免政策。REITs 税制秉承长期持有理念，减免优惠相对集中在分红领域，而在出售环节设置的税率相对较高、减免较少。

日本 REITs 税制见表 5-3。

表 5-3　日本 REITs 税制

阶段	税种	税率
设立和运营	分红税	减免
	企业所得税	减免
持有和交易	分红预扣税（国外企业）	约 15%，可减免
	分红预扣税（国外个人）	约 20%，可减免
	J-REIT 分红税（国内企业）	约 15%，可减免
	J-REIT 分红税（国内个人）	约 20%，可减免
	出售利得税（国外企业）	约 25%，可减免
	出售利得税（国外个人）	约 20%
	出售利得税（国内企业）	约 32%
	出售利得税（国内个人）	约 20%

（三）新加坡

新加坡 REITs 在政府的重视下迅速发展起来，是亚洲地区 REITs 的重要募资中心。新加坡 REITs 的股息派发率高于中国香港和日本的 REITs 市场，股息派发长期稳定，未来有望成为世界第三大 REITs 市场。因此，为鼓励新加坡 REITs 的发展，新加坡政府提供的税收优惠较多。第一，在设立阶段，基础资产转让到 REITs 免征印花税。第二，新加坡 REITs 向税务部门提出申请可以享受免征企业所得税的优惠税收政策。第三，对于营业收入分红部分，没有超过 90%的限制性规定，即使利润分配没有超过 90%，只要被税务部门认可，就可以享受税收优惠政策——来自基础设施资产的现金收入，实行免税的优惠政策；REITs 持有人为非居民机构的，享有预扣税减免的税收优惠政策。

（四）中国香港

中国香港一直以自由贸易、低税率和最少政府干预见称，因此，REITs 的税收优惠较多：第一，免税税种较多，香港 REITs 没有增值税、资本增值税和销售税。第二，在基础资产购置阶段，仅对买方征收印花税（税率为 0.2%）和购置税（税率为 1.5%~8.5%），没有其他税收。第三，在资产持有运营阶段，主要涉及企业所得税、印花税和房产税。项目公司租金征收印花税（税率为 0.25%~1%）、企业所得税（税率为 16.5%），出售利得、收入和未分配利润均实施免税的优惠政策。第四，SPV 层面取得的分红、利润免税；持有 REITs 的投资者，无论在境内还是在境外，投资者个人的投资红利分配、投资收益都免征个人所得税。

三、境外 REITs 税收制度经验总结

综观国外 REITs 税收制度的经验，我们总结出以下两点：

第一，根据税收中性原则，针对 REITs 制定了针对性的税收法律和规定，并在满足一定条件的情况下对 REITs 实施税收减免，以避免重复征税。一方面，REITs 的税收优惠为 REITs 的运作创造了一个公平有利的税收环境，避免了对自持物业的双重征税，降低了发行者的融资成本；另一方面，政府起到了税收导向的作用，例如，对房地产进行长线投资，并鼓励投资者对基金进行长线投资。在美国，REITs 由于自身的设立、运作与结构设计，不会产生新的税负，实现了税收中性。REITs 通常需要将当期所得应税收入的 90%以上分配给投资者，其企业所得税的税基是应税收入减去当期分配给投资者的红利。

第二，建立了“三类、两层”的不动产专有税模式。“三类”，指有利类型、惩罚类型和中立类型。其中，有利类型的对象是国内的中小投资者，目的是激发他们的投资热情；惩罚类型条款的作用主要是监督、规范 REITs 产品的合规运作，限制非合格投资者享受税收优惠等；中立类型的投资者主要是外国投资者，他们对本国 REITs 收益持公平的态度。“两层”，指设立和运营层、持有和交易层。其中，设立和运营层主要包括鼓励 REITs 的建立、规范运作以及避免重复征税；持有和交易层主要是为了提高 REITs 产品的投资吸引力，让长期投资者及中小投资者享受国内产品增值红利，同时调整国外投资者的收益。REITs 市场在初期往往更加重视红利优惠，以鼓励长期持有；当市场进入成熟阶段，为了提高流动性，政府往往会给予更多的优惠。

第五节　我国境内基础设施公募 REITs 试点税收问题的解决思路

基础设施公募 REITs 的发展离不开税收政策的支持。在中国现行的税收法规体系与政策框架下，切实可行的解决基础设施公募 REITs 试点税收问题的税收政策应符合税收中性原则与导管理论，不增加额外的税负，确保税收政策的统一与公平，引导产业健康与良性发展。

从宏观层面来看，国家通过税收政策支持基础设施公募 REITs 试点；从微观层面来看，在现有税收政策框架下，通过交易路径设计和模型构建，在满足基础设施公募 REITs 相关规定的前提下，达到合理控制成本的目的。这里主要介绍宏观层面的优化思路。

在宏观层面上，可以考虑从以下三个方面进行优化。

第一，建立完整的基础设施公募 REITs 税收法规，支持行业发展。大力发展基础设施公募 REITs 试点，税务政策也是重要一环。早在 2015 年，国家税务总局就开始对基础设施公募 REITs 税务减免方案征求意见，但至今尚没有完整、配套和系统的，针对基础设施公募 REITs 的税务政策出台，仅在 2022 年 1 月 29 日发布了财税 2022 年 3 号公告，且在公告中仅明确了设立前及设立时的企业所得税税收优惠政策，对基础设施公募 REITs 运营、分配等环节涉及的税收，按现行税收法律法规的规定执行。

对上述公告颁布后与颁布前的基础设施公募 REITs 税收法规进行对比可以发现，公告仅对企业所得税税收优惠政策进行了明确，对基础设施公募 REITs 适用存在争议的增值税、土地增值税等法规，并没有给出明确的规定，使得现实中不动产剥离、运营中税收政策不确定性增加。财税部门应完善配套税收政策或者操作指引，给予各地税务机关指导，明确基础设施公募 REITs 相关税种的征收问题，以跟进中国证监会、国家发展改革委的相关文件，在执行中逐步纠偏，解决资产证券化业务长期以来税负重、重复纳税等问题，区别对待、解决税收不确定性问题，支持行业发展。

第二，遵循税收中性原则，避免重复征税。在确定基础设施公募 REITs 的增值税时，应当根据税收中性原则，避免重复征税。为避免重复征税，应遵循实质课税原则，根据交易中出现的实质性所有权转移判断最终受益人。在基础设施公募 REITs 设立阶段，基础设施公募 REITs 物业的转移只是表面上的所有权转移，虽然财产形式上有所增加，但没有因为拥有财产所有权而收获真实的收益，所以此环节不应征收所得税；在基础设施公募 REITs 存续阶段，产生的收益来自受托人管理信托财产带来的收益，应该由受益人承担此部分收益的最终税负，同时，受托人对自身经营收入带来的应税所得负有缴纳企业所得税的义务；在基础设施公募 REITs 终止阶段，受益人从基础设施公募 REITs 处取得收益，应按照“谁受益，谁纳税”的原则进行征税，避免重复征税。例如，在项目公司设立阶段、基础资产入池阶段、资产支持证券向公募基金分配收益阶段都可能被征收增值税，那么这一过程实际上是对底层资产基础设施运营获得的收益征收了三重增值税，基础设施公募REITs的收益来源于底层基础资产基础设施经营收取的费用，与一般直接投资基础设施没有差别，如果因为多层嵌套重复征收增值税，就明显违背了税收中性原则。税收调控方式应当受到税收中性原则约束，以实现资源配置效率最优化，即应立足整体，从宏观上、总量上进行高层次调控。在经济流转各环节，按照各自的增值额实现合理的分配，这是一种形式上的公平课税理念；而公平课税原则是在考虑纳税人和消费者差异的情况下，通过创设豁免纳税义务、降低税负等措施实现公平分配，无疑体现了实质意义上的公平课税观，能使增值税的税负在经济流转各环节实现公平分配。

第三，优化征税环节，减轻税负。针对基础设施公募REITs整体征税架构较为复杂的现实，应借鉴国际相关做法，对一级市场和二级市场进行分级设计。在一级市场的设立和运营层，基金管理人募集资金期间各方没有收益所得，委托人、受益人、受托人都不纳税，运营时主要减免所得税等，为使基础设施公募REITs合法运营，应设置适当的惩罚性税种；在二级市场的持有和交易层，不是对运营所得而是应在分红和出售环节给予适当的税收优惠，同时实施差异化税收政策，对国内中低收入者、普通投资者给予更多的税收优惠与减免。

我国现行税法体制下REITs相关税收政策法规文件见表5-4。

表5-4　我国现行税法体制下REITs相关税收政策法规文件

税种	文件名称	REITs相关内容
增值税	《中华人民共和国增值税暂行条例》（国务院令第691号）	规定增值税各项税制要素
	《国家税务总局关于纳税人资产重组有关增值税问题的公告》（国家税务总局公告2011年第13号）、《国家税务总局关于调整增值税纳税申报有关事项的公告》（国家税务总局公告2013年第66号）、《财政部 国家税务总局关于全面推开营业税改征增值税试点的通知》（财税〔2016〕36号附件2）	在资产重组中，对不动产、土地使用权等转让行为不征收增值税
	《关于明确金融 房地产开发 教育辅助服务等增值税政策的通知》（财税〔2016〕140号）、《关于资管产品增值税有关问题的通知》（财税〔2017〕56号）	规定资管产品运营过程中发生的增值税应税行为，以资管产品管理人为增值税纳税人及优惠政策
企业所得税	《中华人民共和国企业所得税法》（国务院令第714号）	规定企业所得税各项税制要素
	《中华人民共和国企业所得税法实施条例》（国务院令2007年第512号）	规定符合条件的居民企业之间的股息、红利等权益性投资收益作为免税收入，免缴企业所得税
	《中华人民共和国企业所得税法》（主席令第64号）	规定企业所得税税率、计税依据等
	《合伙企业法》（主席令第55号）	规定公司型基金作为独立的纳税主体，缴纳企业所得税

续表

税种	文件名称	REITs 相关内容
企业所得税	《财政部 国家税务总局关于企业所得税若干优惠政策的通知》（财税〔2008〕1 号）	规定证券投资基金、债券投资基金与投资者取得收入的免税范围
	《财政部、国家税务总局关于企业关联方利息支出税前扣除标准有关税收政策问题的通知》（财税〔2008〕121 号）	规定允许税前扣除的利息支出：非金融企业接受关联方债权性投资与其权益性投资比例不超过 2：1
	《房地产开发经营业务企业所得税处理办法》（国税发〔2009〕31 号）	规定房地产开发企业视同销售的范围
	《关于推进基础设施领域不动产投资信托基金（REITs）试点税收政策的公告》（财政部 税务总局公告 2022 年第 3 号）	设立前及设立时的企业所得税税收优惠政策
个人所得税	《中华人民共和国个人所得税法实施条例》（国务院令第 707 号）	规定个人所得税各项税制要素
	《财政部 国家税务总局关于开放式证券投资基金有关税收问题的通知》（财税〔2002〕128 号）	规定个人投资者买卖基金获得的差价收入暂不征收个人所得税
	《财政部 国家税务总局关于证券投资基金税收问题的通知》（财税字〔1998〕55 号）	基金向个人投资者分配股息、红利、利息时，不再代扣代缴个人所得税
土地增值税	《中华人民共和国土地增值税暂行条例》（国务院令第 588 号）	规定土地增值税的各项税制要素
	《关于继续实施企业改制重组有关土地增值税政策的公告》（财政部 税务总局公告 2021 年第 21 号）	房地产开发企业以不动产对外投资，涉及产权变动，须征土地增值税
	《关于营改增后土地增值税若干征管规定的公告》（国家税务总局公告 2016 年第 70 号）	规定土地增值税视同销售的范围
	《国家税务总局关于房地产开发企业土地增值税清算管理有关问题的通知》（国税发〔2006〕187 号）	规定房地产开发企业视同销售的行为中销售收入的定价依据
城镇土地使用税	《中华人民共和国城镇土地使用税暂行条例》《关于土地使用税若干具体问题解释和暂行规定》	规定城镇土地使用税的征税范围、标准
	《财政部 税务总局关于继续对城市公交站场、道路客运站场、城市轨道交通系统减免城镇土地使用税优惠政策的通知》（财税〔2019〕11 号）	城镇土地使用税税收优惠政策
房产税	《中华人民共和国房产税暂行条例》（国务院令第 588 号）	规定房产税的计税依据与税率
契税	《中华人民共和国契税法》（主席令第五十二号）	规定契税各项税制要素
	《关于继续执行企业、事业单位改制重组有关契税政策的公告》（财政部 税务总局公告 2021 年第 17 号）	同一投资主体内部所属企业之间土地、房屋权属的划转，免征契税

续表

税种	文件名称	REITs 相关内容
印花税	《中华人民共和国印花税暂行条例》（国务院令第588号）（2021年废止）	规定印花税税率、税目等
	《关于企业改制过程中有关印花税政策的通知》（财税〔2003〕183号）	以合并或分立方式成立的新企业，其新启用的资金账簿记载的资金，凡原已贴花的部分可不再贴花，未贴花的部分和以后新增加的资金按规定贴花
	《财政部 国家税务总局关于信贷资产证券化有关税收政策问题的通知》（财税〔2006〕5号）	规定信贷资产证券化印花税免税范围
	《财政部 税务总局关于对营业账簿减免印花税的通知》（财税〔2018〕50号）	营业账簿印花税减免
	《财政部 国家税务总局关于对买卖封闭式证券投资基金继续予以免征印花税的通知》（财税〔2004〕173号）	通知买卖封闭式证券投资基金免税
城市维护建设税	《中华人民共和国城市维护建设税法》	规定城市维护建设税各税制要素
教育费附加及地方教育附加	《征收教育费附加的暂行规定》	规定教育费附加的征收方法

小　结

税收政策在一定程度上影响着基础设施公募REITs的形成与发展。到目前为止，我国只有财税2022年3号公告明确了基础设施REITs设立环节的企业所得税，而没有专门针对基础设施公募REITs设立全过程的税收法律法规。基础设施REITs设立环节除企业所得税外的其他税种及运营、退出环节所有税种都适用通用税收法律法规。我国的基础设施公募REITs采用“公募基金+ABS”模式，这是一种全新的发展模式。这种模式的特点是在公司的设立、运营、退出三个环节都要纳税。涉及的税种包括增值税、所得税、土地增值税、物业税、契税、印花税等。除了基础设施公募REITs设立环节的企业所得税税收优惠之外，增值税、土地增值税和契税还可以享受与企业重组相关的税收优惠，但是这些税收优惠的适用条件比较苛刻，并且是否适用需要与主管税务机关进一步商榷。

税收中性原则的核心是税收不能干涉或扭曲市场机制。税收不能增加纳税人的负担，不能影响生产者、消费者的决策，也不能扭曲资源配置模式。导管理论主张信托只能被视为受托人与受益人之间进行财产利益输送或传送的代持或管道，受托人与受益人之间并没有发生真正的财产让渡，因此受益人需要承担课税义务。目前，我国对基础设施REITs的税收政策存在税负较重、适用主体模糊、提前征收等与税收中性原则违背的问题，这在客观上制约了基础设施公募REITs的发展。

境外公募REITs发展较为成熟的国家或地区，已经拥有了相当完备的法律法规体系。

REITs 结构模式清晰，相关税收政策完善，最终形成了“三类、两层”的专有税制模式。“三类”，指有利类型、惩罚类型和中立类型。其中，有利类型以鼓励投资为主，惩罚类型的作用主要是监督和规范，中立类型主要是为外国投资者提供公平投资的便利。“两层”，指设立和运营层、持有和交易层。本书将为国内基础设施公募 REITs 税收制度的完善提供借鉴。

在中国现行的税收法规体系和政策框架下，采用税收中性原则、不增加额外税负、确保税收政策执行统一公平、引导行业健康发展，有利于试点的顺利实施。

复习思考题

1. 境内基础设施公募 REITs 涉及的纳税环节有哪些，需要缴纳什么税种？

2. 目前境内基础设施公募 REITs 设立中涉及的税收优惠政策主要有哪些？这些税收优惠政策的适用条件有哪些？

3. 目前境内基础设施公募 REITs 的税收政策对基础设施公募 REITs 的发展有什么影响？

4. 为什么境内基础设施公募 REITs 的税制设计应当遵循税收中性原则和导管理论？

5. 我们可以从境外公募 REITs 税收制度中得到哪些启示？

6. 我国境内基础设施公募 REITs 可从哪些方面进行优化？

[案例]

高速公路 REITs 设立环节的企业所得税问题

我国首批 9 只基础设施公募 REITs 问世并均获超募认购，底层资产主要集中在收费公路、产业园区、仓储物流、污水处理和垃圾发电五大类基础设施项目类型。这里以 GH 高速 REIT 为例，分析设立环节涉及的企业所得税实务处理问题。

一、案例背景

GH 高速是 G 集团下属全资控股子公司 S 公司的一个项目。GH 高速全长 70.754 公里，竣工决算 69.34 亿元，于 2011 年 12 月 30 日开通，收费时间为 2011—2036 年。

根据基金募集说明书，设立阶段主要步骤如下：

（1）设立项目公司：2020 年 11 月，G 集团设立 GH 项目公司。

（2）资产无偿划拨（如图 5-3 所示）：2020 年 12 月 29 日，经债权人同意，按照相关规定及税务筹划要求，S 公司与 GH 项目公司签署《资产、债务及员工整体划转协议书》，S 公司采用无偿划拨方式，将 GH 高速项目资产、债权、负债（按账面价值）、业务、劳动力整体划转至 GH 项目公司，以满足发行基础设施公募 REITs 的结构和项目内容需求。

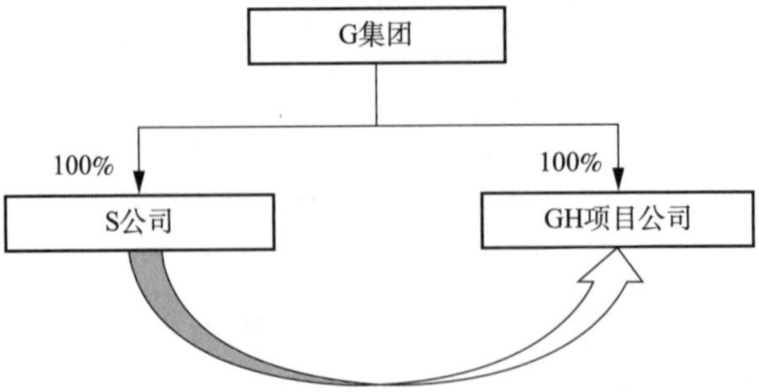

图 5-3　资产无偿划拨结构

（3）公募基金设立及投资：P 基金公司设立 GH 高速 REIT 基金，发行金额为 91.14 亿元，公募基金（其中的 51%由 S 公司回购）用于购买 P 证券公司发起设立的资产专项支持计划产品。

（4）ABS 底层投资：ABS 获得公募 REITs 资金后购买 GH 项目公司 100%股权，随后向 GH 项目公司发放股东借款，GH 项目公司将视情况进行资本公积转增注册资本、减资等安排，将以一笔新的股东贷款置换掉该应付减资款，即“股权+债权”结构，该结构安排可以提高基础设施公募 REITs 及投资人收益，具体架构如图 5-4 所示。

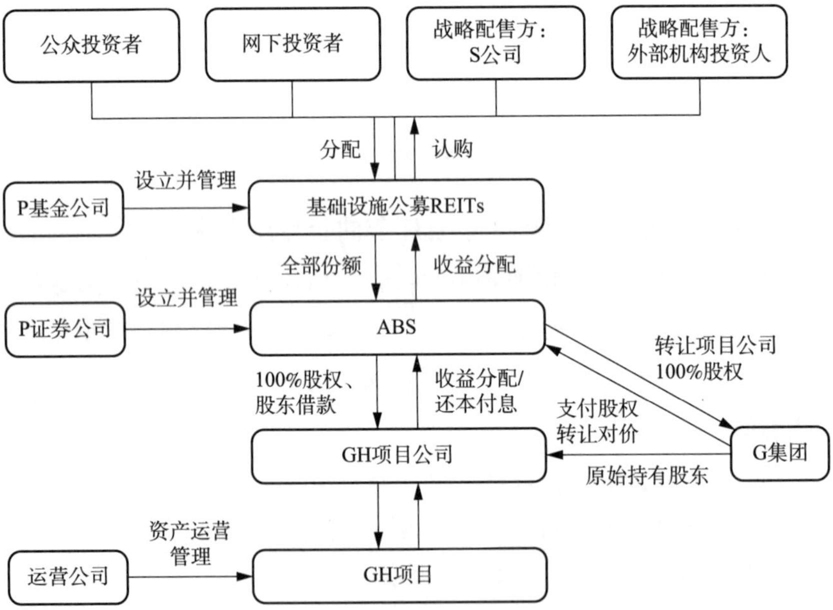

图 5-4　GH 高速 REIT 架构

二、相关财税政策及分析

简单来说，基础设施公募 REITs 的设立阶段包括两个牵涉企业所得税的环节，即资产重组环节（项目公司收购不动产）和股权转让环节（REITs 对项目公司进行股权收购）。在不考虑税收优惠的情况下，前者一般以评估后的公允价值扣除计税基础后的余额确认转让所得来缴纳企业所得税，后者以基础设施公募 REITs 收购价格减去账面净资产确认转让所得。涉及的企业内部资产重组和股权转让的企业所得税优惠政策主要有以下两个：①根据《财权部 国家税务总局关于促进企业重组有关企业所得税处理问题的通知》（财税〔2014〕109 号，以下简称“109 号文”）的规定，对受同一居民企业 100%直接控制的居民企业，按账面净值划转股权或资产，在符合合理商业目的、连续 12 个月内不改变原来实质性经营活动、双方均未在会计上确认损益等条件时，可按特殊性税务处理，划转双方均不确认所得；②根据《财政部 国家税务总局关于企业重组业务企业所得税处理若干问题的通知》（财税〔2009〕59 号，以下简称“59 号文”）的规定，在符合合理商业目的、购买不低于被收购企业全部股权/资产的 50%、连续 12 个月内不改变原来实质性经营活动、股权支付金额不低于 85%等条件时，可适用特殊性税务处理，暂不缴纳企业所得税。

三、案例分析

（一）按现有规定对 S 公司企业所得税纳税情况进行分析

GH 高速 REIT 于 2021 年 5 月 17 日获中国证监会批复，G 集团按计划拟在 2021 年 6 月（12 个月内）把 GH 项目公司的股权转让至 ABS 下；S 公司和 GH 项目公司之间的无偿划转安排无法满足特殊性税务处理的条件，无法采取特殊性税务处理。

在资产重组环节，根据募集计划书及其附件，划转资产的账面价值人民币 54.33 亿元，而评估价格人民币 96.74 亿元，评估增值 42.41 亿元。若按一般性税务处理，不考虑 GH 项目本身账面价值与计税基础的差异以及 S 公司其他经营所得和累计可弥补亏损（若有），则 S 公司需缴纳企业所得税约 10.6 亿元。考虑到高速项目公路收费权账面摊销一般采用车流量法，会计上呈现前低后高的摊销，而在税收上一般按直线法进行摊销，计税基础一般会小于账面价值，S 公司需缴纳更多的企业所得税。

在股权转让环节，G 集团实际可收到款项为本次基础设施公募 REITs 的募集金额 91.14 亿元（不考虑各环节费用），初始成本为资产重组环节的评估价格 96.74 亿元，在不考虑其他税费，以及 G 集团其他经营所得和累计可弥补亏损（若有）等情况下，G 集团不需要缴纳企业所得税。

（二）按现有规定对纳税合理性进行分析

在资产重组环节，S 公司需按全部资产评估增值缴纳企业所得税。在整个基础设施公募 REITs 架构中，S 公司依然持有 51%的基金份额（具有一定的锁定期安排），需对该基金进行并表处理。因此，从一定意义上说，发行基础设施公募 REITs 是 G 集团的一次融资行为。从交易实质穿透管理来看，S 公司只对外出让了 49%的资产，却缴纳了 100%资产增值的企业所得税，不符合税收中性原则。另外，由于基础设施公募 REITs 发行需要，企业需先完成资产重组，这意味着企业需先缴纳大额企业所得税，待基础设施公募 REITs 项目发行后才能回收资金。两者的时间差为企业的现金流带来沉重的压力。

（三）主要解决思路分析

由于目前没有专门的税收法规对基础设施公募 REITs 相关税务处理进行明确，结合上述政策及案例分析，可以通过以下两种方式解决上述问题。

方式一：51%自持部分进行税负递延。

根据《基金指引》，基础设施公募 REITs 需由中国证监会注册通过，并进行网下询价以及向公众投资者公开募集等，跟新股 IPO 流程类似，从一定意义上说，基础设施公募 REITs 属于将不动产进行 IPO。故此，基础设施公募 REITs 发行也应视同股权上市，将前述资产重组环节以及股权转让环节作为一揽子交易处理。在 GH 高速 REIT 项目中，由于后续由 S 公司持有基础设施公募 REITs 51%的份额，S 公司乃至 G 集团需对基础设施公募 REITs 进行并表处理，实质上并非全额处置。若按全部增值部分缴纳企业所得税，会增大企业现金流压力，降低企业盈利能力。建议将 S 公司 51%自持部分对应的应缴纳企业所得税递延至对外真实出售时缴纳。

方式二：整体进行税负递延，实际出售时缴纳。

在资产重组环节，S 公司和 GH 项目公司之间的资产划转安排本可以同时满足 109 号文的所有规定，仅是由于基础设施公募 REITs 发行的迫切性，需在资产重组后 12 个月内将 GH 项目公司的股权转让给 ABS，从而不适用特殊税务处理规定。考虑到 12 个月内的股权转让安排为基础设施公募 REITs 迫切需要发行所致，其资产重组实质上符合资产划转特殊性税务处理的框架要求和税收精神，建议适当调整 12 个月内的时间上的限制，给予基础设施公募 REITs 业务相应递延纳税的操作空间。

在股权转让环节，由 ABS 向 G 集团收购 GH 项目公司 100%的股权，同时，S 公司取得基础设施公募 REITs 51%的份额。虽然 ABS 未以自身股权直接作为对 G 集团的支付对价，但从业务实质来看，ABS 间接以上层的基础设施公募 REITs 的份额（类似股权的权益性资产）向 G 集团或 S 公司支付对价，类似于股份支付，重组的整体架构和思路符合 59 号文关于股权收购适用特殊性税务处理的初衷和税收精神，建议参照特殊性税务处理，递延自持部分对应的企业所得税。

四、建议

在本案例中，基础设施公募 REITs 底层资产为高速公路收费权，其转让不涉及契税和土地增值税，但在其他类型不动产交易中，契税和土地增值税是必须考虑的因素，那么企业的相关税负可能会更高。因此，可以说，当前基础设施公募 REITs 的整体税负较高（这些税务事项若不发行基础设施公募 REITs 一般不会产生）。

建议将基础设施公募 REITs 认定为一种融资行为，将资产重组、股权转让、运营、资产退出等环节作为一个整体看待，给予基础设施公募 REITs 资产特殊重组税收政策优惠，包括采取税费递延或延期缴纳政策，待基础设施公募 REITs 结束最终处置基础设施底层资产时，再按照最终交易处置情况缴纳并允许抵扣。

思考与讨论

如何处理高速公路 REITs 设立环节的企业所得税？

第六章

基础设施公募REITs产品设计

学习目的

了解基础设施公募 REITs 产品的特点与交易结构；掌握我国基础设施公募 REITs 产品的方案设计；了解我国境内基础设施公募 REITs 的操作流程；掌握基础设施公募 REITs 的会计处理方法。

关键词

基础设施公募 REITs 产品设计　基础设施公募 REITs 交易结构　基础设施公募 REITs 操作流程　基础设施公募 REITs 会计处理

基础设施公募 REITs 是以基础设施底层资产为抵押物设计出来的金融产品，其交易体系是金融市场的有机组成部分。创新基础设施公募 REITs 产品，是完善我国金融体系的重要举措。与其他产品相比，这类产品在立法上没有太大的阻力，并且具有较高的可操作性，为基础设施 REITs 的发展奠定了坚实的基础。

本章介绍基础设施公募 REITs 产品的特点与结构、方案设计、操作流程、会计处理等问题。总体来说，基础设施公募 REITs 产品设计需兼顾两个方面：一是充分保护投资人的利益；二是考虑基础设施企业盘活存量资产的动力，促使基础设施公募 REITs 市场平稳、健康发展。

第一节　基础设施公募 REITs 产品的特点与交易结构

一、基础设施公募 REITs 产品设计的五个维度

基础设施 REITs“公募基金+ABS”的产品结构相较于境外市场，既有传承也有创新，比传统的股权债权融资、境外 REITs 市场产品复杂，对信息披露、合法合规、收益与风险、产品治理等都提出了更高的要求，对产品方案的要求也更加精细化。在项目符合条件的前提下，基础设施公募 REITs 产品设计需考虑以下五个维度的问题：

（1）主体适格。基础设施公募 REITs 涉及基金管理人、基金托管人、原始权益人及运营管理机构等众多参与主体，为降低管理成本，规避因管理错位、缺位导致风险，《基金指引》要求基金管理人与资产支持证券管理人应存在实际控制关系或受同一人控制，提升产品运作的协同性。

（2）穿透持有基础设施资产的全部权益。基础设施公募 REITs 通过资产支持证券、项目公司等载体穿透取得基础设施项目的完全所有权或经营权，这要求在设计产品方案时重点考虑产权问题，依法完成资产转让，并完善相关产权登记及其他必要手续。

（3）产品期限匹配基础设施项目的运作期限。公募基金属于封闭式基金，因此基础设施公募 REITs 的产品期限应与基础设施项目的收费期限、大修维护期限、产权期限等匹配，也可以通过续期、提前终止等机制保留、调节产品期限的灵活性。另外，在产品存续期内，还可以通过扩大募集的方式，将资金投入新的基础设施项目。

（4）适当的杠杆设置。根据《基金指引》，在基础设施公募 REITs 的借款安排上，可以直接或间接向外部借款，但借款金额不能超过基金总资产的 20%，借款用途仅限于项目的维修、改建等，并且应在设计方案中明确还款安排、借款风险和应对措施等。

（5）业务经营的专业化。基金管理人可以通过设立专门的子公司运营和管理基础设施项目，或者委托外部的管理机构承担一部分运营和管理责任。在设计产品方案时，不仅要考虑基金管理人和资产支持证券管理人在项目运营、现金流收集等方面的工作协同性，还要特别注意外部管理机构的履职情况评估、激励机制等安排，以避免同业竞争产生不利影响，使基础设施公募 REITs 的价值最大化。

除上述维度外，基础设施公募 REITs 产品设计受到信息披露、投资交易、产品估值、税收等方面相关规范的影响。可以从产品设立阶段、定价发行阶段、产品持有运营及退出阶段考虑基础设施公募 REITs 产品的设计方案。

二、基础设施公募 REITs 的特点

基础设施公募 REITs 是一种新型的金融产品，它不同于传统的股票和债券。中国证监会和国家发展改革委于 2020 年 4 月 30 日发布了 40 号文，启动了基础设施公募 REITs 的试点工作。基础设施公募 REITs 的收益取决于基础设施项目运营带来的收益，其主要影响因素有基础设施行业的平均收益水平和项目自身的运营状况等。简单地说，REITs 就是将一大批投资者集中起来，通过投资房地产获取收益。与股票和债券相比，基础设施公募 REITs 是一种风险较小、收益较高的投资组合。

如果说股票是公司上市之后的证券，那么基础设施公募 REITs 就是资产上市之后的证券。投资者通过持有基础设施公募 REITs 的股份间接成为“股东”，而且基础设施公募 REITs 在上市之后，还会进行交易，这和股票一样。

基础设施公募 REITs 与股票的区别主要体现在以下三个方面：第一，市场波动性小。基础设施公募 REITs 的基础资产多为成熟优质、运营稳定的基础设施项目，其现金流预期

相对清晰，在原则上，单位波动性相对有限。第二，相对来说，收益增长空间有限。从物业经营的角度来看，物业收益出现大幅增长或者保持较高持续性增长的可能性不大。第三，股息率较高。基础设施公募 REITs 设有强制分红比例，收益分配比例不低于合并后基金年度可供分配金额的 90%，与股票相比，其收益分配机制更加严格。

基础设施公募 REITs 与债券的区别主要体现在以下两个方面：第一，没有固定利息回报，其收益主要依靠资产本身的现金流产生能力，以及资产增值带来的份额价值提升预期，会有一定变动。第二，本息没有主体信用担保，依赖资产本身的运营。因此，受基金管理人及资产运营管理机构的影响，存在运营等因素造成单位价值下跌的风险。

基础设施公募 REITs 与股票、债券的比较见表 6-1。

表 6-1　基础设施公募 REITs 与股票、债券的比较

项目	基础设施公募 REITs	股票	债券
分红比例	收益分配比例不低于合并后基金年度可供分配金额的 90%，期间分红来源主要是可预期的资产运营收益	无强制分红政策，由公司自行决定	约定了每期支付利息和本金的数额
存续期	有存续期安排，到期终止。其中，尤以特许经营权类产品期限特征明显，存续期内资产规模会有明显逐渐衰减的特征，到期资产归零	通常假设为永续经营	固定期限
资产结构	最终持有的项目公司业务较为简单，扩募安排通常为同类资产，混业经营程度小于大多数公司	比较复杂	不涉及
资产增值空间	特许经营权类资产增值空间较小，产权类资产具备一定的增值空间	波动较大，增值空间较大	增值空间较小

基础设施公募 REITs 与普通公募基金的区别主要体现在以下三个方面：第一，投资标的不同。基础设施公募 REITs 产品以拥有持续、稳定现金流的一个或数个基础设施项目为底层资产，而普通公募基金主要投资标的为分散化配置的股票、债券等。第二，收益来源不同。基础设施公募 REITs 收益来源主要为底层资产经营收益和物业资产增值收益；而普通公募基金的收益除股息、利息外，还包括通过灵活调整投资组合获取的资本利得，指数型公募基金的收益情况则取决于指数表现。第三，产品定位不同。基础设施公募 REITs 借助发行人、管理人在基础设施项目运营及投资管理领域的专业优势及资源积累，通过运营、维护基础设施项目获得基金价值的不断提升；而普通公募基金主要依靠基金管理人的灵活配置资产实现收益。基础设施公募 REITs 与普通公募基金的对比见表 6-2。

表 6-2　基础设施公募 REITs 与普通公募基金的对比

项目	基础设施公募 REITs	普通公募基金
投资标的	拥有持续、稳定经营现金流的一个或数个基础设施项目	上市公司股票、债券

续表

项目	基础设施公募 REITs	普通公募基金
收益来源	经营收益以及物业资产增值	股票、债券的买卖价差（资本利得）、股息、红利或利息
产品定位	“自下而上”搭建的“资产上市平台”，借助发行人、管理人在不动产投资经营领域的专业优势及资源积累，促进基金价值不断提升	依靠基金管理人灵活配置资产实现收益

基础设施公募 REITs 主要有以下三个特征：第一，流动性强。基础设施公募 REITs 发行后在交易所上市交易，封闭期较长，部分基础设施公募 REITs 的存续期长达 99 年，但其份额可以随时在二级市场上进行交易，原理和股票交易一样。第二，比例分红高。各国都要求基础设施公募 REITs 每年至少将 90%的收益分配给投资者，从而给他们带来持续的现金流，收益比高股息股票更稳定。第三，投资门槛低。首批发行的 9 只基础设施公募 REITs 场外认购的最低门槛为 100~1000 元，上交所、深交所上市的基础设施公募 REITs 场内认购的最低门槛为 1000 元和 1000 份。相较于直接投资于不动产，低门槛的基础设施公募 REITs 更加灵活。

我国基础设施公募 REITs 和国外公募 REITs 的一大区别是底层资产范围不同。国外公募 REITs 投向的底层资产包括购物中心、酒店、写字楼、基础设施、养老地产等；而我国基础设施公募 REITs 并未盲目效仿国外做法，投向的底层资产主要在基础设施领域（不包括商场、写字楼、酒店等商业地产），服务于国家基建战略。

三、基础设施公募 REITs 产品的交易结构

在考虑制度成本、市场条件、投资人保护等多方面因素的基础上，基础设施公募 REITs 试点采取“公募基金+ABS”的双层结构：基金在交易所公开募集发行上市，主要资产投资于基础设施，其中，80%以上资金持有资产支持专项计划全部份额，项目公司完全拥有基础设施资产，资产支持专项计划持有项目公司所有股权。基础设施公募 REITs 产品的交易结构如图 6-1 所示。

“公募基金+ABS”模式的优势在于，充分借鉴了现有公募基金和类 REITs 的制度框架，制度设计成本较低，具有可操作性。第一，该模式面临的法律阻碍较小。目前，“资产支持证券”的概念广泛出现在国务院、相关部委的文件中，中国证监会也在《证券公司及基金管理公司子公司资产证券化业务管理规定》中对资产支持证券的证券属性做了界定，从而确立了基础设施公募 REITs 的证券属性，有效避免了公募基金投资于未上市公司股权或不动产可能存在的法律争议。第二，该模式能充分发挥类 REITs 的成熟经验和外部管理人的专业技能，降低交易成本，还可有效借助类 REITs 的成熟机制进行合理估值。

要使基础设施公募 REITs 市场健康发展，需要做好以下两方面工作：第一，构建有效的公司治理机制，厘清管理人的职责，提高投资者的权益保护能力。该模式的复杂性和多

重委托代理关系，使其在治理结构失效和治理边界不明确的情况下，极易引发严重的道德风险，进而影响投资者的利益。这就需要明确不动产基金管理人的核心责任，严格限定不动产基金管理人的准入条件，建立完善的信息披露制度。第二，我国基础设施公募 REITs 的标的资产是能够产生稳定现金流的不动产，其主要来源是租金收入和增值收益，稳定性是其显著特征。“公募基金+ABS”模式赋予基金管理人主动管理的空间，如果基金管理人在 ABS 二级市场上进行大规模投资交易，就会有悖基础设施公募 REITs 市场构建的初衷。因此，如何对基金管理人的行为进行有效约束，是基础设施公募 REITs 研究的重要课题。

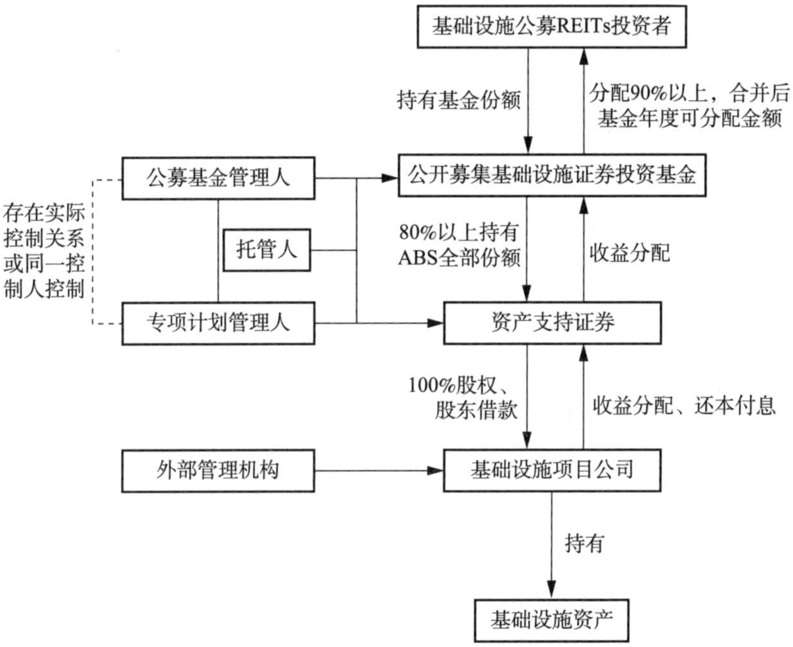

图 6-1　基础设施公募 REITs 产品的交易结构

专栏6-1

最早的 REITs 产品

REITs 理念起源于 19 世纪末期的美国。19 世纪末，美国东岸的一些富人想要集合资金投资商业地产。在当时的法律框架下，公司制的组织架构可以为股东提供有限责任保护，但是不能持有投资性的商业地产；普通合伙人制虽然可以持有投资性的商业地产，但不能为股东获得有限责任保护。这两种模式各有利弊。富人不满于此，经过各种探索，终于确立了既可以持有投资性地产，又可以获得有限责任保护的形式——马萨诸塞州商业信托（Massachusetts Business Trust，MBT）。

MBT 的优势使其很快在美国的主要城市流行起来，后来也被应用于投资股票（促进了共同基金的发展）。1913 年，美国宪法第 16 条修正案生效，开始征收个人所得税和公司所得税，信托基金（包括 REITs）被予以豁免。但美国最高法院在 1935 年的一次判决

(Morrissey v. Commissioner) 导致 REITs 不能再获得免税。此后 20 多年，REITs 一直处于被双重征税的境地：REITs 本身需要缴纳公司所得税，投资者获得收入要缴纳个人所得税。直到 1960 年 REITs 征税豁免修订案正式生效，才开启了现代意义上具有免税特征的 REITs 时代。

第二节　基础设施公募 REITs 产品的方案设计

一、产品设立阶段

（一）“公募基金+ABS+项目公司+基础资产”结构

基础设施公募 REITs 发行上市往往需要经过一系列复杂的资产重组交易，使分散于不同主体的基础资产装入 REITs 产品，由独立的项目公司单独持有，转变为“公募基金+ABS+项目公司+基础资产”结构。

在实践中，资产重组一般分为正向剥离和逆向剥离两种。正向剥离，是指把重组需要的资产整理一下注入新企业，由新企业管理重组后的核心资产；逆向剥离，是指将原有企业拥有的与基础设施资产无关的资产、业务剥离给其他主体，原有企业作为重组后基础设施相关资产的管理人。

正向剥离容易重组资产的股权，既可以让基础设施项目和项目公司之间的法律关系变得更加清晰，也更容易将优质资产打包。但是，正向剥离会涉及组建新的项目公司等操作，往往会耗费更多的时间和更高的交易成本。反向剥离虽然能够保留现有的股权结构和运营的基本框架，但是需要承担原资产持有人在过往经营中产生的法律、财务和税务等风险。当原资产持有人拥有除拟入池资产以外的其他重要经营资产时，宜采用正向剥离的方法；当原资产持有人持有的资产数量很少，而拟入池资产也很少时，反向剥离是更好的选择。

（二）基础设施公募 REITs 杠杆安排

杠杆比率是基础设施公募 REITs 产品设计的重要内容，如何合理配置杠杆比率和控制杠杆风险一直是国外先进 REITs 市场关注的焦点。合理的杠杆比率能够使基础设施公募 REITs 运作和投资的资金安排更加灵活，有利于吸引更多高质量的基础设施项目发行，促进市场健康发展，在控制风险的同时，也有利于提高投资者收益。

我国的基础设施公募 REITs 市场尚处于起步阶段，对外部杠杆运用的要求比较严格，对举债规模、举债目的等都有明确规定。《基金指引》第 28 条规定：“基础设施基金成立前基础设施项目已存在对外借款的，应当在基础设施基金成立后以募集资金予以偿还，满足本条第二款规定且不存在他项权利设定的对外借款除外。基础设施基金直接或者间接对外借入款项，应当遵循基金份额持有人利益优先原则，不得依赖外部增信，借款用途限于基础设施项目日常运营、维修改造、收购等，且基金总资产不得超过基金净资产的 140%。”

尽管基础设施公募基金能够从外部直接或间接借入资金，但是增加杠杆作用的方法非常有限。银行等金融机构更倾向于为具有法人主体性质的公司提供债务融资服务，在资产支持证券、公募基金层面，通过银行进行债务融资的难度较大。当前，将项目公司作为独立法人主体进行债务融资后，用于存量债务置换的做法具有较高的可行性。

我国基础设施公募 REITs 市场的杠杆比率基本上是最小的，整体负债率在 28.57%以下；基础设施公募 REITs 的融资渠道比较单一，仅能从项目公司获得融资。当前的杠杆比率在我国基础设施公募 REITs 发展初期有一定的实际意义，允许运营和收购资产的安排为后续灵活使用杠杆以及政策的进一步优化打下了基础。未来可以根据市场的发展程度和投资者的接受程度，在三个方面做出优化：第一，保持适度的杠杆水平。合理的杠杆比率需要考虑基础设施公募 REITs 产品的平稳运营、投资者利益的保护以及投资者收益的优化。随着基础设施公募 REITs 市场配套制度的完善和参与方成熟度的提高，杠杆控制有很大的优化空间。第二，借鉴境外 REITs 市场经验，丰富基础设施公募 REITs 杠杆模式。美国、新加坡、日本、印度、中国香港等地的 REITs 市场在项目公司层面、REITs 层面均可便利地进行举债经营，可由 REITs 发债进行运营资金补充或接受符合规定的投资、收购等。随着我国基础设施公募 REITs 市场的进一步发展和投资者成熟程度的提高，我们可以尝试丰富基础设施公募 REITs 的融资模式，设计与之配套的融资工具，实现资金使用的多元化，从而推动基础设施公募 REITs 市场发展。第三，通过调整杠杆水平进行动态调控。基础设施公募 REITs 在宏观经济的发展中发挥着重要作用，可以通过对杠杆比率、举债方式及募集资金用途等的限制，充分发挥政策工具功能，帮助经济体摆脱危机，为经济发展提供新动能。

二、定价发行阶段

基础设施公募 REITs 的发行模式，充分借鉴了境外 REITs 市场及境内 IPO 的相关经验。基础设施公募 REITs 在中国证监会注册之后，基金管理人或财务顾问通过向网下投资者询价的方式确定认购价格。在基础设施公募 REITs 认购价格确定之后，战略投资者、网下投资者以及公众投资者应根据交易所规定的认购方式参与基金认购。另外，基础设施公募 REITs 的清算和股份注册可以参考上市开放式基金的相关规定。

（一）定价方式

基础设施公募 REITs 认购价格通过向网下投资者询价方式确定，具体可分为以下四个阶段：

（1）明确资产，确定估值。原始权益人和基金管理人参考评估机构的评估报告，协商确定产品的发行份数和总规模。

（2）确定询价条件及询价区间。基金管理人和财务顾问应根据对基础设施建设项目的评估情况以及市场行情，合理地确定询价条件和询价区间，并将其披露于询价公告中。询价条件主要包括网下投资者的要求、有效报价的认定标准、产品配售原则与方式等；而询价区间则需要基金管理人和财务顾问以专业评估报告和市场情况为依据，合理确定。

（3）市场化询价。目前，主流的定价模式采用累计投标询价的方式确定基础设施公募REITs产品的发行价格，也就是对市场投资者进行充分的路演，确定投资者能够接受的分红和派息水平，最后在一级资本市场上完成交易。这一定价机制比固定价格机制复杂，需要投资者对基础设施公募REITs产品及其基础资产的价值有充分的认识和判断。但是，从长远来看，这一发行模式能够充分发挥公开资本市场的定价功能，提高原始权益人和投资者对基础设施公募REITs的参与热情。

（4）认购价格确定。报价截止后，基金管理人或财务顾问应根据事先确定并公告的条件，在剔除不符合条件的报价及其对应的拟认购数量后，根据所有网下投资者报价的中位数和加权平均数，结合配售对象的报价情况，审慎合理地确定认购价格。

专栏6-2

上市开放式基金

上市开放式基金（Listed Open-Ended Funds，LOF）是一种既可以在场外市场进行基金份额申购、赎回，又可以在交易所（场内市场）进行基金份额交易、申购或赎回的开放式基金，是我国对证券投资基金的一种本土化创新。二级市场也称“证券流通市场”“证券交易市场”，是指已发行证券转让、买卖的场所。二级市场由两部分构成：一是交易所（场内市场），二是场外市场。

交易所（场内市场）是高度组织化的市场，是证券买卖流通的中心。它有固定的交易场所和严格的交易时间；投资者不能进入场内直接买卖；参与交易的都是具有一定资格的会员证券公司，会员证券公司接受和办理符合标准、允许上市的证券的买卖、结算与交割。场外市场则是半组织化或未经组织的交易场所，是交易所的重要补充。场外市场没有固定的交易场所和时间，却有众多的交易对象，大部分非上市证券在这里买卖，部分上市证券（如政府公债等）也在这里交易。

LOF在原有开放式基金运作模式基础上，增加了交易所发售、申购、赎回和交易的渠道。其主要特点有四个：第一，本质上是开放式基金，基金份额总额不固定，基金份额可以在基金合同约定的时间和场所申购、赎回。第二，发售结合了银行等代销机构与深交所交易系统的销售优势。银行等代销机构网点沿用现行的营业柜台销售方式，深交所交易系统则采用通行的新股上网定价发行方式。第三，获准在深交所上市后，投资者既可以选择在银行等代销机构按当日收市的基金份额净值申购、赎回，也可以选择在深交所各会员证券营业部按撮合成交的价格买卖。第四，投资者可以通过跨系统转托管实现在深交所交易系统买卖和在银行等代销机构申购、赎回两种交易方式的转换。

（二）战略配售安排

根据《基金指引》的规定，承诺持有的基金份额在规定的持有期限内不得进行转让、交易。基础设施项目原始权益人或其同一控制下的关联方参与战略配售比例合计不得低于发售数量的 20%，其中，发售总量的 20%持有期自上市之日起不少于 60 个月，超过 20%的部分持有期自上市之日起不少于 36 个月，持有期间基金份额不允许质押。

其他专业机构投资者战略配售比例由基金管理人合理确定，持有期限自上市之日起不少于 12 个月。

（三）网下及公众投资者认购安排

基金管理人应于网下询价确定申购价格后，于确认申购日前 3 个交易日内公布发售公告。基金份额的网下投资者认购与公众投资者认购同时进行。其中，对网下投资者进行询价发售时，如果对网下投资者进行分类配售，那么同类投资者获得的配售比例应当相同。除向战略投资者配资外，本基金向网下投资者配资的比例不少于 70%。对公众投资者而言，在网下询价结束之后，各销售机构将按照询价确定的价格向公众发售基金份额。

基础设施公募 REITs 作为一种“先确定资产再定价”的权益投资产品，有别于公募基金“先发行后投资”的发行逻辑，更接近 IPO 的模式。同时，在基础设施公募 REITs 发行中，设置原始权益人或其同一控制下关联方的战略配售也有较强的合理性。首先，境内投资者和监管机构对基础设施公募 REITs 没有清晰、正确的认知，一定比例的流通份额有助于提高市场的流动性；其次，锁定期的设置，可以使投资者和原始权益人在一定时间内形成利益捆绑关系，增强市场信心。

三、持有运营及退出阶段

基础设施公募 REITs 在持有和运营阶段的上市、投资与处置，实质上都是对基础设施公募 REITs 资产进行交易的行为。在资产交易过程中，需要特别关注资产交易价格的公正性，这对促进市场的公平运行和保护投资者利益有很大帮助。在境外 REITs 市场，美国对 REITs 资产的交易只有资产类型方面的限制，相对比较宽松。新加坡与印度对 REITs 的评估定价、关联交易的时间与范围等做了较为详尽的规定。例如，新加坡 REITs 市场与中国内地 REITs 市场相比，对标的资产的筛选标准要宽松得多，不仅允许对资产进行联合投资，还允许对小型在建或开发资产进行投资，这些资产在新加坡境内和境外均可进行投资。新加坡 REITs 市场对关联交易有着严格的监管，对资产交易的信息披露、成交价格、评估方法等都有严格限制；同时，注重保护投资者的利益——凡是超过一定规模的关联交易，都要由股东大会进行表决，这一点与我国 REITs 市场有异曲同工之处。

《基金指引》对我国基础设施公募 REITs 的资产要求、资产估值、募集与处置、关联交易风险规避等进行了详细的阐述。

1. 基础设施 REITs 是针对优质不动产的投资

以 40 号文中“基础设施 REITs 试点项目要求”为依据，我国内地基础设施 REITs 项目的底层资产主要集中在重点区域和重点行业的优质项目上。40 号文明确指出，基础设施 REITs 应当投资于具有稳定现金流的基础设施项目，并取得项目的完全所有权。资产的筛选标准是保证 REITs 市场长期稳定健康运营的基础。

《基金指引》对基础设施资产的运营也做了进一步的规定，并对原始权益人的权利和行为提出了约束。资产原则上需持续运营超过 3 年，并且有持续运营能力及较好的发展潜力；同时，要有合理的现金流来源，需要以市场为导向，不能依靠第三方的补贴。这有利于保证产品运作期内最大限度地保障投资者收益，避免风险过度集中。

2. 资产交易应以合理的市场评估值为参考

价值类型，是指反映评估对象特定价值内涵、属性和合理性指向的各种价值定义的统称，包括市场价值和市场价值以外的价值类型。市场价值以外的价值类型包括投资价值、在用价值、清算价值、残余价值等。《基金指引》规定，初次上市及后续扩募的资产，应由独立的评估机构进行评估，使其资产获得市场公允价值。在正常情况下，每年对基础设施 REITs 持有的资产至少评估一次。该要求使得投资人以资产的合理评估值为参考，有利于投资人提高对 REITs 投资价值的判断能力，保障资产交易的有效性。

3. 资产扩募、收购及处置相关交易应重点保护投资者利益

基础设施 REITs 资产交易，如发生以下情形，须经投资人持股大会投票表决，且由出席会议的持有人过半数投票权表决通过：①基础设施项目的收购或出售，其标的额超过基金净资产的 20%但不到 50%；②基础设施基金募集金额在基金净值 50%以下时，扩大募集；③基金成立后发生的关联交易，金额在基金资产净值的 5%以上、20%以下。

此外，出现下列情形，须经出席会议的持有人 2/3 以上投票表决通过：①基础设施基金投资目标、策略发生重大调整；②投资超过基金资产净值 50%以上基建项目购入或销售；③对投资金额超过基金净资产 50%的基建项目进行扩募；④基金设立后，基金资产净值超过 20%的关联交易。除以上所列情形外，基金扩充到任何项目的购买或销售，均须以临时公告方式披露。基金投资项目的购销情况、关联关系、关联交易和风险防范措施等，均应在基金定期报告中予以披露。

新加坡与印度对基础设施 REITs 投资、运营和退出阶段资产交易的要求，以及对重大资产交易和关联交易的投票制度与信息披露制度，可以有效降低代理风险，保护投资者的利益。除此之外，我国境内基础设施公募 REITs 市场还处于起步阶段，对底层资产的筛选比境外严格。在保证 REITs 资产控制权的前提下，可以参与项目的共同投资，从而有效扩大投资范围。这不仅能提高投资人的收益，还能提高企业运作 REITs 的积极性。

第三节　基础设施公募 REITs 的操作流程

一、参与主体

我国基础设施公募 REITs 采取“公募基金+ABS”模式运作，其管理结构如图 6-2 所示。

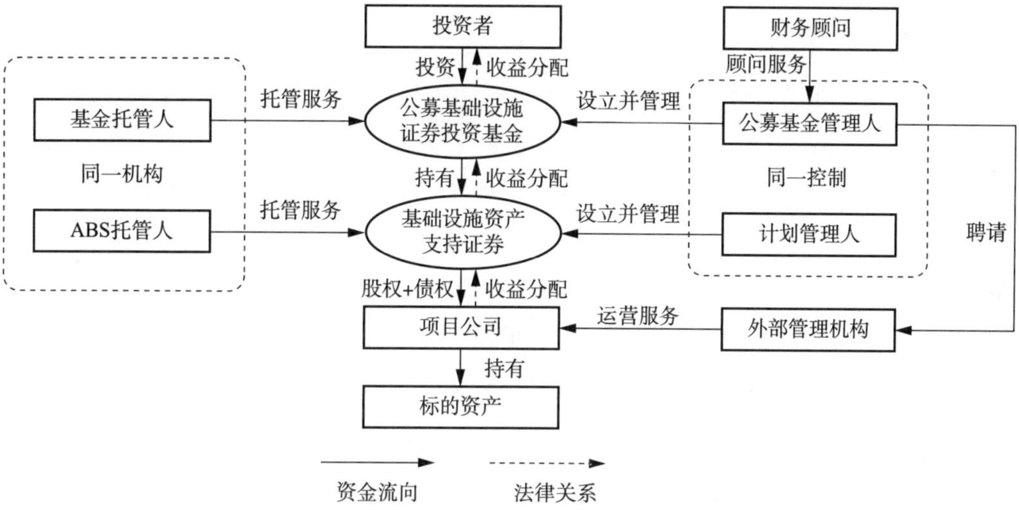

图 6-2　基础设施公募 REITs 的管理结构

基础设施公募 REITs 主要涉及以下参与主体。

1. 原始权益人

原始权益人作为基础设施项目的原所有人，负责项目报批决策、组织项目实施、在基金发行时参与战略配售。按要求，原始权益人不得侵占、损害专项计划资产，并应当履行下列职责：第一，按照法律、行政法规、公司章程和相关协议的规定或者约定移交基础资产；第二，配合并支持管理人、托管人以及其他为基础设施公募 REITs 业务提供服务的机构履行职责；第三，专项计划法律文件约定的其他职责。原始权益人向管理人等有关业务参与人提交的文件应当真实、准确、完整，不存在虚假记载、误导性陈述或者重大遗漏；原始权益人应当确保基础资产真实、合法、有效，不存在虚假或欺诈性转移等任何影响专项计划设立的情形。

2. 基金管理人

在基础设施公募 REITs 正式运作前，基金管理人的首要职责就是让“制度先行”，保证从项目的立项、运营到投资管理等环节都有配套流程。例如：在项目启动前做好调查工作，聘请专业机构提供评估、法律、审计等方面的专业服务，并向中国证监会提交申请文件；登记完毕后，基金管理人应公开发行文件，自行或委托财务顾问办理基金的发行和上市申请。在基金运营期内，基金管理人需要履行对基础设施项目的运营管理职责，具体包括：①建立账户和基金管理机制；②建立印章管理使用机制；③建立并落实基础设施的运营策略；④签署并执行基础设施项目运营的相关协议，收取基础设施项目运营、租赁产生的收益；⑤执行日常运营服务，依法披露基础设施项目运营情况等。在触发基金合同终止情形的情况下，基金管理人应当按照法规规定和基金合同约定办理基金清算，在资产处置期间，基金管理人应按照法规规定和基金合同履行基金披露义务。

3. ABS 管理人

ABS 管理人应当履行以下职责：①对有关交易主体及标的资产进行全面的尽职调查；②在专项计划存续期内，督促原权益人和相关机构履行法律与合同规定的义务；③办理发行资产担保证券事宜；④根据协议，及时向原始权益人支付募集资金；⑤对特殊计划资产进行管理，以保障投资者利益；⑥建立一套相对封闭和独立的基础资产现金流归集机制，有效避免专项计划中的资产与其他资产混同，以及被侵占和挪用的风险；⑦对特定原始权益人持续经营及标的资产的现金流进行监督、检查，发现重大异常时，管理人应采取必要措施维护专项计划资产的安全；⑧按照协议将收益分配给资产支持证券投资人；⑨履行信息披露义务，负责对专项计划进行终局清盘；⑩法律、法规中规定的其他职责。

4. 基金托管人

基金托管人的职责是对公募基金、特别资产支持计划等资金进行托管。基金托管人的职责是保证基金财产的安全，监督基金管理人的投资活动，防止基金持有人的利益受到损害。通常具备托管资格的商业银行都会同时担任不同基金的托管人，需要对托管的不同基金财产分别设立账户，以保证基金财产的安全性和独立性。托管人除负责将基金存入专用账户之外，还要执行基金管理人下达的投资指令，并负责清算与交割。

5. 外部管理机构

若基金管理人聘请了外部管理机构，则外部管理机构负责基础设施日常运营维护、档案归集管理等工作。外部管理机构与基金管理人的配合，对 REITs 基金的经营尤为重要。外部管理机构应当符合《中华人民共和国证券投资基金法》规定并经中国证监会备案，且符合下列要求：①具有符合国家规定的不动产运营管理资质；②具备丰富的基础设施项目运营管理经验，配备充足的具有基础设施项目运营经验的专业人员，其中，具有 5 年以上基础设施项目运营经验的专业人员不少于 2 名；③公司治理与财务状况良好；④中国证监会规定的其他要求。

在面临基础设施公募 REITs 底层资产运营中可能出现的问题时，外部管理机构需要及时做出反应，配合基金管理人的工作，避免因底层资产日常运营不当给基金带来负面影响。外部管理机构与基金管理人之间的委托关系，使两者的运营管理、合作协调成为 REITs 产品的核心。

6. 其他中介机构

（1）评估机构。基础设施公募 REITs 的融资规模往往与物业的评估有直接联系。按照基础设施公募 REITs 发行上市、运营管理、退出市场和相关信息披露的要求，评估机构的工作一般包括三个方面，即房地产状况评价、市场调研和价值评估。《房地产投资信托基金物业评估指引（试行）》对上述三个方面的工作内容进行了详细的阐述。

（2）会计师事务所。在基础设施公募 REITs 项目中，会计师事务所的主要职责包括：对标的资产进行尽调和审计，出具标的资产专项审计报告；出具会计意见及税务意见；出具募集资金的审计报告；在有价证券存续期内，对专项计划需支付的费用，以及计划管理人提交的报告等进行审计，并出具《专项计划审计报告》。

（3）律师事务所。在基础设施公募 REITs 项目中，律师事务所的职责主要体现在两个方面：一是对整个项目进行法律尽职调查，包括对业务参与者和标的资产的尽职调查。在完成了尽职调查之后，律师应审阅尽职调查报告以及相关交易文件，按照相关法律法规和操作指南的要求，出具法律意见书。二是为公募 REITs 项目顺利实施提供法律支持。

二、具体操作流程

（一）前期工作

（1）内部决策。发起机构应对设立基础设施 REITs 的必要性、可行性和基本方案展开内部讨论，之后将其提交给公司管理层，供其决策参考，在获得通过后可正式实施。

（2）选择中介机构。与传统债券相比，基础设施公募 REITs 更加复杂，要考虑的因素是中介机构的专业性和配合度，这就要求中介机构及其执行团队拥有较为丰富的理论知识，最好还具有较为丰富的私募 REITs 运营经验。此外，需要考察中介机构对项目的重视程度，可以从项目团队的经验、人员配置等方面来判断。中介机构的收费水平也会对项目的综合融资成本产生影响。收费水平过高或者过低，都会对项目的实施产生不利影响，因此建议遵循市场化收费原则，对市场平均水平、项目难易程度、融资规模和期限等因素进行综合考虑。

（3）融资基本要素确定。在确定了中介机构之后，发起机构需要与管理人、律师事务所、信用评级机构等中介机构，对基本融资要素进行深入的讨论，对内部决策阶段的基本方案进行细化和完善，将交易结构、产品方案等基本融资要素确定下来，为之后的执行做准备。

（二）操作流程

1. 具体产品模式

基础设施公募 REITs 的具体操作流程如图 6-3 所示。

（1）城投平台、国有企业、项目公司等市场主体通过银行贷款、发债融资、非标融资等方式获得资金用于基础设施建设，形成了一批基础设施存量项目；建成之后，以使用费用（如租金）等形式，获取稳定的现金流等。

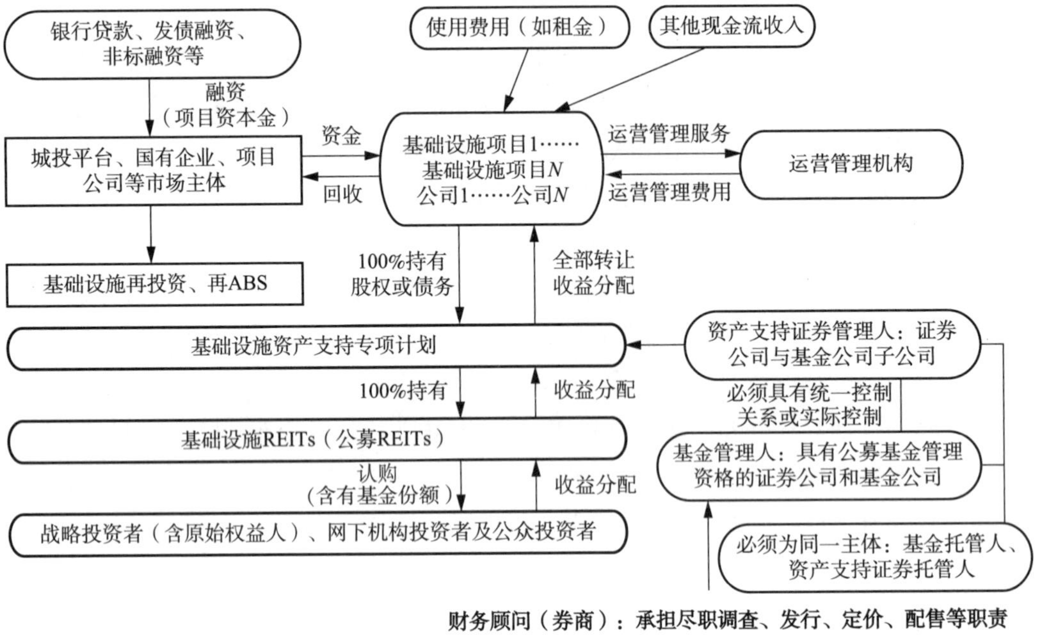

图 6-3　基础设施公募 REITs 的具体操作流程

（2）上述市场主体通过向基础设施资产支持专项计划（由证券公司和基金公司子公司共同发行）转让符合条件的基础设施项目，实现资产出表并回收资金。

（3）资产支持证券管理人和基金管理人在此基础上设立基础设施公募 REITs，向战略投资者（含原始权益人）、网下机构投资者及公众投资者募集资金，通过该资产支持专项计划投资于基础设施项目，并拥有该项目的所有权和经营权。

（4）市场主体通过基础设施公募 REITs 等方式获得资金收益，再将资金用于基础设施再投资，形成资产证券化和投资良性循环。

2. 其他相关事项

（1）项目合规性。关于基础资产的合规性要求，在推荐试点项目时，国家发展改革委对基础设施项目投资建设程序的合规性给予了高度重视，包括投资立项程序和项目建设全流程相关报建手续的合规性。

固定资产投资立项手续，按项目类型划分，可分为审批、核准和备案三种。如果一家企业没有按照规定的程序进行项目立项，那么这个项目就有了法律漏洞，存在停产、停业的危险。在工程开工之前，还需要办理一些审批手续，包括环境影响评价、节能审查等。能耗是这类项目最大的成本之一，对新基建行业非常重要。如果这个环节不完善，就意味着项目存在较大的法律漏洞。

一般情况下，基础设施项目会涉及用地问题，而用地批准是项目投资建设过程中政府监管重要的一环，因此，要根据具体情况，分别取得不同类型的批文：一是用地预审，二是选址意见书。判断底层资产合规性的另一大类材料是与规划有关的证照批复，即建设用地规划许可证和建设工程规划许可证。项目立项后，即进入开工阶段。所有基础设施项目在开工前，均须向工程所在地县级以上建设行政主管部门申领施工许可证。工程竣工后，需验收合格方能投入使用。除总体竣工验收外，一些专项验收（如规划、环境和消防等）也是必不可少的。在判断某项工程是否符合规定的同时，还应考察这些专项验收证明是否齐全。

以产权类项目为例，需要从项目立项到经营，对其进行合规性判断，具体包括立项、用地、环评、节能、规划、施工、验收、产权证明、经营许可证、土壤污染评估等环节（见表 6-3）。

表 6-3　产权类项目合规要求

事项	合规要求
立项	项目可行性研究、立项手续需齐备
用地	项目用地预审意见、出让/转让合同、划拨决定书等需齐备
环评	项目需取得环境评价报告批复； 部分项目由于历史因素，存在环保条线部分批复文件遗失的情况
节能	项目按照规定需取得能源评估批复文件； 部分项目由于建设时期审批管理的历史因素存在缺失
规划	项目需取得用地规划许可、建设规划许可
施工	项目需取得施工许可
验收	项目需履行竣工验收及环保、消防等专项验收，国家规划项目还需进行国家验收
产权证明	项目需取得土地使用权、房屋产权、特许经营权的产权证明
经营许可证	项目需取得特定行业经营许可证（如需）
土壤污染评估	部分省份可能会要求在土地使用权转让前进行土壤污染评估

（2）资产重组。在基础资产 REITs 的结构中，如果项目公司拥有除入池资产以外的其他资产，就需要对其进行一定程度的资产重组。轻资产重组，是指在项目公司主要持有标的资产的情况下，通过将其他无关资产剥离（如一些固定资产、长期股权等金额较小的资产）的方式，直接收购该项目公司股权。如果项目公司拥有较多其他非入池资产，就需要进行重资产重组，也就是将标的资产重组至新设的项目公司，最终形成“原始权益人—项目公司—标的资产”的结构。

资产重组包括下列事项：①前期资产重组需经国资主管部门批准的，需与国资主管部门进行沟通，确定重组方案，并得到有关部门的批准；②前期资产重组涉及的一切税务问题，均需有专业、权威的税务顾问出具税务意见书，当地税务机关出具核准发票；③在前期的资产重组中，可能涉及以资产方式进行出资，需履行相关手续；④贷款和其他债务可以与资产一起重组，但发行前必须得到银行的提前还款同意函，发行后还清原有的贷款，解除资产的权利限制。

（3）国有资产进场。基础设施 REITs 试点包括仓储物流、收费公路等交通设施，水、电、气、热等市政工程，城镇污水垃圾处理、固废危废处理等污染治理项目。可以预见的是，可以发行 REITs 项目的基础资产大多是国有资产。

对于已发行的基础设施公募 REITs，《浙商证券沪杭甬高速封闭式基础设施证券投资基金法律意见书》中提到，“原股东已取得有关国资监管部门批准的批复，同意通过非公开协议转让项目公司全部股份给根据公募 REITs 的要求而设立的 SPV”。《华夏越秀高速公路封闭式基础设施证券投资基金招募说明书》确认：“广州市国资委在 2020 年 12 月 8 日发布了《关于越秀高速公路封闭式基础设施的公告》。”

《关于 REITs 试点项目资产转让环节国有股交易程序的复函》出具了以下意见：“基础设施 REITs 作为一种金融产品，将按照中国证监会发布的《公开募集基础设施证券投资基金指引（试行）》等法律法规的要求，按照公平、公正、等价交换的原则，公开、规范发行，不需要通过国有股交易程序。”

国有资产进场交易的目的是保障交易的公平，防止国有资产流失。基础设施公募 REITs 份额认购价格是通过向网下投资者询价的方式确定的，其本质也是为了保证交易的等价有偿与公平。该种证券监管制度可以有效防止国有资产流失。同时，对基础设施公募 REITs 下的标的资产，在基础设施公募 REITs 结束后，也存在由原始权益人回购的可能性。总之，到目前为止，各省份对基础设施公募 REITs 项目下国有资产转让的操作还没有达成统一意见，可以对基础设施公募 REITs 项目豁免国有资产进场交易程序，这可能是今后的发展方向。

国有资产挂牌进场交易流程如图 6-4 所示。

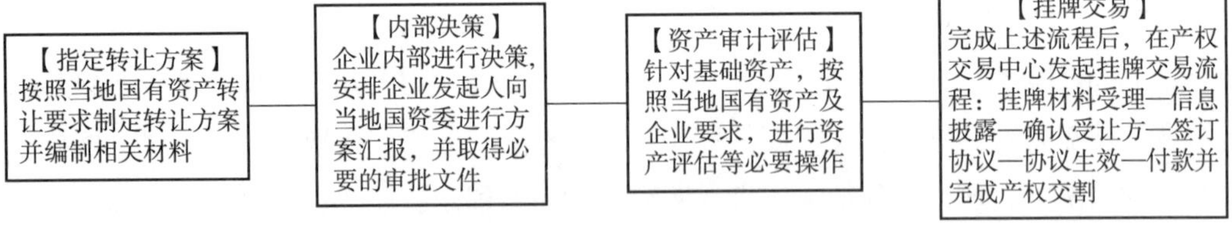

图 6-4　国有资产挂牌进场交易流程

（4）基础设施公募 REITs 项目公司的出表与并表。

第一，原始权益人出表处理。对于出表与否，根据会计准则中“控制”定义的三个要素，需要评估出表后原始权益人是否仍然拥有对基础设施项目及其相关主体的控制权，是否仍然参与基础设施项目及其相关主体的相关活动，从而获得可变的收益，以及能否利用这种控制权影响收益。基础设施公募 REITs 的试点政策坚持以权益为导向的原则，并没有对类 REITs 产品进行分级、增信等交易设计。原始股东对基础设施项目及其相关主体的控制权，主要取决于其在基金中的持股比例。

首批公开发行的 REITs 项目，证明了基金的层面并不受原始股东的控制。因此，对于原始股东是否出表，需要结合原始股东在基础设施公募 REITs 中的持股状况、基金治理状况等因素，以及“控制”三个要素进行综合判断。

第二，基础设施公募 REITs 并表处理。基础设施公募 REITs 获得项目公司的股权时，需要对其是否属于商业行为进行判断。对于非同一控制下的企业合并，根据《企业会计准则解释第 13 号》的规定，可以通过简化的集中度测试判断（集中度测试判断在本章第四节有详细说明）。

同一控制下的企业合并，如富国首创水务 REIT 项目公司所占股份比例为 51%的首创环保，以及平安广州广河 REIT 项目公司所占股份比例为 51%的广交投，在 2021 年上半年合并报表中对处置对价与处置股份净资产之间的差额进行了调整。与资产收购形式相比，非同一控制下的企业合并，在基础设施公募 REITs 基金合并报表层面，保留了基础设施项目公司可辨认净资产公允价值的独立性，募集规模与其差额将在合并报表中体现为商誉或当期损益。在实践中，将“蛇口产业园”与“首钢生物质能源”视为“非同一控制下的企业合并”，将“盐田港”与“苏州工业园”视为“通过集中测试后的资产收购”，对“是否构成业务”的判断存在较大分歧，需要中国基金业协会进一步规范与统一。

综上所述，对基础设施公募 REITs 在合并报表层面的处理，需要判断其是否属于营业，如果属于营业，则应参照企业合并的会计准则处理。同一控制下的企业合并与非同一控制下的企业合并在确认与计量方式上存在差异，因此，如何更好地体现出对投资者的使用价值值得商榷。

从首批基础设施公募 REITs 试点项目来看，出表项目和并表项目并存，这主要取决于企业自身的诉求。资产出表方案与并表方案的优劣势分析见表 6-4。

表 6-4　资产出表方案与并表方案的优劣势分析

方案	优势分析	劣势分析	案例分析
出表	（1）可以确认利润； （2）权益性融资产品，募集资金偿还存量负债，单体及合并报表层面分别降低负债率； （3）存续期发行人确认运营管理收入和派息带来的金融资产投资收益	（1）存续期项目公司收入和利润不再纳入合并报表范围； （2）在不涉及关联交易的情形下，仅从表决权的角度而言，弱于并表方案	（1）华夏中国交建 REIT：资产负债率较高，通过出表降低资产负债率，扩大融资规模。 （2）上海某产业园项目：探索资产退出渠道，实现资产出售利润，提高资本金使用效率

续表

方案	优势分析	劣势分析	案例分析
并表	（1）存续期项目公司形成的全口径利润不变； （2）在不涉及发行人关联交易的情形下，对于需由公募基金持有人大会表决的事项，发行人在并表方案下将形成更强的掌控力	（1）有效融资规模缩小； （2）资产增值部分，将无法在发行人合并报表中形成投资收益、无法贡献利润； （3）在并表情况下，公募基金的对外借款将计入发行人合并报表负债，同时，其他市场投资人对应的份额有可能计入发行人合并报表的金融负债（具体科目以主体审计机构认定为准）	（1）浙商沪杭甬 REIT：上市公司合并报表收入、利润口径不受影响，保证对资产的绝对控制力。 （2）北京某水务项目：保证全口径业务规模不受影响，以及项目实际控制人不发生变化

第四节　基础设施公募 REITs 的会计处理

我国基础设施公募 REITs 采用的是“公募基金+ABS”模式，基金资产中 80%以上是 ABS，并且拥有全部份额。基金通过资产担保证券、项目公司之类的载体获得对基础设施项目的完全所有权或运营权。基础设施公募 REITs 的会计处理主要包括以下几个方面：项目公司层面基础设施项目核心资产的核算科目及计量模式确认、基础设施基金层面的合并报表内容及方式确认、发行 REITs 后原始权益人的会计处理等。

一、基础设施项目核心资产的会计处理

基础设施项目主要包括仓储物流，收费公路、机场港口等交通设施，水、电、气、热等市政设施，污染治理、信息网络、产业园区等其他基础设施，不包括住宅及商业地产。基础设施项目涉及的核心资产往往规模巨大，资产质量非常重要，其财务信息往往是投资者关注的焦点。

一般情况下，基础设施项目的核心资产包括持有的房屋、仓库、土地使用权、生产和运营设备等。核心资产的持有者应该充分考虑管理层的意图，根据不同基础设施项目的经济特征，以及相关企业会计准则，确定资产的核算科目，具体包括固定资产、投资性房地产、无形资产、金融资产（通常为长期应收款）等。在实际操作中，基础设施公募 REITs 资产常见会计处理见表 6–5。

表 6–5　基础设施公募 REITs 资产常见会计处理

基础设施类别	基础设施核心资产	经济特征	会计核算科目	后续计量模式
仓储物流	仓库	持有目的：自用	固定资产	成本
		持有目的：出租	投资性房地产	成本或公允价值

续表

基础设施类别	基础设施核心资产	经济特征	会计核算科目	后续计量模式
产业园区	产业园区房屋及配套设备	持有目的：自用	固定资产	成本
		持有目的：出租	投资性房地产	成本或公允价值
市政设施	污水、垃圾处理，河道处理等行业所持资产	不在《企业会计准则解释第 2 号》（以下简称“会计解释 2 号”）规定范围内的资产	固定资产	成本
		采用会计解释 2 号中所述 BOT 方式，合同规定项目公司在有关基础设施建成后，从事经营的一定期间内有权向获取服务的对象收取费用，但收费金额不确定的，该权利不构成一项无条件收取现金的权利	无形资产	成本
		采用会计解释 2 号中所述 BOT 方式，合同规定基础设施建成后的一定期间内，项目公司可以无条件地向合同授予方收取确定金额的货币资金或其他金融资产	长期应收款	摊余成本

注：本表仅根据相关行业常见的会计处理方式进行归纳，不能涵盖所有会计处理方式。具体基础设施项目的会计处理方式须结合其经济特征（如经营模式、经济利益流入方式、持有目的等）及《企业会计准则》的相关规定进行确定。

二、基础设施公募 REITs 合并基础设施项目的会计处理

（一）基础设施公募 REITs 合并资产负债表重点科目

基础设施公募 REITs 通过资产支持证券和项目公司等特殊目的载体进行穿透，获得对基础设施项目的全部所有权或者特许经营权，根据会计实质重于形式的原则编制合并资产负债表，见表 6-6。

在基础设施资产账户中，产权资产账户和特许经营权资产账户存在一定的区别。根据《企业会计准则》的要求，仓储物流、产业园区等产权类项目对外出租的物业应该被确认为投资性不动产，而高速公路等特许经营权类项目因为在运营期间拥有无条件收取不确定现金流的权利，应该被确认为无形资产，如果收费对象是 BOT 合同授予方，而且金额是固定的，就应该被确认为长期应收款。

表 6-6　基础设施公募 REITs 合并资产负债表示例

资产	期末余额	年初余额	负债和所有者权益（或股东权益）	期末余额	年初余额
流动资产：			流动负债：		
货币资金			短期借款		
交易性金融资产			交易性金融负债		
应收票据			应付票据		

续表

资产	期末余额	年初余额	负债和所有者权益（或股东权益）	期末余额	年初余额
应收账款			应付账款		
应收款项融资			预收款项		
预付款项			合同负债		
其他应收款			应付职工薪酬		
其中：应收利息			应交税费		
应收股利			其他应付款		
存货			其中：应付利息		
合同资产			应付股利		
持有待售资产			持有待售负债		
一年内到期的非流动资产			一年内到期的非流动负债		
其他流动资产			其他流动负债		
流动资产合计			流动负债合计		
非流动资产：			非流动负债：		
债权投资			长期借款		
其他债权投资			应付债券		
长期应收款			长期应付款		
长期股权投资			预计负债		
其他权益工具投资			递延收益		
其他非流动金融资产			递延所得税负债		
投资性房地产			其他非流动负债		
固定资产			非流动负债合计		
在建工程			负债合计		
无形资产			所有者权益：		
开发支出			实收资本		
商誉			资本公积		
长期待摊费用			其他综合收益		
递延所得税资产			专项储备		
其他非流动资产			盈余公积		
非流动资产合计			未分配利润		
			所有者权益合计		
资产合计			负债和所有者权益总计		

注：形成商誉的情形有以下两种：①若基础设施公募REITs取得基础设施项目构成会计意义上的业务，并且属于非同一控制下的企业合并，则基金管理人在编制合并财务报表时，应将支付的购买成本大于基础设施项目可辨认净资产公允价值份额的差额确认为商誉；②项目公司合并前账面已确认的商誉（若有）。

（二）基础设施公募 REITs 合并基础设施项目的会计处理方法

基金管理人在编制合并资产负债表时，首先需要依据企业会计相关准则，判断取得的基础设施项目是否构成会计意义上的业务。若基础设施项目不构成会计意义上的业务，则基金管理人可将其视为取得一组资产或负债（如有）进行确认和计量；若构成会计意义上的业务，则应区分同一控制下和非同一控制下的企业合并两种情况进行会计处理。

1. 业务的判断

（1）业务的定义。业务，是指企业内部某些生产经营活动或资产的组合，能够独立计算成本费用或产生收入。一家企业的运作一般由三个环节组成：投入、加工处理过程、产出。其中，投入，是指无形资产，包括原材料、劳动力和必要的生产技术，以及其他长期资产（如机器设备）的投入；加工处理过程，是指管理、操作过程，可以将投入组织起来形成产出能力；产出，包括向顾客提供产品和服务，向投资者和债权人支付股息与利息等投资收入，以及从企业日常经营活动中获得的其他收入。

（2）业务的判断条件。合并方在合并中获得的组合，应至少有一个投入和一个实质加工处理过程，并且这两者结合起来对产出能力有重要贡献，这样才能构成业务。合并方在合并过程中获得的组合是否具有实际产出，并非判断该组合是否构成业务的必要条件。这里的合并方，是指基建基金，其获得的投资组合包含基建项目。

（3）业务的判断方式。若基础设施公募 REITs 合并被判断为非同一控制下的企业合并类型，则可进行集中度测试。集中度测试是非同一控制下企业合并的购买方在判断取得的组合是否构成一项业务时，可以选择采用的一种简化判断方式。在进行集中度测试时，如果购买方取得的总资产的公允价值相当于其中某一单独可辨认资产或一组类似可辨认资产的公允价值，则该组合不构成业务。

集中度测试只能直接将通过测试的组合判定为不构成业务，基金管理人应该将其作为取得一组资产或负债（如有）来确认和计量，但是没有通过集中度测试的交易不会被自动判定为业务合并，合并方需要在判断条件的基础上对其进行进一步的评估。集中度测试和评价处理判断流程如图 6-5 所示。

此外，如果一项资产（包括租赁资产）及其附着物的分拆费用很大，那么在按要求执行集中度测试的情况下，应当把它作为一项单独的可辨认资产，如土地和建筑物。当企业对相似资产进行评估时，应考虑每种可辨认资产的属性以及它们对经营成果的影响。

下列情形通常不能作为一组类似资产：有形资产和无形资产；不同类别的有形资产，如存货和机器设备；不同类别的可辨认无形资产，如商标权和特许经营权；金融资产和非金融资产；不同类别的金融资产，如应收款项和权益工具投资；同一类别但风险特征存在重大差别的可辨认资产等。

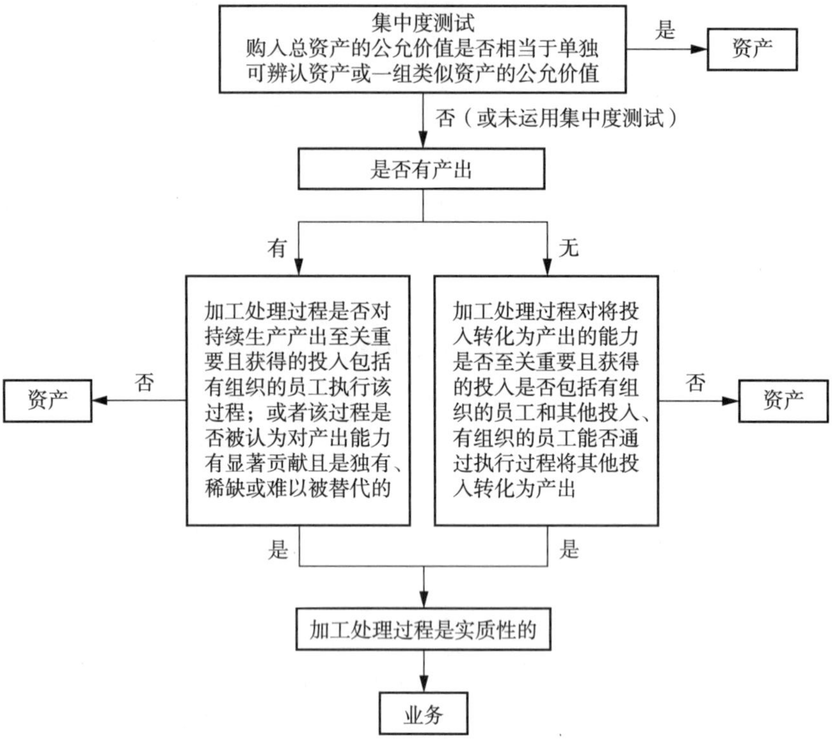

图 6-5　集中度测试和评价处理判断流程

2. 具体会计处理

（1）资产收购的会计处理。按照上述判断流程，如果基础设施公募 REITs 从原始权益人处收购 100%项目公司股权，属于会计意义上的资产收购，那么在基金管理人编制基础设施公募 REITs 合并资产负债表时，应将其作为取得一组资产或负债进行确认和计量。基础设施公募 REITs 在编制合并财务报表时，应将购买项目公司股权的购买成本，以购买日所取得各项可辨认资产、负债的相对公允价值为基础，在各项可辨认资产和负债之间进行分配，不会产生商誉和购买利得，不需要按照企业合并准则进行处理。

（2）业务收购的会计处理。根据上述判断流程，如果基础设施公募 REITs 收购项目公司股权属于会计意义上的业务收购，则企业应当根据《企业合并准则》的相关规定，进一步判断是属于同一控制下的企业合并还是属于非同一控制下的企业合并。因为企业合并类型不同，遵循的会计处理原则也不同。

同一控制下的企业合并，是指被合并企业在合并前和合并后都受到同一方或者相同多方的最终控制，而且这种控制并非暂时性的；非同一控制下的企业合并，是指参与合并的各方在合并前后不受同一方或相同多方最终控制的合并交易，也就是非同一控制下企业合并之外的其他企业合并。

（3）实务中，在基础设施公募 REITs 发行后，如果基础设施公募 REITs 或其持有的资产支持证券、项目公司必须与原始权益人或其最终控制方编制合并财务报表，并且不是暂时的控制，则将其作为同一控制下的企业合并进行会计处理。如果基础设施公募 REITs 或其持有的资产支持证券、项目公司不需要与原始权益人或其最终控制方编制合并财务报表，且原始权益人及其最终控制方不再将基础设施公募 REITs 持有的业务纳入合并范围，意味着业务的原控制方无法继续控制该业务，则不符合同一控制下的企业合并的定义，应按非同一控制下的企业合并进行会计处理。

（4）在同一控制下的企业合并情形下，对最终控制方来说，其拥有的经济资源在合并前后并无变化，因此不能视为进行了购买事项。基金管理人在编制基础设施基金合并财务报表时，在最终控制方财务报表中，应以被收购业务的资产、负债（包括最终控制方原先收购该业务时形成的商誉）为基础进行确认和计量。由于以账面价值为依据，当基础设施基金公布发行时，其公允价值可能有一些差异。

对于非同一控制下的企业合并，按照《企业会计准则》的规定，应采用购买法进行会计处理。基金管理人在编制基础设施基金合并财务报表时，应根据其购买日确定的公允价值，以控制权转移的时点为购买日①。

（5）在非同一控制下的企业合并情形下，基金管理人在编制基础设施基金合并财务报表时，若合并成本大于取得的可辨认净资产公允价值份额，应将其确认为商誉；若合并成本小于取得的可辨认净资产公允价值份额，应先进行复核，复核无误，再将其确认为负商誉，计入当期损益。

三、发行 REITs 后原始权益人的会计处理

（一）原始权益人合并公募基金情况下的会计处理

在原始权益人对基础设施公募 REITs 及其持有的资产支持证券、项目公司进行合并的情况下，会计处理不仅要关注原始权益人的资产负债结构及损益情况将如何影响其自身的份额确认方式，还要重点关注其他基金份额持有人的份额确认方式会如何影响他们。

基础设施基金申报发行后，原始权益人需要合并基础设施基金及其持有的资产支持证券、基础设施项目公司，在原始权益人的合并财务报表中，应主要考虑将原始权益人之外的基金份额确认为少数股东权益。一方面，根据《中华人民共和国证券投资基金法》，每个试点项目都规定了基金合同的期限。但是，REITs 是一种“资产上市平台”，市场上普遍认为基金产品的期限应该与底层资产的生命周期相匹配，那么在未来的实际运作中，随着底层资产权属延期或者通过增发扩募方式装入新的资产，在履行持有人大会程序后，REITs 基金的期限应相应延长。基础设施公募 REITs 的“永续”发展模式应该是原始权益

① 若需认定实现了基础设施项目控制权的转移，从企业合并准则的相关规定来看，需要同时满足以下条件：第一，原始权益人决策机构已经批准企业合并的合同或协议；第二，相关部门已经批准需要经过国家有关主管部门审批的事项；第三，监管部门已经批准基础设施基金的申报发行；第四，参与各方已经办理了必要的财产权交接手续；第五，基础设施基金已经支付了购买价款的大部分（一般应超过 50%），并且有能力按计划支付剩余款项；第六，基础设施项目的财务和经营政策已经被基础设施基金控制，并且基础设施基金能享有相应的收益并承担相应的风险。

人、监管机构和投资者三方共同参与。另一方面，我国的基础设施公募 REITs 具有完全的权益属性，因而原始权益人及其关联主体不会对 REITs 基金或其外部基金份额持有人承担任何增信担保业务，也就是说，基金投资人能享受到的资金分配金额，直接与基础设施项目的实际运营情况挂钩。因此，当原始权益人与公募基金合并时，根据“实质优先于形式”的原则，应当在原始权益人的合并财务报表中，将外部基金份额纳入原始权益人的合并财务报表。

（二）原始权益人对项目公司持有的基础设施项目是否并表

根据有关规定，原始权益人应当持有不少于20%的基金份额发售数量，其中，基金份额发售总量20%的持有期自上市之日起不少于60 个月，超过20%的部分持有期自上市之日起不少于36 个月。因此，原始权益人持有的基金份额应当被确认为长期股权投资。

在基础设施公募 REITs 架构下，原始权益人需要将其持有的全部项目公司的股权转让给资产支持专项计划。根据《基金指引》第 18 条的规定，基础设施项目的原始权益人或其同一控制下的关联方参与基础设施基金份额战略配售的比例不得低于本次基金份额发售数量的 20%。原始权益人作为基金份额持有人享有的对基础设施项目的权力和回报，既可能来自其持有的基金份额，也可能来自参与基础设施项目运营管理，包括基础设施的运营和维护、资产的购买和处置、融资活动、收益与分配等。如果原始权益人被赋予足够的权力，能够通过参与基础设施项目运营管理影响自身的可变回报，则此种权力应被视为实质性权力。如果原始权益人仅受基金管理人委托对基础设施项目进行运营管理，且无法阻止自身作为外部管理机构被替换，则意味着原始权益人可能未被赋予较多的实质性权力。

如果原始权益人通过基础设施公募 REITs 的交易安排和架构拥有了对项目公司及其持有的基础设施项目较多的实质性权利，且原始权益人通过持有较高的基金份额拥有的实质性权利难以被替换，则原始权益人需要继续综合考虑上述 CAS33 的准则内容来判断是否需要合并项目公司持有的基础设施项目。反之，如果原始权益人不具有实质性权利，则不必合并项目公司持有的基础设施项目即可实现出表。在出表模式下，基础设施项目实现了变现，更重要的是，从基础设施公募 REITs 获得的募集资金不会作为企业的金融负债，这对降低财务杠杆具有积极作用。

在并表的情况下，原始权益人在合并财务报表过程中继续确认与基础设施项目相关的资产和负债。在原始权益人倾向于保持资产规模增长或稳定的情况下，可以选择保留对基础设施项目的控制，对基础设施项目进行并表。在出表的情况下，原始权益人将基础设施项目从合并财务报表的合并范围移出，会对其当期的资产负债规模以及损益产生直接影响。原始权益人需要减计基础设施项目相关科目的账面价值，并将账面价值与转让对价的差额计入当期损益，直接确认处置损益。同时，原始权益人应将自身持有的基金份额确认为一项新资产。

如果原始权益人根据其在基础设施公募 REITs 中持有的份额以及基金治理结构等进行综合判断后认为没有触发合并，则构成出表，可以实现基础资产的出售。在这种情况下，原始权益人收到的基础设施公募 REITs 募集资金应作为基础设施资产出售对价，不需要判断这笔资金是属于权益还是负债，也达到了原始权益人发行基础设施公募 REITs 的目的。如果触发合并，则未实现资产的出售，转让的基础设施项目将会通过原始权益人合并项目公司回到其合并财务报表上，同时，还需要进一步分析原始权益人收到的其他基金份额持有人的资金属于金融负债还是权益工具。

（三）基础设施公募 REITs 其他份额持有人出资分类为金融负债还是权益工具

对于基础设施公募 REITs 其他份额持有人出资分类为金融负债还是权益工具，根据《企业会计准则第 37 号——金融工具列报》的规定，应主要考虑两个方面，即是否存在交付现金或其他金融资产的合同义务、基础设施公募 REITs 的存续期是否有限。若存在交付现金或其他金融资产的合同义务，或者基础设施公募 REITs 的存续期有限，则具有“债”性。

第一，合同义务问题。《基金指引》明确要求，基础设施基金在符合分配条件的情况下，每年至少进行一次收益分配。基金应以现金形式，将 90%以上的合并后年度可供分配资金分配给投资者。从《基金指引》的规定来看，基础设施基金受到约束，承担了每年至少分红一次的合同义务。有学者认为，根据募集说明书的规定，基金管理人可以对调整项的相关内容进行修改，并经基金份额持有人大会审议通过，使经调整后的可供分配金额为零甚至为负数，即存在通过对调整项的调整达到不分红的目的。我们认为，上述情况有两点需要考虑：一是从商业逻辑来看，基金份额持有人同意修改调整项目减少分红甚至不分红的可能性和合理性；二是从合同义务的角度来看，当年可供分配金额为零因而不予分配与没有分红义务是否可画等号。若该条款被认定为强制分配条款，则很难推定原始权益人不具有合同义务。

第二，存续期限问题。目前发行的基础设施公募 REITs 的募集说明书对基金存续期做了明确约定，除基金合同约定延长存续期限外，自基金合同生效之日起，约定基金存在确定的存续期，但基金份额持有人大会可以就延长基金存续期进行表决，经参加大会的基金份额持有人或其代理人所持表决权的 2/3 以上通过方可实行。从原始权益人的角度来看，目前在已发行基础设施公募 REITs 中，绝大多数原始权益人的持有份额在 51%以下，因此原始权益人通常无法单方面决定基金扩募。此外，项目公司底层基础设施资产到期后，需要扩募、购入新的基础设施资产才能续期，而扩募、购入新的基础设施资产需要监管部门审批，并且依赖市场条件，这些因素对原始权益人来说都是不可控的。若原始权益人无法主导，可以无限期延长基础设施公募 REITs 的存续期，则其在基础设施公募 REITs 存续期到期后将不可避免地被清算。

通过基础设施公募 REITs 增加权益资本从而降低资产负债率、满足监管要求是原始权益人开展基础设施公募 REITs 最核心的诉求。基于目前我国基础设施公募 REITs 相关法律法规以及基金合同等对分配机制的规定，若原始权益人判断其对其他基金份额持有人的现金分配无法避免，则构成金融负债定义中支付现金的合同义务，原始权益人应在合并报表中将其他基金份额持有人的出资列报为金融负债，这将使财务核算结果体现的业务实质转变为原始权益人借款经营基础设施项目，可能导致原始权益人资产负债率上升，也违背了原始权益人发行基础设施公募 REITs 的初衷。

基础设施公募 REITs 属于有限寿命工具的封闭式基金，且原则上每年都要将可供分配金额的 90%分配给投资者，故其对基础设施公募 REITs 而言不满足权益工具的定义，对基础设施公募 REITs 投资者而言，也不属于权益工具投资。同时，投资者持有基础设施公募 REITs 份额取得的收益产生的现金流量也未满足仅对本金和以未偿付本金金额为基础的利息支付，不能通过现金流量测试。

复习思考题

1. 基础设施公募 REITs 产品设计需要考虑哪些问题？

2. 我国基础设施公募 REITs 和国外公募 REITs 的区别是什么？基础设施公募 REITs 与普通公募基金、股票、债券相比，有何优缺点？

3. 基础设施公募 REITs 的构建逻辑是什么？

4. 基础资产重组过程中待解决的问题有哪些？

5. 基础设施公募 REITs 会计处理的重点是什么？有哪些常见的会计处理方式？

6. 在基础设施公募 REITs 的整个生命周期中，应该如何缴税？

[案例]

中航首钢绿能 REIT

一、项目简介

中航首钢生物质封闭式基础设施证券投资基金项目（以下简称“中航首钢绿能 REIT 基金项目”，基金代码 180801），底层资产为首钢生物质项目，包含三个子项目，即生物质能源项目、餐厨项目、暂存场项目，位于北京市门头沟区鲁家山首钢鲁矿南区。其中，生物质能源项目自 2014 年 1 月起运行，垃圾处理能力为 3000 吨/日，年实际处理量超过 100 万吨。该项目设计年均发电量 3.2 亿千瓦·时，年上网电量 2.4 亿千瓦·时。餐厨项目设计日处理量 100 吨。暂存场项目为生物质能源配套项目，用于暂时存储生物质能源项目产生的焚烧炉渣。

中航首钢绿能 REIT 基金项目原始权益人为首钢环境，基金管理人为中航基金，资产支持专项计划管理人为中航证券。该项目于 2021 年 6 月 21 日在深交所挂牌上市，准予募集份额总额为 1 亿份，发行价格为 13.38 元/份，实际发售基金总额为 13.38 亿元，首钢环境及关联方作为战略投资人认购 5.352 亿元，占发售基金总额的 40%，实际净回收资金约 8 亿元。首钢环境拟将回收资金全部以资本金方式投资于生物质二期及河北永清生活垃圾焚烧发电厂项目。

二、发行流程

本项目总体可分为项目设立和发行上市两个阶段（如图 6-6 所示）。项目设立主要由原始权益人内部完成，中航基金组织财务顾问、律师、审计师等专业团队提供支持。

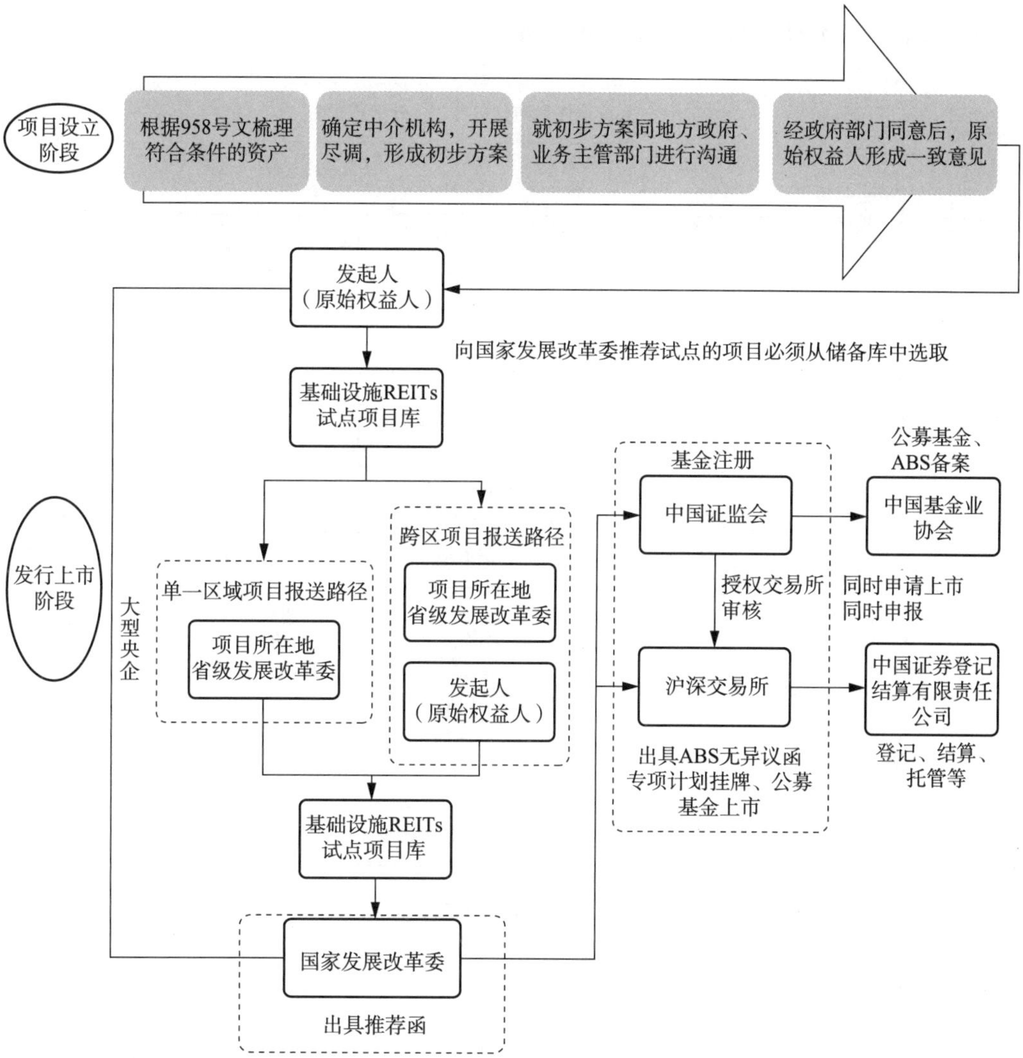

图 6-6　REITs 项目发行流程

三、产品结构

在发行准备期间，该项目底层资产由原始权益人首钢环境持有，资产重组后由北京首钢基金有限公司（以下简称“首钢基金”）全资子公司北京首锝管理咨询有限责任公司（以下简称“首锝咨询”）持有。

在产品发行上市阶段，基础设施REITs通过资产支持专项计划首钢基金收购首锝咨询100%股权。

在产品发行后，项目公司北京首钢生物质能源科技有限公司完成对首锝咨询的反向吸收合并，最终实现“公募基金+ABS+项目公司”的产品结构搭设。

在产品存续阶段，基金管理人中航基金将委托北京首钢生态科技有限公司作为运营管理机构，为该项目提供运营管理服务。

中航首钢绿能REIT交易结构如图6-7所示。

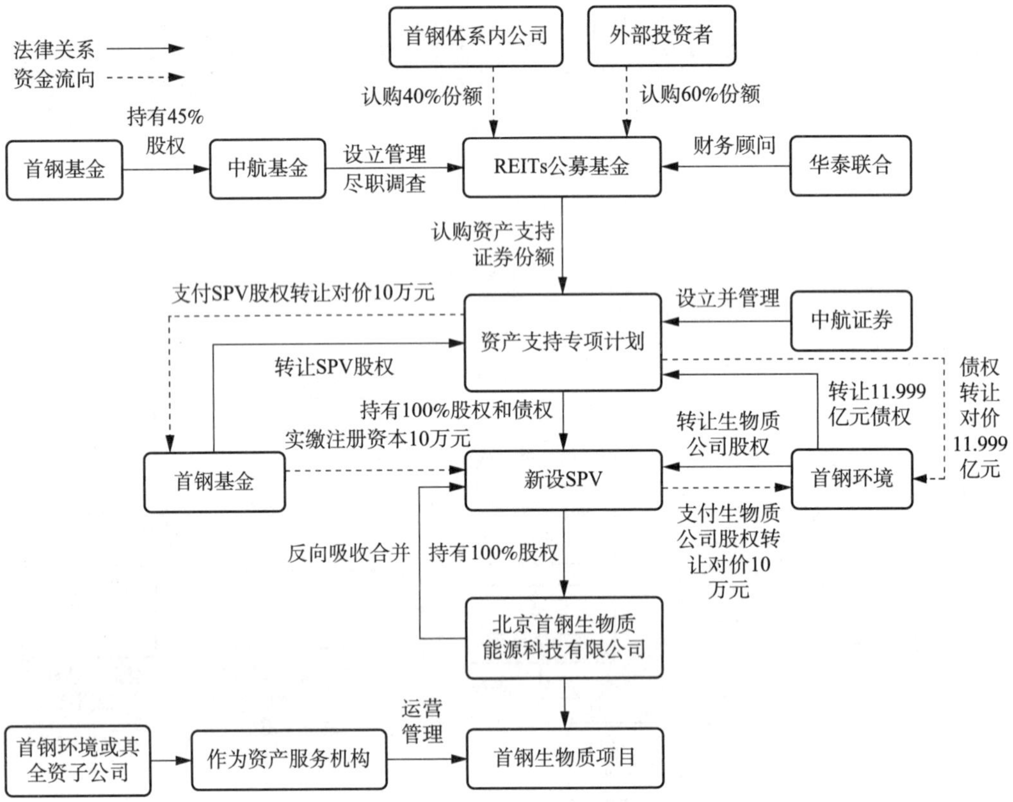

图6-7 中航首钢绿能REIT交易结构

四、发行结果

该项目共发行基金份额1亿份，最终发行价格为13.38元/份，发行总规模为13.38亿元。投资者包括战略投资者、网下投资者和公众投资者三类。

思考与讨论

请谈谈中航首钢绿能REIT的交易结构及其合约逻辑。

第七章

基础设施公募REITs的投资价值分析及操作技巧

学习目的

理解 REITs 的投资价值；认识 REITs 的投资主体；理解基础设施公募 REITs 的投资策略；掌握基础设施公募 REITs 的投资风险；掌握公募 REITs 投资基本面分析。

关键词

REITs 投资　REITs 投资主体　基础设施公募 REITs 投资策略　基础设施公募 REITs 投资风险　公募 REITs 投资分析

权益性商业不动产投资主体的成长与成熟，是基础设施公募 REITs 市场健康发展的必要条件。与中国实体经济总体状况类似，基础设施等不动产行业存在社会资本投入不足的问题。权益性投资有两个来源，一是传统的产业资本，二是目前投资于债券的金融资本/个人资本。产业资本主要依赖利率的滚动储蓄，短期内难以大规模集聚，因而引导金融资本/个人资本向权益资本转变，是推动产权市场发展和降低中央政府关注的“杠杆”的关键所在。培育 REITs 投资者，大力引导并培育不依赖主体信用的资产支持证券投资者，再向权益性投资者和公募 REITs 投资者过渡，对于推动我国经济转型发展具有重要的战略意义。

第一节　REITs 的投资价值

彭博数据显示，在美国，6 只基础设施 REITs 在 2019 年的平均股息率是 3.3%，而股票的平均涨幅是 30%，远高于标普全球 REITs Index（5.9%）。亚洲基础设施 REITs 市场发展迅速，目前日本已有 6 只基础设施 REITs，而新加坡有 10 只。从 2021 年开始，中国的基础设施 REITs 在国内市场取得了良好发展。截至 2023 年底，中国有 29 只公募 REITs 上市，总市值近 1000 亿元人民币，自由流通市值为 400 多亿元人民币。其中，产权型 REITs 和经营权型 REITs 的流通市值加权收益率分别为 5.08% 和 5.07%。尽管我国基础设施公募 REITs 数量少、规模小，但其投资价值得到了广大投资者的认可。

一、基础设施公募 REITs 的特点

在金融市场上，REITs 是一种比较新颖的投资产品。由于与股票、债券的相关性低，基础设施公募 REITs 在投资组合中可以分散风险。REITs 被视为股票、债券和货币之外的第四类投资产品。基础设施公募 REITs 的投资范围较广，除优先支持基础设施补短板行业外，还鼓励信息网络等新型基础设施，如 5G、数据中心、人工智能等。新基建产权及收益模式更清晰、单体项目投资量相对较低。基础设施公募 REITs 是一种优质的金融产品。

1. 真实资产提供稳定现金流

REITs 本质上是资产上市，按照 958 号文的要求，国内基础设施公募 REITs 的底层资产以稳定运营的交通、能源、市政、生态环境、仓储、物流、园区、新型保障性住房等基础设施为主，分派率不低于 4%。上述实打实、成熟运营的基础设施资产，可以让 REITs 在经济周期波动的情况下获得稳定的盈利，而且在整体利率下降的情况下，REITs 具有较高且稳定的分红收益，投资价值较高。

2. 兼具股性和债性，收益介于股债之间

从产品结构来看，境内基础设施公募 REITs 兼具股性和债性。从底层项目的性质来看，特许经营权类 REITs 股息比较稳定，或者具有较强的债性；而产权类 REITs 股息率较低，资产增值潜力较大，或将体现出较强的股性。

从世界各国的经验来看，REITs 的收益介于股债之间，具有良好的抗通胀功能。近 20 多年来，REITs 在世界各主要市场的年均收益率均在 8%以上，显示出强大的抗通胀能力。中国香港 REITs 综合收益为 10.8%，相对较高；美国股市年平均收益率是 9.35%，和标普 500 指数的收益率类似。过去 10 年，美国收益型 REITs 平均股息是 3.71%，而美国同期 10 年期国债的平均股息为 1.56%。

3. 与其他大类资产相关性低

在风险分担方面，REITs 不但与股票、债券等金融产品相关性低，与其他大类资产的相关性也不高。大多数 REITs 投资对象是不动产，其风险回报与股票、债券明显不同，具有较强的风险分散功能，从而为有效实现投资组合多元化提供了契机，并提高了资产组合风险调整后收益。例如，美国 REITs 收益与美国股票市场的相关性为 0.69，与债券市场的相关性为 0.59，而与亚洲股票市场的相关性仅为 0.5。

4. 流动性较强、透明度较高

在流动性方面，REITs 的投资门槛较低，具有更高的流动性和透明度。公募 REITs 能够在交易所上市，投资者进入门槛较低；公开发行的产品具有较高的流动性，并且在境内建立了做市商制度，进一步保证了公开发行 REITs 产品的流动性；上市 REITs 产品具有完善的信息披露体系，并且其收益主要由投资者分配，运作的透明度较高。

二、REITs 投资价值分析

REITs 作为一种具有长期投资价值的金融产品，具有市场上较为稀缺的股债双重属性。投资 REITs 主要可以获得两部分收益：一部分是底层资产的年度分红；另一部分是 REITs 在自由市场上交易带来的资本利得。因此，REITs 不仅可以追求相对稳定的分红收入，分配率也相对可观，为投资者提供了类似于债券的稳定现金流收益；同时，如果其资本价值增长，还能为投资者提供类似于股票的长期资本回报。从已有的数据来看，我国 REITs 的收益表现比债券出色，波动率也比股票市场低。

基础设施 REITs 是一种市场导向型产品，适合私人资本投资，同时体现了金融的普惠性，为更多投资者提供了投资渠道。从产品设计来看，它既满足了社保基金、保险资金、政府专项基金、产业投资基金等专业机构投资者的投资需求，也适合寻求获得稳健收益的个人投资者。通过对世界主要国家及地区 REITs 市场与股票、债券市场的相关性进行分析，可以得出以下结论：

第一，美国 REITs 市场与证券市场的相关程度较低。美国抵押型 REITs 与标普 500、纳斯达克和彭博-巴克莱债券指数的相关系数较低，分别是 0.38、0.19 和 0.23。在世界主要国家及地区，除日本外，REITs 市场和股市的相关性都比美国高。在世界主要国家及地区的 REITs 市场上，中国香港 REITs 市场与股票市场和债券市场的相关性最高，相关系数为 0.73，REITs 市场与证券市场的相关性越低，越有利于资产组合的多样化及降低投资者的风险。

第二，REITs 可以通过投资不同地区的底层资产分散风险。根据世界主要国家及地区 REITs 市场与股票市场的相关程度，对不同地区基础资产进行投资，能够有效分散投资风险。英国 REITs 市场与欧洲 REITs 市场的相关系数为 0.77，是 REITs 市场中相关性最高的。其他国家及地区 REITs 市场之间的相关性均较低，中国香港 REITs 市场与美国、欧洲、日本、新加坡等地 REITs 市场的相关系数分别为 0.56、0.54、0.30、0.66，其他国家及地区 REITs 市场之间的相关系数为 0.2~0.7，小于 1，表明 REITs 可以通过投资不同地区的底层资产分散风险。

第三，投资 REITs 比投资股票具有更强的流动性。通常以月度成交额和总市值的比值衡量 REITs 市场与股票市场的流动性。据 Bloomberg 数据库的数据分析，除了日本和中国香港 REITs 市场以外，其他国家及地区 REITs 市场的月度成交额与总市值的比值均高于股票市场。

与其他国家及地区 REITs 市场相比，中国内地 REITs 市场的流动性相对较弱，与股市的相关性较强，这主要是因为中国内地 REITs 市场的发展还不够成熟。2021 年推出的基础设施 REITs 产品基本具备了成熟 REITs 产品的全部特征。接下来，我们将从底层资产、资产管理人、税收政策以及资本市场等方面，对基础设施 REITs 的投资价值进行分析。

第四，底层资产是 REITs 产品获取收益的基础。底层资产的质量主要体现在其盈利能力、运营稳定性以及收益水平上，是投资者是否投资 REITs 的重要影响因素。在我国，基础设施公募 REITs 的底层资产包括仓储物流、收费公路等交通设施，水、电、气、热等市政工程，城镇污水垃圾处理、固废危废处理污染治理等传统基建项目。这些项目都属于政府优先支持的补短板行业，能得到政策的支持，收益能够预测。基础设施公募 REITs 还包括高新技术产业园、数据中心等新型基建，这些项目的运营收益除依靠自身的质量外，还要依靠资产管理人的运营能力。从整体上看，基础设施公募 REITs 的底层资产质量较好，能为投资者带来稳定的现金流，保证投资收益。

第五，资产管理人的运营能力会影响基础设施公募 REITs 的投资价值。基础设施公募 REITs 资产管理人需具备两种能力：资产运营管理能力和资本运作能力。资产管理人底层资产运营管理能力的强弱，直接对底层资产预期营运现金流产生影响。不管是商业地产、高速公路企业，还是污水处理厂，管理人的专业水平不同，运营效果会有明显的不同。管理人员的专业程度越高，对基础设施资产的预期收益越高，基础设施公募 REITs 的投资价值越高。合理的资产管理策略、公司治理结构及激励机制，可为基础设施公募 REITs 持有人提供长期稳定的收益。

第六，税收政策是影响基础设施公募 REITs 投资价值的重要因素。境外成熟基础设施公募 REITs 产品的税收优惠较大。当基础设施公募 REITs 的收益分配达到 90%以上时，分配到投资人的部分可免征企业所得税。总体而言，我国基础设施公募 REITs 投资收益尚无完善的税制，税负较重。我们应借鉴国外成熟公募 REITs 市场的经验，将减税降费的相关政策落实到位。例如，在基础设施公募 REITs 发行阶段递延征收不动产转让所得税，在基础设施公募 REITs 运营阶段对项目公司运营所得的收入免征所得税，对参与基础设施公募 REITs 认购和交易的投资者实行免征或少征所得税等，完善与我国 REITs 市场相适应的税收优惠政策体系。税收优惠力度越大，REITs 的投资价值越大，对投资者投资决策的影响越大。

基础设施公募 REITs 作为资本市场上流通的一种权益类金融产品，受到资本市场整体波动性、市场资金供需状况等因素的综合影响。因此，在对基础设施公募 REITs 进行投资价值分析时，必须综合考虑多种因素，才能做出正确的投资决策。

基于以上特征和投资价值，国内已经上市的基础设施公募 REITs 均获得了超额认购，并且自上市以来，在二级市场上的价格表现良好，在国内市场波动性较大、各板块指数不稳定、房地产行业面临较大压力的情况下，依然体现出良好的抗风险能力和优异的收益。我国已上市的 17 只基础设施公募 REITs 涨幅见表 7-1。

表 7-1　我国已上市的 17 只基础设施公募 REITs 涨幅

序号	基金名称	发行价（元）	最新收盘价（元）	上市以来涨幅（%）
1	博时蛇口产业园 REIT	2.31	3.298	42.77
2	平安广州广河 REIT	13.02	12.016	-7.71

续表

序号	基金名称	发行价（元）	最新收盘价（元）	上市以来涨幅（%）
3	华夏越秀高速 REIT	7.10	8.498	19.69
4	红土创新盐田港 REIT	2.30	3.405	48.04
5	鹏华深圳能源 REIT	5.90	8.151	38.15
6	红土创新深圳安居 REIT	2.48	3.381	36.33
7	中航首钢绿能 REIT	13.38	17.081	27.66
8	华安张江光大园 REIT	2.99	4.479	49.80
9	浙商沪杭甬 REIT	8.72	9.049	3.77
10	富国首创水务 REIT	3.70	4.993	34.95
11	国金中国铁建高速 REIT	9.59	9.917	3.41
12	华夏中国交建 REIT	9.40	9.452	0.55
13	东吴苏园产业 REIT	3.88	4.968	28.04
14	中金普洛斯 REIT	3.89	5.458	40.31
15	中金厦门安居 REIT	2.60	3.446	32.54
16	华夏北京保障房 REIT	2.51	3.380	34.66
17	建信中关村 REIT	3.20	4.690	46.56

注：数据截至 2022 年 9 月 30 日。

三、REITs 投资收益

REITs 的投资收益主要来自持有期内的红利和资产增值等。

1. 稳定的分红

REITs 需要将其 75%以上的资金投资在不动产上，这些不动产属于成熟资产，可以产生稳定的现金流，并且要求底层资产产生的运营收入的 90%以上分配给投资者，因此，投资者的投资收益可以得到保障。

第一太平戴维斯研究部公布了 2019 年亚太地区主要 REITs 市场的分红收益率：中国香港 REITs 市场的平均分红收益率为 5.7%，是亚太地区的主要 REITs 市场中平均分红收益率最高的；新加坡 REITs 市场的平均分红收益率为 5.3%；澳大利亚 REITs 市场的平均分红收益率为 5.2%；日本 REITs 市场的平均分红收益率为 4.0%，见表 7-2。将这些 REITs 市场的平均分红收益率与其本国 10 年期国债收益率进行比较可以发现，前者比后者要高出 3~5 个百分点，对投资者更有吸引力。

表 7-2 REITs 市场平均分红收益率与 10 年期国债收益率比较

单位：%

REITs 市场	平均分红收益率	10 年期国债收益率	两者之差
日本	4.0	-0.13	4.13
澳大利亚	5.2	1.08	4.12
新加坡	5.3	1.92	3.38
中国香港	5.7	1.65	4.05

资料来源：第一太平戴维斯研究部。

2. 资产增值收益

截至 2022 年，全球 REITs 市场共有 REITs 产品 924 只，总市值达 2.38 万亿美元。REITs 作为一种权益型产品，其收益会受到资本市场的影响。从投资收益来看，与其他权益类金融产品一样，REITs 也呈现一定的波动性；从长期来看，REITs 的收益率显著高于其他投资产品。1999—2020 年，REITs 产品的平均年化收益率达到 11.44%，权益型 REITs 的平均年化收益率达到 11.73%，显著高于标普 500 指数、罗素 2000 指数、纳斯达克指数等主流股指收益率。尽管 2008 年的国际金融危机导致 REITs 市场规模缩小，但总体来看，REITs 的市场规模在逐渐扩张，这表明 REITs 有良好的资本增值收益来源。无论是持有期间的分红收益还是资产增值收益，起到关键作用的都是管理人的专业管理和资本运作水平。

3. 二级市场资本利得收益

基础设施公募 REITs 与股票类似，在二级市场上市交易。投资者可以在 REITs 市场价格较低时买入，在 REITs 市场价格高于买入价格时卖出，赚取差价。相较于发行市场，REITs 二级市场资本价值变化是导致中国 REITs 市场资产类型结构性差异的主要因素。一方面，这种价值变化体现了 REITs 投资者的投资偏好；另一方面，这种价值变化体现了 REITs 市场对资本要素分配的决定性作用，REITs 资本市场引导投资方向，有利于实现国家产业发展战略转型和经济高质量发展。就 REITs 资本价值增长而言，中国 REITs 市场以公共交通 REITs（高速）为依托，新型资产类型 REITs 快速增长的市场结构与以美国为代表的成熟市场遵循相同的发展规律和市场逻辑。二级市场的资本利得主要是二级市场投资者对 REITs 价值信息进行甄别以及对风险偏好进行评估的结果。

4. 资产增值的源泉

基础设施公募 REITs 采取主动管理模式，其价值创造依赖管理人的专业水平。当前，对管理人的考核不仅要看 REITs 的规模，还要看管理人的管理业绩，并辅以适当的激励制度，以从侧面提高管理人的专业水平，使 REITs 创造更大的价值和收益。

另外，成本控制也能为 REITs 带来间接收益。REITs 的综合成本包括运营支出、维修维护支出、资本支出和保险费支出，其中，维修维护支出、资本支出和保险费支出对 REITs 的运营成本不会有太大的影响，而运营支出需要重点分析。运营支出包括经营支出和人员费用支出。

REITs 的运作过程中存在委托代理关系。管理人员的收入来源与 REITs 的规模挂钩，从而有可能导致管理人员为了一己私利，无限制地扩大 REITs 规模，使底层资产组合中出现劣质资产，进而影响 REITs 的收益。此外，还应注意管理人与发行人之间的关系。管理人管理的 REITs 通常不止一种，如果他们与某一发行人存在关联，就会倾向于将有利信息分配给有关联关系的发行人，从而损害其他投资者的利益。总之，一个拥有良好职业道德的管理人能够避免上述问题，降低代理成本，间接地为 REITs 创造收益。

四、REITs 投资收益影响因素

从宏观层面来看，REITs 投资收益受工业增加值比率、通货膨胀率和货币政策等因素的影响。工业增加值比率与 REITs 投资收益正相关。工业增加值比率越高，代表经济发展水平越高，此时 REITs 可以在一个繁荣的经济条件下，找到更多的投资机会，从而获得更多的收益。通货膨胀率对 REITs 投资收益也有影响，适当的通货膨胀率可以提高 REITs 的股息率，从而提高 REITs 的价格和收益水平。不动产抗通胀的理论基础是：在高通货膨胀时期，由于货币供给过剩，居民名义收入增加，消费者购买不动产的需求增加，不动产价格上升。当通货膨胀持续升高时，不动产价格会随之升高，不动产具有一定的抗通胀能力，投资者为抵御通货膨胀导致的资产缩水，对不动产市场的需求增加，不动产市场的收益随之上升。不动产市场的收益和通货膨胀之间存在一定的正相关关系。当通货膨胀率达到一定程度时，再继续升高就有可能造成经济泡沫，引发经济危机。货币政策的变化将直接影响证券价格，同时影响不动产市场的价格，进而影响不动产市场的收益。在货币政策宽松、存款利率较低的情况下，证券市场将引入大量投资者，从而提高 REITs 产品的价格收益。相反地，当货币当局采取收紧的货币政策时，流入市场的货币会减少，利率会提高，REITs 的价格会下降，收益会降低，对投资者的吸引力也会降低。因此，货币政策其实是通过调整短期利率影响 REITs 的投资收益，利率水平与 REITs 的投资收益呈负相关关系。

从微观层面来看，REITs 投资收益的影响因素主要在市场结构层面，根据不同的资产定价模型，主要考虑市场因素、规模因素和价值因素。市场因素代表了市场风险溢价，在资产定价模型中，β 系数被用来衡量市场的系统性风险。众所周知，资产收益和风险正相关，REITs 这类金融资产的收益与市场因素正相关。规模越大的企业，其管理与运营的专业化程度越高，运营效果越好，可以创造更多的利润；价值型 REITs 对投资者的吸引力更大。规模因素和价值因素都会对 REITs 的收益产生正向影响。

从公司本身和底层资产的情况来看，项目公司的资本结构也会影响投资收益。基础设施公募 REITs 应每年向投资者分配超过 90%的可分配利润，可分配利润的多少受所得税水平的影响。可在专项计划或私募基金与项目公司之间设立 SPV，通过 SPV 改善项目公司的资本结构。SPV 以股权和股东贷款的方式持有项目公司的股权，项目公司资产运营的收入一部分用于偿还贷款，另一部分用于分红。用于偿还贷款的这部分还需要付利息，而利息可以在所得税前扣除，因此，所得税减少，可供分配的利润增加，最终到达投资者手中的投资收益也会增加。如果专项计划或私募基金直接以股权投资的方式持有项目公司的全部股份，则项目公司所有运营收入都要缴纳所得税，最终向投资者分配的收益就会减少。

在我国的相关官方文件中，明确规定了基础设施 REITs 的借款方式。《基金指引》规定，可以对基础设施项目发行债券，也可以对项目公司在基金存续期间对外借款，用于基础设施项目的日常运营、维修改造、项目收购等，但基金的总资产不能超过基金净资产的140%，用于项目收购的借款总额不能超过基金净资产的 20%，以上借款不包括附有他项权的债务和有外部担保的债务，都是项目公司自己的信用债务。因此，项目公司资本结构对 REITs 的收益有很大的影响。REITs 公司治理结构的完善程度、底层资产质量的好坏以及管理人员的专业水平，都将影响 REITs 的投资收益。治理结构越完善，底层资产的质量越高，管理人员的专业水平越高，REITs 产品就越容易受到投资者的青睐，REITs 的投资收益也就越高。

第二节　REITs 的投资主体

一、境外投资主体

1. REITs 的主要投资者

REITs 是一种以发行收益凭证的方式获得资金，并将其交由专门的投资机构运营，将获得的收益按比例分配给投资者的金融产品。REITs 具有风险适中、收益稳定、流动性较高等特点，对投资者有很强的吸引力。REITs 的投资者总体上可以分为机构投资者和个人投资者两类，机构投资者的参与率更高。

（1）共同基金。“共同基金”是国外的叫法，中国内地称“证券投资基金”或“投资基金”。随着 REITs 市场的不断成熟，投资于 REITs 的共同基金数量不断增加。投资顾问公司同样是将众多投资者的资金汇集到一起，然后进行专业的投资管理。共同基金公司可以将募集到的资金委托给投资顾问公司代为管理，将其投入股票、债券、基金、REITs 等产品，从而分散风险，提高收益。在国外 REITs 中，控股公司是重要的投资主体，它们在持有某些公司一定数量的股份之后，可以对该公司进行控制。从本质上说，控股公司是一个企业集合体，而且集合体中的每个部分都具有法人资格。控股公司通过投资 REITs，可以实现企业的多元化，从而产生规模效应。

（2）养老基金。养老基金是传统意义上的不动产直接投资者，但不动产直接投资具有流动性差、风险高等问题，而 REITs 的推出能有效地解决这些问题。因此，越来越多的养老基金开始对 REITs 进行投资。研究显示，养老基金在 REITs 方面的投资将持续增长。

（3）对冲基金。对冲基金，又被称为“避险基金”，是一种通过各种交易手段对冲风险的基金。对冲基金通过私募方式筹资，采用合伙制，由普通合伙人管理基金，有限合伙人出资入股，不参与投资活动。通常情况下，私募股权投资可以有限合伙人的身份参与，而基金管理人则以普通合伙人的身份对 REITs 进行管理。对冲基金的投资效应具有高杠杆性，它利用银行信用，通过非常高的“杠杆”借入资金进行投资，因此它所投资的证券资产具有很强的流动性。REITs 具有很强的流动性和风险分散性，可以很好地满足对冲基金的投资需求。

（4）保险公司。依据我国保险法，保险公司的保险资金可以投资于具有固定收益的银行存款、债券等产品，也可以买卖股票等风险收益高的金融产品。但是，出于安全方面的考虑，保险资金主要用于投资风险较低的固定收益产品或不动产。近几年，保险公司对不动产、基础设施等资产的投资在不断增加，而基础设施公募 REITs 为保险公司提供了一个很好的选择，它不仅风险低、流动性强，而且拥有稳定的分红收益。

（5）商业银行。商业银行也是基础设施公募 REITs 的投资者。投资基础设施公募 REITs 可以在一定程度上改善商业银行的资产结构，增强其资金的流动性。

（6）个人投资者。基础设施公募 REITs 发行后，降低了不动产的投资门槛，个人投资者也可以进行投资，这无疑丰富了个人投资者的投资方式。家族信托也是个人投资者参与 REITs 投资的途径之一，但仅限于那些拥有大量资金和资产的高净值客户。家族信托的经营年限一般在 30 年以上，适合中长期投资。

2. 投资者结构

全球机构投资者在 REITs 市场中占有很大的份额，而以专业投资机构为主的机构投资者在 REITs 市场中的占比最高，其次是银行和控股公司以及主权财富基金投资全球 REITs 的规模，再次是对冲基金、保险公司、养老基金、经纪商投资全球 REITs 市场的规模，政府机构、私募股权基金及家族信托投资全球 REITs 市场的规模最小。

在美国 REITs 市场上，投资顾问投资美国 REITs 规模占比最高，其中，先锋领航集团、贝莱德集团、美国道富银行、美国资本集团、科恩-斯蒂尔斯金融公司这五大投资顾问公司占投资顾问投资美国 REITs 规模的较大部分，截至 2020 年 10 月，其占比达到 44.61%。截至 2020 年 10 月，对冲基金和银行投资美国 REITs 市场规模分别达到 4.01%和 3.83%，而养老基金、保险公司、主权财富基金投资美国 REITs 市场规模合计约为 7.24%，经纪商、政府机构、控股公司、私募股权基金、家族信托、捐赠基金等投资美国 REITs 市场规模较小。

在英国 REITs 市场上，投资者类型以投资顾问为主。截至 2020 年 10 月，投资顾问投资英国 REITs 市场规模占比达到 64.26%。其中，贝莱德集团、先锋领航集团、荷兰 APG 资产管理公司、英国法通保险公司、英国天达集团这前五大投资顾问公司占投资顾问投资英国 REITs 市场规模的 29.24%。与美国 REITs 市场不同的是，英国 REITs 市场上养老基金和保险公司投资占比较高，分别达到了6.62%和5.58%，银行和主权财富基金投资占比也较高，控股公司、政府机构、经纪商、家族信托等投资占比较低。

在新加坡REITs市场上，截至2020年10月底，投资顾问投资新加坡REITs市场规模占比为39.36%，相较于美国和英国的REITs市场，其占比较低。但是，在新加坡REITs市场上，控股公司投资占比较高，达到27.04%，主权财富基金投资占比也不低，达到20.60%，银行、保险公司等投资占比较低。

3. 境外REITs投资者结构特征

美国、日本、新加坡、中国香港等国家及地区的REITs市场均基于持有人分散要求，设置了相关法规约束投资者结构。中国内地交易所《发售指引》目前仅要求公募REITs投资人不少于1000人，尚未设置投资者分散的明细要求。境内外REITs市场投资者结构相关法规见表7-3。

表7-3 境内外REITs市场投资者结构相关法规

区域	相关法规
美国	REITs的所有股票都应当在主要的证券交易所上市流通，股权结构应该分散化。从运营第二年开始，至少有100名股东，前五大股东在每个税收年度的后半年不得掌握超过50%的股份，单个股东持股比例不得超过9.8%，但退休基金除外
日本	REITs至少有1000名投资人（单位持有人），且前十大投资人合计持有比例不得超过75%。另外，如果在财务年度结束时50%以上的股票为单一股东持有（含关联方持有），则该公司会被认定为家族公司，从而丧失REITs的税收优惠待遇
新加坡	以新加坡元计算的公开交易REITs，至少有500名公众投资人，且这些人至少合计持有该REITs发行的25%的信托单位。以外币计算的REITs，也必须符合持有人分散的要求
中国香港	REITs必须具有一个公开的市场，已发行单位数目总额至少有25%必须由公众人士持有。当管理公司察觉到该百分比已下跌至低于25%时，需即时通知中国证监会，竭尽所能地在切实可行的范围内尽快将其恢复至最低水平。在收购要约期限结束后一段合理时期内，允许公众人士持有已发行单位的百分比暂时下跌至低于25%
中国内地	投资人不少于1000人

由表7-4可知，美国等国家及地区对头部股东的持有比例有上限要求，相关法规保证了持有人的分散度，进而提高了REITs的流动性和机构投资者的参与度。据Bloomberg统计，美国REITs市场上的机构投资者主要包括投资顾问、保险、基金、证券（含自营）、公司、PE/VC等。

机构投资者为境外REITs的主要投资者，在当前较大的几个REITs市场上，机构投资者占比均较高。截至2020年底，美国REITs市场上机构投资者规模最大，占比为89.6%，日本和澳大利亚REITs市场上机构投资者占比均为50%左右，英国REITs市场上机构投资者占比为72.6%。

投资顾问是美国REITs市场的主要投资者，主要为先锋领航集团、贝莱德集团、美国道富银行等投资顾问公司（包括证券投资基金、证券公司、信托等），它们的持有规模达

8831 亿美元，占比为 79. 33%。其中，先锋领航集团为市场份额占比最高的投资顾问公司。截至 2021 年 6 月底，美国市场以 REITs 为投资目标的共同基金和 ETF 规模约为 1600 亿美元，其中，先锋领航集团发行的房地产指数基金，产品规模为 400 多亿美元。因为 REITs 在美国采用公司型上市，本身和传统股票一样被投资者交易，同时，也是房地产指数和宽基股票指数中的重要成分股，所以除了房地产主题基金持有 REITs，美国不少全市场选股的主动基金和被动指数产品也会像投资股票一样持有 REITs。过去几年，随着养老基金、主权基金、金融投资顾问公司等机构资金不断流入美国公募基金，REITs 也从中获益，成为机构配置的一类重要资产。美国 REITs 市场上的主要投资者均具备显著的资金长期性和稳定性特征。此外，还有超过 7000 万居民用其证券账户或者养老金账户投资过 REITs 产品，这类资金同样具备长期属性。截至 2022 年 9 月 30 日的数据显示，美国前五大 REITs 机构投资者持有占比均在 85%以上，见表 7-4。

表 7-4　美国前五大 REITs 机构投资者持有占比

证券代码	证券全称（英文）	机构投资者持有占比（%）
AMT. N	American Tower Corporation（REIT）Common Stock	90. 52
PLD. N	Prologis，Inc. Common Stock	92. 87
CCI. N	Crown Castle International Corp.（REIT）Common Stock	89. 80
DLR. N	Digital Renity Trust，Inc. Common Stock	95. 05
SPG. N	Simon Property Group，Inc. Common Stock	85. 10

注：数据截至 2022 年 9 月 30 日。

新加坡 REITs 设立要求不少于 500 名份额持有人持有 25%以上的 REITs 总市值。新加坡 REITs 市场上持有规模排名前三的机构投资者类型分别为投资顾问公司、控股公司和主权财富基金。其中：投资顾问公司持有规模为 129. 55 亿美元，占比为 39. 36%；控股公司持有规模为 89. 01 亿美元，占比为 27. 04%；主权财富基金持有规模为 67. 81 亿美元，占比为 20. 60%；以上三者持有规模合计占比接近 90%。新加坡 REITs 上市基石投资者类型主要包括高净值人士/私人银行，以及各类机构投资者，包括全球资产管理人（如 Blackrock 等）、主权财富基金（如 GIC 淡马锡、中投等）、保险公司、中资战略投资人（如中国东方资产管理公司、信达资产管理公司等）、资产管理公司，以及其他东南亚区域内的机构投资者。上述投资者同样具备资金长期性、稳定性、市场化的特征。以吉宝数据中心 REIT 年报为例，截至 2022 年 2 月 7 日，信托发起人持有 20%的单位，机构投资者持有 41%的单位，个人投资者则持有 39%的单位。中国香港最早且规模最大的领展房产基金的 100%份额由机构及公众持有（其中，不低于 25%的份额由公众持有）。

在 REITs 流动性较强的成熟市场上，机构投资者和个人投资者是 REITs 的主要投资者，其中，拥有长期投资意愿和长期资金期限的机构投资者是最主要的投资者。原始股东的自持比率普遍偏低。

二、中国的 REITs 投资者

1. 机构投资者

机构投资者，是指能在金融市场上进行投资的法人机构，主要包括公募基金、保险公司、养老基金、主权财富基金、商业银行和捐赠基金等专业投资机构。

（1）公募基金。公募基金即投资基金，在美国，根据监管机构的不同，投资基金包括投资公司、共同信托基金、集合投资基金、商品基金等法律形式。根据投资标的的不同，投资基金主要分为权益型基金、债券型基金、混合型基金、不动产基金、货币基金等。

（2）保险公司。保险公司主要包括人寿保险公司、财产保险公司两类，在讨论机构投资者或长期投资者时，多数情况下是指人寿保险公司。我国保险资金参与不动产投资开始于实施新保险法的 2009 年 10 月，自那之后，保险资金积极参与不动产投资。保险资金非常看重投资的安全性、收益性、流动性以及资产负债的匹配。REITs 具有周期长、收益率高的特点，这与保险资金尤其是人寿保险资金的特点相吻合。

（3）养老基金。养老基金可以划分为国家养老储备基金、公共养老基金和私营养老基金。不同国家养老基金构成差异较大。一方面，养老基金是资本市场中一类比较特殊的资金，其特殊性主要体现在长期性、安全性两个方面。从期限结构来看，养老基金的长期资金属性与 REITs 产品的经营模式天然匹配；从投资目的来看，REITs 产品低风险、高收益的特性也非常符合养老基金的投资目标。另一方面，养老地产与普通地产项目靠快销回笼资金的运作模式不同，其收益期长，收益率还需要后期的运营服务支撑和保障，没有长期低成本资金的支持，难以形成良性循环。REITs 是养老基金等长期资金的优质投资标的。多数国家的养老基金将固定收益产品、不动产、私募基金等作为配置对象，且逐渐提高了另类投资的配置比例。

（4）主权财富基金。主权财富基金属于官方投资机构主体。国际货币基金组织认为，主权财富基金是由政府所有或控制的，为达到一定目的而设立的公共投资基金。主权财富基金特别注重国际化投资，有利于避免国内金融市场的单一影响。主权财富基金作为长期资金，对权益类资产和另类资产的配置比例较高。

（5）商业银行。商业银行也是 REITs 的主要投资者。商业银行投资 REITs 能在一定程度上改善银行的资产结构，提高资金的流动性。此外，基础设施公募 REITs 可以有力地支持国家基础设施建设和住房租赁战略，是商业银行挖掘存量客户资源、激发业务新动能的重要机遇。在 REITs 的业务框架中，可以由商业银行（含集团成员）扮演的核心角色主要是基金管理人、基金托管人和基金投资人。

（6）捐赠基金。捐赠基金属于非营利性机构（大学等）的长期基金，支出计划由接受捐赠的机构决定。大学捐赠基金的投资一般有两个目标，保持资产的购买力和为教育机构提供日常运营的稳定流动资金。

2. 个人投资者

个人投资者可分为零售客户和高净值客户。

（1）零售客户。随着新零售业态的兴起，我国零售企业传统的粗放扩张模式已不再适用，亟待创新转型。REITs 融资能够提高零售企业存量资产的利用效率，改善企业经营状况，满足企业转型需要。同时，这一资产证券化融资模式的应用，为零售企业提供了解决融资和存量资产处置等问题的有效方案，有利于促进企业的进一步发展。与传统融资方式相比，REITs 融资避免了借贷过程中繁杂的审批制度，其较高的灵活性有利于提升企业绩效。但是，由于我国 REITs 融资模式仍处于初级发展阶段，相关制度还需进一步完善。

（2）高净值客户。通俗地讲，高净值客户就是富裕阶层。高净值客户是私人银行的潜在客户群，在金融服务需求方面与一般零售客户表现出较大的差异性。

3. 境内公募 REITs 的投资者结构

（1）整体投资者结构。境内已发行 REITs 的原始权益人及关联方自持比例普遍较高，平均自持比例达 36.17%；其他机构投资者平均占比为 57.80%；个人投资者平均占比为 6.03%。境内公募 REITs 投资者以其他机构投资者为主，具体包括保险基金、证券、产业资本、资管计划等。

我国境内已上市的 17 只基础设施公募 REITs 的投资者结构见表 7-5。

表 7-5　我国境内已上市的 17 只基础设施公募 REITs 的投资者结构　　单位：%

序号	基金名称	原始权益人及关联方自持比例	其他机构投资者占比	个人投资者占比	合计
1	博时蛇口产业园 REIT	33.33	58.81	7.86	100.00
2	平安广州广河 REIT	51.21	43.11	5.68	100.00
3	华夏越秀高速 REIT	30.00	64.41	5.59	100.00
4	红土创新盐田港 REIT	20.03	69.75	10.22	100.00
5	鹏华深圳能源 REIT	51.39	43.58	5.03	100.00
6	红土创新深圳安居 REIT	42.21	52.30	5.49	100.00
7	中航首钢绿能 REIT	40.00	52.70	7.30	100.00
8	华安张江光大园 REIT	20.00	68.24	11.76	100.00
9	浙商沪杭甬 REIT	51.00	45.68	3.32	100.00
10	富国首创水务 REIT	51.00	43.94	5.06	100.00
11	国金中国铁建高速 REIT	71.00	28.56	0.44	100.00
12	华夏中国交建 REIT	20.00	75.14	4.86	100.00
13	东吴苏园产业 REIT	30.00	61.76	8.24	100.00
14	中金普洛斯 REIT	20.00	74.64	5.36	100.00
15	中金厦门安居 REIT	34.00	61.95	4.05	100.00

续表

序号	基金名称	原始权益人及关联方自持比例	其他机构投资者占比	个人投资者占比	合计
16	华夏北京保障房 REIT	36.25	58.34	5.41	100.00
17	建信中关村 REIT	33.34	59.85	6.81	100.00

注：未披露整体持有人结构的 REITs，以场内持有人结构列示。

（2）战略投资者结构。我国境内基础设施公募 REITs 最重要的战略投资者为国企投资公司、资管产品、资管公司、保险、证券公司及其子公司等，各类型境内基础设施公募 REITs 战略投资者构成不存在显著差异。我国境内已上市 17 只基础设施公募 REITs 的战略投资者结构见表 7-6。

表 7-6 我国境内已上市 17 只基础设施公募 REITs 的战略投资者结构

序号	基金名称	资产类型	战略投资者类型（不包含自持）								
			央企/国企投资公司	资管产品	资管公司	保险	银行/银行理财产品	证券公司及其子公司	信托公司/信托产品	私募基金	其他（合伙企业等）
1	博时蛇口产业园 REIT	产业园区	√	√	√	√		√			
2	平安广州广河 REIT	高速公路	√	√		√	√	√	√	√	
3	华夏越秀高速 REIT	高速公路	√	√				√		√	√
4	红土创新盐田港 REIT	仓储物流	√		√	√		√	√	√	
5	鹏华深圳能源 REIT	生态环保	√	√		√	√	√	√	√	
6	红土创新深圳安居 REIT	保障性租赁住房	√	√	√	√		√	√	√	√
7	中航首钢绿能 REIT	生态环保	√	√		√	√	√		√	
8	华安张江光大园 REIT	产业园区	√	√				√			√
9	浙商沪杭甬 REIT	高速公路	√	√	√	√		√			
10	富国首创水务 REIT	生态环保	√	√		√		√		√	
11	国金中国铁建高速 REIT	高速公路		√		√		√		√	
12	华夏中国交建 REIT	高速公路	√	√		√		√	√	√	
13	东吴苏园产业 REIT	产业园区	√	√		√	√	√			
14	中金普洛斯 REIT	仓储物流	√			√		√	√		
15	中金厦门安居 REIT	保障性租赁住房		√		√		√	√		√
16	华夏北京保障房 REIT	保障性租赁住房	√	√		√	√	√			
17	建信中关村 REIT	产业园区		√		√		√		√	

资料来源：根据基金招募说明书整理。

三、境外投资者参与公募 REITs 投资

1. 境外投资者参与公募 REITs 投资路径

（1）在公募 REITs 发售阶段投资。根据《基金指引》《上海证券交易所公开募集基础设施证券投资基金（REITs）规则适用指引第 2 号——发售业务（试行）》《深圳证券交易所公开募集基础设施证券投资基金业务指引第 2 号——发售业务（试行）》，合格境外机构投资者可作为战略投资者、网下投资者及公众投资者参与境内公募 REITs 投资。

参与战略配售的投资者不得参与基础设施基金份额网下询价，参与网下询价的配售对象及其关联账户不得再通过面向公众投资者发售部分认购基金份额。

（2）在公募 REITs 上市流通后投资。合格境外机构投资者可以在公募 REITs 份额上市流通后，根据境内公募 REITs 制度参与境内 REITs 投资。其中，战略投资者持有的份额须在锁定期到期后购买。考虑到境内公募 REITs 战略投资者持有份额比例较高、流动性相对较弱，目前合格境外机构投资者参与境内公募 REITs 份额上市流通后投资机会相对较少。

此外，合格境外机构投资者还可通过其控股的境内合格投资者，间接参与境内公募 REITs 投资。例如，野村东方国际证券有限公司参与了境内已上市 17 只基础设施公募 REITs 中 16 只的投资。

2. 合格境外机构投资者

根据《合格境外机构投资者和人民币合格境外机构投资者境内证券期货投资管理办法》（证监会令第 176 号），合格境外机构投资者是指经中国证监会批准，使用来自境外的资金进行境内证券期货投资的境外机构投资者，包括境外基金管理公司、商业银行、保险公司、证券公司、期货公司、信托公司、政府投资机构、主权基金、养老基金、慈善基金、捐赠基金、国际组织等中国证监会认可的机构。

申请成为合格境外机构投资者需具备以下条件：①财务稳健，资信良好，具备证券期货投资经验；②境内投资业务主要负责人员符合申请人所在境外国家或者地区有关从业资格的要求（如有）；③治理结构、内部控制和合规管理制度健全有效，按照规定指定督察员负责对申请人境内投资行为的合法合规性进行监督；④经营行为规范，近 3 年或者自成立以来未受到监管机构的重大处罚；⑤不存在对境内资本市场运行产生重大影响的情形。

合格境外机构投资者的投资条件包括：①委托符合要求的境内机构作为托管人托管资产，依法委托境内证券公司、期货公司办理在境内的证券期货交易活动；②建立并实施有效的内部控制和合规管理制度，确保投资运作、资金管理等行为符合境内法律法规和其他有关规定；③开展境内证券投资，应当遵守中国证监会规定的证券投资比例限制和国家其他有关规定；④境内证券期货投资活动应当遵守证券期货交易场所、证券登记结算机构、证券期货市场监测监控机构的有关规定；⑤在托管人处开立外汇账户和（或）人民币专用存款账户，收支范围应当符合中国人民银行、国家外汇管理局的有关规定。

3. 境外 REITs 海外投资者参与情况

以成熟市场新加坡 REITs 为例，其投资者比例较为多元化，全球投资者占比较高：作为全球财富管理中心，新加坡有大量来自高净值投资者的在管资产。新加坡 REITs 的投资者包括高净值人士和私人银行，以及各类机构投资者（全球资产管理人、主权基金、保险公司、中资战略投资人、资产管理公司等）。

新加坡 REITs 投资者参与度较高的主要原因如下：①制定税收优惠政策。针对海外机构投资者，新加坡出台了税收优惠政策，仅对境外机构投资者的分红征收 10%的持有税（原为 20%）。②资产全球化配置。新加坡 REITs 资产组合遍布全球，具备极其优质的分散率。截至 2022 年 8 月底，42 只 REITs 中有 37 只拥有海外资产，其中 17 只资产组合为海外资产、20 只资产组合包含新加坡资产及海外资产。资产组合的分散率促使新加坡 REITs 更受全球投资人的青睐。

四、各类主体的投资动机

公募 REITs 投资者追求低风险与高收益的均衡。公募 REITs 与股市存在较低的相关性，是投资者实现投资多元化的工具，但由于其交易特征与股票相似，会在市场动荡时期面临更大的风险。对一级市场投资者而言，投资收益和退出途径是社会资本在决定是否介入不动产项目投资时考虑的两个重要问题，而 REITs 为社会资本提供了新的退出渠道；对二级市场投资者而言，REITs 为投资者投资不动产提供了替代方式——REITs 比直接投资不动产拥有更高的流动性、更低的交易成本和交易门槛；对机构投资者而言，在资管新规下，REITs 可以成为机构投资者合规资产的新选择；对个人投资者而言，REITs 可以为居民的财产性收入提供大类资产，充分体现普惠性。不同的投资者具有不同的投资动机。

1. 个人投资者

对个人投资者而言，不动产具有很高的购买门槛，要想投资不动产，经济实力必须雄厚。REITs 降低了不动产投资的门槛，使居民投资房地产成为可能，为居民的财产性收入提供了大类资产，充分体现出金融的普惠性。普惠性是金融发展的重要目标，其内涵在于有金融投资需求的社会各阶层和群体都能以可负担的成本进行适当、有效的金融投资，普通的个人投资者也可以享受国家经济与不动产市场发展的红利。

2. 机构投资者

不同的机构投资者在商业模式及经营特点等方面有明显的不同，对其投资动机需进行具体分析。

（1）保险公司。保险资金周期长，与公募 REITs 期限长的属性相匹配。一般来说，保险公司可用于 REITs 投资的资金包括两部分，即开业基金的资本金和从投保金中提取的保险合同准备金。保险公司的钱大部分是客户的，属于保险公司对客户的负债，为了避免出现投资本金大额亏损而无法对投保人进行理赔这种情况，保险资金大部分投资于高评级债券、银行存款等具有固定收益且风险较低的金融产品。但是，设置了独立账户的人寿保险投资连结保险产品和设立万能账户的万能险产品，其投资属性强，能承担较高的市场风险，也会投资于股票等风险和收益均较高的金融产品。据统计，保险资金投资于银行存款等固定收益类产品的比率为 50%以上，投资于股票等风险收益较高产品的比率为 10%~15%。进入 21 世纪以来，保险公司投资于不动产、基础设施类资产的占比迅速增长，截至 2016 年底，已达到 36%以上。

保险资金面临的主要难题是投资收益低。大部分保险资金投资于固定收益产品，虽然风险小，但是收益也低。投资结构不合理、资产负债不匹配，保险资金里除人寿保险之外的其他险种负债期限短，需要赔付的事件发生频率高，这就要求保险资金具有很高的流动性，只能进行短期投资。

我国的金融市场上缺少中长期投资项目，使保险资产与负债难以匹配。REITs 产品能够很好地解决这些问题。REITs 具有高分红派息的特点，资产运营的租金收入会高比例地分配给投资者，因此，保险资金投资于 REITs 可以获得高收益。

另外，REITs 产品安全性高、流动性强，REITs 通过设立 SPV 可以实现破产隔离，未来收益只与资产的运营状况相关，即使公司破产了，只要基础资产还在运营并能产生收益，投资者的收益就有可靠的来源。REITs 可以为保险资金提供中长期的投资选择，优化保险资金的投资结构。

（2）商业银行。商业银行是金融市场上投融资参与者中的巨头，它们用于投资的资金包括自营资金和理财资金。自营资金是商业银行的权益和负债，属于表内资产，其投资的资产通常以“可供出售金融资产”和“持有至到期投资”计量。自营资金主要投资于债券、同业银行和非标资产。自营资金投资偏向于安全性高、流动性强的产品，对不动产的投资有一定的限制。理财资金来源于居民和机构。银行通过发行理财产品募集客户（个人和机构）的资金。银行与客户属于典型的委托代理关系，银行接受客户委托，为其做出投资理财决策。银行只是客户的资产管理人，双方按照事先约定的方式分享收益、承担风险。理财资金的投资范围比自营资金广，它不但可以投资于债券、银行存款、基金、金融衍生品等，还可以投资于信贷私募市场、资本市场和货币市场，从而实现金融资产配置的多元化。此外，理财资金以资金池范式运作，并通过期限错配的方式进行投资，将项目的长期融资需求与投资者的短期理财需求进行匹配，从而实现“短存长贷”，即资金来源（存款）短期化、资金运作（贷款、投资）长期化，由此降低资金募集成本，并通过集约化管理降低运作成本。

专栏7-1

北京银行在公募 REITs 领域的探索

北京银行坚持以投行思维创造价值，从“坐商”向“行商”转变，全力打造“投行驱动的商业银行”。北京银行作为较早关注和布局公募 REITs 领域的商业银行，初步探索出了商业银行的产品体系、服务模式与实践路径。

一是强化组合金融，构建公募 REITs 全生命周期金融服务体系。北京银行拥有银行、金融租赁、理财子公司、公募基金、人寿保险等多个金融牌照，近年来着力整合集团资源，推出公募 REITs 全流程服务方案，助力基础设施“募、投、管、退”良性循环。在 Pre-REITs 阶段，北京银行提供项目贷款、经营性物业贷款、并购贷款、债务重组贷款等多种融资支持，为企业寻找优质资产，帮助企业进行资产收购，为企业后续发行公募 REITs 奠定了坚实的基础。在公募 REITs 发行上市阶段，北京银行提供代销服务、托管服务、战略投资服务，全方位、多角度助力企业发行成功。在 Post-REITs 阶段，北京银行提供扩募阶段的战略投资、优质扩募标的资产撮合等金融服务。通过全流程服务方案设计，北京银行全力提升公募 REITs 全生命周期的金融服务能力。

二是强化服务链接，共筑公募 REITs 产业链发展生态圈。产融结合是公募 REITs 的最大特点，也是北京银行的重要优势。2022 年以来，北京银行重点打造“GBIC2”组合金融服务模式，形成政府金融服务、商行金融服务、投行金融服务、公司金融服务和消费者金融服务的有效链接与高效联动，构建了全方位、多元化的金融服务生态。同时，北京银行“三位一体”推进企业之家、客户间市场、生态伙伴平台的建设，打造相互成就、共同成长的银企共赢生态体系。北京银行充分发挥客户资源优势、同业资源优势，与券商、律师事务所、评估机构等伙伴一起，帮助企业发行公募 REITs，共筑公募 REITs 产业链发展生态圈。

三是强化守正创新，探索商业银行服务公募 REITs 实践路径。自 2021 年 4 月公募 REITs 试点以来，北京银行深度参与公募 REITs 发行，涵盖保障性租赁住房、高速公路、物流园区、新能源、绿色环保、产业园区等已上市资产类型。在全市场发行的 28 单公募 REITs 中，北京银行直接参与助力 14 单项目的落地，实现了对有分支机构区域公募 REITs 投资业务的全覆盖。2023 年，在全市场发行的 4 只公募 REITs 中，北京银行以战略投资人的身份参与 3 只。北京银行作为 REITs 运营账户开户行、战略配售投资人，助力全国首只公租房公募 REITs 成功发行；同时，首次参与战略配售，提供基石投资。此外，北京银行与多家市管企业达成公募 REITs 托管行和监管行的服务合作，并积极参与首创环保等全国首批公募 REITs 扩募项目。北京银行初步探索出了一条商业银行创新服务公募 REITs 的实践路径。

（3）证券投资基金。证券投资基金以集资的方式集合资金用于证券投资——通过向投资者发行基金券，将小额资金汇集在一起，然后进行投资。证券投资基金可用于投资的资金主要包括债券型基金和货币型基金。根据相关数据统计，证券投资基金投资于证券化产品的数量、规模和净值占比不断增加，平均持有 ABS 规模净值占比为 5%。

证券投资基金的投资风险相对较低。债券型基金主要投资于具有固定收益的产品，如利率债、短期债。为了满足高收益的需求，债券型基金也会部分投资于城投债和地产债。REITs 不但可以上市交易，满足证券投资基金对流动性的要求，而且分红收益率高，使证券投资资金可以投资于不动产并获得资产增值。因此，基础设施公募 REITs 产品可以满足不同投资者的不同需求，在市场上引起热烈反响。

基础设施公募 REITs 产品既丰富了券商经纪业务和中间业务的收益来源，又作为新增大类资产配置工具，以较低的本金投资于不动产类资产，有助于解决证券投资进优质投资标的难寻的资产荒问题。公募 REITs 具有高派息、收益稳定、抗通胀等特征，为券商提供了长期、稳定的收益增厚手段。除此之外，证券投资基金还可针对不同底层资产类型制定差异化投资策略，通过关注二级市场波动赚取超额收益。

第三节　基础设施公募 REITs 的投资策略

一、基础设施公募 REITs 的投资原理与方法

（一）基础设施公募 REITs 的投资原理

许多投资者购买基础设施公募 REITs，是因为它的股息收益具有较大吸引力，而且与公债及其他具有竞争性的不动产投资相比，其收益率较高。根据风险与收益之间的关系，可将投资策略分为三类，分别为核心型、增值型和机会型。核心型投资策略投资的底层资产是租赁状况良好的写字楼、零售物业和工业物业，通过长期出售、回租以及出租获得长期的、稳定的现金流，投资风险在这三种策略中是最低的；增值型投资策略是投资于资产开发和资产重新定位，通过对不动产进行翻新、重新定位等使资产增值，从而获取资产增值收益，其风险相对较高；机会型投资策略通过收购高收益率物业创造收益，这种策略的风险最高。基础设施公募 REITs 采取的投资策略是核心型投资策略，较为被动，追求低风险、稳定的投资收益。

在 REITs 的投资策略中，投资多样化是降低风险和波动性的关键。基础设施公募 REITs 具有独特的优势，既能吸引追求收益的投资者，也能吸引追求成长性的投资者。虽然 REITs 和股票一样可以进行交易，并且价格会有波动，但 REITs 会把大部分收入作为红利分给投资者。投资者不能把所有鸡蛋放在一个篮子里，以降低自己的投资风险。不同地区和不同类型的 REITs 之间相关性较低，因此，选择不同地区和不同类型的 REITs 进行投资组合可以分担风险。

在投资策略的选择上，要讲究时机。对 REITs 投资时机的选择，既要考虑宏观经济因素，也要考虑 REITs 自身因素。在不同的经济周期，REITs 投资时机的选择也不尽相同。在繁荣时期，可考虑投资数据中心和产业物流；在萧条时期，可考虑投资医疗和租赁房地产。REITs 本身的收益率也会对投资策略的选择产生影响。一般情况下，可通过比较 REITs 的估值和市场价格决定买卖 REITs 产品。当 REITs 的估值高于市场价格时，说明 REITs 被低估了，应该买进 REITs；当 REITs 的估值低于市场价格时，说明 REITs 被高估了，应该卖出 REITs。

从投资策略的核心来看，投资基础设施公募 REITs 属于价值投资。投资策略、投资逻辑最终离不开 REITs 产品的估值及成长能力。REITs 产品估值定价的依据就是预期分红收益，而影响分红收益率的因素主要有两个，一个是 REITs 底层资产的内在投资价值，另一个是 REITs 基金管理人的运营能力。作为最直接的指标，基础设施 REITs 持续稳定的股息是关键。

稳定的股息收入是基础设施公募 REITs 投资的主要理由。基础设施公募 REITs 有长期的租赁权和使用权，现金流相对稳定。基础设施 REITs 的现金股利具有有序且稳定的特点，其股利收益率甚至比股票、债券、房地产及中央银行中票等资产类别更具吸引力。从指数角度来看，REITs 的股息派发率比较合理、稳定，因此可以通过股息派发率衡量 REITs 的价格。高股息派发率通常表明房地产价格是合理的，而低股息派发率则表明 REITs 价格较高。

$$\text{收益率差}=\text{REITs 股息收益率}-10\text{ 年期国债收益率} \tag{7-1}$$

收益率随利率的变化而变化。对追求当期收益的投资者而言，REITs 是一种极具吸引力的投资产品，但前提条件是 REITs 负债平衡表相对保守、资产质量良好、有优秀的管理人和发起人。

（二）公募 REITs 的投资方式

投资者既可以投资国内的公募 REITs，也可以投资国外的公募 REITs，只是投资的方式有些区别。投资国外公募 REITs 的路径有两条：第一条路径是国内机构投资者或者个人投资者通过离岸账户或者合格境内机构投资者等途径自行投资全球范围内的 REITs 产品，或者通过投资顾问的帮助进行投资；第二条路径是投资者通过国内证券投资基金管理公司发行的 REITs 投资主题的合格境内机构投资者进行投资。

境内基础设施公募 REITs 的投资主要通过网上和网下认购的方式进行。根据《深圳证券交易所公开募集基础设施证券投资基金业务办法（试行）》，基础设施基金份额的发售分为战略配售、网下询价并定价、网下配售、公众投资者认购等。

（1）战略配售。基础设施项目原始权益人或其同一控制下的关联方参与基础设施基金份额战略配售的比例合计不得低于本次基金份额发售数量的 20%。

（2）网下询价并定价。基础设施基金首次发售的，基金管理人或者财务顾问应当通过向网下投资者询价的方式确定基础设施基金份额认购价格。

（3）网下配售。网下投资者通过深交所网下发行电子平台参与基金份额的网下配售。基金管理人或财务顾问按照询价确定的认购价格办理网下投资者网下基金份额的认购和配售。网下配售比例不得低于本次配售数量扣除向战略投资者配售部分后的 70%。

（4）公众投资者认购。公众投资者可以通过场内证券经营机构或者基金管理人及其委托的场外基金销售机构认购基础设施基金。

根据基础设施基金的发行类型，国内 REITs 的投资者可以分为基石投资者、网下投资者和网上投资者三类。基石投资者一般是指发行人及其附属机构，这类投资者不参与网下及网上发行，而是直接按最终发行价认购相应基金份额。网下投资者主要是大型的专业机构，它们通过承销商的路演询价，签署申购申请书，最终以发行结果获得基金份额。网上投资者包括其他各类市场投资者，他们根据发行人和管理人确定的最终发行价格，参照公募基金现有购买渠道，既可以通过券商在交易所开立账户进行场内认购，也可以通过银行柜台进行场外认购。场外认购需与机构办理托管手续，即专业机构投资者能够参与战略配售和网下发行，战略配售的比例由基金管理人安排，并且持有期不少于 12 个月。公众投资者通过基金经销商认购基础设施投资基金。

基础设施公募 REITs 的退出机制比类 REITs 产品（不动产）完善。基础设施公募 REITs 采取封闭式的基金运作，其退出机制有三种：第一种，投资公募 REITs 比投资不动产的流动性强，将不动产证券化可以加强流动性。另外，公募 REITs 产品与股票、基金等产品一样，在集合竞价交易平台进行交易，具有较强的流动性，可通过二级市场转让份额实现退出。第二种，在产品存续期间，REITs 产品可通过对其持有的部分资产进行处置，并将处置收益分配给投资人，实现投资人部分投资的收回。第三种，在产品终止时，REITs 产品将对资产进行处置，并将处置所得收益分配给投资人，投资人将实现退出。可见，REITs 产品从投资到退出都有完善的机制。

二、基础设施公募 REITs 的投资要点

REITs 的价值是其投资组合里所有物业的集合。从本质上说，REITs 就是通过资产证券化，将具有较高投资门槛的不动产，转变成具有较强流动性和可拆分性的标准化投资产品。因此，对 REITs 的投资既要关注基础资产，也要关注已发行的证券化产品。

（一）基础设施公募 REITs 市场产品端

在基础设施公募 REITs 市场产品端，应重点关注产品的流动性、退出渠道、税收政策以及估值。从产品的流动性来看，REITs 就是将流动性弱的不动产变成流动性强的证券化产品，降低投资门槛，并在交易中提升产品价值、提高产品估值的准确性，便于中小投资者参与投资。

从产品的退出渠道来看，基础设施公募 REITs 是一种封闭式基金。基础设施公募 REITs 的封闭期和底层资产的期限相匹配，不能提前赎回。但是，其上市份额可以在二级市场进行交易。具体而言，在基础设施 REITs 封闭期内，场内投资者可以直接卖出手中持有的产品份额，场外投资者可以通过交易所卖出份额实现退出。但是，基础设施公募 REITs 对底层资产的原始权益人、战略投资者等相关投资者设有特定的锁定期，基础设施项目原始权益人或其同一控制下的关联方参与基础设施基金份额战略配售的比例合计不得低于该次基金份额发售数量的 20%。其中，基金份额发售总量的 20%的持有期自上市之日起不少于 60 个月，超过 20%部分的持有期自上市之日起不少于 36 个月，基金份额持有期间不允许质押。

从产品的税收政策来看，我国基础设施公募 REITs 采用“公募基金+ABS”模式，应用在公募基金中的税收优惠政策同样适用于基础设施 REITs，以避免双重征税问题。

从产品的估值来看，涉及底层资产的估值和产品份额的估值。底层资产的估值是产品份额估值的基础，两者是统一的，产品的流动性提高了产品估值的准确性。对基础设施公募 REITs 进行估值，应重点关注评估机构的资质、评估方法的选择和评估参数的确定。

根据上交所《审核关注事项》及深交所《审核关注事项》，公募 REITs 产品中基础设施项目及项目公司、现金流、运营情况等应当符合表 7-7 中的相关要求。

表 7-7　对公募 REITs 市场产品的内在要求

基础设施项目	项目公司	现金流	运营情况
权属清晰，资产范围明确，原则上应当依照规定完成相应权属登记	依法设立且存续	基于真实、合法的经营活动产生，价格或者收费标准符合相关规定（如有）	具备成熟稳定的运营模式，运营收入有较大增长潜力
不存在法定或者约定的限制转让、抵押、质押情形，主管机关或者相关权利方同意转让的除外	财务会计制度和财务管理制度规范	符合市场化原则，不依赖第三方补贴等非经常性收入	运营时间原则上不低于 3 年，投资回报良好
不存在抵押、质押等他项权利设定，基础设施基金成立后能够解除他项权利的除外	合法持有基础设施项目相关资产	具有持续性和稳定性，最近 3 年（不满 3 年的，自开始运营起，下同）未出现不合理的异常波动	产业园区、仓储物流、数据中心等依托租赁收入的，最近 3 年总体出租率较高，租金收缴情况良好，主要承租人资信状况良好、租约稳定，承租人行业分布合理
基础设施资产已通过竣工验收，工程建设质量和安全标准符合相关要求，原则上已按照投资建设时的规定履行规划、用地、环评等审批、核准、备案、登记以及其他依据法律法规应当办理的手续	中国证监会和本所（上交所/深交所）规定的其他条件	来源合理分散，直接或者穿透后来源于多个现金流提供方。因商业模式或者经营业态等，现金流提供方较少的，重要现金流提供方应当资信情况良好，财务状况稳健	收费公路、污水处理等依托收费收入的，最近 3 年运营收入较高或者保持增长，使用者需求充足稳定，区域竞争优势显著
基础设施资产的土地实际用途原则上应当与其规划用途、权证所载用途相符。存在差异的，律师应当对实际用途是否符合法律法规和相关政策进行核查并发表明确意见，管理人应当充分揭示风险，并设置相应的风险缓释措施		最近 3 年平均净利润或者经营性净现金流为正	中国证监会和本所（上交所/深交所）规定的其他条件
基础设施资产涉及经营资质的，相关经营资质或者经营许可应当合法、有效。经营资质或者经营许可在基础设施基金和资产支持证券存续期内存在展期安排的，管理人应当披露具体安排，并按照规定或者主管机关要求办理展期手续		中国证监会和本所（上交所/深交所）规定的其他条件	

（二）基础设施公募 REITs 市场资产端

基础设施公募 REITs 的收益最终还是来源于底层资产，底层资产的优劣影响着产品的收益。因此，在选择投资标的时，应重点关注底层资产的权属是否清晰、审批手续是否完备、运营管理情况、所处行业的前景等。

权属清晰、审批手续完备是筛选底层资产的首要条件。根据监管要求，底层资产应当权属清晰、资产明确，原始权益人拥有底层资产的所有权、经营权等相关权利。比如，当以房地产为底层资产时，应重点关注发行人是否有权利凭证，资产是否存在抵押情况等；当以土地为交易资产时，应重点关注原始权益人取得土地的方式是否合法、土地剩余经营期限以及土地能否转让等情况；当以高速公路、市政工程项目等为底层资产时，应重点关注特许经营协议是否合规、合法。

不管以何种资产为交易标的，都必须保证资产的权属是清晰的，审批手续是完备的，并且具备发行 REITs 产品的相关资质。管理团队的运营管理能力也是影响底层资产收益的重要因素。项目的运营管理可以采用内部管理的方式，也可以委托外部管理机构，优秀的管理团队具有较强的运营管理能力，能提高经济收益并实现资产增值。现金流的预测对产品估值至关重要，现金流预测的合理性也是投资者应重点关注的方面，REITs 产品的底层资产应具备持续产生稳定现金流的能力，并且近 3 年的经营性净现金流为正。

对现金流的预测也很重要。收入流是过去的经营成果，但可以利用历史数据预测未来经营情况。例如，可通过收入流的波动情况判断底层资产是否具备产生稳定现金流的能力。未来现金流是未知的，需要在历史数据的基础上进行预测，在这个过程中，应重点关注资产经营年限或特许经营权的剩余年限、运营收入、运营成本、折现率等数据的预测和选取。底层资产所处行业的发展前景也是影响 REITs 产品投资的重要方面。资产所处行业受到国家政策支持、行业利润水平高、发展前景好等会吸引更多的投资者。

（三）公募 REITs 市场的参与主体

中国证监会于 2020 年 8 月 6 日发布实施的《基金指引》，以及上交所《审核关注事项》和深交所《审核关注事项》，都对公募 REITs 各市场参与主体提出了具体要求，见表 7-8。

表 7-8　对公募 REITs 各市场参与主体的具体要求

<table>
<tr><th>原始权益人</th><th>基金管理人</th><th>基金托管人</th><th>中介机构</th><th>接受委托的外部管理机构</th></tr>
<tr><td>依法设立且存续</td><td>公司成立满 3 年，资产管理经验丰富，公司治理体系健全，内控制度完善</td><td>财务状况良好，风险控制指标符合监管部门的相关规定</td><td rowspan="5">基金管理人聘请财务顾问、会计师事务所、律师事务所、评估机构等专业机构，应当遵循最少必需原则，精简产品结构，降低运营成本。相关专业机构应当符合基础设施基金指引规定的条件。
资产支持证券管理人可以与基金管理人聘请相同的专业机构。
原始权益人聘请的财务顾问等专业机构应当具有依法从事相关金融业务的资质</td><td>具有持续经营能力</td></tr>
<tr><td>享有基础设施项目完全所有权或者经营权利，不存在重大权属纠纷或者争议</td><td>设置独立的基础设施基金投资管理部门，配备不少于 3 名具有 5 年以上基础设施项目运营或基础设施项目投资管理经验的主要负责人员，其中，至少 2 名具备 5 年以上基础设施项目运营经验</td><td>具有良好的社会声誉，在金融监管、工商、税务等方面不存在重大不良记录</td><td>最近 3 年不存在重大违法违规记录</td></tr>
<tr><td>信用稳健，内部控制制度健全，具有持续经营能力</td><td>财务状况良好，能满足公司持续运营、业务发展和风险防范的需要</td><td>具有基础设施领域资产管理产品托管经验</td><td rowspan="3">中国证监会规定的其他要求</td></tr>
<tr><td>最近 3 年（未满 3 年的自成立之日起，下同）不存在重大违法违规记录，不存在因严重违法、失信行为被主管部门认定为失信被执行人、失信生产经营单位或者其他失信单位并被暂停或者限制融资的情形</td><td>具有良好的社会声誉，在金融监管、工商、税务等方面不存在重大不良记录</td><td>为开展基础设施基金托管业务配备充足的专业人员</td></tr>
<tr><td>中国证监会等规定的其他条件</td><td>具备健全有效的基础设施基金投资管理、项目运营、内部控制与风险管理制度和流程。
中国证监会规定的其他要求</td><td>中国证监会规定的其他要求</td></tr>
</table>

注：基础设施公募 REITs 托管人与基础设施资产支持证券托管人应当为同一人，基金管理人与资产支持证券管理人存在实际控制关系或受同一控制人控制。

三、理性选择基础设施公募 REITs 产品

投资基础设施公募 REITs 的赛道虽好，但是目前我国的基础设施公募 REITs 尚处于初步发展阶段，不同 REITs 资产的盈利能力、资产前景、收益回报等各不相同。因此，

正确判断 REITs 产品的优劣对投资成效具有重要意义。REITs 产品评价项目及内容见表 7-9。

表 7-9　REITs 产品评价项目及内容

评价项目	评价内容
历史业绩	投资回报良好，近 3 年内总体保持盈利或经营性净现金流为正；财务报表是历史业绩的重要依据，重点关注经营性净现金流或息税折旧前利润、关联方交易产生的现金流等
运营管理团队	管理经验；获客能力；风控水平；能耗管控；原始权益人充当运营管理机构；设计利益共享、风险共担的机制，有稳定的治理结构；有避免同业竞争的措施；等等
资产前景	行业政策，区域环境，市场竞争态势，聚焦重点区域、重点行业、优质项目等
扩募潜力	向资产原始权益人购买资产，向其他市场主体并购等
资产经营期限	类永续型，有限期限型等

在具体选择 REITs 产品时，投资者可从下五个维度进行考虑：①原始权益人的综合实力。原始权益人的综合实力包括原始权益人的主营业务、行业地位、持有或运营的同类项目资产规模、信用状况、内部控制制度等。②项目自身情况。一是项目基本情况，包括项目所在地、行业、建设内容和规模、用地性质、开竣工时间、收入来源、资产范围、项目公司法人及其股权结构等；二是项目运营情况，包括项目运营时间，近 3 年资产收益、盈利、经营性净现金流情况，预计未来 3 年净现金流分派率及增长潜力等。③运营管理机构实力。运营管理机构实力包括同类项目运营管理经验、配备的运营管理人员、公司治理和财务状况等。④公募基金管理人实力。公募基金管理人实力包括公募基金管理人在相关行业的综合实力、股东背景及资源禀赋、团队配备情况和历史项目管理经验等。⑤产品条款。产品条款包括产品的期限、结构、投资者类型和占比、项目退出机制、扩募安排等。

综上所述，投资者可以结合项目自身情况和所处行业特征，以及适用于该行业的关键性评价指标，根据自身的需求和风险偏好选择适合的基础设施公募 REITs 产品。

第四节　基础设施公募 REITs 的投资风险

基础设施公募 REITs 的投资风险来自五个方面：①当前基础设施公募 REITs 的法律结构；②当前基础设施公募 REITs 投资一个或多个资产支持专项计划；③资产支持专项计划投资 SPV、项目公司的股权，有的 REITs 在发行上市后还有项目公司反向吸并 SPV 的交易安排，因此具有交易结构搭建方面的风险；④项目公司持有底层基础资产，基础资产在存续期存在经营风险；⑤基础设施公募 REITs 上市后与股票一样进行场内交易，二级市场交易中也有相关的风险。

一、基础设施公募 REITs 披露的投资风险

一般来说，基础设施公募 REITs 在发行募集时，其招募说明书中有专门的风险揭示章节，对上文提到的五个方面的投资风险均有论述。例如，《博时招商蛇口产业园封闭式基础设施证券投资基金招募说明书》在开头的“重要提示”部分及第八部分“风险揭示”中均做了风险提示，共披露了 21 类风险。根据风险来源不同，大致可将这 21 类风险分为以下三大类：

（1）基础设施公募 REITs 特有的交易结构带来的风险。此类风险主要包括集中投资风险、发售失败风险、中止发售风险、终止上市风险、潜在利益冲突风险、基金整体架构涉及的风险、专项计划等特殊目的载体提前终止的风险。

（2）基础设施公募 REITs 上市后二级市场相关风险。此类风险主要包括基金价格波动风险、流动性风险、基金净值无法反映基础设施项目真实价值的风险。

（3）存续期内 REITs 基础资产运营过程中产生的风险。此类风险主要包括基础设施项目运营风险，对外借款风险，与基础设施项目运营、管理、改造相关的风险，基础设施项目土地使用权续期风险，基础设施项目处置价格及处置时间不确定风险，基础设施项目土地使用权用途风险，现金流预测风险及预测偏差可能导致的投资风险，基础设施项目评估结果偏差风险，基础设施项目政策调整风险，意外事件及不可抗力给基础设施项目造成的风险，基础设施项目的租约集中到期风险。

投资者普遍认为，要降低我国基础设施公募 REITs 投资风险应做到以下三点：

（1）认识基础设施公募 REITs 的风险收益特征。基础设施公募 REITs 试点项目应符合预计未来 3 年净现金流分派率原则上不低于 4% 的条件。总体来看，基础设施公募 REITs 的投资风险介于 A 股股票和固定收益产品之间，加上具有强制分红属性，更适合偏好固定收益的长线投资者，成为境内投资者的投资新渠道。

（2）在参与基础设施公募 REITs 前应注意：在首次认购或者买入基础设施公募 REITs 前，应按照要求以电子或者纸质形式签署风险揭示书，了解投资基础设施公募 REITs 可能面临的风险——包括但不限于基金价格波动风险、基础设施项目运营风险、流动性风险、终止上市风险和税收政策调整风险等。此外，还需注意，风险揭示书的揭示事项仅为列举事项，未能详尽列明所有风险。因此，投资者应在参与相关业务前，认真阅读基金合同、招募说明书等法律文件，熟悉基础设施公募 REITs 相关规则，自主判断基金投资价值，自主做出投资决策，自行承担投资风险。

（3）关注基金价格波动风险。REITs 的大部分资产投资于基础设施项目，具有权益属性，在经济环境、运营管理等因素的影响下，基础设施项目的市场价值及现金流情况可能发生变化，并可能引起 REITs 的价格波动，甚至基础设施项目可能在遭遇极端事件（如地

震、台风等）时发生较大损失。

二、基础设施公募 REITs 投资的经济风险

1. 利率风险

REITs 是一种具有证券资本增值和稳定分红双重属性的特定资产配置类别，无论是境内 REITs 还是境外 REITs，都存在投资风险。利率风险是国内外 REITs 投资面临的重要风险之一。REITs 作为资本市场的交易工具，会受到宏观经济波动的影响，而利率与宏观经济环境息息相关，利率的波动会对 REITs 证券价格产生影响，具体体现在证券定价、财务压力与盈利能力等方面。

从证券定价来看，REITs 作为资本市场重要的投资工具，必定与债券、股票乃至公共事业证券竞争。例如，当市场利率升高时，市场上各类产品面临的风险调整后，收益也会上升。REITs 也是如此，投资者会对 REITs 收益率提出更高的要求，从而导致证券价格下跌。这种压力也可以通过利率上升时房地产净值下跌体现出来。

从财务压力来看，国际上标准 REITs 通常会利用财务杠杆进行融资，市场利率的升高很可能导致借款成本上升，尤其是当 REITs 的融资途径为浮息负债时，利率的升高会导致 REITs 融资成本提高，进而影响 REITs 的融资能力和分红能力。

从盈利能力来看，对于底层资产为商业型的物业，其分红能力与商业物业的盈利能力呈正相关关系。一般而言，市场利率的提高会对宏观经济起到抑制作用，经济增速的放缓会影响 REITs 底层资产的收益，但对签署长期租约的办公楼或满足大众日常生活消费需求的购物中心影响相对较小。

2. 汇率风险

REITs 涉及跨国投资，底层资产所处的国家与证券上市所处的国家不同，会导致底层资产获取的租金与 REITs 分红需要的货币不同，从而使 REITs 面临汇率风险。

在经济紧缩时期或者受到经济事件影响时，新兴市场国家或者发展中国家由于经济深度不够、稳定性较差，容易出现经济波动幅度加大、汇率贬值等情况。当 REITs 作为底层资产分布在新兴市场国家或者发展中国家时，汇率波动带来的风险尤为显著。虽然新兴市场国家的经济增长速度较快，对投资者来说具有较大的吸引力，但新兴市场国家经济稳定性较差，这将直接影响 REITs 以发行货币计价的盈利能力。

3. 上市交易风险

（1）公募 REITs 的信息披露是重中之重，但仍处于探索阶段，可能使二级市场定价能力减弱、风险累积。公募 REITs 的净值每半年披露一次，对提高市场定价能力并不“友好”，未来公募 REITs 在交易所上市交易后，可能由于净值长期未披露而在短期内失去交易定价的“锚”，造成交易价格波动幅度加大。

（2）公募 REITs 作为封闭期较长的公募基金类型之一，不保证收益，甚至可能存在封闭期过长导致上市折价的风险。虽然公募 REITs 的底层资产有现金流相对稳健的特点，但公募 REITs 的收益波动风险依然存在。目前，公募 REITs 的封闭期为 20 年到 99 年不等，与大多数金融产品相比，封闭期较长，投资不确定性也更大，存在上市折价的问题。

（3）公募 REITs 在发行时得到了市场及资金的青睐，但不代表上市交易后仍然会得到市场的认可。目前发行的公募 REITs，虽然受到了市场的追捧，但是上市后，其二级市场交易价格具有很大的不确定性，会受到很多因素的影响，波动幅度可能较大。另外，公募 REITs 二级市场的流动性不高，甚至可能存在一定的流动性风险。

基础设施公募 REITs 因分红比率高、周期性相对不明显等特征，可以作为长期资产配置的组成部分，但它具有一定的风险，尤其是在投资者参与公募 REITs 二级市场交易时，需重点关注相关风险。

4. 其他风险

（1）基金价格波动风险。基础设施基金大部分资产投资于基础设施项目，具有权益属性。受经济环境、运营管理等因素影响，基础设施项目市场价值及现金流情况可能发生变化，引起基金价格波动，甚至存在遭遇极端事件（如地震、台风等）发生较大损失而影响基金价格的风险。

（2）基础设施项目运营风险。基础设施基金投资集中度高，收益率很大程度上依赖基础设施项目运营情况。由于经济环境变化及运营不善等，基础设施项目可能出现实际现金流大幅低于测算现金流的情况，存在基金收益率不佳的风险。基础设施项目运营过程中租金、收费等收入的波动也会影响基金收益分配水平的稳定性。此外，基础设施基金可直接或间接对外借款，存在经营不达预期、无法偿还借款的风险。

（3）流动性风险。基础设施基金采用封闭式运作模式，不开通申购赎回，只能在二级市场交易，存在流动性不足的风险。

（4）暂停或终止上市风险。基础设施基金运作过程中可能出现触发法律法规或交易所规定的暂停或终止上市情形，导致投资者无法在二级市场交易。

（5）税收等政策调整风险。基础设施基金运作过程中可能涉及基金持有人、公募基金、资产支持证券、项目公司等多层面税负，如果国家税收等政策发生调整，则可能影响投资运作与基金收益。

（6）与基础设施项目相关的风险。该类风险包括但不限于基础设施项目的政策风险，可能面临的市场风险、运营风险等。

第五节　基础设施公募 REITs 投资基本面分析

基础设施公募 REITs 投资基本面分析主要包含两个维度：底层资产和市场因素。底层资产主要关注四个方面：一是资产估值，目前国内公募 REITs 的估值主要采用收益法（现金流折现法）；二是对资产估值的合理性进行判断，核心是关注折现率与未来现金流预测的合理性；三是运营情况，包括运营实际状况、现金分红率与预测值之间的差异等；四是原始权益人分析，包括原始权益人对资产的运营水平及其未来扩募可选资产的储备情况。市场因素主要关注市场供求、市场情绪、政策导向、无风险回报率走势、公募 REITs 的发行和流通规模等，这些会影响市场对基础设施公募 REITs 的偏好并最终影响价格。

一、基础设施公募 REITs 的经营能力指标

基础设施公募 REITs 的经营能力指标主要有净营业收入（NOI）、同店收益、收益增长等。

1. NOI

NOI 相当于公司的营业利润，即总营业收入和总营业成本之间的差额，但是收益衡量的只是物业层面的收入与成本之差，不包括 REITs 层面的。物业层面的收入主要包含两部分：一是租金收入，相当于营业收入；二是租户补偿收入，相当于其他业务收入。物业层面的成本包括资产运营支出（支付给第三方物业管理人的费用）、税费和保险费。

$$NOI = 租金收入 + 租户补偿收入 - 资产运营支出 - 税费 - 保险费 \tag{7-2}$$

2. 同店收益

同店收益是从零售行业引用过来的概念，表示 REITs 拥有并经营 12 个月以上的物业产生的 NOI，也可以称为“有机收益”。“有机”的实质就是 REITs 物业的持续经营能力，它依靠管理团队的专业管理提升物业的价值水平，从而实现可持续盈利，提升 REITs 的价值，而不是通过新的收购、开发实现 REITs 价值的提升，也不是通过出售物业提高获利水平。

同店收益增长又称“内涵式”增长，可以用于衡量 REITs 管理团队在运营管理物业方面的能力。同店收益的增长受多种因素的影响，如租赁合同的增加、租约到期、再租时市场租金水平的变化、入住率等，其中，影响最大、起决定性作用的因素是入住率。这是因为，如果物业没将房产租出去，业主除了不能收取租金外，还要自己承担物业管理费用，包括基本管理维护费、物业费以及保险费。这些费用不能通过出租转嫁到租户身上，虽然这部分费用不会特别高，但是会影响业主的收益。可见，物业的空置率对同店收益有双重影响，在减少收入的同时又增加了费用。因此，对物业的需求成为 REITs 投资回报的决定性因素，需求稳定的物业投资回报率较高。

3. 收益增长

REITs 的收益增长即运营资金（FFO）增长，相当于其他公司每股收益（EPS）的增长率，但是又不同于 EPS 的增长率。REITs 的收益增长率用运营现金流指标测算，这一指标只包含现金的流入、流出，不包括非现金资产。REITs 收益增长率计算公式如下：

$$\text{FFO 增长率}=\left[\left(\frac{\text{当期的每股 FFO}}{\text{上年同期的每股 FFO}}\right)-1\right]\times 100 \tag{7-3}$$

同店收益增长和通过购买或开发新物业实现的增长都会增加 FFO，但是净的 FFO 要剔除通过出售物业实现的 FFO，因为这部分收益不可持续。现在许多 REITs 不再只依靠管理物业获得收入，还通过提供与物业相关的服务或业务赚取利润，实现 FFO 的增加。FFO 的成本包括一般成本和行政成本（G&A），通过比较同一物业类型中不同 REITs 的 G&A 占收入的比重就可以比较出不同管理团队运营管理物业的能力，从而为投资者做出合适的投资决策提供参考。每股 FFO 还可以体现 REITs 资本结构的变化：如果每股 FFO 降低是利息支出增加引起的，REITs 的资本结构就偏向债务融资；如果入股是股份被稀释引起的，就说明 REITs 的股东数量在增加，REITs 的资本结构偏向股权融资。

一般来说，收益高的 REITs 往往能得到较高的估值，收益增长也较高。

4. 管理层的历史投资回报率

一只 REITs 是否具有投资价值，投资者可以根据以往管理团队的经营水平来判断，即通过公司公布的同店收益增长率数据判断管理团队的运营管理水平。管理团队的历史投资回报率可以为投资者提供一定的决策参考。可将某公司近 5 年或者更久之前公布的同店增长率数据和年度总回报率数据与同行业的平均水平进行对比，以此来评价管理团队的能力和 REITs 的投资回报，帮助投资者快速评估 REITs 的投资价值。

二、公募 REITs 的盈利能力指标

盈利能力即一家公司获取利润的能力。要判断一家普通公司的盈利能力，通常用到的指标是利润率，要用净利润指标计算。评价 REITs 公司的盈利能力与普通公司的盈利能力逻辑是一样的，也要用到净利润指标，不过 REITs 的净利润指标比较特殊，可以用 FFO、调整后的 FFO（AFFO）或可供分配的现金（CAD）代替。从净利润调整到 CAD 的具体步骤是，首先将净利润调整为 FFO，其次调整为 AFFO，最后调整到 CAD（见表 7-10）。

表 7-10 净利润调整到 CAD

归属于普通股股东的净利润（亏损）①
+支付给优先股股东和份额持有人的优先股红利
净利润①
+物业折旧及摊销
-出售已折旧的在用物业的收益-所得税

续表

归属于普通股股东的净利润（亏损）①
+已折旧的在用物业的减值准备
+/-调整与非控制性权益相关的 FFO②
归属于每家公司的运营资金
-经常性资本支出③
+/-调整后的直线租金④
+未折旧物业的减值损失，扣除所得税⑤
-出售未折旧物业的收益，扣除所得税⑤
+股票报销摊销
+递延融资成本摊销
+/-一次性项目，如提前清偿负债的损失
AFFO
-资本化利息支出
-计划的负债本金摊销⑥
CAD

注：①用通用会计准则的定义。

②这些通常是 REITs 持股少于控制性权益的合伙企业和合资企业。

③包括非收益提升项目，如铺新地或贴新墙纸，以及向租赁代理人支付的租赁佣金。与此相反，非经常性资本支出一般能增加资产价值或延长资产寿命，如扩建房屋或建造停车场。经常性项目和非经常性项目都可以资本化。然而，在计算 AFFO 时，只扣除经常性资本支出。

④根据 GAAP，REITs 应当"直线化"，根据每份租约可收到的合同租金收入，即公布平均租金（应收租金总额除以租约期），而不是每家实际支付的租金。对 REITs 报告的直线化租金的调整值，指从 GAAP 租金（在利润表中披露）加上或减去的数值，以获得"现金"租金的金额。

⑤未折旧物业包括土地和新开发但完工的物业。

⑥不包括分期还款中最后一笔较大金额的还款或到期本金支付。

这一调整过程实际上就是在净利润的基础上加上未支付现金的支出，如折旧、摊销、减值准备等，减去未收到的现金项目和经常性资本支出，最后得到可供分配的现金。

1. FFO

FFO 是评价 REITs 盈利能力的一种补充性指标，于 1991 年首次提出。GAAP 对 FFO 的定义如下：FFO 是在净利润的基础上加上不动产折旧、减去债务重组所得或损失及不动产销售收益。GAAP 对 FFO 的定义不包括支付给优先股的红利，但是如果净利润需要反映支付给优先股的红利，可以先把优先股加回来，在计算每股稀释 FFO 的分子时，再将支付给优先股的红利减掉，具体调整见表 7-11。

表 7-11 考虑优先股红利后计算的 FFO

净利润（包括支付给优先股的红利）
+物业折旧及摊销
-出售已折旧的在用物业的收益-所得税
+已折旧的在用物业的减值准备
+/-调整与非控制性权益相关的 FFO
归属于每家公司的运营资金
-支付给优先股股东和份额持有人的优先股红利
归属于普通股股东和普通份额持有人的稀释后的 FFO

2. AFFO

AFFO 是在 FFO 基础上进行调整的指标，它比 FFO 更能精准地反映 REITs 的收益。该指标在 FFO 的基础上加上各项摊销费用，因为这部分费用并未发生实际的现金流出；加上非经常性资本支出，这部分费用可以增加 REITs 的资产价值或者延长寿命，提高 REITs 的未来收益，如扩建；减去经常性资本支出，这部分支出包括非收益提升的项目，如装饰物业及其他改善租赁空间的支出、租赁佣金等费用，这些费用需要在整个租赁期间内进行摊销。历史的经常性资本支出可以在公司每季度公布的财务报表附注里的 AFFO 调整项目中查到，如果需要预测经常性资本支出，可以通过以下公式计算：

$$\text{经常性资本支出}=\frac{\text{年均经常性资本支出}}{\text{年均租赁空间的面积}}\times\text{未来总出租面积} \quad (7-4)$$

这里的“年均租赁空间的面积”只包括正在用的资产组合的面积，不包括开发中的面积。最后，修正所有的一次性项目。

3. CAD

CAD 是用来衡量红利安全性的指标，该指标在 AFFO 的基础上减去有担保负责的资本化利息支出，减去分期本金还款金额，使用频率较低。FFO 和 AFFO 的使用频率更高。

三、公募 REITs 资产负债表指标与分析

资产负债表能够提供 REITs 红利安全性的相关信息，以及 REITs 盈利能力和经营能力方面的信息。以下指标能够帮助投资者了解 REITs 的财务弹性。财务弹性能反映公司动用闲置资金和剩余负债的能力，即企业适应经济环境变化和利用投资机会的能力。

1. 杠杆率

在 20 世纪 90 年代，使用大量杠杆收购或开发物业，以刺激每股 FFO 的增长是普遍现象，但是带来了高风险，高杠杆率在经济低迷的时候不堪一击。在 2008 年的国际金融危机中，那些利用高杠杆经营的 REITs 公司都出现了财务弹性紧张的问题——因为自身负债水平较高、利用剩余负债的能力较弱，借不到钱去购买优质的资产，错失了许多投资机

会。经过几十年的摸爬滚打，REITs 行业逐渐实现“去杠杆化”，对债务融资更加谨慎。截至 2016 年底，REITs 行业的资产负债率下降到了 57%。

2. 负债与总市值的比率

负债与总市值的比率计算公式如下：

$$负债与总市值的比率=\frac{未偿付债总额}{总负债+优先股清算价值+股票市值} \quad (7-5)$$

其中，优先股清算价值等于每股清算价值乘以剩余优先股的数量，可以从公司公布的相关文件中找到；REITs 股票市值等于股票价格乘以所有已发行的普通股份额和运营型合伙企业（Operating Partnership，OP）份额的总和。

负债与总市值的比率会受到股票价格的影响，并且与股票价格负相关。该比率越小，REITs 红利的安全性越高，公司越有足够的资金偿还负债，投资者的利益越能得到保障；反之，该比率越大，公司的偿债压力越大，投资者的红利安全性越低。

3. 负债与总账面价值的比率

账面价值也称“资产价值”，就是用 REITs 资产负债表上的总资产减去无形资产的价值或者商誉，再加上累计折旧或摊销。负债与总账面价值的比率计算公式如下：

$$负债与总账面价值的比率=\frac{未偿付债总额}{总资产-无形资产/商誉+累积折旧/摊销} \quad (7-6)$$

该指标值越小，表明公司的偿债能力越强，投资者的红利越安全。

4. 负债与 EBITDA 的比率

EBITDA 是指息税前利润加上累计折旧和累计摊销，等于公司的利润总额加上利息和累计折旧与累积摊销。在计算负债与 EBITDA 的比率时，应使用最近一季度 EBITDA 的年化值。该比率的计算公式如下：

$$负债与\text{EBITDA}的比率=\frac{未偿付债总额}{\text{EBITDA}} \quad (7-7)$$

该比率是投资界最关注的指标之一，表示 REITs 公司利用最近一季度在分配利润、缴纳税金、计提折旧和摊销之前的收益偿还债务所需的时间。该比率也是越小越好。

5. 加权平均资金成本

加权平均资金成本（WACC）可通过对三类资金的成本进行加权平均计算得到。这三类资金是负债、普通股和优先股，权重是每种资金占总资金的比重。加权平均资金成本计算公式如下：

$$\text{WACC}=\frac{D}{\text{TMC}}\times R_d+\frac{E}{\text{TMC}}\times R_e+\frac{P}{\text{TMC}}\times R_p \quad (7-8)$$

式中，D 表示未偿债务总额，R_d 表示总负债的平均利率，E 表示股票市值，R_e 表示股票的成本，P 表示优先股的清算价值，R_p 表示优先股的平均分红率，TMC 表示总市值。

加权平均资金成本会影响 REITs 股票的价格。在第六章，我们分析了加权平均资金成本对 REITs 投资回报的影响。在高杠杆的水平下，REITs 的投资回报很低，可以通过降低加权平均资金成本里负债水平的权重改善 REITs 的投资回报。投资者对加权平均资金成本低的 REITs 股票估值会高一些，对加权平均资金成本高的 REITs 股票估值会低一些。

然而，确定股票的成本并不容易。负债和优先股的成本可以按照事先确定的利率水平与票面分红率计算，但是股票的成本不能在公司披露的文件附注中找到相应的计算指标。一种常用的计算方法是使用行业的平均预期总回报率来确定股票的成本。一般地，行业的平均预期总回报率为 10%~12%。当然，还有其他计算股票成本的公式，只要在比较不同 REITs 的加权平均资金成本时采用的是同一种计算方法就有意义。

引起加权平均资金成本偏高的主要原因有两个：一是该公司是 REITs 行业的新进入者，其资产负债表质量差，还不太熟悉行业的游戏规则；二是 REITs 的管理团队不能很好地配置资金。通过负债率的提高实现 REITs 的增长，在短期内可能出现投资回报率高的假象，但是在长期内，不确定因素很多，过高的负债率会提高风险，尤其是在经济衰退的时候，风险会尤为突出。

四、基础设施公募 REITs 的估值指标

基础设施公募 REITs 的估值指标如下：

1. 市盈率

市盈率是公司股价与每股收益的比值，是投资者使用较为频繁的估值指标，也可以用于评估股票价格偏离价值的程度。一般来说，股票的市盈率越大，价格与价值的偏离程度越大，投资风险越高；市盈率越小，价格与价值的偏离程度越小，投资风险越低。市盈率在 0~13，表示股票价格被低估了；市盈率在 14~20，表示股票价格为正常水平；市盈率在 21~28，表示股票价格被高估了；市盈率在 28 以上，表示股市出现了投机性泡沫。市盈率也可以反映投资者对某股票的未来收益预期。对于成长性好的企业，投资者对其未来收益的预期持乐观态度，愿意付出更高的价格购买该股票，因此该股票的市盈率相对高一些，当该企业的运营到了成熟阶段，市盈率会慢慢下降。

由前文分析可知，REITs 看重的不是每股收益，而是经过一系列调整得到的运营现金流指标，因此，REITs 的市盈率指标用 FFO 倍数来表示，计算公式为

$$\text{FFO 倍数}=\frac{P}{\text{FFO}}=\frac{\text{当前股价}}{\text{每股 FFO}} \tag{7-9}$$

该指标的意义和普通公司市盈率的意义一样，即 FFO 倍数越低，投资者的投资风险越小，收益越安全，则 REITs 的股价能得到较好的估值。我们都知道，REITs 的底层资产都是一些原则上已经经营了 3 年或以上时间，并且能够产生稳定现金流的物业资产，因此，REITs 的 FFO 是稳定的，再加上 REITs 要求每年必须进行分红，这样投资者的收益就能得到保障，每股 FFO 越高，股票的估值就越高，但是仅仅使用 FFO 倍数这一指标来为 REITs

估值是远远不够的，还需要综合考虑其他估值指标，以反映 REITs 的真实价值。

2. 市盈率相对盈利增长比率（PEG 指标）

$$PEG 指标=\frac{次年的 FFO 倍数}{次年的预期每股 FFO 增长率} \tag{7-10}$$

如果说 FFO 倍数反映的是价格与价值的偏离程度，是一种评估相对价值的指标，那么 PEG 指标就是一种反映投资者为某公司的预期收益增长率估值的指标，能够帮助投资者了解他们当前为未来收益支付的成本。该指标值越小，对投资者来说估值越好。需要注意的是，当公司的预期利润为零或者负值时，应采用更长期的潜在分红率计算 PEG 指标。

3. 分红率

许多投资者投资 REITs 的部分原因是 REITs 每年都会分红，要求公司每年将其 90%或以上的收益向投资者分配，并且 REITs 的分红率基本上高于同期的国债等固定收益产品的收益率。按照相关要求，REITs 的分红收益率至少需要维持在 4%的水平。

REITs 分红的基础是应税收入，即在 REITs 层面向投资者分配的红利是不需要缴税的，投资者可以在拿到红利之后再去缴纳个人所得税或公司所得税。REITs 的分红率可以分为当期分红率和成本分红率，计算公式如下：

$$当前分红率=\frac{当季红利\times 4}{当期每股价格} \tag{7-11}$$

$$成本分红率=\frac{当季红利\times 4}{股东的每股购买成本} \tag{7-12}$$

派发红利的期间不同，计算公式略有差别。如果公司按月分配红利，那么分子就是每月红利乘以 12 个月进行年化；如果按年分配红利，那么分子就是当年的红利。如果投资者手中已经持有某 REITs 的股票，在考虑要不要更换为另一只 REITs 的股票，只需要将已经拥有 REITs 的成本分红率与新 REITs 的当期分红率进行比较就可以得出初步结论：如果前者小于后者，可以考虑更换；否则，应继续持有。

4. 红利安全性

红利安全性问题涉及红利是否可以持续发放。前文提到在 20 世纪 80—90 年代的储贷危机，以及 2007—2008 年的国际金融危机期间，都出现了削减红利或暂停发放红利的情况，但是除了这些极端的经济时期外，大部分时候 REITs 的红利是可持续的，只要 REITs 的管理团队不是依靠大量负债来融资，将公司的杠杆率维持在较低的水平，REITs 的红利就能得到保障。可见，公司债务的高低最终决定了红利的安全性。

关于红利安全性的三个一般规则：①依托短期租约收入的 REITs 与拥有长期租约收入的 REITs 相比，存在更高的削减红利风险；②管理层承担过高杠杆的公司，红利风险更高，50%的负债与总账面价值的比率通常是杠杆的绝对最大值（不同的物业类型存在差异，即使是这个水平，也可能过高）；③那些分红率超过行业平均水平的 REITs，往往拥有更高的企业风险和较低的红利安全性。

需要注意的是，如果某 REITs 的分红率看起来太高，不像是真的，那么它可能确实不是真的。

5. 红利覆盖率（分配率）

红利覆盖率（分配率）是评估红利安全性的量化指标之一，它在数值上等于当季红利的年化值除以次年每股 FFO 的估计值，是衡量 REITs 派发当期红利能力的指标。该指标值小于 1，表示该 REITs 预期能产生足够的 FFO 用来分配红利；该指标值大于 1，表示该 REITs 的经营状况不佳，未来产生的 FFO 不足以支付必须向投资者支付的红利。衡量红利安全性的量化指标还有前文提到的负债与总市值的比率、负债与总账面价值的比率等，这些指标的值越小，红利越安全。

在计算红利分配率时，每股 AFFO 或者 CAD 更能准确地反映真实的分配率水平，因为 AFFO 指标在 FFO 的基础上加上了各项摊销费用，减去了经常性资本支出，更能体现现金流的准确性。但是，在实际中，大部分股票分析师经常用的指标还是每股 FFO，因为用 AFFO 指标测算有些复杂。

6. 红利贴现模型

红利贴现模型计算的是股票的内在价值，预期现金股利的现值构成股票的价值，即股票的内在价值等于红利的现值之和。最常见的红利贴现模型有一般模型和稳定增长模型，其计算公式如下：

$$\text{一般模型：股票价值} = \sum \frac{D_t}{(1+k)^t} \tag{7-13}$$

$$\text{稳定增长模型：股票价值} = \frac{D_1}{k-g} \tag{7-14}$$

其中，D_t 表示预期的每期现金红利；D_1 表示次年的预期红利水平；k 表示股票的贴现率，即投资者要求的股权资本收益率；g 表示红利的增长率。这些参数有的可以直接从公司年报中找到，如 D 和 g，而 k 只能通过计算得出，常用的方法有资本资产定价模型和加权平均资金成本法。股票的内在价值并不是股票的市场交易价格，但是可以根据计算出来的内在价值判断是否应该买入某 REITs 的股票，当内在价值高于股票的市场交易价格时，说明这只 REITs 的股票价格被低估了，则拥有该 REITs 的股票是值得的；反之，则股票价格被高估了，应该卖出。

7. 净资产估计值

净资产估计值（NAV）用物业租金收入的现值减去负债可以得到。该指标与每股账面总资产指标相比，更受投资者的青睐。这是因为，NAV 不仅考虑了物业土地价值可能带来的收入，还考虑了物业资产的未来收入潜力，能体现 REITs 资产的真实价值。土地在刚开始的时候作为一项无形资产入账，除了需要摊销之外，每股账面总资产并没有考虑土地的增值情况。

管理者在考虑投资策略时，可以通过比较物业资产的 NAV 和 REITs 股票价格的高低来决策。当股票价格高于 NAV 时，REITs 溢价交易，管理者应该以较低的资金成本扩大资产组合的规模。为什么会出现溢价交易呢？可能的原因有两个：一是投资者十分看好该 REITs 物业资产的收益能力；二是该 REITs 股票价格被高估了。当股票价格低于 NAV 时，REITs 折价交易，管理者应该尽快出售资产组合里那些劣质资产（收益最小或者增长潜力最小的资产）以缩小规模，投资者可以在这时以低价购入 REITs 的股票。但是，当 REITs 的折价幅度过大或者折价持续时间过长时，管理者需要考虑是否回购一部分普通股，以减少市场上流通的股票数量，从而间接提高股票价格。当然，这种方式并不能实现该股票的可持续发展。在考虑回购普通股的同时，管理者也要考虑公司是否会通过举债的形式回购股票，要权衡股和债之间的关系，不能因为回购增大企业的债务压力。要想改变 REITs 股票的折价状态，最主要的是要提高管理团队的经营管理水平，实现物业资产的增值和 REITs 价值的增长。因此，REITs 折价交易可能是因为投资者觉得该 REITs 的管理团队专业水平不高，不愿意出更高的价格来持有；也可能是因为市场低估了 REITs 的业务。总的来说，股票价格高于 NAV 的 REITs 成长性较好。

NAV 的计算步骤如下：

NAV 的基本计算原理：首先，估算 REITs 资产组合的当前市场价值；其次，加上其他有形资产，减去所有负债，得到资产组合的 NAV；最后，除以已发行的股票和 OP 份额余额，得到估算后的每股 NAV。每股 NAV 的简化估算步骤见表 7-12。

表 7-12 每股 NAV 的简化估算步骤

最近季度的现金 NOI 流水
×4 进行年化
年化调整后的现金 NOI
（1+X%的年化同店增长率假设）
年化调整后的现金 NOI
÷折现率
某 REITs 的在用物业的公平市场价值
调整项目：
+应收账款、现金和其他有形资产减去流动负债
+持有待出售物业的公平价值，减去相关负债
+当前处于开发阶段物业的投资成本
−总负债

续表

-优先股的清算价值
NAV
季度末的股票与 OP 份额余额
每股 NAV

步骤一：估算最近一个季度的现金 NOI 流水，见表 7-13。

现金 NOI，也称“可结算 NOI”或“合同 NOI”，是指在 NOI 的基础上对租金采用直线法进行调整。由于每期收到的实际合同租金金额不一样，REITs 需要将租金金额直线化，应当披露的是整个租期内的平均租金收入水平，以排除其他干扰因素对物业资产租金收入的影响，避免夸大或低估物业的盈利能力。直线租金调整额等于每期应收的实际合同租金金额与直线化的租金水平之间的差额，即直线租金调整额=应收租金金额-平均租金金额。

估算现金 NOI 的季度流水有两种方法：方法一，直接利用 REITs 公司披露的现金 NOI 数据；方法二，投资者自己测算，可以利用利润表中的相关数据，以及从 FFO 调整为 AFFO 时披露的直线租金调整数据来估算。

表 7-13　估算最近一个季度的现金 NOI 流水

步骤一：估算最近一个季度的现金 NOI 流水
当季租金收入+租户补偿收入
-当季物业运营支出
当季 NOI
+/-直线租金调整额
当季现金 NOI

两种方法测算出来的现金 NOI 会有些差别：在方法一中，投资者测算的现金 NOI 已经将持有待售资产确认为终止经营，因此这部分资产产生的 NOI 未计入现金 NOI；在方法二中，披露的数据包括持有待售资产产生的 NOI。因此，方法一估计的当季现金 NOI 低于方法二估计的，但是经过调整，两者是一样的，只有极少数 REITs 会披露其现金 NOI 的季度流水。步骤一的主要目的是分离出从某 REITs 的在用资产组合中产生的现金 NOI，并对最近一个报告期内购买、出售或投入使用的物业进行调整。

步骤二：为计算现金 NOI 而估算季度流水。

步骤二以步骤一分离出的在用资产组合产生的现金 NOI 为基数，通过调整 REITs 投资活动期间产生的现金 NOI，得到当季现金 NOI 流水，并将其作为 NAV 的计算基础，见表 7-14。

表 7-14　在用资产组合的流水估计值

步骤一计算得到的当季现金 NOI
+以下事项相关的未入账 NOI：
季度内实施的并购
季度内投入运营的开发项目
-季度内已出售资产的 NOI
-持有待售资产的 NOI
季度内投资活动相关的现金 NOI 净调整值
当季现金 NOI 流水

季度内实施的并购和投入运营的开发项目，是在 90 天中的某一天开始的，而不是 90 天的第一天，在这一天之前的那些天的现金收入并没有算入 NOI，因此在计算当季现金 NOI 时，要把并购和开发之前的收入算进来，相当于把现金 NOI 季度化。举例来说，公司在本季度的第 40 天收购了一栋建筑物，那么这个季度后 50 天的 NOI 已经计入了当季的现金 NOI，但是第 40 天之前的没有算进去，因此将这栋建筑物所能产生的红利的 4/9 加入当季现金 NOI，季度内投入运营的开发项目的计算方式也是如此。季度内已经出售的资产不属于本公司的资产，这种资产产生的 NOI 需要扣除。比如，一栋建筑物是在本季度第二个月的月初卖出去的，那么后两个月这栋建筑物产生的 NOI 不应计入当季现金 NOI 流水，并且前面一个月产生的 NOI 也要扣除。持有待售资产的 NOI 也需要做调整，前文提及方法一和方法二得出的结果不同，就是因为对持有待售资产产生的 NOI 的处理方式不同，所以在这一步骤要进行调整。方法一没有将这部分资产产生的 NOI 计入当季现金 NOI，因此不需要进行调整；方法二在步骤一中没有扣除这部分资产产生的 NOI，因此要在这一步骤进行扣除。经过这些调整，就能得到季度内投资活动相关的现金 NOI 的净调整值，那么当季现金 NOI 就等于步骤一计算得到的季度现金 NOI 加上净调整值，净调整值可能为正，也可能为负。

步骤三：计算年化现金 NOI 季度流水并调整同店增长率，见表 7-15。

表 7-15　考虑同店增长率后的年化现金 NOI

步骤二得到的当季现金 NOI 流水
×4
年化现金 NOI 流水
×同店增长率
考虑同店增长率后的年化现金 NOI

步骤三将步骤二计算得到的当季现金 NOI 进行年化，并且考虑了这些收益在未来 12 个月内的合理增长率，即同店增长率。不同物业类型的同店增长率不同，同一物业类型也

会因为经济的扩张或衰退而表现出不一样的同店增长率，因而在估计物业的同店增长率时，需要综合考虑公司的历史同店增长率数据和投资者对宏观经济的预测。

步骤四：计算在用资产组合的市场价值，见表 7-16。

表 7-16　在用资产组合的市场价值

步骤三计算得到的年化现金 NOI
÷资本化率
在用物业的市场公允价值

年化现金 NOI 除以合适的资本化率能得到在用物业的市场公允价值，市场公允价值就是买方目前愿意为此物业支付的价格，是物业预期现金 NOI 的现值。在这一步骤中，最重要的是选择一个合适的资本化率。

资本化率是对收益性不动产进行评估的一个重要参数，但是不同的物业类型采用的资本化率不同，并且对于采用哪种资本化率计算 REITs 的 NAV 存在很多争议。资本化率的计算方法主要有四种，分别是市场提取法、无风险回报率+风险调整法、复合投资收益法和投资收益率排序插入法。计算 REITs 的 NAV 常用的是前两种方法。市场提取法是指通过参考多个类似物业近期在市场上交易的资本化率确定目标资产的资本化率，其估算逻辑是：首先，选取几家（至少 4 家）拥有同类物业的企业，收集它们的交易价格和租金收入等；其次，计算它们的资本化率（资本化率等于物业的现金 NOI 除以物业的市场价格或者转让价格）；最后，对这几个物业的资本化率进行简单的算术平均或加权平均，得到一个资本化率，管理者可以用这个资本化率估算在用物业的市场公允价值。市场提取法适用于物业资产交易活跃的市场。无风险回报率+风险调整法的核心是投资收益与风险成正比，投资者要想获得高收益，就要承担较大的风险，如果投资者只愿意承担较小的风险，那么得到的收益也会较低。这种方法下的资本化率等于无风险收益率加上风险溢价，即 $R=R_f+\beta(R_m-R_f)$，其中，R_f 表示无风险回报率，R_m 表示平均风险资产报酬率，β 是衡量风险的系数。

资本化率是一个主观指标，会因不同物业类型而不同，就算是同一物业，资产化率也会因为资产的品质不同而不同，品质好的资产，市场交易价格自然会高一些。交易方不同，资本化率也会不同。比如，卖方急需资金，但是靠自己又融不到，就会愿意以低于市场价格的水平卖掉自己的资产，这时物业的资本化率就会相对高一些；再看买方，他们可能因为对经济形势的预测不同而愿意支付不同的价格。

步骤五：因为其他投融资行为而调整市场公允价值。

这是计算 NAV 的最后一步，用步骤四得到的在用物业的市场公允价值加上目前还没有产生 NOI 的资产的价值，减去总负债和优先股余额，就可以得到 REITs 的 NAV。

表 7-17 调整后的市场公允价值

在用物业的市场公允价值
+/-应收账款、现金和其他有形资产减去流动负债①
+持有待售物业的公平价值，减去相关负债②
+开发中的物业③：
方法一：按开发成本计价
方法二：按开发成本的 1.1 倍计价
+开发项目的土地账面价值
+物业管理业务
-总负债
-优先股的清算价值
NAV
季度末的股票与 OP 份额余额
每股 NAV④

注：①这些资料可以从资产负债表中找到，但是有形资产不包括递延项目（如递延租赁和财务成本或递延应收租金）。

②持有待售资产在前面的计算步骤中并没有计入 NOI，其价值并未在 NAV 中体现，因此要将这部分价值加回来。

③前面计算的 NOI 都是在用资产组合产生的，并没有包括正在开发的物业，因此在计算的最后一步要将其加入 NAV。计算开发物业的价值有两种方法：第一种是直接加总与开发中物业相关的成本，包括土地成本；第二种是加上 10%的溢价，因为这个项目具有低风险的特征，所以给予它一定的溢价。

④通过以上步骤的计算和调整，最终得到 REITs 资产的每股 NAV，将算出来的每股 NAV 与 REITs 股票的当前收盘股价进行比较：若前者大于后者，则是折价发行；若前者小于后者，则是溢价发行。

8. 隐含资本化率

隐含资本化率也叫“内部收益率”，是使资产的净现值为零时的资本化率。REITs 的隐含资本化率类似于无杠杆内部分红率，是投资者以当前股票价格购买 REITs 时锁定的无杠杆分红率。计算隐含资本化率的步骤刚好与计算 NAV 的步骤相反，见表 7-18。

表 7-18 隐含资本化率的计算

步骤一：REITs 的当前股价
×股票与 OP 份额的余额
隐含的净资产价值
步骤二：因为不产生收入项目或融资行为而进行调整
REITs 的隐含净值
+优先股的清算价值
+总负债
-物业管理业务

续表

-开发项目的土地账面价值
-开发阶段的物业价值
-持有待售物业，减去相关负债
+应收账款、现金和其他有形资产，减去流动负债
隐含市场公允价值
步骤三：用步骤二计算 NAV 时得到的年化现金 NOI，除以隐含市场公允价值
年化调整后的现金 NOI
隐含总资产值
隐含资本化率

如果 REITs 的隐含资本化率大于类似物业资产的资本化率，那么该 REITs 的股票是有吸引力的，购买该 REITs 是一个好的投资选择。隐含资本化率等于公司盈利倍数的倒数，因此隐含资本化率越高，资产的相对价值越高，REITs 越有吸引力。

复习思考题

1. 如何评估基础设施公募 REITs 的投资价值?
2. 目前我国已上市的基础设施公募 REITs 投资者结构是怎样的?
3. 不同主体参与 REITs 投资的条件是什么，动机是什么?
4. 基础设施公募 REITs 的投资策略、投资逻辑和投资方式分别是什么?
5. 基础设施公募 REITs 投资存在哪些风险，需要重点关注哪些问题?

[案例]

浙商沪杭甬 REIT

浙商沪杭甬 REIT 项目原始权益人为浙江沪杭甬高速公路股份有限公司（以下简称“沪杭甬高速公司”）。沪杭甬高速公司成立于 1997 年 3 月，注册资本为 43.43 亿元，第一大股东为浙江省交通投资集团有限公司（持股比例为 66.99%），实际控制人为浙江省国资委。沪杭甬高速公司于 1997 年 3 月由浙江省高等级公路投资有限公司独家发起成立，同年 5 月在香港联交所挂牌上市，是浙江省委、省政府为开辟浙江交通与国际资本市场接轨的融资渠道、加快浙江省高速公路路网建设而设立的公司，也是浙江省第一家在境外上市的国有企业，以及唯一的省属高速公路投资运营境外上市公司。近年来，沪杭甬高速公司努力将自己打造成国内领先，以高速公路基础设施投资运营为主，产融结合、适度多元的国际化投资控股企业，主营业务包括高速公路运营、证券业务两大块，其他业务规模较小，包括货物销售、酒店经营、房产销售和租赁等。2020 年，沪杭甬高速公司的高速公路通行费、证券业务、货物销售和其他业务分别实现收入 64.02 亿元、51.35 亿元、52.93 亿元和 6.12 亿元，占营业总收入的比重分别为 36.70%、29.44%、30.35%和 3.51%。2020 年，该公司总资产为 1303.5 亿元，其中：流动资产合计 919.6 亿元，占比 70.55%，集中于货币资金（占比 19.6%）、交易性金融资产（占比 22.56%，主要是债券、基金、理财产品等投资工具形成的金融资产）和其他流动资产（占比 16.25%，主要是浙商证券融出资金和存出保证金）；非流动资产合计 383.39 亿元，占比 29.45%，集中于无形资产（占比 16.22%，主要是高速公路经营权）。为盘活存量高速公路运营资产、降低企业负债率、补充现金流用于再投资，2020 年 9 月，香港上市公司沪杭甬高速公司发布公告：公司考虑根据中国证监会与国家发展改革委于 2020 年 4 月推出的基础设施投资信托先导计划，通过公开募集基础设施证券投资基金的结构，将由浙江杭徽高速公路有限公司拥有的杭徽高速公路道路收费权于上交所上市。2021 年 1 月，沪杭甬高速公司获得香港联交所关于分拆上市的批准函。2021 年 4 月，浙商沪杭甬 REIT 项目正式申报至上交所。2021 年 5 月，该项目先后获得上交所基金上市及资产支持证券挂牌转让无异议的函、中国证监会准予注册的批复。2021 年 6 月 21 日，浙商沪杭甬 REIT 在上交所正式挂牌上市。

1. 资产组合

根据浙商沪杭甬 REIT 项目招募说明书，本次 REIT 产品入池基础设施项目是杭徽高速公路浙江段及其相关构筑物资产组的收费权，其中，杭徽高速公路（浙江段）包含三段，分别为杭徽高速公路昌化至昱岭关段、杭徽高速公路汪家埠至昌化段和杭徽高速公路留下至汪家埠段。三段高速公路合计里程为 122.24 公里，总投资 52.75 亿元，运营开始时间为 2004—2006 年，特许经营年限均为 25 年（见表 7-19），预计 2029—2031 年特许经营权陆续到期。

表 7-19　浙商沪杭甬 REIT 底层资产

项目	杭徽高速公路（浙江段）昌昱段	杭徽高速公路（浙江段）汪昌段	杭徽高速公路（浙江段）留汪段
起止地点	起自杭州市临安区昌化镇，终于浙皖两省交界昱岭关	起自杭州市临安区汪家埠，终于临安区昌化镇	起自杭州市留下镇境内的杭州绕城高速，终于余杭区与临安区交界的汪家埠
公路里程（公里）	36.537	67.410	18.293
运营开始时间	2004 年 12 月	2006 年 12 月	2006 年 12 月
特许经营年限（年）	25	25	25
决算总投资（万元）	98718.10	285690.01	143071.14

资料来源：《浙商证券沪杭甬杭徽高速封闭式基础设施证券投资基金招募说明书》。

本项目优势如下：

第一，高速公路资产质量好、地理位置优越、所在区域经济基础好、旅游资源丰富，为项目公路稳定良好的收费收入奠定了基础。杭徽高速公路（浙江段）是国家高速公路网G56杭瑞高速的重要组成部分，也是浙江省公路网规划“两纵两横十八连三绕三通道”中的“一连”。项目公路是连接黄山和杭州两大著名旅游胜地的交通要道，也是连接皖、浙、闽、赣四省的主干道之一，为安徽南部、浙江杭州西部连接沿海、沿江经济带增加了一条便捷通道，对促进项目公路沿线及西部地区与经济发达的沿海、沿江地区的经济社会交流和资源共享具有重要意义。沿线地区经济发展状况良好、旅游资源丰富，优良的地理位置为项目公路车流量和通行费收入提供了良好的保障。

第二，发起人沪杭甬高速公司作为浙江省最早的高速公路运营管理企业和浙江省交通集团高速公路运营管理平台，已经积累20多年的高速公路专业化运营管理经验，截至2020年底，高速公路运营里程达1141公里，在高速公路收费、养护、道路保畅等方面具有很强的经营管理能力。

2. 商业运营

浙商沪杭甬REIT产品底层资产为三段高速公路，因此项目收入主要是三段公路的收费收入。此外，其他业务收入包括服务区房屋及经营权租赁收入、通信管道租赁收入等。2020年，浙商沪杭甬REIT项目总收入45674万元，其中，高速公路收费收入45188万元，占营业收入的比重为98.94%，见表7-20。

表7-20 浙商沪杭甬REIT营业收入构成

单位：万元

收入	2018年	2019年	2020年
高速公路收费	52910	58165	45188
其他	699	477	486
总收入	53609	58642	45674

资料来源：《浙商证券沪杭甬杭徽高速封闭式基础设施证券投资基金招募说明书》。

从高速公路运营数据来看，2018—2020年，浙商沪杭甬REIT日均全程车流量稳步增长，到2020年增加到23233辆。高速公路通行费在2018—2019年每年保持10%的增长率。尽管受新冠疫情影响，2020年上半年高速公路流量有所减少，加上新冠疫情防控期间免收收费公路通行费政策推行，2020年高速公路通行费收入较2019年大幅下降，从5.82亿元降至4.51亿元（见表7-21），但2020年下半年疫情缓和、高速公路恢复收费以后，通行费收入快速恢复，2020年下半年的通行费收入较2019年同期增长7.56%。

表7-21 浙商沪杭甬REIT运营信息

项目	2018年	2019年	2020年
日均全程车流量（辆）	19136	21468	23233
车流量同比增长率（%）		12.19	8.22

续表

项目	2018 年	2019 年	2020 年
高速公路通行费收入（亿元）	5.29	5.82	4.51
通行费收入同比增长率（%）		10.02	-22.51

资料来源：《浙商证券沪杭甬杭徽高速封闭式基础设施证券投资基金招募说明书》。

3. 交易结构

浙商沪杭甬 REIT 项目框架如图 7-1 所示。浙商沪杭甬 REIT 通过“公募基金—资产支持专项计划—项目公司—基础设施项目”的结构，将杭徽高速公路（浙江段）资产纳入 REITs 产品。各类投资者（包括沪杭甬高速公司）认购浙商沪杭甬 REIT；基金再认购杭徽高速资产支持专项计划；杭徽高速资产支持专项计划收购作为基础资产的项目公司浙江杭徽高速公路有限公司全部股权，同时，作为项目公司债权人，与项目公司签署《债权债务确认协议》，确认股东借款，完成项目公司股债结构的搭建；浙江杭徽高速公路有限

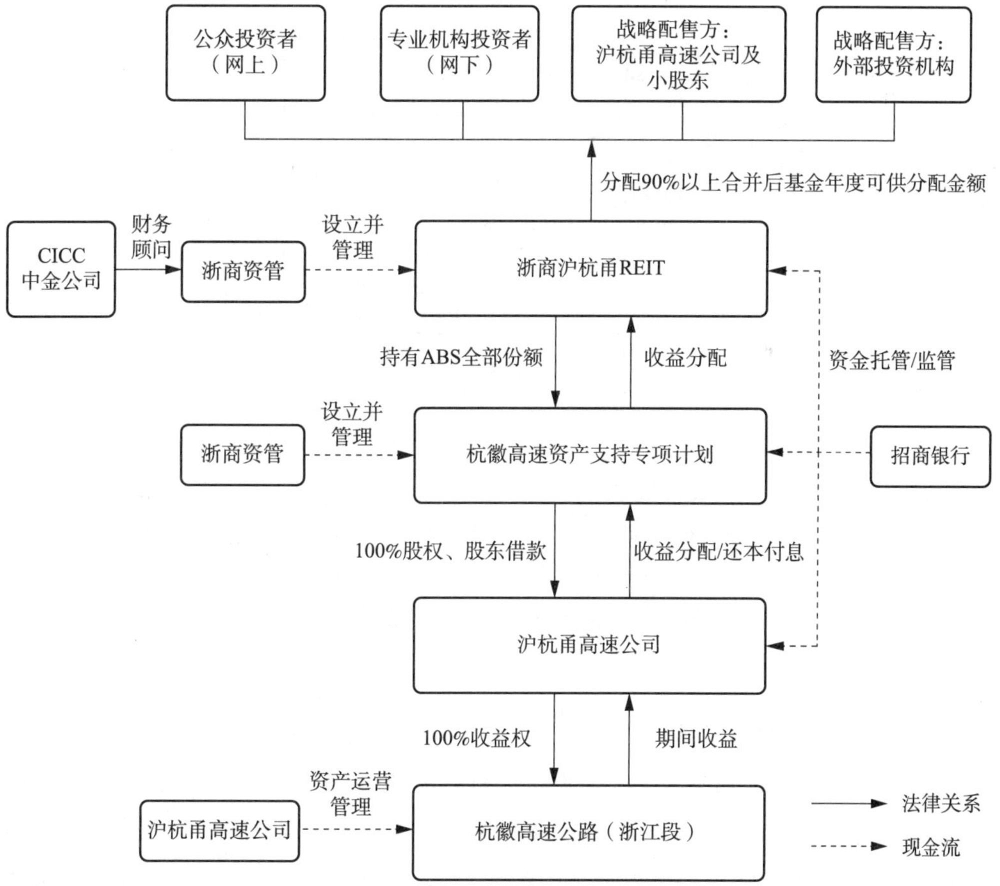

图 7-1 浙商沪杭甬 REIT 项目框架

资料来源：《浙商证券沪杭甬杭徽高速封闭式基础设施证券投资基金招募说明书》。

公司作为项目公司持有杭徽高速公路（浙江段）特许经营权。从现金流的角度来看，首先，客车、货车等通行车辆支付通行费及其他费用（如清障费用），高速公路服务区租赁方支付房屋租金；其次，持有杭徽高速特许经营权的项目公司浙江杭徽高速公路有限公司获得通行费收入与租金收入后，通过支付杭徽高速资产支持专项计划股东分红、借款利息等将现金流分配到杭徽高速资产支持专项计划；最后，杭徽高速资产支持专项计划经浙商沪杭甬 REIT 通过分红将收益分配给基金投资者，如图 7-2 所示。

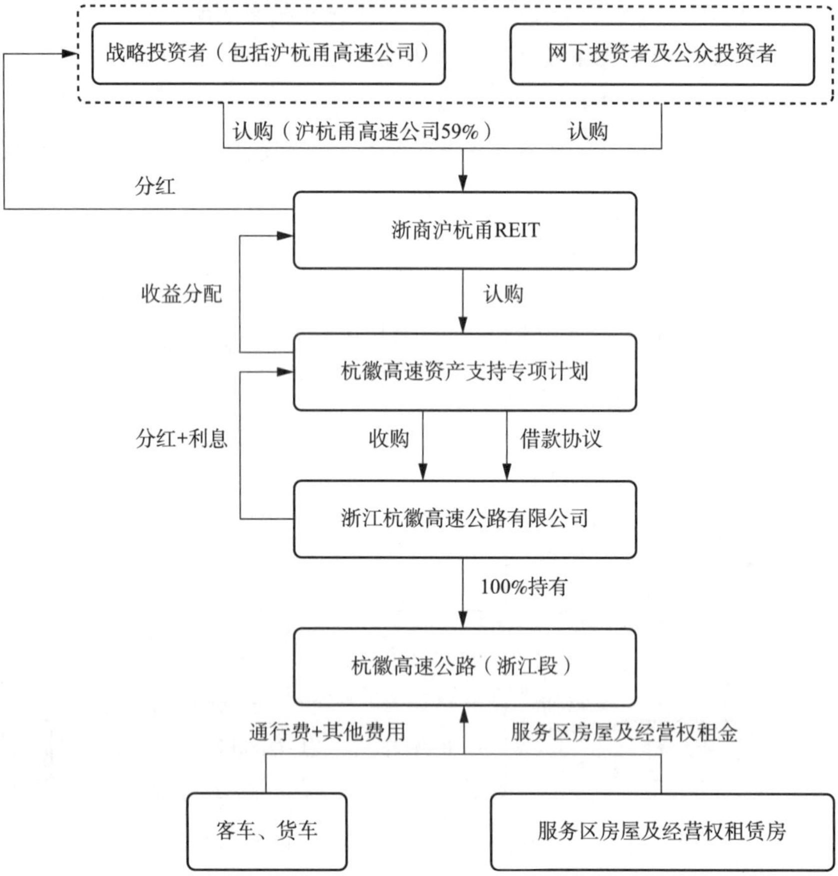

图 7-2　浙商沪杭甬 REIT 现金流分析

4. 财务状况

从浙商沪杭甬 REIT 财务数据（见表 7-22）可以看出，该项目 2020 年营业总收入为 4.57 亿元，同比下降 22.01%，主要原因是受新冠疫情影响。2020 年，项目净利润为 586 万元，同比下降 93.64%，这主要是因为疫情期间高速公路暂停收费，以及养护成本的增加。高速公路项目业务成本主要包括折旧及摊销、工程养护成本、员工费用等，后续随着新冠疫情影响的减弱、免收高速公路通行费政策的取消以及交通流量的逐步恢复，营业收入与净利润均逐步增加。在资产端，2020 年，总资产为 28.96 亿元，以非流动资产中的无形资产（占总资产的 83.17%）为主，主要是高速公路特许经营权。在负债端，2020 年，总负债为 6.42 亿元，以短期借款（占总负债的 78.01%）为主。

表 7-22 浙商沪杭甬 REIT 财务数据

项目	2018 年	2019 年	2020 年
营业总收入（亿元）	5.36	5.86	4.57
同比（%）		9.33	-22.01
营业利润（万元）	14519	12050	309
同比（%）		-17.01	-97.44
净利润（万元）	14700	9218	586
同比（%）		-37.29	-93.64
资产总计（亿元）	31.98	30.54	28.96
同比（%）		-4.50	-5.17
负债合计（亿元）	10.42	8.06	6.42
同比（%）		-22.65	-20.35
所有者权益（亿元）	21.56	22.48	22.54
同比（%）		4.27	0.27

资料来源：《浙商证券沪杭甬杭徽高速封闭式基础设施证券投资基金招募说明书》。

从估值与分红的角度来看，截至 2021 年 12 月 31 日，浙商沪杭甬 REIT 总市值为 50.58 亿元，上市涨跌幅为 15.66%，2022 年可供分配金额为 4.32 亿元，净现金流分派率为 10.50%（见表 7-23）。

表 7-23 浙商沪杭甬 REIT 派息数据

产品	总市值（亿元）	上市开盘价（元）	股票价格（2021 年 12 月 31 日）（元）	上市涨跌幅（%）	2021 年		2022 年	
					预计年度可供分配金额（亿元）	预计净现金流分派率（%）	预计年度可供分配金额（亿元）	预计净现金流分派率（%）
浙商沪杭甬 REIT	50.58	8.75	10.12	15.66	5.11	12.40	4.32	10.50

思考与讨论

如何分析高速公路 REITs 的投资价值？投资以高速公路为底层资产的 REITs 应该关注什么？

第八章

基础设施公募REITs的治理模式

学习目的

理解基础设施公募 REITs 的治理逻辑；把握基础设施公募 REITs 治理模式的特殊性；吸取境外公募 REITs 治理经验。

关键词

基础设施公募 REITs 的治理逻辑　基础设施公募 REITs 的治理模式　基础设施公募 REITs 的治理策略　基础设施公募 REITs 的治理结构　公募 REITs 治理分析

有效、稳定的治理模式对 REITs 项目保持长期稳定发展至关重要。早在 300 多年前，亚当·斯密就在《国富论》中详细阐述了所有权与经营权分离可能导致的一系列问题，认为应当通过制度建设化解两者之间的矛盾。治理结构是对公司或金融产品进行管理和控制的体系，不仅明确了各方的权利和责任分布，还确定了各种决策必须遵循的程序。如何通过合理的治理结构控制和避免不同参与方之间的潜在利益冲突是公司或金融产品持续健康发展的关键。

REITs 作为实现不动产证券化的一种重要手段，是通过发行收益凭证，将多数投资者的资金集中起来，交由专门的投资机构对不动产进行投资经营管理，并将投资综合收益按比例分配给投资者的一种信托基金。REITs 建立在委托代理关系基础上，在实际运作中，存在第一种类型的代理问题和第二种类型的代理问题。一方面，REITs 管理人员按照管理规模收取管理费，希望通过并购等方式不断扩大 REITs 的规模，但是这种经营决策不一定对投资者有利；另一方面，由于不动产资产的特殊性，原始权益人在成为大股东之后，与中小股东相比，拥有巨大的信息优势，这有利于他们通过隐蔽行为损害中小投资者的利益。因此，在 REITs 制度顶层设计中，必须采取适当的治理结构，对原始权益人、基金管理人、基金投资人、运营管理机构等利益相关方进行合理的权利分配和制度安排，以避免在 REITs 运营过程中出现两类代理问题，进而保证 REITs 长期稳定运营，保障投资者实现稳定的分红收益。

第一节　基础设施公募 REITs 的治理逻辑

基础设施公募 REITs 是目前市场上最复杂的金融产品，而其治理结构设计是最有技术难度的一环。对于基金治理结构，可从两个方面来分析：从国际范围来看，既有美国模式的公司型基金，又有新加坡模式的契约型基金，而契约型基金又有德国的“二元论结构”和日本的“一元论结构”；从国内立法来看，REITs 尚无统一立法，相关的制度构建需要结合证券投资基金法、公司法、证券法、信托法等多部金融法规的相关规定。

一、基础设施公募 REITs 的委托代理问题

（一）基础设施公募 REITs 不对称信息与委托代理模型

基础设施公募 REITs 是金融市场中最复杂的金融合约之一。从全球 REITs 市场的实践中可以看出，不管是哪一种发展模式的 REITs，其运作核心总体上都围绕着 REITs 投资人、REITs 管理人及 REITs 托管人三者之间的委托代理关系。在信息经济学中，委托代理问题被划分为两种类型：一种是“逆向选择”问题，其本质是信息优势方在合同签订之前的一种机会主义行为，即代理人利用自身的信息优势，倾向于与委托人签订有利于自己的合同；另一种是“道德风险”问题，其本质是合同签订后信息优势方的机会主义行为，即委托代理关系形成后，由于委托人无法观测或观测成本过高，代理人出于自身效用最大化的目的而做出对委托人不利的行为。

REITs 治理问题的核心在于代理问题（agency problem），即公司的所有者和经理人之间的目标不一致导致的利益冲突。以契约型 REITs 为例，REITs 投资者作为 REITs 份额的持有者和最终受益人，通过签订信托合同，将对 REITs 资产的控制权转让给 REITs 管理人，由管理人主动、全面地管理 REITs 资产，构成了第一重委托代理关系。REITs 具有金融和不动产的双重属性，因而在运营过程中，既包括投融资管理、合规风险控制、资产处置清算等内容，也包括不动产维修改造、招商租赁以及日常运营维护等内容。因此，在实际操作中，REITs 的投融资业务一般委托第三方物业管理公司进行。

REITs 管理人在取得受托权之后，根据信托合同的约定，与第三方托管人签订信托协议，将 REITs 资产委托给第三方托管人进行托管，这就构成了第二重委托代理关系。信托公司的受托管理机构有义务监督管理机构的合规性，并有信义义务保护投资者的利益。

REITs 的创设与募集阶段往往会出现“逆向选择”问题。REITs 的价值创造依赖管理人员的积极主动管理，投资者往往倾向于选择专业能力强、职业道德强的管理人员，但管理人员的“能力”“道德”难以判断，这就对 REITs 的价值创造提出了新的要求。当 REITs 募集资金时，基金管理人为使资金规模最大化，往往会对投资者隐瞒 REITs 收益与风险的真实状况，产生“逆向选择”问题。

REITs 存续期存在“道德风险”问题。首先，REITs 作为以信托为基础的资产管理方式，由于信息不对称，管理人无法像管好“自己的钱”那样尽职，极有可能出现“偷懒”和“在职消费”等现象。其次，管理费用按 REITs 资产净值的一定比例收取。为提高自身收入水平，管理人可采取多种形式，以实现 REITs 资产净值的迅速增长。最后，管理人在 REITs 的日常决策和策略选择上拥有很大的话语权，可能存在管理人在购买或处置物业资产、选择物业管理服务时，将交易对象锁定为自己实际控制公司、附属公司或其他具有利益关系的关联方，向其进行利益输送，从而导致 REITs 收益降低。

（二）“公募基金+ABS”架构下的代理问题

我国的基础设施公募 REITs 属于“公募基金+ABS”架构的契约型 REITs，也就是公募基金必须将其 80%以上的基金资产投资于基础设施资产支持证券，并持有其全部份额，通过基础设施资产支持证券持有基础设施项目公司全部股权，并通过资产支持证券和项目公司等载体取得基础设施项目的完全所有权或经营权利。“公募基金+ABS”是以《中华人民共和国证券法》《中华人民共和国证券投资基金法》为基础的一种融资方式，没有专门立法，税法等相关法规也没有为其进行修改，从而降低了立法成本，提高了效率。然而，由于“公募基金+ABS”模式下 REITs 涉及的层级多，代理链长，代理问题显得尤为复杂。《基金指引》第 39 条规定，“基金管理人可以设立专门的子公司承担基础设施项目运营管理职责，也可以委托外部管理机构负责第三十八条第（四）至（九）项运营管理职责，其依法应当承担的责任不因委托而免除”，这无疑增加了代理环节。

在“公募基金+ABS”架构下，主要存在以下几种委托代理关系：REITs 持有人委托公募基金管理人进行投资，公募基金管理人委托 ABS 管理人进行资产管理，公募基金管理人可能委托外部管理机构进行底层资产的运营和管理。在这种多层次的委托代理关系中，信息不对称、利益冲突等问题将更突出，从而导致道德风险以及更高的代理成本。

为缓解多层次委托代理关系下可能存在的代理问题，《基金指引》第 25 条提出，“基础设施基金成立后，基金管理人应当将 80%以上基金资产投资于与其存在实际控制关系或受同一控制人控制的管理人设立发行的基础设施资产支持证券全部份额”，这既是对二者利益的捆绑，也是降低信息不对称的一条有效途径。此外，《基金指引》在强调基金管理人员专业素质的同时，也强调了基金管理人员尽职调查的要求。例如，《基金指引》第 5 条规定，“成立满 3 年，资产管理经验丰富，公司治理健全，内控制度完善；设置独立的基础设施基金投资管理部门，配备不少于 3 名具有 5 年以上基础设施项目运营或基础设施项目投资管理经验的主要负责人员，其中至少 2 名具备 5 年以上基础设施项目运营经验”。

《基金指引》第 7 条规定：“申请注册基础设施基金前，基金管理人应当对拟持有的基础设施项目进行全面的尽职调查，聘请符合规定的专业机构提供评估、法律、审计等专业服务，与基础设施资产支持证券管理人协商确定基础设施资产支持证券设立、发行等相关事宜，确保基金注册、份额发售、投资运作和资产支持证券设立、发行之间有效衔接。”《基金指引》第 9 条规定，“基金管理人应当制定完善的尽职调查内部管理制度，建立健全业务流程”，并对基础设施项目的财务情况、同业竞争、关联交易等 11 个方面进行详细的尽职调查。《基金指引》第 10 条规定：“基金管理人可以与资产支持证券管理人联合开展尽职调查，必要时还可以聘请财务顾问开展尽职调查，但基金管理人与资产支持证券管理人依法应当承担的责任不因聘请财务顾问而免除。”

我国 REITs 在多层次委托代理关系中，除了存在第一种类型的委托代理问题外，还存在第二种类型的委托代理问题。《基金指引》第 18 条规定，“基础设施项目原始权益人或其同一控制下的关联方参与基础设施基金份额战略配售的比例合计不得低于本次基金份额发售数量的 20%，其中基金份额发售总量的 20%持有期自上市之日起不少于 60 个月，超过 20%部分自上市之日起不少于 36 个月，基金份额持有期间不允许质押”，以此将原始权益人与 REITs 利益捆绑在一起。但当 REITs 原始权益人是持有较大比例股权的投资人时，他们可能为了私利而牺牲非控股股东的利益，从而产生第二种类型的委托代理问题。一方面，REITs 的内部人身份使其相对于新投资者具有更多的信息优势，从而使 REITs 的信息不对称问题更加突出。另一方面，REITs 原始权益人可能通过影响管理人员的决策与行为实现自身利益最大化，从而使新增加投资者的利益受到损害。例如，在 REITs 原始权益人的影响下，管理人可能通过向原始权益人销售或购买资产、聘请原始权益人的其他子公司担任财产管理人等关联交易，使原始权益人受益，但会损害其他权益人的利益。

当公司内部人持有大量股份时，会更强调公司内部人的利益。因此，当对 REITs 原始权益人及其关联管理人的监督与制衡能力减弱时，原始权益人的“道德风险”问题将进一步加剧，原始权益人为牟取私利而损害其他持有人利益的可能性会更大。

二、基础设施公募 REITs 治理结构设计的底层逻辑

（一）基础设施公募 REITs“中间说”理论

在设计基础设施公募 REITs 治理结构时，人们很容易将其与公司治理结构设计进行对比，认为如果将公司“股东会—董事会—监事会”的治理结构移植到基础设施 REITs 中，就可以解决委托代理问题，而发行人则试图通过提高其持有公募基金的比例和扩大持有人大会的决策权限来实现对他们的控制。但事实上，即使持股比例超过 51%，也不一定意味着对基础设施 REITs 项目运营进行了有效的管理与控制，且扩大基金份额持有人大会决策权限有可能与基金法“股东不得直接参与或干预基金投资管理活动”的规定相抵触，导致协议无效。

可见，依附于公司治理结构和基金治理结构的法律逻辑是不同的。基金份额持有人大会与股东会有很多相似之处，它们都属于各自实体的权力机构。在我国，公募基金属于契约型基金，它的法律关系以信托法为基础，采用的是“委托人—受托人—受益人”的信托法律关系，而公司治理采用的是“委托人—代理人”的法律关系。按照两种不同的法律关系对参与方权利义务进行确定时，会产生不同的法律后果。

在信托法律关系中，受托人往往处于信托业务的核心地位，这一特征明显区别于委托代理关系中以委托人为中心的规范模式。对公募 REITs 来说，基金份额持有人既是委托人

也是受益人，基金管理人和基金托管人是受托人，因此权利义务的设计应该以管理人及托管人为核心，基金份额持有人大会虽然有一定的议事和决策权，但通常仅针对重大根本性条款的改变，职权明显少于公司股东会。另外，因为基金份额持有人大会的权力主要来源于基金合同，其权力在广度、力度和执行力上都要逊色于股东大会，所以基金份额持有人大会不具备股东大会的实体决策权，如财务预决算、经营决策权、重要人事任免权等。

我国公募 REITs 采用两层资管产品嵌套结构，对资产管理内部法律关系的定性，学术界一直存在较大争议。"信托说"和"委托说"都不能从整体上解决基础设施项目运营中的实际问题，也不能从制度设计上与 REITs 中金融资本和产业资本的利益诉求相匹配。在公募 REITs 的解释方面，除"信托说"与"委托说"外，还存在"中间说"。"中间说"认为，某些资产管理产品是一种中间形式，在一定条件下，委托人拥有一定的交易决定权，而受托人拥有一定的监督管理权与最终控制权，并不需要以信托关系或委托关系来界定。

"中间说"理论适用于基础设施公募 REITs 中金融资本和产业资本的利益诉求，也适用于基础设施公募 REITs 实际运营中存在的具体问题。在实际操作中，可以考虑将信托法律关系作为基础，不一定非要将其定性为信托或委托关系，可以将其与监管规定和合同约定相结合，具体分析基金份额持有人的权利范围。主要理由有两个：第一，信托法律关系的典型特征是"受托人对信托财产拥有管理、运用、处分的权利，委托人和受益人通常不得任意介入或干预"，在公募 REITs 治理结构中，基金份额持有人在一定程度上参与了公募 REITs 的运营管理，比如，对基础设施项目的购买或出售、扩募方案、更换外部运营管理机构拥有相应的表决权等。如果将其视为一种纯粹的信托法律关系，那么必然会受到质疑。第二，如果仅仅将其定性为委托法律关系，就会明显违背现行公募 REITs 法律体系强调的基金管理人主动管理职责、监管机构倾向于资管关系信托化的大方向。更重要的是，在司法实践中，双方当事人之间如果被定性为委托代理关系，基金管理人的责任就会明显与其享有的权利、收益不符，将很难保护相关投资者的合法权益，背离监管本意。

（二）基础设施公募 REITs 治理结构的特殊性

基础设施公募 REITs 治理结构设计需考虑其与普通公募基金在持有者结构和底层资产上的不同，不能简单套用已有公募基金的治理结构。中国证监会于 2020 年 8 月发布《基金指引》，这是对基础设施 REITs 进行规制的主导性文件，而该文件的上级法律又包括 2015 年修订的《中华人民共和国证券投资基金法》。引入基金法中关于普通公募基金治理的规定，构建基础设施 REITs 治理结构，是当前研究的热点和难点。

一般公开发行的基金持有人较多，持股比例较高，因此，大多数人采用了"用脚投票"的方式。对基础设施 REITs 来说，除了对原始权益人进行 20%以上的战略配售以外，网上和网下的配售行业主要是机构投资者。原始股东及其关联公司合计持有基金份额从高达 71%到低至 20%，由此可以预见，基础设施 REITs 的持有人会更加热衷于“用手投票”。然而，现有的公募基金召开基金份额持有人大会的次数还不到 1%。基金持有人大会的补充——日常机构，具有召集程序简单、议事规则灵活、有类似于基金持有人大会的职权等优点，但是到目前为止，我国公募基金基本没有日常机构的设置先例。公募基金的“用手投票”系统几近崩溃，因而要对基础设施建设中“用手投票”的要求做出反应更加困难。

此外，普通公募基金以股权、债券为主，而基础设施 REITs 要求基金将 80%的资产通过 ABS 投资到基础设施项目中，从而获得该项目的所有权或经营权。基础设施资产是一种具有强烈公共服务属性的资产，它在实现投资方经济利益诉求的同时，还要满足政府及公众等群体对基础设施资产社会效益和环境效益的诉求。公募基金管理人在短时间内不能建立起专业的基础设施运营管理能力，需要委托外部管理人参与基础设施运营管理，而《中华人民共和国证券投资基金法》和《基金指引》都没有明确规定基金管理人和外部管理人之间是委托代理关系还是信托关系，这直接关系到外部管理人承担的责任是普通的委托责任还是更高层次的信义责任。

三、基础设施公募 REITs 的治理框架

随着国内各类 REITs 项目的相继发行，如何进一步完善公募 REITs 产品的治理机制成为人们关注的焦点。一套有效且稳定的治理机制，不仅可以有效提升项目效益，还可以很好地区分相关利益方的权责利，有利于 REITs 的长期稳定发展，也会对公募 REITs 市场的发展起到非常重要的作用。

（一）我国公募 REITs 治理模式的特殊架构

REITs 是一种以不动产为主要投资对象，经过专业化运作形成的集合投资项目。一般而言，公募 REITs 具有稳定的投资策略、专业的管理、透明的信息，以及明显的税收优势，这些为中小投资者提供了投资大型房地产的机会，使他们能在控制风险的情况下，获得稳定的收益。从市场竞争和效率的角度来看，域外房地产交易立法对公募房地产交易的规制日趋宽松。

我国公募 REITs 的主要目的是为基础设施建设提供资金，这与域外商业地产 REITs 的模式存在较大不同，主要表现在以下五个方面：①在底层资产方面，REITs 的投资标的严格局限于与产业政策一致的基础设施，基础设施及其运营方式具有较强的特殊性；②把公募 REITs 看作一种金融产品，采取封闭式上市证券投资基金的形式，并要求有资质的基金公司积极参与 REITs 的管理；③原股东持有公募 REITs 股权比例至少为 20%，在前 9 个项目中，原股东持股比例多数超过了法定最低比例，其中，持股比例在 50%以上的有 3 个，持股比例在 30%以上的有 4 个；④REITs 对标的资产采取间接控制方式，基金需要通过资产支持证券、项目公司股权等方式控制基础设施的所有权或特许经营权，形成“基金+ABS+项目公司+基础设施资产”的复杂交易结构；⑤规定了一种委托管理模式，即基金管

理人可委托外部管理机构进行运营管理，与基金管理人相比，原始股东在基础设施管理方面具有更多的专业经验和可持续盈利的目标。我国公募 REITs 的交易架构如图 8-1 所示。

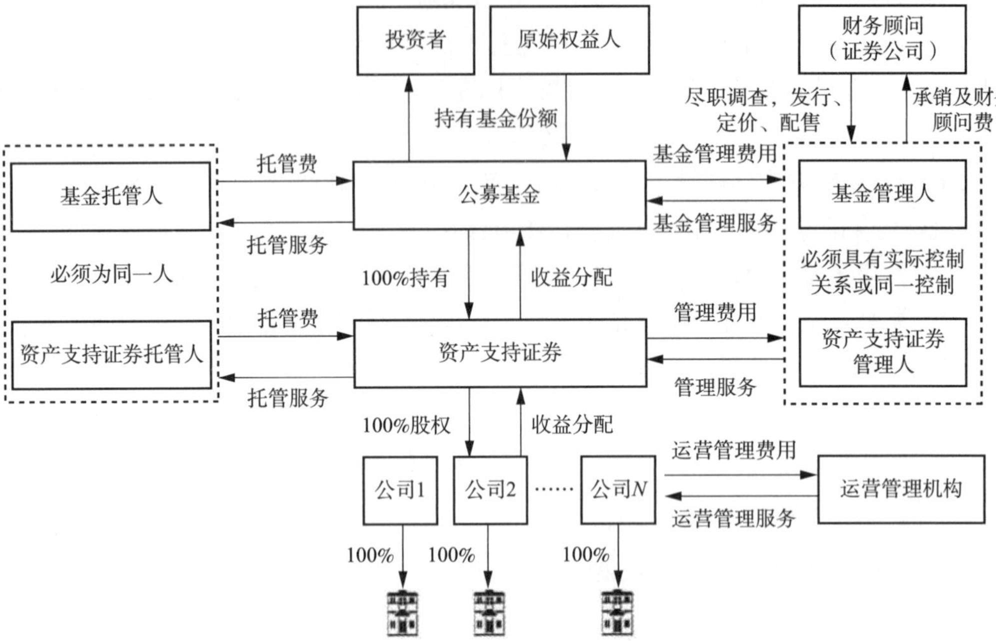

图 8-1　我国公募 REITs 的交易架构

与境外公募 REITs 的灵活、市场化设计相比，我国境内的公募 REITs 受到了较大制度约束和经济现实制约。“中国版”公募 REITs 具有本土化的特点，原始权益人在公募 REITs 实践中同时扮演着发起人、控股股东、运营商、供应商和客户等多个法律角色，这决定了其治理模式的独特性。

（二）我国公募 REITs 治理模式的法理分析

1. 我国公募 REITs 的治理及缺漏

《基金指引》将公募 REITs 的“蓝本”选择为证券投资基金，并将其投资于资产支持计划，这与我国基金法有关证券的要求一致。作为证券投资基金，公募 REITs 应遵循“基金持有人—基金管理人—基金托管人”的治理结构。在这种典型的基金结构中，投资人的控制权受到了限制，基金经理处于公司治理的中心位置，同时，他们要遵守基金法关于财产独立和信义义务的规定。然而，公募 REITs 与传统基金存在较大差异，我国基金法采用的简单治理结构难以有效处理 REITs 内部复杂的利益冲突。

第一，公募基金的投资标的是具有较高流动性的标准化证券，通常具有较高的估值精度，投资者可通过比较基金净值表现对基金经理的能力进行评价，从而替代复杂的内部治理结构。

第二，赎回机制为投资者提供了较低的市场监督成本，当基金经理做出损害投资者利益的行为时，投资者可以根据当前的基金净值撤出基金，从而降低主动“发声”的必要性。赎回时的价格是根据基金净值确定的，不能反映预期收益，也不会因为基金管理人的策略受到影响，因此，与出售股票相比，赎回机制是一种更有效的保护手段，基金持有人几乎没有动机去召开持有人大会或者提起诉讼。

第三，基金是个人投资者的集合投资工具，投资者持股分散化、利益趋同。基金的核心问题是基金持有人与基金经理间的单一委托关系。

第四，一般情况下，证券投资基金是分散投资、无负债经营、没有核心投资决策权的转委托，因此，利益主体及利益冲突类型都较少，如不存在债权人保护及破产问题。

证券投资基金属于一种商事组织较弱的信托，基金投资者与基金管理人之间保持着高度分离的状态，基金投资者放弃了对基金管理人的直接控制，更多地依赖外部市场机制和基金业监管，故意简化了基金内部的分权和监督结构。

REITs 要求内部治理结构更加完善。首先，REITs 是一种集中式基础设施投资，价值与风险不透明，资产专门化程度高，不能实时评估与变现，管理人员的管理水平也不能实时考核；其次，REITs 为封闭式上市基金，不存在赎回机制，市场竞争机制不能充分保护投资者利益，在实际操作中，公募 REITs 的换手率也比上市股票低；最后，REITs 中有控制性份额持有人、外部运营管理机构、债权人，有可能出现资产收购、基金扩张等结构性交易，不同主体之间的利益异质性较高，至少在原始权益人与其他投资者、原始权益人与基金管理人之间存在利益冲突。

2. 我国公募 REITs 参照公司治理的法理基础

公募 REITs 虽然采取的是基金的形式，但本质上是一种商业组织，它和上市公司有很多相似之处，需要借鉴公司治理的原则。第一，从资产运营角度来看，REITs 与企业都是集中运营的非透明实体资产，受宏观调控和企业自身经营能力的影响较大。第二，在利益主体方面，REITs 与企业一样，存在多个利益主体和多种利益冲突。在公募 REITs 中，存在着股权集中式的持股结构，原始权益人希望通过行使控制权，积极参与基金的投资决策和运营管理，存在着持续的关联交易等利益冲突问题，这些问题都需要解决。第三，由于基础设施经营的特殊性，我国公募 REITs 均采用委托代理模式，削弱了基金管理人的主动管理功能，将管理功能部分转换为监督功能，类似于公司董事会授权经理进行管理，具有更加复杂的层级结构。第四，REITs 的运作方式类似于企业的运作方式，涉及资金募集、资产收购、控制权转让、资金举债、审计评估等多个方面，存在利益冲突，需要加强内部监管。

我国《基金指引》还“补强”了传统基金的内部治理机制，并在其中嵌入了一些类似于上市公司内部治理机制的要素：第一，《基金指引》第 4 条规定，基础设施基金的债务由基金财产承担，确认了基金管理人的有限责任；第二，根据《基金指引》第 18 条的规定，原始权益人及其关联方所持基金份额不得低于 20%，且从上市之日起不得低于 60 个月的持有期限，从而使公募 REITs 具备了类似于公司重要股东或控股股东的地位；第三，对基金持有人大会的职权和程序进行了进一步完善，增加了除基金法规定的情形外，须经其决议的事项；第四，建立了与公司法相似的关联交易监管体系，包括回避表决、信息披露等内容，并将关联交易中关联关系的定义扩大至原始股东及其关联关系；第五，参考《中华人民共和国证券法》中关于大股东持股申报和要约收购的规定，构建了大股东持股变更和收购的制度。

公募 REITs 具有较强的商事组织特征，且受基金法、《基金指引》的规制，呈现出基金治理与上市公司治理的混合型治理特征。但是，由于受基金法的制约和试点阶段制度的不健全等，目前的混合治理模式很难为公司治理提供足够的借鉴。

（三）我国公募 REITs 公司治理结构的缺陷

1. 原始权益人在混合型治理中的缺位

传统基金持有人持股分散化，“只投入资金，不投入劳动”，类似于股权分散化上市公司第一种类型的委托代理问题。因此，我国基金法并未规定控制受益人的法律地位，也未规定控制受益人的具体规则，这一点与《中华人民共和国公司法》不同。但是，在公募 REITs 中，原始权益人所持基金份额在 20%以上，而且大部分项目的原始权益人是 REITs 的实际控制人，他们有控制和参与基金决策的现实需要。第一，原始股东持有较多类似的标的资产。第二，原始股东通过外部管理机构运作，在基金公司中发挥着举足轻重的作用，并且由于基金公司自身能力的局限性和路径依赖性，这种情况会在很长一段时间内持续存在。第三，原始股东是 REITs 重要的供货商和客户。例如，部分物流仓储项目的原始股东在成立 REITs 后继续承租，成为 REITs 的重要利益相关者。因此，原始股东也可以成为公募 REITs 代理人，也就有可能产生类似于上市公司股权集中化的第二种类型的委托代理问题。但是，《基金指引》规定，原始权益人不能主动参与基金层面的决策，基金管理人需事先与原始权益人协商，协调成本较高。另外，《基金指引》只规定了原始持有者的信息披露义务和禁止对基金财产的损害，并没有对原始持有者滥用控制权的行为进行系统性的规定。

2. 混合型治理可能造成基金管理人的监督失灵

在 REITs 中，原始权益人同时作为外部管理者，不同于传统的基金管理人享有完全、单一的控制权和决策权。REITs 中存在着两种类型的代理，基金管理人需要将控制权和管理权共享给原始权益人和外部管理者，从而产生了相互监督的矛盾。一方面，基金管理人需要对原始权益人及其关联人进行监督，使其履行信义义务；另一方面，基金经理要接受原始股东的监督，可能受到原始股东的排挤或其他限制。

这种相互制衡可能带来以下不利影响：第一，基金管理人很难对外部管理者进行有效监督，因为这种监督可能引发原始股东的敌视和抵制，从而导致其监督动机缺失。第二，可能导致公募 REITs 的治理僵局。《基金指引》对基金管理人解聘外部管理人的权力进行了限制——仅当外部管理人蓄意或有重大过失导致基金遭受重大损失、丧失主体资格或相关资质时，才可直接解聘外部管理人，即便出现解聘情形，也需提交持有人大会进行决议，但由于《基金指引》规定原始股东及其关联方无须回避表决，相关决议在实践中难以通过。同样，原始股东要开除基金经理，需要 2/3 以上的票数同意，因此想要换掉基金经理并不是一件容易的事情。第三，基金管理人与原始权益人“共谋”，彼此“慷慨大方”，损害了其他持有人的利益。由于原始权益人默认管理人能够收取高额管理费，而管理人又在委托协议中约定了高额报酬，基金管理人有可能成为原始权益人控制公募 REITs 的一条通道。在博时蛇口产业园、浙商沪杭甬高速公路等项目中，基金管理人与原始权益人存在关联关系，原始权益人能够直接控制或影响基金管理人，导致内部监管失衡。无论上述情况如何，都会对我国公募 REITs 市场的健康发展产生不利影响，这就要求建立一套约束基金经理懈怠的制度。

3. 基金托管人的职权配置不足

证券投资基金财产透明，基金托管人的主要作用是保证基金财产的安全、监督基金管理人的投资指令和基金净值的计算等。这里的监督以形式审查为主，因此，基金法并没有为基金托管人规定更多的监督手段，这与公司中监事会及独立董事的法律定位和职权有很大差距。在公募 REITs 中，标的资产的运营和管理比较复杂，原始权益人和基金管理人在许多事务上存在利益冲突。在一些项目中，原始权益人与基金管理人之间存在着不能互相监督的关联关系。此外，还需要加强对财务审计、资产评估、关联交易和信息披露等重大事项的监管。虽然中国基金业协会明确指出，“公募 REITs 托管与传统的标准化资产托管不同，它需要持续监督项目运营现金流，并关注底层资产安全”，且规定在基金托管人履职的时候，基金管理人及其他相关服务机构应当予以配合，但是对于托管人如何监督底层资产的运营管理、是否需要监督外部管理机构的履职、如何要求基金管理人的配合等缺乏具体的规定，也没有相应增加基金托管人的职权及履职保障。

《基金指引》缺乏对基金内部治理机制的系统性建构，对基金主要治理主体（原始权益人、基金管理人和基金托管人）的权责分配也存在疏漏。

第二节　基础设施公募 REITs 治理模式的特殊性

REITs 是一种兼具金融与不动产属性的产品，它的治理方式有独到之处。与上市公司相比，REITs 在经营目标、治理模式和发展路径上有很大不同。REITs 产品的经营目标比较明确，重点是通过对资产的持有和运营管理，实现资产的长期增值，最终表现为基金持有人收益的可持续增长。同时，上市公司的经营目标也会受到宏观经济形势、行业政策、市场竞争状况和发展阶段等诸多因素的影响，并且随时可能做出调整。REITs 主要关注企业的经营现金流量，能为投资者带来稳定的收益；而上市公司更加注重企业自身的价值以及如何提高其市值。本书从运营特点、运营目标等方面对 REITs 与上市公司的治理模式进行了比较分析，并归纳出 REITs 治理模式的特殊性。

一、REITs 与上市公司运作的差异性

从运作的差异性来看，REITs 与上市公司的区别主要体现在稳定性、成长性和扩张性三个方面。其中，稳定性、成长性可以概括为“内生增长”，扩张性则是“外延增长”的主要路径。

（一）内生增长

1. 稳定性

对 REITs 来说，其治理的稳定性主要表现为对资产的稳健经营和对金融端的审慎管理。一般情况下，上市公司在财务杠杆选择、现金留存等方面表现出较强的灵活性，导致其发展路径选择具有较强的多样性和不确定性。与上市公司相比，REITs 的强制分红、限制杠杆等条件决定了 REITs 产品具有较低的现金留存性，其内生增长路径更多地依赖资产管理能力，同时，在财务端更具稳健性。

（1）资产的稳健经营。REITs 的主要收入来源为租金收入，资产的稳健经营是 REITs 产生稳定经营现金流的根本。REITs 的商业模式是收取租金，并在扣除物业运营成本之后，向投资者发放至少 90%的收益作为红利。最常见的内生增长方式是管理人利用专业的资产经营管理能力提高单位租金，降低空置率。

（2）金融端的审慎管理。相对于激进型（主要依靠举债扩张）发展模式，REITs 管理人更倾向于具有前瞻性和稳健性的金融管理模式。例如，2020 年下半年，在新冠疫情的影响下，金融市场出现了不确定因素。为了避免财务风险影响 REITs 的现金流，普洛斯日本不动产投资信托基金（GLPJ-REIT）置换了 2021 年 2 月到期的 274.5 亿日元，置换完成之后，债务的平均存续时间比以前延长了 2.2 年，同时，平均融资成本比以前降低了 28 个基点。通过这次置换，GLPJ-REIT 及时地防范了相关风险，保护了持有人的利益，同时，体现出 REITs 在金融端管理上的谨慎性和前瞻性。

2. 成长性

在稳定的运营条件下，物业租金提升、资产增值计划和资金回笼是 REITs 治理成长性的体现。

（1）物业租金提升。提高租金水平是 REITs 通过内生增长拓展业务最常用的方法。承租人的租金收入是 REITs 业务收入的主要来源。REITs 的商业模式是通过收取租金支付物业运营过程中的一般运营成本，并将收益的 90%作为股息发放给投资者。

（2）资产增值计划（AEI）。资产增值方案通常涉及改善或整修基础设施。多数增值计划的目的是让房产在设计上更上一层楼，或是将其用于商业，从而在单位面积上获得更大的收益，或是提高承租人的组合。资产增值计划是 REITs 挖掘底层物业潜在实力、维持长期发展的一个重要因素。

（3）资金回笼。由于 REITs 自身留存现金较少，且受制于杠杆率，相较于上市公司，其在收购新资产进行方案选择时或实行大规模资产增值计划时更具局限性。除了扩大募集范围，资金回笼也是 REITs 的一种常见方式。资金回笼通常是指 REITs 通过变卖非核心资产获取新的资产来提高整体资产质量或实现资产增值。举例来说，领展 REIT 于 2018 年 2 月 28 日向基汇资本出售了 17 个物业，总价值达 155 亿港元，共获得 73.93 亿港元的资本收益。同年 11 月，领展 REIT 用募集资金在北京市通州区以 25.6 亿元人民币购得北京罗斯福广场京通大厦。

（二）外延增长

REITs 的外延增长主要表现为并购和扩张。REITs 是一种通过并购实现规模效应、深化或多元化收益来源，对投资者产生正财富效应的公司。大型 REITs 通过规模效应，降低融资成本，提升品牌形象，增强与承租方的议价能力，从而产生正向规模经济。

在全球范围内，扩容有助于 REITs 的规模不断扩大。REITs 扩募是指管理人利用增发扩股等股权再融资手段，注入新资产，对现有的资产组合进行优化，以期实现净营运收入和单位份额收益的稳定增长，这也是 REITs 规模可以持续、健康扩张的基础。

值得注意的是，相对于上市公司的多元化并购和扩张，REITs 扩募的前提条件是现有资产可以产生稳定持续的现金流，并达到投资者的预期。只有具有较强派息能力和较好经营状况的 REITs 才可以顺利扩募。REITs 扩大发行需经股东大会批准，审核重点关注扩大发行资产质量以及扩大发行后 REITs 的单位股息增长率。

在 REITs 扩募过程中，投资者应关注两个问题：第一，新募集的资金是否被有效利用，以获得足额的收益；第二，扩募行为是否导致基金价格的异常波动和分红的稀释。这在很大程度上取决于新购入项目的质量（收购资产的投资回报率），如果管理团队具有丰富的收购运营经验，就可以通过向资产池注入具有升值潜力的资产提高单位基金份额的收益水平。因此，投资者将根据拟收购资产的质量情况和 REITs 管理团队的历史表现做出判断。对优秀的管理团队而言，扩容行为可以在中长期推动资产负债表规模稳步增长，并对 REITs 的价格与流动性产生正向作用。

二、REITs 的经营目标

REITs 的运作是一个十分复杂的系统，既包括融资、投资、风控等投资顾问功能，又包括对基础资产的改造、租赁、运营和维护等运营管理功能。我们采用广义概念，认为 REITs 的经营管理涵盖了以上两个层次的功能。我们通过案例简要分析 REITs 的经营目标，以期进一步实现 REITs 产品的正常化，构建 REITs 治理长效机制。

（一）REITs 经营目标分析

1. 房地产上市公司与 REITs 的经营目标差异

与上市公司的多元化经营目标相比，REITs 具有更稳定的经营目标。根据中国香港房地产上市公司对亚太（新加坡和中国香港）REITs 过去 10 年经营目标的分析，可以得出以下两个结论：

第一，在我国房地产调控政策未趋严的情况下，房地产上市公司主要通过增加土地储备和开发新城市来提高发展速度与市场份额。在房地产调控政策趋严或国外发生金融危机的情况下，企业应更加重视成本控制与财务稳健。REITs 因具有强制性红利及杠杆率的限制，更加注重稳健运作，如丰树物流信托公司在上市之初就提出了资本结构优化及风险管理的经营目标。

第二，房地产上市公司以主营业务为主进行多元化经营。例如，中国海外开发（China Organization Development）历年年报中多次提到多元化经营模式，而龙湖集团则在商业地产和高科技领域之外，积极开拓多元化业务。REITs 的经营目标是相对稳定的（即使在金融危机期间也是如此），并且具有连贯性和连续性。例如：领展 REIT 历年的经营目标主要是通过集中精力在业务和投资策略上，努力提高物业组合的绩效，向基金持有人提供稳定的分配，并实现长期增长；丰树物流信托公司则以“收益+增长”战略为重点，也可令股份持有人获得长期成长的派息。

2. 中国已上市公募 REITs 的经营目标

中国 28 只已上市的公募 REITs 产品，在募集说明书中虽然没有详细说明经营目标，但在“基金投资”一章列出了基金的经营目标，经过梳理，主要包括：①提高基础设施项目的运营收益水平；②提供给投资者一个稳定的收入分配，或者一个相对稳定的收益；③收入分配增加；④努力提高基建项目的附加值。这与前述国际 REITs 产品强调稳健经营的特点吻合。

（二）REITs 经营目标设定的主要原则

（1）审慎性。如前所述，REITs 的内生增长路径对资产运营管理能力的依赖程度更高，而在财务端的管理则需要谨慎。不管是进行招商、租赁、整修，还是借助外部杠杆或扩张，适当调整资产组合，扩大管理规模，都应该在谨慎的判断下做出决定。稳健性原则提示 REITs 管理人员关注资产负债比率，建立风险管理及内部控制体系，做好评估及纠正。

（2）全面性与针对性。不同于普通公募基金产品，REITs 的运作不仅需要关注基金层面，还需要关注标的资产的实际情况，包括产业环境、区位特征、税收政策、租户或客群的变化等。因此，REITs 的经营目标必须贯穿 REITs 从成立到存续的各主要环节。当然，全面原则并不意味着要做到面面俱到。从管理者的角度来看，更重要的是建立规章制度，控制好项目的现金流。在制定经营目标时，建议建立重点关注的指标，做好管理和监测。

（3）可持续性与及时性。REITs 管理人在设定经营目标时，要保持投资运营策略的稳定性，同时保持一定的灵活性，并根据资产组合和市场情况动态调整经营目标。以新加坡

REITs 为例。2020 年，新加坡 REITs 在内地进行的大宗物业交易涉及收购资产 28 处，首次装入 REITs 的物业均为产业园区或仓储物流项目，收益表现均不俗。这正是它以当时的市场情况为基础，对旗下 REITs 经营做出的及时性调整：2020 年，传统商业地产受到新冠疫情的冲击，而工业园区、仓储物流的公共服务属性强、抗风险能力佳。

（4）与基础资产特征相匹配。REITs 管理的基础资产种类较多，虽然它们都以能产生持续、稳定的现金流为主要特征，但每类资产的特点和在运营管理方面所需的能力不尽相同，甚至存在较大差异。从物业类型来看，可划分为公寓物业、商业物业、办公物业、健康物业、酒店物业等。从物业特性来看，可划分为核心物业、增值物业、投机性物业等。建信基金 REIT 团队的实践经验表明，即使是园区类资产，也可以按照产品类别进一步分为研发型办公、标准型厂房、生物医药大健康，以及一些特定领域的园区，各类园区在招商、租赁、产业政策、建设管理等方面既具有共性，也存在一定的专业化要求。这就需要 REITs 管理人具备专业运作能力，或能有效组织、协调外部专业管理人为证券化基金提供运作管理服务。

（5）与发起人集团综合经营战略适配。凯德集团“私募基金+REITs”的战略即运用这一原则的典范。凯德商业中国信托（CCT）作为新加坡最大也是最早投资中国商场的 REIT，与凯德集团实现了良好的协同。凯德集团的“PE 基金+REITs”战略，就是通过外部主体培育、孵化商业地产，持续向 REITs 注入成熟资产，再用这些资金反哺开发新项目。就 REITs 而言，它们在凯德集团旗下的多个基金中，拥有优先购买不动产的权利，这确保了它们顺利获得高质量的项目。

对高速公路企业来说，REITs 的推出使它们在经营和融资方面有了更灵活的选择。由于我国收费公路行业面临巨大的债务压力，仅靠自身“造血”能力偿还债务所需的时间可能很长，企业对多元化融资的需求很大。在这种情况下，对其旗下高速公路经营权进行打包上市，可以帮助企业拓宽权益型融资渠道，盘活存量资产，并将募集的资金反哺到新建项目中。

（三）REITs 的长期发展目标

REITs 的经营目标分为两个部分，即 REITs 的长期发展目标和 REITs 的经营战略。其中，REITs 的长期发展目标应包含以下三项内容：①加强基础设施建设和商业不动产的整合，推进供给侧结构性改革战略的深化；②继续盘活优质资产，使长期资本和长期资金有效对接，不断增强 REITs 对实体经济的拉动作用；③逐渐成为一种常态化的金融产品，通过高质量的管理，为投资者提供持续稳定的收入分配，提高投资者的收入与资产的长期增值能力。

（四）REITs 经营战略建议

REITs 产品的经营目标应该是标的资产的稳定与增值，并最终体现为基金持有人收益的可持续增长。

第一，专业的运营管理。在专业能力上，REITs 管理人应当培养标的资产的经营管理能力，或者选择有一定规模和良好业绩的经营管理机构。从标的资产的类型来看，可从某一类标的资产入手，逐步提高标的资产的管理能力，扩大标的资产的管理范围。例如，仓储物流和园区、园区和写字楼在经营管理方面有共同之处，都以收取租金收入、提供物理空间及相应的服务为主要经营模式，但基础资产在区位、主要客群上存在一定的差异。从协同的角度来看，同一个客户可能同时需要不同的物理空间，比如，金融机构和科技公司可能需要大型数据中心，而它们的销售、业务和财务部门可能需要标准的办公空间。在工业园区中，经常会有规模较大的保障性租赁住房或者是市场化的长租公寓，如果这两种类型的物业可以由同一个 REITs 持有，那么管理人就可以对它们进行协同管理，具体来说，可以通过设立不同的管理部门或者委托不同的运营管理机构来实现。

第二，持续优化的经营收入。经营稳定、成熟的不动产和基础设施项目的收入增长总体上较为平稳，但这并不意味着管理人员不需要积极地对运营收入进行优化。此外，通过提供附加服务等方式提升客群黏性、建立品牌，也有助于改善营收结构、增加多元化营收。

第三，严格的支出管理。这里的支出，包括经营性支出和资本性支出。可将 REITs 运营方面的支出分为两类进行管理：基础性支出和升级性支出。基础性支出，是指维持资产持续经营所需的必要性支出，具体包括支付运营人员工资、维修和维护日常经营磨损的设施设备等。在对基础性支出的管理方面，应与预算管理相结合，将其纳入每年的预算范围，由管理人根据授权进行审批和支付。升级性支出通常是由市场环境的变化以及企业战略的调整和优化引起的。以领展 REIT 为例，在经营零售商场的过程中，它做了以下两方面工作：一是商场的活化，如购物环境的改善、人流的增加等；二是重新定位商场，引入多样化的商品选择，调整商业组合，适应市场需求。这类升级性支出也需要在 REITs 的运作和管理中予以关注，即 REITs 需要在充分的可行性论证以及考虑对项目公司或 REITs 留存资金影响的基础上，进行审慎的决策，严格控制不必要的支出。

除此之外，还需要建立支出和收入之间的匹配机制。当每年的收入都小幅缓慢增长时，通常不应增加额外的支出，以达到控制成本、维持或提升经营现金流的目的。

第四，审慎的外部并购。REITs 扩募的主要目的是收购资产。以 GLPJ-REIT 及 MLT 为例。根据扩募公告，GLPJ-REIT 及 MLT 扩募融资用途可以分为三类，分别是支付已公告收购交易的对价、为拟收购资产筹资以及出于财务目的偿付借款与债务。其中，前两类资金使用占比普遍超过 95%。通过审慎的外部并购，能否有效提升 REITs 业绩，推动 REITs 平稳运营，既是管理人运营项目的目标，也是对其进行资产筛选和提升其管理能力面临的考验。参考国外实践经验，在外部并购行为中，管理人可关注以下三个方面：一是并入标的生命周期，包括直接取地、在建工程、存量资产翻新、成熟资产等；二是并置资产的类型与位置，如与原有 REITs 资产在纵向与横向上能否更好地匹配；三是购买资产的经营，即是否委托现有 REITs 资产管理团队经营。

第五，合理的资产配置。REITs 可以通过变卖非核心资产，将所得资金用于购买新资产或通过分配等方式改善整体资产质量。比如，凯德集团为了维持 REITs 资产组合中物业的经营活力，采取了“边买边卖”的办法，对其资产进行置换。当政策准许领展 REIT 投资于内地市场时，它便选择卖出部分效益不佳的物业，以获得持续的现金流，同时，购入部分内地优质物业，以增加收入。高品质的物业不仅可以给公司带来稳定的营业收入，也可以给公司的经营管理注入新的灵感，进而提高公司的资产管理水平，创造更大的价值。

三、公募 REITs 治理的特殊要求

要满足 REITs 稳定、快速增长以及可持续发展的需要，实现上述经营目标，必须建立一套完善的 REITs 运作模式。目前，在全球范围内，REITs 有两种管理模式，一种是外部的，另一种是内部的。

从逻辑上讲，与内部管理模式相比，外部管理模式有较长的代理关系链，存在较多利益冲突与信息不对称，因而通常被认为是一种较低的代理成本结构。但是，仍然有相当一部分市场采用了以外部管理模式为主的管理机制，甚至在 REITs 市场最成熟的美国，也有相当一部分市场采用了这种管理机制。主要原因是，外部管理人员通常具有丰富的经验和较高的专业水平，能够为内部管理人员带来更多的资源；对新成立或者小规模的 REITs 来说，采用外部管理模式有助于快速形成专业管理模式，让资产运营走上正轨。外部管理模式的优劣势见表 8-1。

表 8-1　外部管理模式的优劣势

优　势	劣　势
专业性：外部管理人由于自身体量大、专业度高，可以带来内部管理人难以掌握的资源和人才	利益冲突：外部管理费用设置的绩效报酬激励经常会造成外部管理人利益与股东利益冲突。外部管理人可能会进行大量交易、融资、规模扩张等，以获得更高的管理佣金，尽管以牺牲 REITs 表现和股权稀释为代价
持续性：外部管理人的优势会从接受委托第一天起注入，且他们可以在需要时从母平台获取额外的技能与资源。对于以个人资产和个体间交易起家的地产行业，获得超一流人才的能力至关重要	关联交易：外部管理人可能利用自身对交易决策的影响力和关联方合谋损害资产持有人的利益
必要性：对于新成立或者小规模的 REITs，外部管理的特性可以使其更快立足，走向正轨	费用率高：与内部管理的 REITs 相比，外部管理的 REITs 通常存在高费用负担。内部管理的 REITs 年度费用支出通常不到总资产的 0.5%，而外部管理的 REITs 产生的费用包括销售佣金、经销商经理费、收购和投资费等，通常超过净资产的 1%
高效性：外部管理人可以敏锐地捕捉到市场机会——利用现有平台，根据不断演化的市场趋势快速推出 REITs 产品	道德风险：绩效报酬激励可能使外部管理人过度使用杠杆，从而带来不必要的风险

不同 REITs 管理模式的形成具有自身的特殊性与历史契机，而对 REITs 管理模式的选

择常常受到诸多因素的制约。相较于欧美发达国家将 REITs 定位为市场化的商业实体，亚太地区采用外部管理模式，更倾向于将 REITs 定位为盘活存量不动产资产，其作用在于为经济发展提供资金支持，并为投资者提供投资渠道，而这更符合国内公募 REITs 的定位。国内公募 REITs 目前还处于发展阶段，其内部管理运作能力还不够强，缺乏多元化、专业化的运作管理资源。在这样的背景下，选择外部管理模式，委托专业的不动产资产运营管理机构，更能实现 REITs 的经营目标，保证投资者的收益。

在 REITs 外部管理模式下，如何有效控制并避免潜在的利益冲突，降低代理成本，是 REITs 内部治理的特殊要求。结合 REITs 的运营特点和经营目标，建立有效的监督约束机制、健全的经理人激励机制、严格的信息披露制度和规范的内幕交易风险管理，有助于降低 REITs 的代理成本。

1. 有效的监督约束机制

（1）积极履行管理人职责。在亚太市场，REITs 资产主要由受托人（通常为满足监管要求的银行机构）代表投资者持有，而 REITs 的管理人主要承担管理责任，物业的日常运营管理工作主要由运营管理人承担。因此，管理人需要构建对运营管理机构的监督机制，夯实主动管理职责，在履行管理人义务的情况下，起到充分监督运营管理机构的作用。鉴于 REITs 运营管理的特殊性及复杂性，管理人应明确自身与运营管理机构之间的角色分工，厘清各运营管理机构之间的权利义务关系。

（2）发挥持有人大会作用。在契约型 REITs 中，持有人大会是最主要的监督机构，基金规模的扩大、基金费率的调整、资产的买卖等重大决策都要经过持有人大会的审议。目前，我国公募基金普遍未设立持有人大会这一常设机构，若持有人分散，中小投资者参与治理的成本过高，“搭便车”现象普遍，则持有人大会的召开具有一定的可操作性，“用脚投票”机制不能对管理人形成有效监督。借鉴国外经验，成熟的 REITs 上市公司应召开年度股东大会，由管理人、托管人共同参与。定期召开年度会议，可加强投资人对 REITs 管理人的监督，也可让经理人有机会向投资人介绍 REITs 的业绩及投资策略。

（3）加强关联交易审查。如何防范关联交易引发的利益冲突，是 REITs 监督约束机制研究的核心问题。我国上市公司可借鉴国外比较成熟的治理经验，对上市公司关联交易的信息披露、审批等问题制定更严格的规范。与此同时，要严格执行关联交易的相关程序，比如，关联方应该回避对相关决议的表决。

2. 健全的经理人激励机制

建立健全的经理人激励机制，能够使经理人的利益与 REITs 持有人的利益紧密结合，从而降低代理成本。在亚太地区，管理费用主要包括基本管理费用、浮动管理费用，以及收购和销售费用。其中，浮动管理费用通常以股份派发增长率为基础计算，符合股东利益。与此同时，在基础管理费用的收取方式上，除传统的按照在管资产规模收取现金外，部分 REITs 还采用了以可供分配利润为基础的计算方式，并通过收取 REITs 份额替代现金的方式进一步与持有人利益捆绑在一起。

REITs 作为一种具有主动管理功能的资产管理产品，应在主动管理的框架下对外部管理者进行激励。国际经验表明，为提高管理人与投资人利益的一致性，外部管理 REITs 越来越多地采用“年管理费+基于回报的业绩分成”模式。

3. 严格的信息披露制度

亚太市场对 REITs 的信息披露有严格的要求，包括公告、通知和通函报告，以确保 REITs 的信息被及时地披露给投资者。

遵循真实、充分、准确、及时的信息披露原则，通过定期、临时的信息披露完整地反映公募 REITs 的经营情况，可以有效地遏制各种损害投资者利益的行为，为市场投资者进行公募 REITs 投资、价格判断创造客观、公正的环境。同时，为了确保 REITs 股权结构、关联交易、重大关联交易等方面信息的透明度，REITs 应及时向交易所披露。

4. 规范的内幕信息交易风险

亚太地区 REITs 的原始权益人、大股东和管理人（运营管理机构）一般同属于一个集团，往往是关联方关系。为了解决这类机构利用内幕信息进行交易损害其他股东利益的问题，有必要建立内部人信息管理制度，如内部人信息登记、事后审查等。

加强对信息知情人的监管，能够施加压力，为内幕交易的发现和查处提供重要的线索与依据，起到事前警示、及时监控和固定证据的作用，有助于遏制内幕信息的泄露和内幕交易的发生。

四、公募 REITs 治理模式设计的特殊性

在设计 REITs 的治理结构时，需达到以下目的：保障 REITs 产品稳定存续、降低 REITs 产品的委托代理成本、实现 REITs 产品稳定分红派息、保证 REITs 产品内部控制的有效运行。

1. 保障 REITs 产品稳定存续

REITs 作为公开发行的产品，与治理结构相关的参与主体包括原始权益人、基金管理人、投资人、运营管理机构等。合理的治理结构是理顺不同利益方关系的重要基础，也是保障投资者权益的基本条件。

建立科学的治理结构有以下两个作用：一是可以理顺治理结构各方功能及权利义务关系，使 REITs 产品的各项经营管理及决策有章可循，符合具体的法律法规及公司章程约定的程序，保障 REITs 产品在既定战略方向上发展；二是可以优化 REITs 产品资源配置及现金流分配，从而增强 REITs 产品本身的核心竞争力，提高经营业绩。

2. 降低 REITs 产品的委托代理成本

美国经济学家伯利和米恩斯提出的委托代理理论提出，通过所有权与经营权的分离提升企业运营管理的专业化程度。随委托代理模式一起出现的，是委托代理成本问题。

REITs 产品底层资产的日常运营较为复杂，一般依赖专业的运营公司及人才。基金管理人或投资者较难渗透到 REITs 产品底层资产的日常运营中。

科学的治理结构有助于从制度上建立有效的委托代理机制。对 REITs 产品而言，通过治理结构的设计减少委托代理的层次，对底层资产的委托运营建立市场化的竞争机制，有助于完善和强化对资产运营者的激励与约束，降低委托代理成本。

3. 实现 REITs 产品稳定分红派息

REITs 产品的核心考核指标之一是分红派息率。如何保障和提升 REITs 底层资产的经营水平，从而持续优化产品的分红派息能力，是 REITs 产品治理结构设计的关键。REITs 产品治理结构设计对实现产品分红派息目标的作用体现在以下两个方面：一是为不同的参与者设定科学有效的激励和约束机制，促进各参与者之间的有机协调，增强 REITs 产品的整体活力；二是促使 REITs 产品明确可持续的财务目标，实现资产本身的良性循环，避免因过度追求短期股东利益最大化而牺牲底层资产的持续运营能力和可持续发展潜力。

4. 保证 REITs 产品内部控制的有效运行

内部控制的主要目标是减少虚假会计信息，保护资产的安全和完整；内部控制的基本目标是保证企业目标的实现，而治理结构的设计能够保障内部控制与企业目标的统一。

对 REITs 产品而言，内部控制通过正向约束运营管理主体的信息处理和传递环节，提高信息披露的质量和时效性。治理结构的科学设计，能够进一步促使内部控制在 REITs 产品中发挥更大的价值：一是通过缓解 REITs 产品运行的信息不对称，增强投资者对 REITs 产品底层资产运营的信心，促进产品持续稳定运营和后续增发扩募等公开市场操作；二是科学的治理结构设计有利于促进内部控制体系中各项约束机制作用的有效发挥，保障 REITs 所持资产的安全性，避免出现会计信息欺诈和流程错误。因此，科学的治理结构设计是 REITs 产品内部控制有效运行的保证，只有在完善的 REITs 治理结构中，良好的内部控制系统才能真正发挥作用，提高经营效率，增强信息披露的真实性、准确性、及时性和完整性，做到对投资者的利益负责。

第三节　境外公募 REITs 治理经验

从外部管理模式来看，REITs 本身为公司、信托或基金实体，由外聘的管理人执行包括资产运营、投融资和物业管理等在内的各项管理职责，外部管理人收取与管理规模呈固定比例的基本费用和基于利润率的绩效费用；从内部管理模式来看，REITs 本身持有不动产资产，同时拥有资产管理团队，由 REITs 的内部管理部门或管理公司执行所有管理职责。

一、美国 REITs 治理结构典型案例分析

目前，美国的大部分 REITs 以内部管理模式为主。美国 REITs 产品早期曾采用“信托型+外包型”模式，后在 1976 年《REITs 简化修正案》、1986 年《税收改革方案》的基础上，逐步从信托结构向公司型转变，从外部管理模式向内部管理模式转变。美国 REITs 主要治理结构是“公司型+内部管理”，其市场规模已经位列全球第一。

美国的西蒙 REIT 既是公司内部治理结构的典型代表，又采用了“伞式有限合伙”的产品形态，整体上与传统的公司治理结构类似，但比传统的公司治理结构复杂。

（一）西蒙 REIT 的基本情况

（1）成长历程。西蒙 REIT 是美国规模最大的房地产投资、发展和管理集团，总部设在印第安纳州印第安纳波利斯，是北美地区最大的房地产上市公司。西蒙地产集团的前身 MSA 成立于 1960 年，当时，梅尔文·西蒙与赫伯特·西蒙兄弟二人在印第安纳州印第安纳波利斯开始了一项商业街的建设。1993 年 12 月，西蒙 REIT 募集了近 8.4 亿美元的资金，成为当时最大的房地产投资信托公司。西蒙 REIT 的成功是其稳健的经营管理和迅速的并购与扩张相结合的结果。西蒙 REIT 在公开市场上有房产 114 处，可出租物业 503 万平方米。自上市以来，西蒙 REIT 累计完成了 66 起并购交易，总金额超过 700 亿美元。

（2）规模。西蒙 REIT 拥有物业 232 个，其中，199 个位于美国，33 个位于欧亚地区。该集团现有的物业及管理面积为 2240 万平方米，相当于该集团上市时的 4.45 倍。

（3）分派情况。西蒙 REIT 一直运作稳定，市值稳步上升，并维持了较高的分派率。

（二）西蒙 REIT 的组织结构

西蒙 REIT 采用“伞式有限合伙”结构，如图 8-2 所示。在该结构下，运营型合伙企业 OP 持有资产并作为运营主体，西蒙 REIT 是其唯一的普通合伙人，其他合伙人通常为资产提供者，但因递延纳税等并不直接持有 REITs 股份，而是在持有资产后获得有限合伙份额（Operating Partnership Units，OPUs），且 OPUs 可随时转换成 REITs 股份。

由于运营合伙企业与西蒙 REIT 有相同的治理结构，西蒙 REIT 在“伞式有限合伙”企业中拥有绝对的优势，而其他合伙人作为有限合伙人，可以获得递延纳税的权利。

（1）REIT 股东。先锋领航集团、贝莱德集团、科恩-斯蒂尔斯是公司的前三大股东。根据表决权不同，存在 B 类股 8000 股，每份 B 类股内含两票表决权，分别被赫伯特·西蒙和戴维·西蒙委托。同时，B 类股有权选举最多 4 名董事会成员。

（2）REIT 董事会。董事会包括 13 名董事，半数以上的成员必须是独立董事，独立董事必须是非西蒙家族成员或者主要股东，并且每位独立董事必须自当选之日起至少 6 年内拥有 85 万美元的普通股（或者相当于运营该合伙企业的有限合伙企业）。董事会可以通过额外发行一些特殊股票保持对西蒙家族的控制，如带有优先权或者转让权的 B 级股。董事

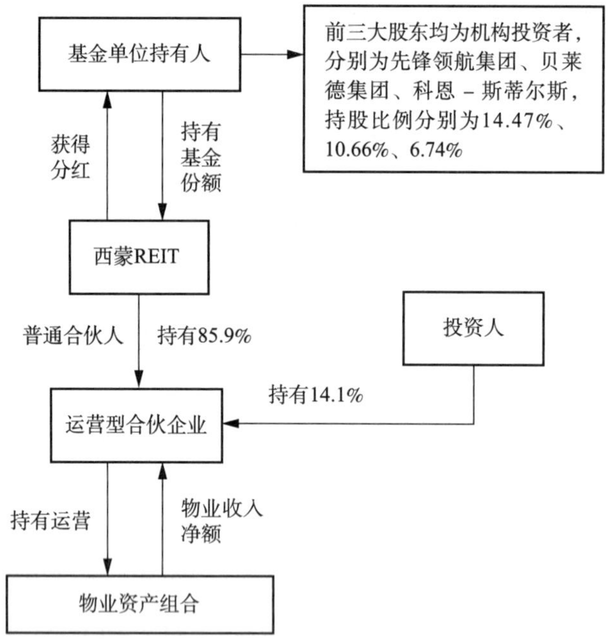

图 8-2　西蒙 REIT 的组织架构

资料来源：根据公开资料整理。

会下设治理和提名委员会、审计委员会、薪酬委员会，主要负责董事筛选、财务审计、人员薪酬制定等工作。

如果西蒙 REIT 决定募集资金，则董事会有权根据股东大会的授权增加债务、成立/投资合资企业或者按照自己认为合适的方式、条款及价格发行股份。购买或出售资产，须有半数以上的股东投票通过；而在资产出售方面，由于可能牵涉普通合伙人与有限合伙人之间的利益冲突，需有超过 3/4 的独立董事批准。

（3）管理团队。执行层的核心是首席执行官，由戴维·西蒙担任，其他执行层骨干包括首席行政官、首席基金和财务官、首席会计官、董事会秘书等。西蒙 REIT 的运营管理和资金管理均由执行层领导下的公司内部部门负责。

（三）西蒙 REIT 的治理结构

虽然采用了“伞形有限合伙”结构，但是西蒙 REIT 的治理结构与采用内部管理的公司制 REITs 的治理结构非常相似。

董事会作为公司治理结构的核心，下设的三大委员会确保了公司的专业运作，而外部董事的数目则确保了公司的公正运作，从而保护了中小股东的利益。与此同时，西蒙家族在董事会中通过特殊的选举权、投票权、特别表决权股份的数量等，保持了对大股东的控制权。

从投资业务的角度来看，董事会实际上有很大的自主权，可以通过各种方式筹集资金。美国的监管关注 REITs 产品的纯洁性，在资金流入和资金流出两个方面进行把控，要求总收入来源于房地产的比例必须在 75%以上，净现金流分配必须在 90%以上。

从经营业务的角度来看，如果采用内部管理模式，有三种方法：一是在独立董事的领导下，对关联交易展开更加严格的审查；二是董事会建立完整的薪酬管理机制，委托外部专业机构协助制定方案，并对效果进行评估；三是建立长期股权激励方案，让团队与 REITs 的长期利益进一步锁定——将团队奖金与 REITs 运营直接联系起来。

（四）美国 REITs 的治理结构

1940 年，美国通过了《投资公司法案》，确立了以投资公司为集合投资主体的税收“穿透管道”制度。1986 年，美国修正并颁布了《税制改革法案》，该法案依据的是 IRS 发出的一封私人信函，允许 REITs 采取内部管理方式。该法案促使房地产开发商积极组建 REITs，并将大多数原有 REITs 改组为持有和管理不动产的 REITs。

从发行人选择的角度来看，发行人（或原始股东）的外部管理显然具有较高的代理成本，随着法律法规的不断完善，内部管理自然而然地成了发行人的最优选择。当前，美国市场上大多数 REITs 的内部管理是出于发行者的意愿，而不是投资者的意愿。但是，从 Ventas 等的 REITs 项目中也可以看出，建立明确的委托管理关系不一定要将其划分为内部管理或是外部管理，而是可以更清晰地确立 REITs 与管理人的委托关系，并划分权责利。REITs 与管理公司独立发展，双方可以制定和实施各自的发展战略，充分保护各自投资人的利益，最终获得独立的发展路径。

美国的 REITs 制度，特别强调董事会在 REITs 中的核心地位，并强调外部董事的独立、专业等特点。董事会经常扮演平衡大股东与小股东、大股东与发行人/原始权益人、股东与管理团队/运营机构之间关系的角色。

1. 独立董事制度

鉴于美国成熟的资本市场，REITs 的独立董事制度在一定程度上能够防止外部管理顾问滥用其管理权和建议权。独立董事有权对外方的决策权与建议权进行审查和监督，从而有效防止外方滥用其代理权。此外，独立董事还可对 REITs 公司日常运营中出现的其他问题进行监督。在通过外部管理顾问管理 REITs 的模式下，采用独立董事制度可以帮助 REITs 在投资决策过程中实现股东、管理层和外部管理顾问之间的利益平衡。在采用内部管理的模式下，运用独立董事制度也能保证内部管理层决策的中立性，从而在内部管理层利益与股东利益发生冲突时，防止管理层滥用管理权损害普通股股东的利益。

2. 董事会结构与权力边界

董事会成员由股东选出，对股东负责。典型的 REITs 董事会由 7~9 名董事组成，董事必须具有 3 年以上物业管理经验，且任期为 1 年，可再次当选。董事会成员大多为独立董事。根据北美证券管理者协会（North America Securities Administrators Association，NASAA）的定义，REITs 的独立董事是现在和过去两年内与 REITs 的发起人或顾问公司都没有直接或间接关系的人。董事会的职责主要是决定 REITs 的投资策略，监督和指导企业的业务运作，但不直接参与企业的经营。

3. 给予董事会成员特殊保护

美国特拉华州最高法院认为："通常情况下，法庭和股东都不会干预董事会做出的经营决定。"马里兰州地方法院在一起案件中指出，REITs应被视作普通公司，并认为"在马里兰州，对公司事务的控制应由公司董事会决定，如果大多数董事会成员正确地运用了自己的商业判断，他们一般不应对错误判断给公司和股东造成的损失负责"。在多数情况下，法院在审查董事会决议等案件时，会严格遵循商业判断规则，给予公司高管和董事会成员特殊保护。

（五）美国 REITs 市场治理结构的主要特点

美国 REITs 市场治理结构有以下三个主要特点：

第一，很多 REITs 是由原来的不动产公司改为投资者直接持有房地产公司股份的。美国的 REITs 市场是"税收驱动"的典型代表，多为整合型不动产企业，拥有相对完备的物业管理、开发、租赁和运营能力。这类公司在比照 REITs 相关法规进行调整后，可以完成向 REITs 产品的转化。与此相对应的是，REITs 的投资者也会选择调整后的股票来直接投资。

第二，REITs 基金在由房地产公司转型为 REITs 产品时，通常由该公司原有经验丰富的管理团队继续进行管理。在这一安排中，"投资人→REITs→管理人"的委托代理关系，相对于外部管理模式中的"投资人→REITs→管理人"，理论上会因利益冲突、信息不对称程度更低而导致道德风险更低。

第三，公司管理层具有较大的灵活性，对公司的日常经营和收费模式有较大的依赖性，但同时需要对董事会进行必要的监督和平衡。基于更简明的经营链，在内部经营模式下，日常运营决策和收费模式更灵活。在 REITs 内部管理模式下，既要给 REITs 管理层足够的自主权，又要通过董事会与专门委员会进行必要的制约和平衡。REITs 公司董事会下设专业委员会，一般由薪酬委员会、审计委员会、执行委员会等组成。除 REITs 章程、内部规则或有关法律明文规定须由所有董事共同决定的事项外，执行委员会可代理董事会行使职权。

二、新加坡与中国香港 REITs 的治理结构

以新加坡、中国香港为代表的亚洲区域 REITs 市场，通常由受托人（信托公司或银行）按照交易所上市规则和信托合同等规定发行股票募集资金购买相关资产。从产品架构上看，契约型 REITs 采用外部管理模式，受托人代表 REITs 产品委聘管理人，对其运营管理行为履行监督职责，REITs 财产的各项日常管理与经营由管理人主要负责，管理人通常是发起人的关联方。外部管理模式下的典型 REITs 产品结构如图 8-3 所示。

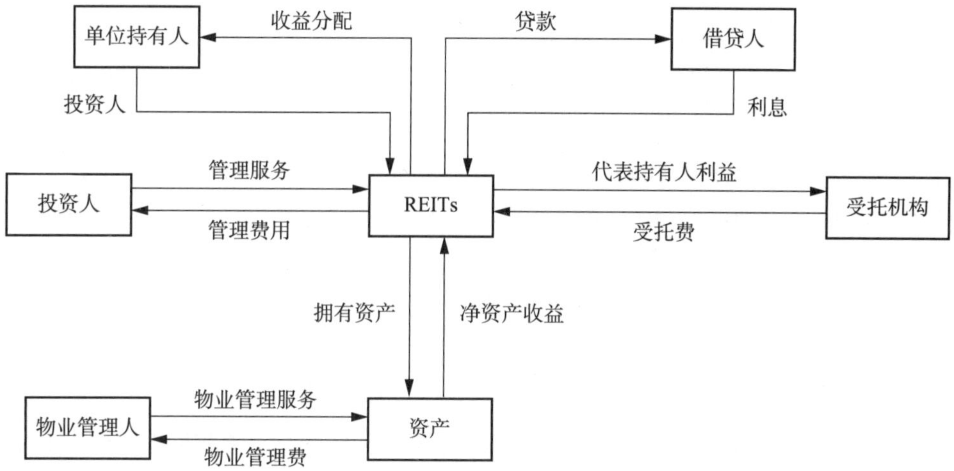

图 8-3　外部管理模式下的典型 REITs 产品结构

（一）新加坡 REITs 的治理结构

（1）新加坡 REITs 的治理构架。自 2002 年首只 REITs 在新加坡上市以来，新加坡 REITs 得到了快速发展。目前，新加坡共有 44 只 REITs 上市，总市值逾 1110 亿新加坡元（约合 800 亿美元），成为除日本之外亚洲最大的 REITs 市场。

在组织架构方面，新加坡 REITs 可以是公司型，也可以是契约型。现在，市场上都是契约型信托的运营模式，其受托人根据新交所上市规则的规定以及信托契约的约定，发行新加坡 REITs 份额，用募集资金购买房地产或者相关资产，管理人负责新加坡 REITs 的日常管理与经营。受托人负责保管信托财产并监督信托管理工作，管理人根据对物业的熟悉程度，负责不同的项目管理工作。因为管理人权限较大，并且存在关联方角色的利益冲突，所以在董事会层次上，要建立与之相对应的制衡机制——投资人可以任命董事，此时，独立董事只占 1/3 即可；如果投资人不任命董事，那么独立董事的占比要达到 1/2。

（2）REITs 治理的法律规定。相关法律规定主要来源于 2002 年颁布的《集合投资计划守则》中的房托基金部分。新加坡 REITs 治理法律法规见表 8-2。

表 8-2　新加坡 REITs 治理法律法规

条款来源	具体内容
《集合投资计划守则》2	房托基金管理人： 基金管理人可以选择在房托基金于证券交易所上市时与房托基金签署管理协议。基金管理人应在新加坡有固定办公场所，并应有不少于 100 万新加坡元的股东资金。基金管理人中应有一名常驻首席执行官以及两名全职专业雇员（应达到官方发布的“适合标准指引”中的相应条件）。此外，基金管理人应有至少 5 年房托基金管理经验，经受托人的同意指定具有至少 5 年房地产投资和（或）咨询经验的顾问、聘任至少具有 5 年房地产投资和（或）咨询经验的人员
《集合投资计划守则》3	房托基金受托人： 在履行其职能和职责时应尽职且勤勉尽责，包括保护投资人的权利和利益

续表

条款来源	具体内容
《集合投资计划守则》4.1	房托基金的信托合同应包括以下条款： 管理人可由出席持有人大会的投资人以简单多数表决通过的决议解聘，前提是任何投资人均不得被剥夺表决权
《集合投资计划守则》5.6	房托基金并不禁止关联方作为计划财产的物业管理方或市场推广机构，只要付给关联方的相关费用和佣金不高于市场水平即可
新交所《证券上市手则——主板规则》第四章第二部分	以新加坡元计算的公开交易 REITs，至少 500 名公众投资人，且这些人至少合计持有该 REITs 发行的 25%的信托单位。以外币计算 REITs，也必须符合“持有人分散”（the spread of holders）的要求

（3）凯德综合商业信托（CICT）是新加坡市场上首只且规模最大的 REITs，于 2002 年 7 月在新交所以“CapitaL and Mall Trust”（CMT）的名称首次公开发行，并在与 CCT 合并后于 2020 年 11 月更名，其资产组合包括新加坡 22 处物业及德国法兰克福 2 处物业。截至 2020 年 12 月 31 日，CICT 市值为 140 亿新加坡元，其分派情况见表 8-3。

表 8-3　CICT 分派情况

年份	分派金额（美分）	净值（美分）	分派率（%）
2016	11. 13	186	5. 98
2017	11. 16	192	5. 81
2018	11. 50	200	5. 75
2019	11. 97	207	5. 78
2020	8. 69	200	4. 35

CICT 组织架构如图 8-4 所示。基金份额持有人大会为公司的最高权力机关，可通过决议委任管理人及受托人。资产管理公司遵循集体决策的原则，使每位独立董事都不能影响和控制决策过程。董事会有权批准某些事项，包括重大购并、投资、撤资等，新份额的发行，所得之分配及份额持有者所获报酬，与控股股东或董事有利益冲突的事项。除特别须经董事会批准外，董事会可授权管理委员会行使其批准范围内的交易权，以使经营效率最大化。

目前，CICT 有 8 名董事，其中 5 名是独立董事。董事长为独立董事，首次公开募股文件要求至少有 2 名独立董事参与；董事长是非执行董事，为维持权力均衡、加强问责制、增强董事会独立决策能力，董事会主席和 CEO 的职务与职责由不同人士担任。为了更好地履行职责，董事会设立了审计委员会与执行委员会。审计委员会由 5 名非执行董事组成，其中 4 名（包括审计委员会主席）为独立董事，主要负责公司的内部财务审计、合规流程等方面工作；执行委员会代表董事会监督管理人和 CICT 的日常活动。

CICT 整体架构与中国香港 REITs 相似，不同点在于：CICT 以新加坡国资背景占多数；通过董事会介入公司治理，在第一线平衡各方权责利；为了平衡董事会层级上的权力和责任，公司采用了独立董事的架构。

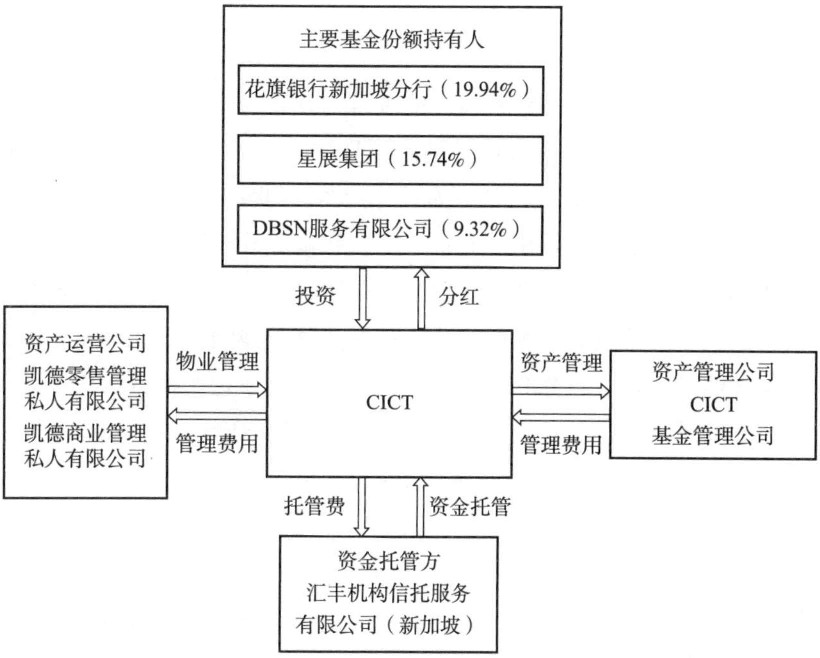

图 8-4　CICT 组织架构

（二）中国香港 REITs 的治理结构

1. 中国香港 REITs 治理

从结构上看，契约型 REITs 采用的是外部管理模式，即由发起人通过发行收益凭证筹集资金，构成信托资产；受托人代表持有人的利益，并持有相关的资产管理计划。基金管理人根据信托合同对基金进行管理和投资；投资者通过购买收益凭证对契约型 REITs 进行投资，然后按照购买份额分享投资收益。通常情况下，受托人是获发牌的银行或银行所属信托机构，代表持有人的利益，并持有相关资产管理计划的资产。虽然受托人拥有最终决策权，但是他们不会干预管理公司对基金的运营管理，也不会干预资产的运营，只会监督管理公司的行为和资产管理计划的合规性。

管理人是具有香港联交所要求的资质并获得了相关牌照的管理公司。管理公司主要负责制定房地产投资信托基金计划的投资战略并审慎实施，对投资计划进行财务管理和现金流监测，对租赁业务进行统筹管理，对日常楼宇进行维修管理，协助完成信息披露材料的准备和合规审查等工作。物业管理公司可在不违反物业管理协议的前提下，将底层物业管理职能转交第三方，由独立服务提供者为承租人提供物业服务。

中国香港 REITs 一般不设董事会，管理公司设置董事会，董事会成员由 REITs 投资人选出。从中国香港的实践来看，发起 REITs 的大多为大型房地产企业，它们会成立全资机构作为 REITs 的外部管理者，同时，在 REITs 层面持有最大份额（第一大股东）。房地产企业既是 REITs 的发起人，又是 REITs 的持有人，控制着 REITs 的管理公司，对 REITs 的决策、日常管理有绝对的控制权。

2. 中国香港 REITs 治理法律法规

《房地产投资信托基金守则》是中国香港规范房地产投资信托最直接的规范性文件。该守则第 3.1 条规定，REITs 是一种以信托形式构成的集合投资计划，主要投资于不动产项目。该基金的目的是为持有者提供物业租金收入的回报。物业投资信托会根据构成文件，将通过出售基金单位所得资金用于维护、管理和购买其投资组合中的物业。

该守则第 4.1 条规定，申请核准的计划必须在结构上指定受托人，而这些受托人必须得到中国证监会的认可。受托人必须履行普通信托法赋予他的职责。可见，申请核准的计划，其结构应属契约型信托。自 2003 年正式颁布至今，《房地产投资信托基金守则》虽已修订了几次，但有关计划架构的规定并未改变。中国香港 REITs 治理法律法规见表 8-4。

表 8-4 中国香港 REITs 治理法律法规

条款来源	具体内容
GP1	清晰的法律形式及拥有权结构： 房地产投资信托基金的资产必须以信托形式持有，且必须与受托人、管理公司、相关实体、其他集体投资计划及任何其他实体的资产分开处理
GP4	管理职能的转授： 房地产投资信托基金的管理公司必须履行有关管理房地产投资信托基金的所有主要职能。除非管理公司可以适当地监察及确保获转授职能者的表现称职，否则不得将管理职能转授。尽管某些附属职能可以转授予第三者履行，但管理公司仍须就获转授职能者的表现是否称职，向房地产投资信托基金的持有人及受托人全面负责
2.26	凡提述《上市规则》的规定，除文意另有所指外，以下修订须适用于某计划： （c）对“董事会”的提述需解释为对管理公司的董事会的提述
3.1	房地产投资信托基金是以信托方式组成而主要投资于房地产项目的集体投资计划。有关基金旨在向持有人提供来自房地产的租金收入的回报。房地产投资信托基金通过出售基金单位获得的资金，会根据组成文件加以运用，以在其投资组合内维持、管理及购入房地产
4.1、4.3	申请认可的各计划在架构上必须委任中国证监会接纳的受托人。受托人必须是根据《银行业条例》（香港法例第 155 章）第 16 条的规定获发牌的银行；或根据《受托人条例》（香港法例第 29 章）第Ⅷ部注册的信托公司，并且是上述银行或属下文第 4.3（c）条所指从事银行业务的机构的附属公司；或在香港以外地方注册成立而持续地受到审慎规管及监督的从事银行业务的机构，或获认可作为计划的受托人/保管人及受到中国证监会接纳的海外监管机构的审慎规管及监督的实体受托人负有受信责任以信托形式为持有人的利益而持有有关计划的资产，以及监察管理公司的活动是否符合该计划的有关组成文件及适用于该计划的监管规定
4.7	受托人的退任： 除非已委任新受托人及其委任已事先获得中国证监会批准，否则受托人不可退任
5.1	委任管理公司： 每个要求获得认可的计划，必须委任中国证监会接纳的管理公司
5.3	管理公司必须获中国证监会根据该条例第Ⅴ部发牌及核准管理该计划

续表

条款来源	具体内容
5.14、2.16	管理公司的退任： 在下列任何一种情况下，受托人可以通过书面通知辞退管理公司： 管理公司清盘、破产或已有接管人被委任接管其资产或部分资产；或受托人有良好及充分理由认为转换管理公司符合持有人的利益，并书面说明此事；或持有人通过普通决议（普通决议是指由某计划的持有人做出的决议，并且该决议是在当地召开的会议上，获有份出席及有权投票或通过代表投票的计划持有人以投票方式通过简单多数票通过的）

3. 领展 REIT

领展 REIT 作为中国香港第一只上市的不动产信托基金，旨在实现政府资产私有化，提高运营效率，并为投资者提供一条相对稳定的投资渠道，从而获得更高的收益。2005 年，中国香港特区政府运输及房屋局将其核心商业物业打包成 REITs，由领展资产管理有限公司担任管理人，基金单位全部由私人（个人或机构）投资者持有。

上市之初，领展 REIT 旗下物业包括中国香港房屋委员会的非核心零售及停车场资产，包含零售面积 95 万平方米，约占中国香港总零售面积的 9.1%，停车场总车位数 79000 个，占中国香港商业停车场总面积的 13.7%。领展基金于 2005 年 11 月在香港证券交易所上市，成为中国香港的第一只 REIT。2005 年上市之后，领展 REIT 完成了一系列资产提升、并购，并与实力强大的内地房地产企业展开战略合作，从而快速扩大了资产规模，提高了运营能力。

在领展 REIT 拥有的物业中，在中国香港的有 129 个，在中国香港以外地区（包括北京、上海、广州、深圳、东莞、佛山、悉尼、伦敦）的有 14 个，物业形态包括商业设施、停车场、写字楼、物流中心等。领展 REIT 分派情况见表 8-5。

表 8-5　领展 REIT 分派情况

统计区间	2006—2021 年
已实施现金分红（次）	17
累计实现净利润（万港元）	20277900.00
累计现金分红（万港元）	6038893.69
分红率（%）	29.78

领展 REIT 的组织架构（如图 8-5 所示）具有典型性，其管理人为领展资产管理有限公司，虽然在形式上独立于 REITs，但仍由 REITs 投资并持有 100%股权。基金单位持有人大会是领展 REIT 的最高权力组织，须每年举行一次基金单位持有人周年大会，而在若干特定情况下举行基金单位持有人之其他（或特别）大会。基金单位持有人可提呈有关委任、重新委任或罢免董事的建议。

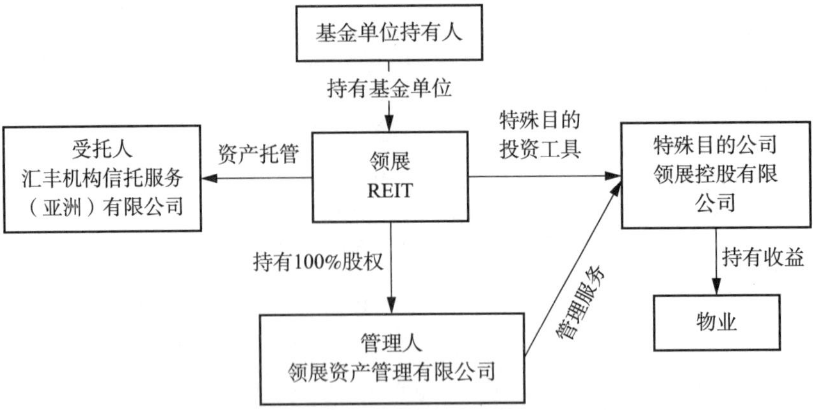

图 8-5　领展 REIT 的组织架构

董事会制度设计。董事会根据管理部门的建议决定风险偏好，并监督商业进程，以达成一致的商业目标。董事会通过风险管理和内部监督、内部和外部审计、受托人和中国证监会的监督，实现对管理层的制衡。董事会共有 12 名成员，其中，2 名是执行董事，1 名是非执行董事，9 名是独立的非执行董事。董事会和各董事委员会均由独立的非执行董事主持，财务投资委员会和提名委员会的多数成员为独立的非执行董事。

为保障董事会的独立性，领展 REIT 在组织构建方面做出如下设计：①独立非执行董事任期不得超过 9 年；每名独立非执行董事仅可于上一次离任的 3 年后重新加入董事会；审核及风险管理委员会与薪酬委员会仅可由独立非执行董事组成。②董事会将部分职能授予合适的董事委员会执行，董事委员会做出的决策及建议会定期向董事会汇报，主要包括审核风险管理委员会、提名委员会、薪酬委员会，以及财务和投资委员会。③经营管理由管理人负责，董事会负责制定策略及监察管理层的绩效。业务的日常运营授权给行政总裁领导的管理团队。财务及投资委员会负责财务及融资事项、投资事项、财务风险控制事项。

从治理结构来看，领展 REIT 要接受基金单位持有人大会、信托人、中国证监会等的外部监管；从管理人的角度来看，主要制约在于董事会的构成，保持董事会成员的多样化和独立性是关键。领展 REIT 的提名委员会为董事会的继任订立了一套可持续的方案，同时，通过独立外聘顾问强化提名程序。提名委员会负责董事的委任、重新委任及罢免，并需经过基金单位持有人大会投票通过。

（三）中国香港和新加坡 REITs 的治理经验

中国香港和新加坡在同一历史时期推出 REITs，其结构和制度设计也对亚洲各地的 REITs 市场产生了较大影响。

（1）受托人和管理人对立统一。REITs 信托合同的签署方通常有两个，一个是受托人，另一个是管理人。其中，受托人具有独立性和被动性，管理人具有关联性和主动性。在 REITs 的角色安排中，受托人和管理人是对立统一的：既以受托人对信托财产的持有和对信托管理的监督制衡了管理人因作为发起人关联方带来的利益冲突，又充分发挥了管理人因作为发起人关联方拥有的物业熟悉程度与项目管理方面的优势，达到了保护投资者利益与发挥发起人积极性之间的平衡。

（2）通过董事会平衡各方权责利。在 REITs 的实务操作中，往往会将董事会作为平衡各方利益的缓冲地带。管理人是整个项目中最重要的主动管理方，通过董事会介入管理人的公司治理，在第一线平衡各方的权责利，具有重要的现实意义。

（3）基金份额持有人大会表决重大事项。在确定了意图、标的和对象之后，信托法律关系的应有之义就是赋予受托人对信托财产一定的管理权限。因此，基金份额持有人大会并没有直接参与项目的日常管理，其职权主要体现在对核心参与方的任免以及对重大事项的表决上。基金份额持有人大会决议事项的总体设置思路具有以下几个特征：①经常是能够改变整个项目法律关系基础或参与方权责利的重要事项。②对问题的决策采取的是被动的审批方式，而非主动的管理方式。③在新加坡 REITs 系统中，信托管理人和管理人的更换需要不同的决议条件，信托管理人需要特别决议，管理人只需要一般决议。这与之前提到的信托与管理人分离有关。信托管理人是“守门人”，不能轻易更换。管理人作为发起人的关联方，在 REITs 体系中拥有很大的管理权和责任，因此管理人的更换不可能是一件容易被阻止的事。

（4）管理人、物业管理人同属发起人。在大多数 REITs 案例中，除管理人外，会有个别物业管理人负责对项目进行日常运作。物业管理公司通常是发起人的附属公司。典型的物业管理人员的工作包括日常的物业管理、维修和运营，项目承租人、租赁合同及租金管理，项目招商及其他市场推广工作，项目改造、维护、控制等。在日常经营管理中，物业管理人需要与管理人密切合作、顺畅沟通，关联公司作为发起人，可以在上述分工配合中做到游刃有余。

上述 REITs 结构下的治理思路，是一种动态博弈中的“平衡”。在具体操作层面，一方面，赋予发起人最大的权责利，激发发起人的积极性，从而为 REITs 的发展注入新的活力；另一方面，在各种治理结构中，通过对受托人的监督，以及对独立董事的外部监督，尽可能地将发起人可能存在的利益冲突化解到最小。

复习思考题

1. 中国基础设施公募 REITs 治理模式存在哪些缺陷，应当如何改进？

2. 对比各国 REITs 的治理结构。

3. 将基础设施公募 REITs 和上市公司的治理模式进行对比，总结 REITs 治理的特殊性要求。

4. 境外公募 REITs 治理结构有哪些值得我们借鉴和学习的经验？

5. 在研究全球 REITs 治理时，似乎最佳方案是将其划分为内部管理和外部管理两种模式，然后将案例套到这两种模式上，分析或对比其优劣势，除了这种做法，还可以通过哪些方法、从哪些方面去判断代理链条的长短、管理效率的优劣、投资人保护的好坏等？

6. 中国为什么需要研究基础设施公募 REITs 治理模式？

[案例]

国金中国铁建高速 REIT

一、项目概况

2022 年 6 月 6 日，中铁建重庆投资集团有限公司和重庆高速公路股份有限公司作为原始权益人的国金铁建重庆渝遂高速公路封闭式基础设施证券投资基金（简称“国金中国铁建高速 REIT”）在上交所的项目状态为通过。基础设施项目类型为收费公路，基金管理人为国金基金管理有限公司。本期产品专项计划名称为国金证券-渝遂高速资产支持专项计划，专项计划管理人为国金证券股份有限公司。目标基础设施项目为渝遂高速（重庆段）项目，位于重庆市，路段途经重庆市沙坪坝区、璧山区、铜梁区、潼南区，全长 93.26 公里，剩余年限约 13 年。募集资金拟投资于合川至潼南至安岳（重庆境）高速公路、合川至璧山至江津高速公路。

在当前宏观环境下，长期资金面临“资产荒”，公募 REITs 受到长期配置资金的青睐。目前，高速公路 REITs 上市数量最多（4 只，不含国金中国铁建高速 REIT），占比 33.33%，已发展成一套成熟的价值评估体系。国金中国铁建高速 REIT 位于经济发展速度较快的成渝经济圈，具有产业集群优势。项目自身运营多年，通行费收入稳定，比较优势突出，各项财务指标稳健，成本控制得当。

渝遂高速（重庆段）途经重庆市的沙坪坝区、璧山区、铜梁区和潼南区，连接重庆和成都两大国家中心城市的中间地带，是国家《成渝城市群发展规划》重点推进的纽带区域。重庆市正式进入现代化国际都市行列，综合经济实力、科技实力大幅提升，经济总量和居民人均可支配收入较 2020 年翻一番以上，人均地区生产总值超过 2 万美元。

成渝通道绕城高速以内所有路段的交通量都已超过适应交通量；绕城高速与三环高速之间大部分路段的交通量也超过适应交通量的 50%，高峰期已出现通行能力紧张的状况。渝遂高速的建成通车能够分流部分原有成渝高速的车流量。渝遂高速（重庆段）作为重庆较早的高速公路，经过多年的发展，原始权益人和项目公司已经培养了一支年龄结构合理、运营经验丰富、执行能力强的高素质高速公路管理运营人才队伍。公司高效、科学、精细化的公路业务管理体系，在同行业中居于领先地位。

二、治理结构

重庆铁发遂渝高速公路有限公司股东包括中铁建重庆投资集团有限公司和重庆高速公路股份有限公司，持股比例分别为 80%和 20%。中铁建重庆投资集团有限公司和重庆高速公路股份有限公司均为基础设施项目原始权益人，其中，中铁建重庆投资集团有限公司为主要原始权益人。

中铁建重庆投资集团有限公司成立于 2016 年 11 月 16 日，注册资本 30 亿元，截至 2021 年 12 月 31 日，中国铁建股份有限公司持有中铁建重庆投资集团有限公司 100%的股权，为后者的控股股东，实际控制人为国务院国资委。中铁建重庆投资集团有限公司以高速公路项目投资、建设和运营管理，生态环境项目治理，轨道交通工程建设为主业，辅以服务区加油站油品、日用品销售，交通安全工程施工、维护，以及土地整治等业务。

本基金的基金管理人为国金基金管理有限公司，资产支持证券管理人为国金证券股份有限公司。本基金的托管人为招商银行股份有限公司，资产支持证券托管人为招商银行股份有限公司重庆分行。基金管理人聘请中铁建重庆投资集团有限公司为运营管理机构，提供运营管理服务。基金管理人聘请中信证券股份有限公司为独立财务顾问，出具财务顾问报告。上述基础设施基金的整体架构符合《基金指引》的规定。

三、交易架构

本基金合同生效后首次投资的基础设施资产支持证券为“国金证券-渝遂高速资产支持专项计划资产支持证券”，并将通过持有该资产支持证券全部份额，进而持有基础设施资产所属项目公司的全部股权。本基金通过资产支持专项计划受让项目公司股权前，上述项目公司由中铁建重庆投资集团有限公司持有其80%股权，重庆高速公路股份有限公司持有其20%股权。国金中国铁建高速 REIT 基金管理人为国金基金管理有限公司，计划管理人为国金证券股份有限公司。项目运营管理机构为中铁建重庆投资集团有限公司。产品存续期为自基金合同生效之日起40年。根据2008年12月22日重庆市政府与项目公司签订的《建设经营渝遂高速公路重庆段特许经营权协议》，基础设施项目涉及的特许经营权年限为30年，即2004年12月9日至2034年12月8日，项目剩余年限约13年。如果到期后重庆市政府决定收回基础设施项目的特许经营权，存在基金提前终止风险，投资者预期的投资收益可能无法全部实现。国金中国铁建高速 REIT 交易架构如图8-6所示。

四、产品优势

国金中国铁建高速 REIT 的产品优势体现以下六个方面：

第一，国家高度重视，区域经济发达。重庆市地理位置优越，经济增长速度高于全国平均水平。近年来，成渝地区双城经济圈经济实力、发展活力、国际影响力大幅提升，支撑全国高质量发展的作用显著增强。展望2035年，成渝地区双城经济圈将成为具有国际影响力的活跃增长极和强劲动力源。

第二，产业集群丰富，未来发展可期。渝遂高速（重庆段）沿线产业集群丰富，有众多产业园区，并且得到相关政策的支持，多种产业持续高质量发展，可满足项目的交通运输需求。

第三，路网建设齐进，交通运输优化。重庆市和四川省基础设施建设提速推进，逐步建立了现代化的高质量综合立体交通网。渝遂高速同周边网络互联互通，有效提高了交通效率。

第四，通行收入稳定。渝遂高速（重庆段）运营10年有余，目前收入稳定。

第五，运营经验丰富，业务管理高效。项目的原始权益人及项目公司运营经验丰富，能够充分保证项目持续稳定运营。

第六，比较优势明显，竞争关系良好。渝遂高速的建成通车分流了部分原有成渝高速的车流量，使后者有轻微下降的趋势。

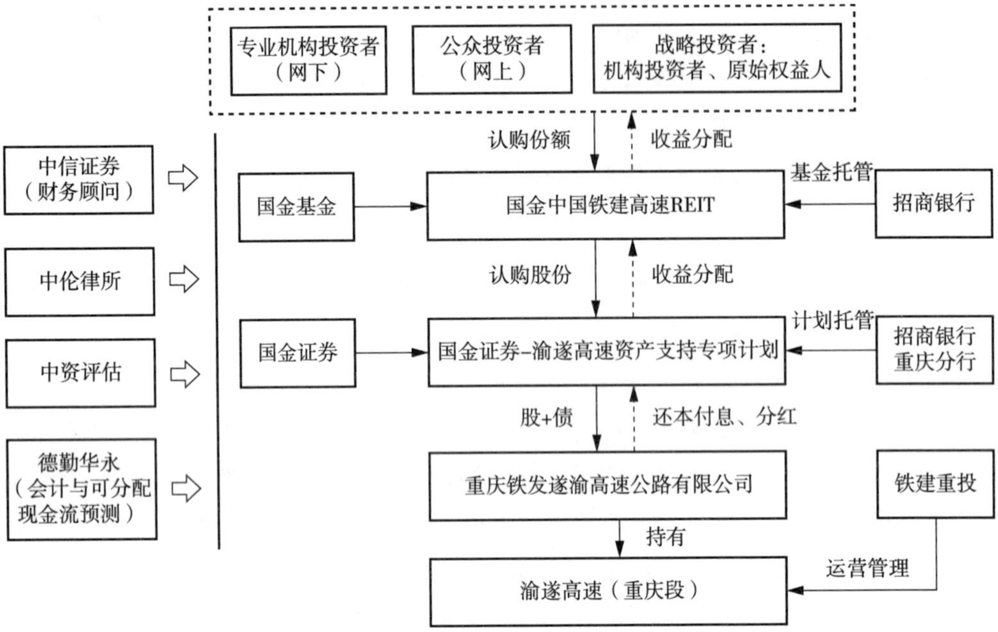

图 8-6　国金中国铁建高速 REIT 交易架构

思考与讨论

谈谈国金中国铁建高速 REIT 的治理结构及主要特点。

第九章

基于区块链的基础设施公募REITs优化设计①

学习目的

了解区块链技术的主要内容，特别是智能合约的内在机制；理解将区块链技术引入基础设施公募 REITs 交易的必要性；了解将区块链技术引入 REITs 市场的未来前景。

关键词

区块链技术　资产证券化　智能合约　分布式账本　区块链与 REITs 结合

第一节　区块链技术与资产证券化

一、区块链的定义及特征

关于区块链，目前尚无标准、统一的定义。区块链的概念源于 2008 年的比特币。一位自称中本聪（Satoshi Nakamoto）的神秘人士在论坛发表了一篇题为《比特币：一种点对点的电子现金系统》的文章，其中这样描述：时间戳服务器的工作原理是获取要添加时间戳区块的哈希值并进行广播，时间戳证明该哈希值已经存在，每个时间戳都包含前一个时间戳的初始哈希值，且后一个时间戳会对之前的时间戳进行增强，从而形成一条链。简单来说，区块链是一种由节点参与的分布式数据库，可以将数据和交易信息记录下来，就像一个交易账本，新的区块会添加在区块链的末端，一旦记录则难以被篡改。

区块链具有以下三个特征：第一，去中心化。去中心化是区块链最本质的特征之一，使区块链网络的节点可以自由连接，避免了依赖额外的中心化机构（如政府、银行等），各节点权利平等，拥有高度自治的能力。第二，不可篡改性。区块链的不可篡改性源于其去中心化特征，由于所有节点权利对等、数据公开透明，各节点的活动会受到整个系统的监管，除非篡改系统中的大部分节点，否则账本无法改变。这也意味着信息是可追溯的。

① 这一章本科生可以不讲，研究生应重点讲解。

第三，匿名性。区块链中各节点进行数据交换和信息传递时无须知道对方的真实身份信息。

区块链技术是在去中心化网络环境下实现数字数据交换的一种先进技术。它被设计为一个无须信任的第三方参与的分散型网络。在区块链中，数据以区块的形式存储，并在所有参与方中共享和验证。每个区块包含一些数据和一种验证这些数据的方法。当一个新的区块加入区块链时，会被分发到网络中所有的节点进行验证。

区块链的核心是去中心化和可靠性。因为数据存储在所有节点中，所以任何单个节点上的数据泄露或篡改都不会影响整个网络的安全性。另外，由于每个加入的区块都需要验证，任何恶意行为都会被及时发现并阻止。区块链技术可以应用于众多领域，如数字货币、智能合约、物联网等。区块链技术有助于解决信任问题，并提高数据的安全性和更新速度。区块链的发展如图 9-1 所示。

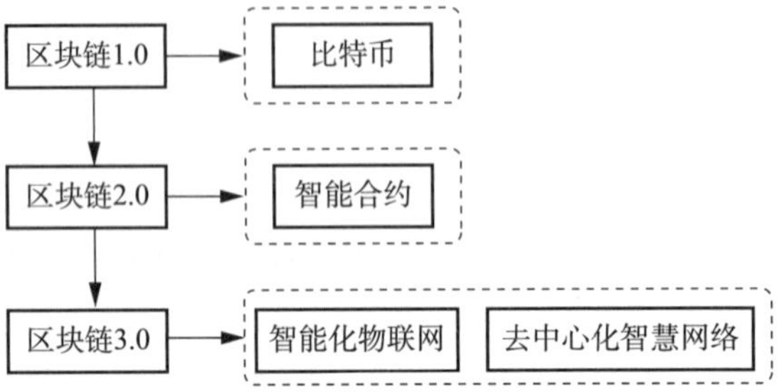

图 9-1　区块链的发展

二、区块链的分类

根据对区块链的访问权限，可以将区块链分为公有链、联盟链和私有链。

公有链是一种完全去中心化、不受任何访问限制、任何人都可以访问和维护的公有链。区块链中的信息量很大，因而很容易出现交易速度慢、效率低等问题。现在主流的公有链是比特币、以太坊等。

与公有链相比，联盟链更加分散，由多个主体共同管理。联盟链的节点需要经过严格的准入限制，并且读取权限和参与权限由联盟规则决定。联盟链的节点数量比公有链少，因此运行效率高得多。一个典型的联盟链项目是超链式的。

私有链与公有链截然相反，打破了人们对区块链完全去中心化特征的认知，数据的管理权限掌握在单个机构手中，数据读取权限根据组织需求只对特定受邀用户开放。私有链通常被用在内部开发和测试中。Linux 基金会是私有链的典型代表。

三、区块链领域常见概念

（一）智能合约

尼克·萨博（Nick Szabo）于 1994 年提出了智能合约的设想，并于 1996 年发表了题为

《智能合约》的文章，其中对智能合约做了如下解释："一个智能合约就是一系列承诺，承诺以数字化形式定义，还包括一系列相关协议，以便合约参与方能够在上面执行承诺。"

智能合约与传统合约的不同在于，智能合约涉及的资金和资产均为数字化形式。直至 2017 年，以太坊、区块链的诞生第一次为人类带来了不可篡改的数据，智能合约才真正进入人们的视野，开始具有影响力。智能合约依附区块链，包含所有交易信息，无须第三方信用干预，流程全自动，因而效率高、交易成本低、安全性高。

（二）分布式账本

分布式账本是一种可在各成员之间共享、复制且实时同步的数据库，能有效记录用户的交易信息，并解决因不同账本之间的协调带来的时间及支出成本。

分布式记账方式使区块链上的每个节点都能获得完整的账本，并且所有节点共同执行记账操作，将传统中心化账本转变为去中心化和分散核算，因此，单一节点对数据的篡改和伪造是完全无效的，除非对账本 51%以上节点同时进行攻击和篡改，但由此获得的收益根本覆盖不了成本，从而使账本的安全性得到保障。分布式账本也能提高信息获取和验证的效率，有利于降低交易成本。

（三）共识机制

共识机制是区块链技术中的一种重要算法，解决了分布式账本中信息的一致性问题。共识机制，是指在没有中心机构介入的情况下，通过不同节点之间的交互和验证，保证所有交易的合法性、一致性和安全性，实现利益不相关各方之间的信任共识。共识机制解决了参与者之间相互信任的问题，从而使区块链能够适用于不同场景。现在主要的共识机制有工作量证明（PoW）、权益证明（PoS）、拜占庭一致性协议（PBFT）三种。

（四）哈希算法

哈希算法又称"散列算法"，可以将任意长度的输入（如一篇文章或一张图片）转换为长度固定的字符串，只要输入的内容相同，哈希算法总能产生完全相同的代码，生成的字符串代码称为"哈希值"。哈希算法具有以下三个特点：第一，不可逆，即通过哈希值无法推算出原有数据；第二，无冲突，即使原始输入有一点细微变化，生成的哈希值也会不同且无规律；第三，等长度，即所有哈希值一样长。

（五）时间戳

每份数据通过哈希算法加密后，将生成的哈希值存储到区块链上，而后时间戳会对提取到的哈希值和时间记录进行签名，实现再次加密，将各区块按照时间顺序进行排列，从而形成一个完整链条，如图 9-2 所示。时间戳的设计使区块链运行时间越久，篡改难度越大。

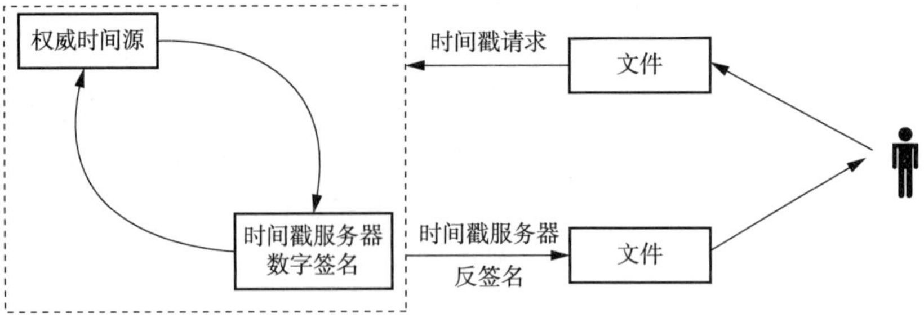

图 9-2　时间戳示意

四、基于区块链技术的资产证券化

近年来，区块链在金融领域得到越来越广泛的应用。区块链从负债端切入，与中国人民银行的数字货币和商业银行的信用货币密切相关；区块链从资产端切入，能实现资产的数字化，而资产数字化是资产证券化更高级别的形态。

（一）资产证券化

一般来说，资产证券化包含构建资产池、破产隔离、信用增级、证券评级、证券销售、挂牌上市、交易、存续期管理、到期支付等步骤，流程长，涉及多个主体，如发起人、SPV、承销商、投资银行、信用增级机构、担保机构、评级机构、托管人、律师、会计师等。资产证券化通过特殊的法律实体协助转移收益（风险），并可分层出具有不同收益/风险特征的证券，是一种复杂的金融创新，甚至被称为最高级的“金融炼金术”。

资产证券化虽然流程复杂，但原理很简单，核心是将复杂、难以“他信”的基础资产转化为面向市场、可信的资产，然后将其标准化、可分割化，并供众多投资者购买和交易。可信是资产流转的前提。

原始资产“藏”在企业的资产负债表里，产权是否真实、清晰、可靠，外人无从知晓，因而难以“他信”，自然无法流转和交易。资产证券化通过金融中介功能及以 SPV 为核心的法律设计，改变了原始资产的不可信状态。

投资银行、会计师对资产组合开展的尽职调查，以及评级机构的评级服务、托管银行的托管服务，保障了基础资产信息的可信性。以 SPV 为核心的法律设计进一步保障了基础资产的真实性、独立性和完整性。一是真实出售。发起人将特定资产以及与该资产相关的风险与收益全部转让给 SPV，发起人的债权人与股东不能再对证券化的基础资产提出或行使任何追索权。二是破产隔离。即使发起人、SPV 破产，也不影响对方的资产，由此保障了证券化资产的相对独立性和完整性。在基础资产完成由“不可信”到“可信”的转变之后，SPV 还可以利用外部担保对基础资产进行信用增级。

（二）区块链是信任机器

区块链技术的出现，使我们除了利用金融中介功能和法律手段外，还可以利用技术手段保障底层资产的可信。区块链利用加密数据结构验证和存储数据，利用分布式共识算法新增和更新数据，利用运行其上的代码（智能合约）保证业务逻辑的自动强制执行，具有集体维护、难以篡改、全程留痕、易于追溯、公开透明等优点。

随着区块链技术的广泛应用以及 5G、物联网的发展，区块链技术有望使与资产有关的所有原生数据，无论是链上的，还是链下的，都被穿透和追溯、自证与他证。此时，底层资产数据的可信就是底层资产价值的可信。这样，数字是价值，价值是数字，原来分处“两张皮”的数据与价值，真正聚合成物理与逻辑一体的数字资产。

数字资产具有天然的可信优势，因此具有天然的流动性，可交易、可流转。资产数字化通过可信技术的应用，使资产在保留原生全量信息的条件下，不用依赖传统的金融中介就可流通起来，是一种完全不同于资产证券化的新型资产盘活术。资产数字化与资产证券化并不是替代关系，而是互补关系，特别是在目前阶段，区块链等可信技术的应用还不普遍，许多资产不是原生于链上，资产登记更多依靠链下中心机构，因此资产证券化依然会在盘活企业资产中发挥重要作用。

（三）区块链技术在资产证券化中的作用

在资产证券化这一场景下，区块链仍可发挥积极作用。这种积极作用至少体现在以下四个方面：

第一，加强资产证券化信息披露。目前，资产证券化的信息披露仅限于产品发行的文件，对底层资产原始信息缺乏穿透能力。多级链条的资产证券化产品，更容易因为信息不透明引发金融风险。国际金融利用区块链技术建立分布式账本，可在原有信息披露的基础上，针对底层资产信息补充、提供专项信息披露服务，实现底层资产的可信穿透功能。

第二，提升资产证券化展业效率。资产证券化业务的开展，涉及多方主体，信息交互和沟通协调的成本较高。区块链技术本身就是一个点对点的多方互信共享网络，资产证券化各参与人可在区块链上进行高效的信息交互和业务协作，提高效率，降低成本。

第三，推动数字证券的发展。区块链创造了一种新型的数字化价值登记和交换技术，是新一代金融市场基础设施。在纸媒时代，证券的形式是纸质凭证，立字为据；在电子化时代，证券无纸化，以第三方电子簿记为据；在数字时代，证券的形式是可信数字凭证，立“数字”为据，也就是数字证券。数字证券在区块链上登记，点对点交易，进行券款对付（Delivery Versus Payment，DVP）结算，可引入中央对手方和流动性节约机制。数字货币以及智能合约技术还可为资产证券化带来全新的想象空间，如自动的现金流归集与支付等。

第四，支持监管。在数字化手段下，基于区块链的资产证券化不仅可控，监管还可做到更加精准。

第二节　我国基础设施公募 REITs 产品——浙商沪杭甬 REIT 分析

本节以浙商沪杭甬 REIT 为研究对象，对基础设施公募 REITs 的风险和存在的问题进行深入探讨。浙商沪杭甬 REIT 具有较强的代表性，主要原因有以下三个：①浙商沪杭甬 REIT 所处行业为高速公路，是基础设施公募 REITs 优先支持的收费公路类基础设施补短板项目。当前，高速公路行业是累计发行规模最大的一类基础设施公募 REITs。②浙商沪杭甬 REIT 是我国首批 9 只基础设施公募 REITs 中最早通过审批的一只高速公路 REIT，也是第一只出现亏损的高速公路 REIT，具有一定的代表性。③与特许经营权类 REITs 相比，产权类 REITs 的收入来源更加多样化，资产增值潜力更大，股息更高，风险也更大。浙商沪杭甬 REIT 属于特许经营权类 REITs，风险相对较小。

一、基金内容

（一）项目简介

1997 年 3 月，浙江省高等级公路投资有限公司独资设立了浙江沪杭甬高速公路股份有限公司。作为浙江省交通投资集团核心成员企业及重要上市平台，浙江沪杭甬高速公路股份有限公司在同年 5 月成功登陆香港证券交易所，成为浙江省首家在境外上市的国有企业，也是浙江省唯一境外投资运营的高速公路企业，具有较高的知名度。浙江沪松甬高速公路股份有限公司负责沪杭甬高速、上三高速、甬金高速、杭徽高速、申嘉湖杭高速、舟山跨海大桥高速、杭宁高速、龙丽丽龙高速、乍嘉苏高速等 18 条高速公路的运营，共计 1524 千米。其中，公用事业公路跨越浙江省 10 个地级市及安徽省黄山市，总里程为 1247 公里；同时，负责 320 国道嘉兴段、德清公路 304 省道等项目的运营。

“浙商证券沪杭甬杭徽高速封闭式基础设施证券投资基金”由浙江沪杭甬高速公路股份有限公司和浙江浙商证券资产管理有限公司共同投资管理。该基金已于 2021 年 5 月 17 日获上交所审核通过，并经中国证监会正式批准，将以 20 年为期，募集总份额为 5 亿份，是一只具有较高投资价值的开放式基金。

浙江沪杭甬高速公路股份有限公司成功发行该项目，需要多个参与主体相互协作。浙商沪杭甬 REIT 参与方具体情况见表 9-1。

表 9-1　浙商沪杭甬 REIT 参与方具体情况

参与方	参与机构
原始权益人	沪杭甬高速公司（88.6737%），杭州市交通投资集团有限公司（5.4838%），杭州市临安区交通投资有限公司（4.0145%），杭州余杭交通集团有限公司（1.8279%）
运营管理机构	沪杭甬高速公司
基金管理人	浙江浙商证券资产管理有限公司

续表

参与方	参与机构
基金托管人	招商银行股份有限公司
财务顾问	中国国际金融股份有限公司
会计师事务所	天健会计师事务所（特殊普通合伙）
律师事务所	北京市金杜律师事务所
注册登记机构	中国证券登记结算有限责任公司
评估机构	天源资产评估有限公司

资料来源：根据证券投资基金招募说明书整理。

（二）交易结构

浙商沪杭甬 REIT 通过基础设施资产支持证券和 SPV 的穿透，实现了对基础设施项目的股权转让，其交易结构如图 9-3 所示。该基金拟将初始募集资金全部用于基础设施类资产担保证券的投资，通过对基础设施类资产担保证券的投资穿透获得基础设施类项目的全部所有权或经营权。

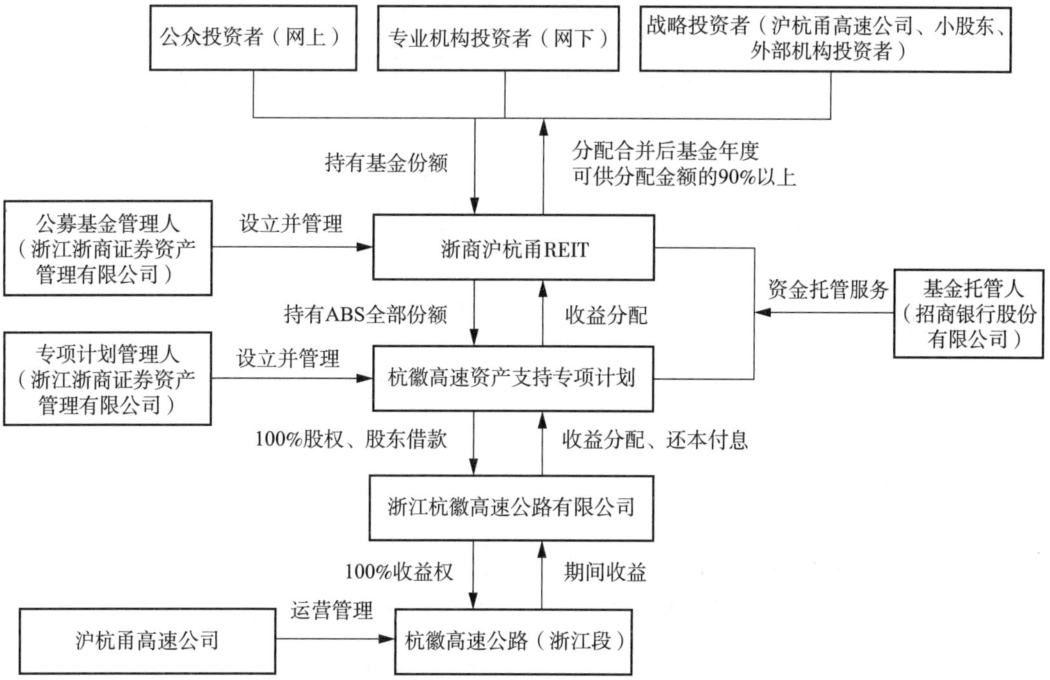

图 9-3　浙商沪杭甬 REIT 交易结构

资料来源：根据证券投资基金招募说明书整理。

项目公司的减资，资产担保证券的建立和投资。首先，各股东同意按照其持股比例，对项目公司进行同等比例的减资 21 亿元，形成应付减资款 21 亿元；其次，浙商沪杭甬 REIT 直接在项目公司层面建立存量债务，形成股东对项目公司的债权；最后，在目标基础设施 ABS 完成后，由浙江浙商证券资产管理有限公司发起成立浙商沪杭甬 REIT，对杭徽高速资产支持专项计划进行全额认购，并由该专项计划向原股东浙江沪杭甬高速公路股份有限公司等其他中小股东购买浙江杭徽高速公路有限公司的全部股权和债权。

在项目公司的股权和债务结构建立之后，相关安排仍然包括项目公司股权转让对价的支付、股权交割以及工商变更登记等。本基金设立后，项目公司股东变更为标的资产证券化管理人——浙江浙商证券资产管理有限公司（代为进行基础设施证券化）。

二、基础设施项目情况

浙商沪杭甬 REIT 属于收费公路项目，其资产范围包括杭徽高速公路（浙江段）及其相关构筑物的收费权，以及与之相连的构筑物。该标的资产高速公路包括三段：杭徽高速公路昌化到昱岭关段、杭徽高速公路汪家埠到昌化段、杭徽高速公路留下到汪家埠段，运营期约 10 年。高速公路所处地区与周边城市具有高度的协同性，人口流动频繁，车流稳定。浙商沪杭甬 REIT 基本情况见表 9-2。

表 9-2　浙商沪杭甬 REIT 基本情况

项目	内容
底层资产	杭徽高速公路（浙江段）及其相关构筑物的收费权
资产范围	共三段：杭徽高速公路昌化至昱岭关段、杭徽高速公路汪家埠至昌化段、杭徽高速公路留下至汪家埠段，总长 122.245 千米
特许经营年限（年）	昌昱段：25（2004 年 12 月 26 日至 2029 年 12 月 25 日） 汪昌段：25（2006 年 12 月 26 日至 2031 年 12 月 25 日） 留汪段：25（2006 年 12 月 26 日至 2031 年 12 月 25 日）
剩余特许经营年限（年）	昌昱段：8.98；汪昌段、留汪段：10.98
决算总投资（亿元）	52.75
账面原值/净值（亿元）	50.02/27.03
评估价值（亿元）	45.63（基准日：2020 年 12 月 31 日）

资料来源：根据证券投资基金招募说明书整理。

三、风险分析

浙商沪杭甬 REIT 属于基础设施证券投资基金，属于我国一种创新的金融产品，通过主动对基础设施项目展开运营管理，获取基础设施项目稳定的现金流，其风险收益特征与其他类型基金（如股票型、混合型、债券型、货币市场基金）有不同之处。市场风险对所有证券都有影响，包括政策风险、经济周期风险、利率风险、信用风险、购买力风险、再投资风险等。此外，在浙商沪杭甬 REIT 中，也存在非市场风险。本章从基础设施建设项目和参与主体两个方面来分析。

（一）基础设施建设项目有关风险

首先，浙商沪杭甬 REIT 基础设施项目类型为高速公路，标的资产的现金流量依赖高速公路特许经营权，包括下杭-徽州高速浙江段车辆通行费和相关的广告权收益。其中，高速公路的车辆通行费是最主要的收入来源，而通行费收费标准、收费时限由政府相关部门制定。如果后续中央或地方政府的高速公路收费政策发生变化，如收费标准降低、收费时限缩短甚至特殊时期取消收费等，则会导致基础设施项目未来价值降低，从而在专项计划存续期内降低经营收益。

其次，本基金存在合规方面的风险。项目公司浙江杭徽高速公路有限公司已依法取得国有土地使用权，项目公司设计方案已获浙江省发展改革委、浙江省原交通厅批准，并取得有关投资建设的批文，故项目公司对昌昱段、汪昌段、留汪段的房屋拥有合法所有权，但尚未办理产权登记。另外，项目公司通过委托经营、房屋及经营性项目租赁经营的方式，划拨土地的使用权及其上建筑房屋。目前，项目公司面临以下两个方面的风险：一是在政府监管机构对项目公司进行审查之后，必须将相关土地收益上缴；二是若《服务区经营协议》无效，则可能导致已经收到的租金被依法收缴。

最后，在专项计划存续期内，杭徽高速公路面临的主要风险如下：一是运输风险。区域经济发展状况、气象条件、交通状况、石油价格的变化、汽车保有量的变化等都会对高速公路的流量和收费产生影响。二是市场替代风险。在高速公路周围，可能存在新建收费高速公路、高铁网络以及国道、省道、县道等免费公路网络，从而对本基础设施项目车流量及通行费收入产生影响。三是日常经营和安全管理方面的风险。高速公路的运营管理机构需要对基础设施项目展开日常的养护、运营、维修和安全隐患排除等，这些可能对公路的正常运营产生影响，如果因为日常管理不当而发生安全事故，则会对运营现金流造成不利影响。

（二）参与主体相关风险

首先，基金存在经营风险和利益冲突风险。在专项计划的整个存续过程中，原始权益人、基金管理人、托管人和运营管理人等参与方对专项计划的正常运作起着不可替代的作用。基础设施 REITs 是我国一种新兴的投资产品，其产品结构相比其他证券投资基金更加复杂，相关的管理人员受到知识和经验的限制，有可能做出非最优甚至错误的决策，而管理人的管理水平会对专项计划的收益水平产生直接影响。

其次，上述参与人有可能因失职导致投资者利益受损。

再次，本基金及其持有的基础设施项目，可能与基金管理人及运营管理人经营的其他业务产生利益冲突。

最后，基金还存在关联交易风险。基础设施类 REITs 一般会涉及关联关系和关联交易。浙江浙商证券资产管理有限公司是浙商沪杭甬 REIT 的公募基金管理人，也是其主要股东沪杭甬高速公司（持股比例为 88.6737%）的控股子公司。在基金运作过程中，沪杭甬高速公司被基金管理人指定为该项目的运营管理主体。近几年，项目公司进行的相关养护工程均属于关联交易行为，且金额较大，并有可能为持续关联交易，因此存在较高风险。

四、存在的问题

浙商沪杭甬 REIT 主要存在以下四个方面的问题：

第一，底层资产透明度不足。在资产证券化产品中，底层资产的透明度、真实性和质量是普遍存在的问题。基础设施 REITs 与银行保本理财产品的不同在于，招募说明书中的预期收益只是估算，实际收益仍然取决于资产本身的运营质量。我国的基础设施 REITs 尚处于起步阶段，目前已上市的十余只基础设施 REITs 尚处于试点阶段，融资模式不成熟，准入门槛较低，行业标准不健全，极易产生欺诈行为。同时，基础设施 REITs 的净值报告是半年一次，而非每天一次，周期比同类产品要长得多，这就使投资者失去了一个价格“锚”。

在制度层面，证券行业协会、监管部门等短期内推出的基础设施 REITs 的操作规则适用于不同层级的法律结构；基础设施 REITs 中有关资产证券化、公募基金等的法律法规也来自《中华人民共和国证券投资基金法》等法律法规，在降低制度变动成本的同时，由于制度本身的不规范，产品的可比性较差，缺乏透明度，一些模糊的表述也不利于产品的后续运作，增加了制度风险。

基础设施 REITs 信息披露要做到真实、充分、准确、及时，制度要做到标准化、统一化反映资产的实际运营情况，这有助于向市场提供必要信息，并为投资者做出合理的投资决策提供依据。同时，应注意对公募基金管理公司和资产支持证券管理公司之间的信息披露界限做出规定，以防出现“踢皮球”事件。

第二，参与主体间信息不对称。信息不对称已成为制约基础设施 REITs 发展的一个重要瓶颈。基础设施 REITs 是一种由多个市场和多个主体共同参与的产品。无论在一级市场还是二级市场，无论在投资者与管理人之间还是在不同的管理人之间，都存在这样的问题。当信息在各层次之间流动时，会逐渐出现差异。在信息流动的过程中，信息流量越小，层次越多，流速越慢，信息不对称就越严重。在基础设施 REITs 中，大量的行业信息、资产信息、交易信息相互交织，在一级市场、二级市场、资产市场、交易市场以及不同主体间进行多层次的流动。人们认知水平和信息接受水平的不同，导致信息流动率不够高，信息不对称问题普遍存在。

一级市场与二级市场信息的不对称，导致了内部人交易、价格扭曲、价值偏差、交易活跃度低、价格机制失效等一系列问题。在投资人与经理人之间，经理人信息优势往往使投资人处于弱势。当经理人利用其信息优势获取收益时，会给投资人造成损害，甚至引发“代理控制”问题。管理主体间信息不对称易造成管理效率低下、混乱与内耗，严重影响基础设施 REITs 的平稳发展。信息不对称导致的“逆向选择”“道德风险”等问题，对基础设施 REITs 的治理提出了更高的要求。

第三，流程复杂，效率低下。基础设施 REITs 的产品结构比较复杂，审批过程也比较复杂，总体上可以分为三个阶段，即项目申报、项目审核、项目发行和上市，如图 9-4 所示。其中，项目申报阶段包括发起人首先向当地省级发展改革委提出申请，其次向国家发展改革委提交申请，最后向中国证监会推荐并获得批准；项目审核阶段包括对基础设施基金和专项计划进行申报，这两个部分都需要在交易所发出无异议函之后，向中国证监会提出申请并获得批准；项目发行和上市阶段包括基金的定价、特别计划的设立、基金的发行和产品的注册。为了保证发行的质量，各地普遍采用“一事一议”的方式办理前期手续、免除国资入市以及政府出具的无异议函，这使得 REITs 的发行难以实现常态化。

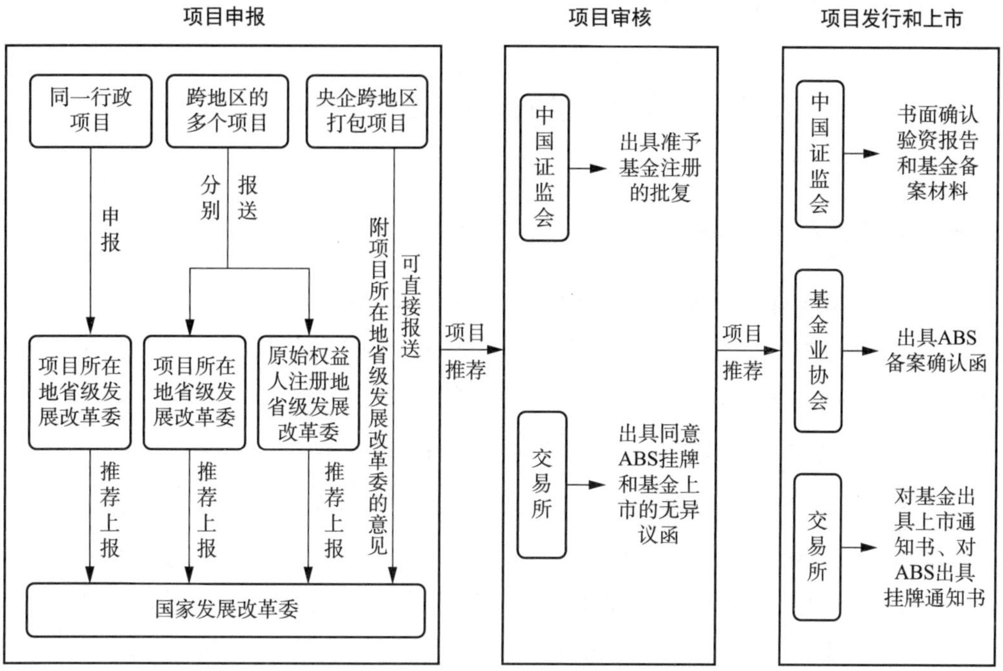

图 9-4 基础设施 REITs 的审批过程

资料来源：根据公开资料整理。

以收费公路为例，它牵涉很多部门，需要与省级发展改革委、财政厅、国务院国资委、交通运输厅以及其他有关部门进行跨部门协调，还可能涉及不同省市政府之间的协商与合作。这个过程很复杂，需要经过一系列的审核。复杂的审批程序带来的低效率问题，在一定程度上制约着我国基础设施 REITs 的发展。

从数据层面来看，基础设施 REITs 系统结构复杂，参与方之间数据流动效率低，而且各参与方之间没有统一的数据流动流程，数据采集与处理难度较大。参与主体之间的对接涉及多个交易系统，各交易系统间的资金结算与对账需要耗费大量的人力、物力，导致系统间的账目不一致。此外，在项目存续期内，基础资产的数据更新不及时，信息无法保证实时传达，这可能会影响各参与方对项目风险的及时判断，进而影响对项目现金流进行预测和估值。

第四，融资成本较高，发行动力不足。原始股东发行基础设施 REITs 的动因是由自身资金需求决定的，相较于银行贷款，原始股东发行 REITs 可以获得更多的资金。以浙商沪杭甬 REIT 为例，募集的资金规模要比基础资产的账面净资产高，如果想从银行贷款融资，就要受资产负债率的制约，很难超过账面净资产。此外，利用 REITs 融资可以有效降低公司的杠杆率。但是，通过 REITs 融资，原始股东负担的成本也不低。在浙商沪杭甬 REIT 中，杭徽高速税前加权平均资本成本为 8.3%（税后加权平均资本成本为 6.2%），而基础资产借款利率为 4.4%～4.6%，因此，可能存在原始股东出让优质资产发行基础设施REITs 的动力不足问题。

综上所述，本节将基础设施公募 REITs 面临的主要问题归结为两个，即信息不对称的制约和流程复杂导致的效率低下。

第三节　基于区块链的 REITs 优化路径

一、区块链与 REITs 结合的可行性分析

基础设施 REITs 存在许多亟待解决的问题，包括信息不对称、运营效率低下、融资成本高等。本节将区块链引入基础设施 REITs，分析两者融合的可行性，包括区块链应用于基础设施 REITs 的内在机理，以及促进两者融合的发展与实践。

（一）区块链应用于基础设施 REITs 的内在机理

2023 年 3 月 28 日，工业和信息化部发布《区块链和分布式记账技术标准体系建设指南（2023 版）（征求意见稿）》，文件包含区块链和分布式记账技术标准体系（如图 9-5 所示）。该标准体系共五部分："A 基础" 位于最底层，为其他部分提供支撑；"B 技术和平台" 为核心，BA、BB、BC 分别提供基础设施、关键技术及交互操作支撑；"C 应用和服务" 为应用领域及服务范围；"D 开发运营" 主要规范和指导区块链的开发、更新、维护与运营；"E 安全保障" 用于提升区块链的安全防护能力。

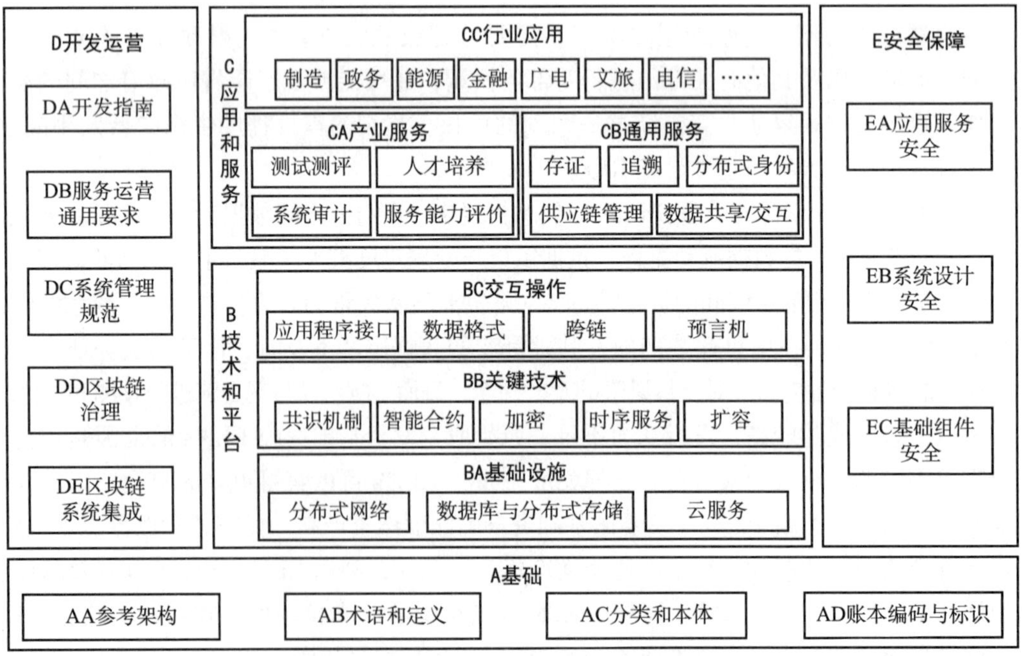

图 9-5　区块链和分布式记账技术标准体系

区块链之所以能优化基础设施 REITs，消除其痛点，是因为其自身特点，在图 9-5 中，体现在“B 技术和平台”中，分布式网络、共识机制、智能合约等基础设施及技术决定了其具有去中心化、真实、不可篡改等特性，而这些特性能够改善信息结构、提高效率，进而降低成本。

基于区块链应用于基础设施 REITs 的内在机理，可从以下五个方面进行阐述：

（1）分布式账本技术，打破信息不对称。分布式账本技术是区块链技术的重要组成部分，链上每个参与节点分散式排列，具有相同的账本管理权限，在区块链系统运行过程中，当其中一个节点上传交易信息时，其他节点会实时得到更新后的数据，也就是说，所有节点在同一时刻掌握的信息是完全一致的。分布式账本技术保证了基础设施 REITs 各参与方持有完整的、实时的信息和交易记录，实现信息共享透明，有效打破了信息不对称。

根据合约理论，分布式账本使参与方之间的信息成为公共信息，能够减少合约双方隐藏信息的数量，从而使合约更加完善，进而有效降低交易成本。利用分布式账本技术，能够使所有 REITs 参与者实时、详尽地了解底层资产、现金流、信息流及企业信用状况等，在降低交易成本的同时，有效缓解信息不对称。

（2）去中心化架构，提升运营及结算效率。在实际操作中，基础设施 REITs 项目发行流程冗长复杂，发行效率低下；复杂的结构、参与者之间不同的业务系统导致参与者之间的数据流动效率低下。区块链的去中心化架构能够保证链上每个节点都直接点对点地进行交流，无须任何中心化机构协调各方，该种模式下建立的多方信任机制能够让各参与节点即使在“陌生关系”下也能进行信息交互，减少线下流程，所有流程均可链上进行，并由相关机构共同认证，从而提高 REITs 资产运营及资金结算效率。

（3）共识机制，确保信息真实可靠。共识机制是区块链的核心，维护着区块链系统的有效运转。简单来说，如果链上节点均出于对自身利益最大化的考虑，认同一笔记录的真实性，并将它记录在链，那么这笔记录就是真实可靠的，且杜绝了篡改的可能性。由此，各利益不相干的主体共同维护了分布式账本记账的真实性和一致性，在降低信用成本的同时，提高了造假成本。

（4）智能合约技术，控制信用风险。智能合约，顾名思义，就是智能化的合约。将各方认可的合约内容，包括合约履行条件及承诺通过计算机代码的形式转化为智能化的合约保存在区块链上，一旦满足履约条件，合约就会自动执行，无须人为操作，线上即可履行合约参与方的义务。通过智能合约，大大节省了常规只能线下履行合约的时间，避免了资金流混同等问题的出现，提高了资金的结算效率，同时，降低了双方签订合约的信用风险。

（5）哈希算法及时间戳原理，实现有效监管。哈希算法以及时间戳原理决定了链上所有信息都按照时间顺序记录，任何参与主体都无法操控。各区块按照时间顺序形成完整链条，如果有人想篡改数据，就要攻破哈希算法、更改时间戳，且区块链运行时间越久，篡改难度越大，这极大地提高了篡改的难度与成本，保障了链上数据的安全。在链上建立监管节点，监管机构可以利用上述特性更加精准地定位和处理问题，维持监管秩序并有效提高监管效率。

（二）区块链与 REITs 结合的实践模式

区块链对于不动产，不只是资产上链的问题，还是用 REITs 的设计思路做不动产的资产代币化，而 REITs 涉及资产的结构化、增信、隔离等资产包的金融产品设计。以一栋物业资产为例，物业所有者想出售，但在房地产调控和市场低迷的情况下很难找到合适的买家。没有人能够给出有竞争力的报价，而有兴趣的人又不符合融资条件，那么他可以选择什么呢？下面以浙商沪杭甬 REIT 为例进行说明。

第一，资产上链。资产所有者可以选择对地产物业资产进行数字加密资产化，在区块链平台上提出请求，指定以 21 亿元募集浙商沪杭甬 REIT，并提供关于该财产的其他所需信息，区块链数字资产平台验证资产是否符合寄售要求。

第二，增信。由律师、第三方机构等核查物业产权是否干净、是否存在债务并验证业主指定的其他条件，上链相关的法定证明、增信报告。

第三，隔离。进行 SPV 设计，成立沪杭甬杭通公司以持有高速公路的资产，对资产的收益进行隔离。

第四，资产通证化①。数字资产平台将沪杭甬杭通公司资产通证化，相当于将不动产商品数字化，将沪杭甬杭通公司的资产总值划分成代币，其中，1 个通证=1 公里能够产生的价值，形成了通证数和高速公路总值之间的直接关系。在区块链平台上，可以建立一个不动产类似 ERC-20 标准协议和智能合约、进行智能资产通证化、细分为多个小额的资产通证。

第五，承销。金融机构与资产方达成承销协议，将资产包细分为多个资产产品，通过金融机构的背书在区块链资产平台承销。

第六，上线交易。数字资产交易平台上线该物业资产代币即沪杭甬杭通通证，面向全球发售，个人和企业都可以购买，从而获得沪杭甬杭通通证的部分不动产商品的所有权，直到该资产全部卖出。这种模式与基础设施的共有产权模式非常相似，共有产权模式基本上只有在区块链平台上才可能完美实现。

第七，交付清算。在数字资产平台上的资产交易，沪杭甬杭通公司的原所有者会交割到预先选择好的 21 亿元或等值的数字货币，所有投资者会在数字资产交易平台上收到已

---

① 实体资产的通证化，在技术、组织和制度层面均已成熟。2024 年 8 月 23 日，A 股上市公司朗新科技与蚂蚁数科合作，在香港完成国内首单基于新能源实体资产 RWA（真实世界资产通证化），金额约 1 亿元人民币，从而拉开了我国内地资产通证化的帷幕，也意味着基于 Web3.0 时代的金融创新的开始。

购买的沪杭甬杭通通证。

第八，交易市场。沪杭甬杭通通证开始在数字资产交易市场（分布式交易所）上进行交易，这相当于沪杭甬杭通的二级市场，任何人都可以通过它购买或销售任何数量的所有权权益。

第九，租金收入和增长。购买沪杭甬杭通通证的人可以从沪杭甬杭通的租金收入（或者转售）中获得利润，与投资人拥有的通证数量和通证价格变化成正比，这反映了沪杭甬杭通基础设施的价值随着时间的推移在上涨。

二、区块链与基础设施公募 REITs 融合的优化思路

利用区块链的多中心方式，事先设置参与方节点，在基础设施公募 REITs 的各参与方之间构建联盟链网络，从发行前的资产入池筛选到发行阶段的尽职调查和产品定价，直到基础设施公募 REITs 产品的存续期管理与退出，进行资产的全生命周期管理，形成一个多方共赢的金融基础设施，如图 9-6 所示。

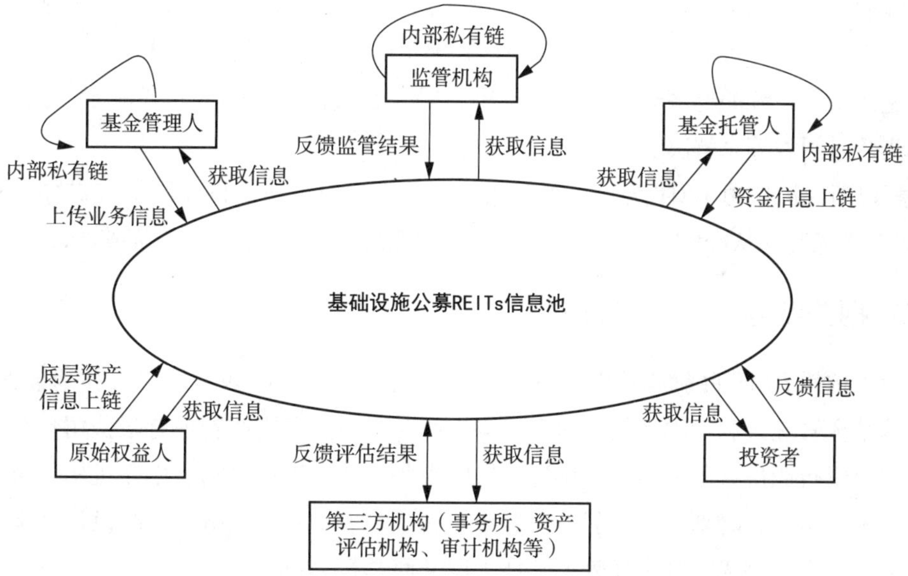

图 9-6　“区块链+基础设施 REITs”整体思路示意

从原始权益人的角度来看，该联盟链平台可以通过区块链增加底层资产的透明度，使二级市场上的参与方获取更加准确、真实的资产信息，从而增加资产在市场上的流动性。同时，利用区块链实现多方数据的互联互通，提升发行效率，降低融资成本。

从监管机构的角度来看，基于该联盟链平台，可以通过设置监管机构节点实时准确地获取链上资产发行及交易过程中的数据信息，同时建立基于规则引擎的金融风控模型，及时识别风险点并设计警报方案，将监管结果反馈到链上，从而提高效率。

从投资者的角度来看，可以通过该联盟链平台上公开披露的有效信息对底层资产进行

可穿透性分析，并通过已产生的数据进行更科学的判断，促使更多投资者参与其中，提升产品在二级市场上的流动性。

从第三方机构的角度来看，可以将该联盟链平台实时获取数据作为基础，通过大数据、人工智能等方式对资产进行更加精准的评估与定价，完善基础设施 REITs 行业的评估与定价体系。

此外，在基金管理人、监管机构、基金托管人内部分别设置私有链，可以对各参与方内部各部门的行为进行有效监管。

第四节　基于区块链的 REITs 优化设计

一、方案设计框架

我国基础设施公募 REITs 的推出能够有效盘活基础设施存量资产，从而降低政府杠杆、化解地方债务风险，为我国经济发展带来新活力，且在发行后受到投资者的广泛追捧，整体收益也较为可观。然而，基础设施公募 REITs 存在的信息不对称、运营效率低下两大问题，采用传统的经济学方法难以解决，需要通过区块链的分布式账本、共识机制、哈希算法及时间戳等来解决。

本章以浙商沪杭甬 REIT 为例，先对相关参与方进行分析，再让区块链贯穿基础设施 REITs 的整个流程，从准备、发行、交易与存续到退出阶段，提供了一套完整的设计方案。

二、相关参与方分析与假设

浙商沪杭甬 REIT 目前涉及以下参与方：原始权益人，即融资发起人；基金管理人，包含公募基金管理人和专项计划管理人，均为浙江浙商证券资产管理有限公司；基金托管人，为招商银行股份有限公司，提供资金保管服务；外部管理机构及中介机构。由于涉及区块链技术，本节新增新兴技术服务方假设。为了完成本章区块链 REITs 设计，本节对原始权益人、基金管理人、基金托管人、技术服务商进行分析。

（一）原始权益人

如图 9-7 所示，2011—2021 年沪杭甬高速公司和高速公路行业的资产负债率始终在 50%上下波动。从 2014 年开始，沪杭甬高速公司的资产负债率一直高于行业平均值，2021 年，更是达到 75%。这说明浙江沪杭甬高速公路股份有限公司面临着化解债务风险的迫切需求。REITs 是浙江沪杭甬高速公路股份有限公司有效盘活存量资产、实现资金回流，进而降低企业债务风险的理想渠道，而已发行的浙商沪杭甬 REIT 也取得了较好的业绩。虽然高融资成本可能使原始股东缺乏发行 REITs 的动力，但是基于资产结构的改善和已上市 REITs 的业绩，我们认为，未来原始股东对 REITs 扩股的再融资需求还是很大的。

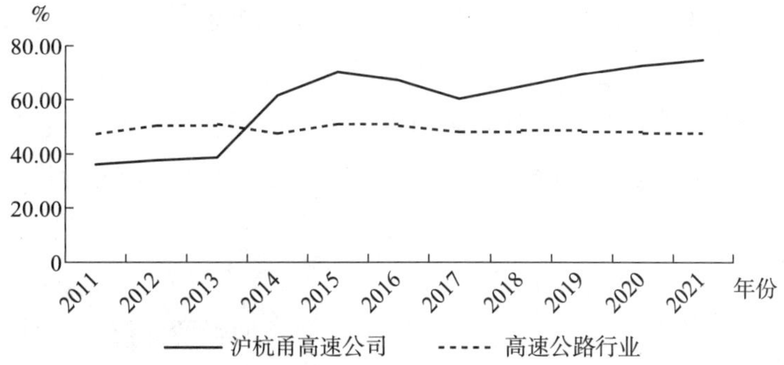

图 9-7　2011—2021 年沪杭甬高速公司和高速公路行业的资产负债率

资料来源：同花顺财经。

（二）基金管理人

浙商沪杭甬 REIT 由浙江浙商证券资产管理有限公司管理，具体包括公募产品的设立和尽职调查等方面的工作。

浙江浙商证券资产管理有限公司作为我国第一批基础设施 REITs 浙商沪杭甬 REIT 的管理人，在 REITs 和类 REITs 方面有着丰富的经验与探索，并取得了较好的成果。浙江浙商证券资产管理有限公司与泰达产发集团旗下国有企业签订了战略合作协议，双方将在 REITs、类 REITs 和 ABS 等领域进行深度合作。很显然，浙江浙商证券资产管理有限公司可以继续深入 REITs 领域，提升业务能力，并积极探索区块链在金融领域，特别是资产证券化领域的应用场景。

（三）基金托管人

招商银行股份有限公司是浙商沪杭甬 REIT 的基金托管人，主要负责基金资产的管理和运营。

在区块链领域，招商银行股份有限公司具有丰富的经验。2016 年以来，招商银行股份有限公司在数字经济背景下，致力于为用户提供可信赖的金融基础设施，并推动其应用落地。招商银行股份有限公司于 2016 年 9 月正式加入 R3 区块链联盟。2021 年 10 月，招商银行股份有限公司区块链产品“招商银行一链通”顺利通过中国金融认证中心（CFCA）认证，成为首个以开放许可链和 BaaS 为基础的区块链产品，覆盖了资金结算、供应链、电子票据和跨境金融等多个应用场景。在资金结算方面，招商银行股份有限公司的区块链平台可以使资金结算更加智能、合法，同时满足了资金“交易即结算”的高时效要求。

招商银行股份有限公司将在未来继续对区块链在金融领域的应用进行深入探讨，同时继续完善自己的技术平台，为区块链在基础设施 REITs 中的应用奠定坚实的基础。

（四）技术服务商

度小满金融比较适合作为区块链 REITs 的技术服务商。技术服务商是为金融产品提供信息技术支持方案的第三方服务商，随着数字科技在金融领域的使用，技术服务商扮演着越来越重要的角色。从技术角度来看，自 2017 年起，度小满金融致力于区块链技术的研究与应用，并在核心技术和平台服务方面积累了丰富的经验。度小满金融在 2022 年 8 月成为电气和电子工程师协会（IEEE SA）成员，参与制定全球区块链标准，其技术实力备受行业认可。

从经验角度来看，度小满金融早在 2017 年就发行了首单基于区块链技术的交易所资产证券化产品——“百度-长安新生-天风 2017 年第一期资产支持专项计划”，作为技术服务方搭建了区块链服务端 BaaS。2019 年 12 月，度小满金融区块链 ABS 获得了《哈佛商业评论》2019 年度“卓越实践奖”。

三、区块链与 REITs 结合的具体方案

（一）准备阶段

准备阶段主要涉及资产入池环节。在进行入池筛选的过程中，因为需要从各方面对基础设施资产进行综合考虑，以判断其是否为优质资产，从而采用传统方法对资产进行筛选、打包隔离，所以本方案中的这个环节主要发生在链下。在这个环节，可以利用区块链技术对基础设施的信息进行哈希后上链。

就浙商沪杭甬 REIT 而言，其基础设施资产是高速公路，主要收入来源是过路费，而过路费的收入在很大程度上取决于收费标准和交通流量。其中，收费标准的确定要综合考虑交通经济、快速、舒适和安全等方面的因素，并以大量数据为支撑；而交通流量会受到周边宏观经济、交通方式、道路网、产业及交通政策等的影响。因此，对优质资产的判断是一个比较复杂的过程，需要在整个链条中进行。但是，在此过程中，我们可以利用区块链对相关机构对于基础设施资产的最低要求进行哈希后上链。例如，基础设施项目公司的财务指标、高速公路收费速度、经营活动现金流等利用区块链技术，根据资产数据和产品特征的匹配程度，自动筛选出底层资产，从而缩短 REITs 的发行时间，提高 REITs 的发行效率。在进行资产筛选之前，需要通过特定模板，对资产进行信息存证。在后续链下筛选完成之后，可以通过区块链进行二次存证，资产所有者可以将资产的数量、金额、区位等数据导入区块链系统。2022 年 5 月 25 日，国务院办公厅发布了《关于进一步盘活存量资产扩大有效投资的意见》，其中明确提出，要促进基础设施类 REITs 的健康发展，进一步提高推荐审核效率，鼓励更多合格的 REITs 项目发行上市，而区块链技术可以为其提供重要支撑。由此可以预测，随着政策向好，申请基础设施类 REITs 的企业数量将会不断增加，因此有必要提高其发行效率。区块链技术下的 REITs 底层资产入池筛选如图 9-8 所示。

（二）发行阶段

在基础设施 REITs 的发行阶段引入区块链，可有效提高其发行效率。

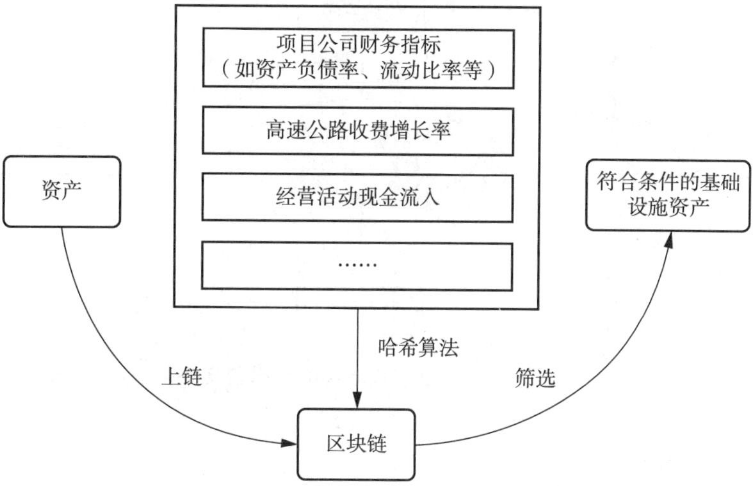

图 9-8　区块链技术下的 REITs 底层资产入池筛选

1. 基础设施项目尽职调查

在进行项目申报之前，首先要做的就是对项目进行尽职调查。基础设施项目既包含基础设施资产，也包含项目公司。因此，底层资产的安全性与稳定性直接关系到资本市场上众多投资者的切身利益。在资产证券化产品（包括基础设施公募 REITs）发行之前，尽职调查需要耗费大量的时间。管理人需要对项目公司、基础设施资产本身、基础设施现金流及原始权益人、外部管理机构、运营管理机构、托管人等重要基金参与方展开详细而全面的核查，这个过程既烦琐又有很高的成本。除此之外，对于基础设施 REITs，传统的中心化尽职调查存在两大缺陷：一是中心化机构受限于主观性，且受利益的影响，很难实现完全的客观、公正。在实际运作过程中，可能存在对基金预期业绩、产品过往业绩夸大宣传，对基金风险提示避重就轻等行为，从而误导投资者。二是基础设施基金试点期结构复杂，风险隐蔽性强，作为首次接触基础设施 REITs 这一新型资本化产品的专业机构，中国基金业协会于 2021 年 2 月 8 日开始实施《公募基金尽职调查工作指引》，但其尽职调查工作难以迅速、规范、全面展开。

如果项目申请、审批和初始服务均基于区块链进行，则当资产证券化程序启动时，区块链中的各节点将获得与基础设施资产相关的信息，并将其变化情况记录下来。利用区块链的分散特性，可以在基金管理人、会计师事务所、律师事务所、监管者等机构之间构建区块链协同尽职调查子网络，如图 9-9 所示。第一，参与方可以通过链路共享尽职调查数据与结果，构建多主体去中心化的高效数据共享机制，促进参与方协同。第二，利用区块链的不可篡改性，实现尽调过程和结果的存证，监管节点可以实时监控尽调过程，增强尽调结果的真实性和合规性。第三，以区块链、密码学、多方安全计算、分布式云存储等技术为基础，构建数据交换网络，促进公共数据的互联互通。

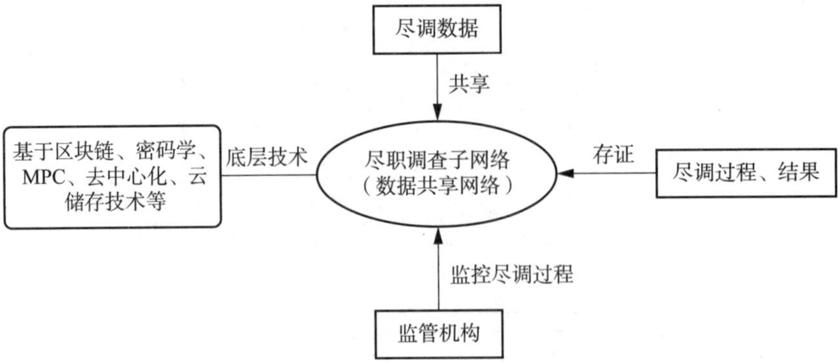

图 9-9　区块链技术下的尽职调查

2. 主要参与者资质审核

《基金指引》和 40 号文对主要参与方的相关条件做出了规定。例如，《基金指引》对基金管理公司成立年限、各部门人员的资历与资质、财务状况和遵纪守法等提出了严格的要求；对基金托管机构的财务状况、合规性和经验资格等进行了规定。40 号文对发起人（原始股东）、基金管理人及基础设施运营管理机构的合规情况等提出了严格的要求。基础设施 REITs 参与者的相关规定见表 9-3。

表 9-3　基础设施 REITs 参与者的相关规定

文件	相关要求	具体条例（列举）
《基金指引》	基金管理公司成立年限、各部门人员的资历和资质、财务状况等	公司成立满 3 年，资产管理经验丰富，公司治理体系健全，内控制度完善，财务状况良好
	基金托管机构的财务状况、合规性、经验资格等	财务状况良好，风险控制指标符合监管部门的相关规定
	评估机构服务年限	评估机构为同一只基础设施基金提供评估服务不得连续 3 年
	对参与者内部人员做了相关要求	管理人设置独立的基础设施基金投资管理部门，配备不少于 3 名具有 5 年以上基础设施项目运营或基础设施项目投资管理经验的主要负责人员
	原始股东的法律行为	最近 3 年无重大违法违规行为
40 号文	发起人（原始股东）、基金管理人、基础设施运营管理机构的合规情况等	发起人、基金管理人、基础设施运营管理机构近 3 年在投资建设、生产运营、金融监管、工商、税务等方面无重大违法违规记录，项目运营期间未出现安全、质量、环保等方面的重大问题

电子证照已经逐步成为市场主体和公民办事的电子凭证。在基础设施公募 REITs 与区块链技术相结合的过程中，电子证照是一种具有法律和行政效力的工具，不仅能降低传统纸质证照的错误率，还能实现跨部门实时数据更新，提高证照数据的真实性和实时性。区

块链还可以提供完整的证书和证书存证记录，保证所有证书和证书的使用信息都可以被追溯。在发行阶段，应将管理人、托管人、运营管理机构、第三方机构等的经营牌照及相关资质等信息上链，全网公开，保证信息真实且可溯源，只有符合文件要求的机构，才能真正作为主要参与者。此外，对于《基金指引》中明确规定了部门人员资质的参与者，可以将其主要负责人的档案资料、证件资料等信息上链，以确保其真实性。这样，一方面，便于监管部门进行事前的链上审核；另一方面，电子证书的使用需要用户本人授权，而区块链能够实时记录使用过程，并在事后进行追溯和追责。

（三）交易与存续阶段

1. 各机构内部设置私有链

随着金融活动的形式越来越多元化和复杂化，基础设施公募 REITs 作为一种相对复杂的金融工具，对各金融机构的监管效率提出了更高的要求。鉴于此，本书建议在基金管理人、托管人和监管机构之间按照指定标准建立私有链，以缓解由审批过程烦琐导致的低效率问题，并监督参与方内部规则的遵守情况，提高基础设施 REITs 的透明度。

在私有链网络中，每个基础设施公募 REITs 项目都可以作为一个独立的节点，金融机构收集、验证和更新的项目信息通过区块链存储到每个项目的本地账本中，并通过密码算法进行加密，以密文的形式存储。每家金融机构都可以为不同的业务类型设置不同的节点。例如，基金管理人可以将进行交易的客户设置为一个独立的节点，在记录和更新客户信息的同时，将客户通过基金管理人进行的交易信息同步到客户节点的本地账本上，以确保信息的公开透明、真实和不可篡改。此外，《基金指引》还对参与方内部人员提出了相应的要求：参与方基础设施公募 REITs 的相关部门必须配备一定数量的专业人员，并且可以给予专业人员一级的权限，也就是管理和检查的权限，而其他参与方节点在正式上线之前，还需要通过专业人员的审核。

2. 交通银行“链交融”：可资参考的技术案例

2018 年 12 月，交通银行发布了基于分布式理念与区块链技术的“链交融”系统，这是国内首个分布式数据存储系统，已实现第一批用户的同步上线。在此基础上，交通银行通过布局区块链节点，实现底层资产和项目信息的实时上传，提高了项目的透明度。

“链交融”平台基于 H5、React. js、Node. js、Spring Boot 等开源框架及技术搭建，其架构如图 9-10 所示，具有基本服务、智能服务、公共服务三大板块，由 RPC 通信与共识、分布式账本、智能合约、非对称加密等基础组件提供底层技术支撑。其中，RPC 通信与共识保障各节点诚实记账的一致性和有效性；分布式账本用于读写和追加数据，不支持修改和删除，以保障账本数据真实可溯源；智能合约可以实现基于标准代码的自动化业务逻辑，防止潜在的渎职行为，提高业务透明化程度；非对称加密通过公钥和私钥进行加密、解密，保障区块链的基础安全。

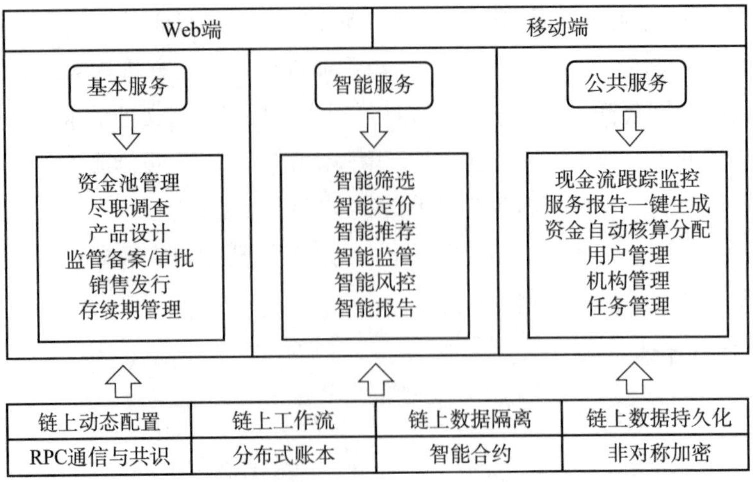

图 9-10 “链交融”平台架构

“链交融”平台是区块链在金融领域的重要探索。基础设施公募 REITs 联盟链技术可参考交通银行的“链交融”项目，连接各参与方组成联盟链，将基础设施公募 REITs 的主体信用转化为资产信用，实现底层资产穿透。

3. 落地方案

目前，基础设施公募 REITs 模式优化的关键在于在交易和存续阶段搭建相关主体间的联盟链，即在信息技术服务商的支持下，在券商、事务所、评估机构、财务顾问、投资者之间搭建联盟链，建立共享账本，通过自动身份验证，每个参与者只能在其权限下获取信息。在系统中使用智能合约，可以根据合同规定的内容，自动分配和使用信息。对基金托管人来说，可以让银行核心账户与区块链上的账户保持一对一的关系，在链上实时记录资金流管理信息，并向链上各参与方公示。在实践中，充分利用智能合约，将浙商沪杭甬 REIT 的设定结构融入智能合约，并将现金流管理规则链接到智能合约中，在银行进行账务处理时，首先调用智能合约，形成“全局统一”的现金流管理模式。除此之外，单独设置监管节点，开放给监管机构，可针对区块链的网络节点和上层应用，配套建设监控系统和警报系统，实时监控和发现运作中的异常问题，自动执行应急预案，及时解决问题。这有别于通常的联盟链构建方式，可实现联盟链和私有链之间的互通。

前文为了提升基础设施 REITs 的运作效率及信息透明度，在各机构内部部署了私有链，但整个过程无须各参与方将全部的内部信息共享到联盟链上，而只需要将共同参与部分信息进行上链，这涉及私有链与联盟链的跨链交互。区块链实际上是分布式账本的一个子集，每个区块链都是一个独立的分布式账本，私有链和联盟链是两条不同的链，即两个不同的独立账本，二者并无关联。通过一个技术让链上价值跨过链与链之间的障碍，实现信息与价值的直接流通，这涉及一项新技术——跨链技术。跨链技术具有非常高的应用价值。

目前，有三种主要跨链技术，分别为公证人机制、侧链和中继链（见表 9-4）。三种跨链技术都有一定的局限性，且交易速度均较慢。目前，开发者开发出的跨链技术尚不成熟，主流的跨链技术也很难满足多链之间的兼容性。此外，目前存在的安全漏洞问题也使跨链技术具有很大的提升空间。鉴于跨链技术不够完善，本章假定未来实际应用落地时，跨链技术已成熟，能够将私有链上项目、基础资产相关的有用信息安全可靠地传递到联盟链上，也能将联盟链上的信息便捷快速地传回私有链，确保机构内部的其他隐私不被侵犯。

表 9-4　三种主要跨链技术

项目	公证人机制	侧链	中继链
信任模型	多数公证人是诚实的	链自身安全	大多数中继链验证人是诚实的或接入链自身安全
参与链	多链	双链	多链
局限性	依赖第三方公证人	有效性验证对区块数据结构有要求	适合拥有绝对一致性共识的链接入
跨链资产转移	支持	支持	支持
交易速度	慢	慢	慢

为充分展现区块链的去中心化、不可篡改性、匿名性等，实现该方案架构的公开、可信任，保障平台的稳定运行，本章将区块链架构分成应用层、接口层、服务层和基础设施层（如图 9-11所示）。应用层包括资产池管理、尽职调查、产品管理等 15 个模块，这些模块的功能都是基于区块链技术实现的，实现了不同参与主体在各自应用端的业务操作；接口层选择了 API 接口，起到信息传递的桥梁作用，实现了业务数据和区块链之间的交互；服务层提供基本服务，如通用服务、项目管理、文件管理、信息上链等；基础设施层提供网络、计算、存储等基本资源。整个体系形成了一个开放、共享、共建的区块链架构，可以与其他系统进行对接，形成更多的应用场景。

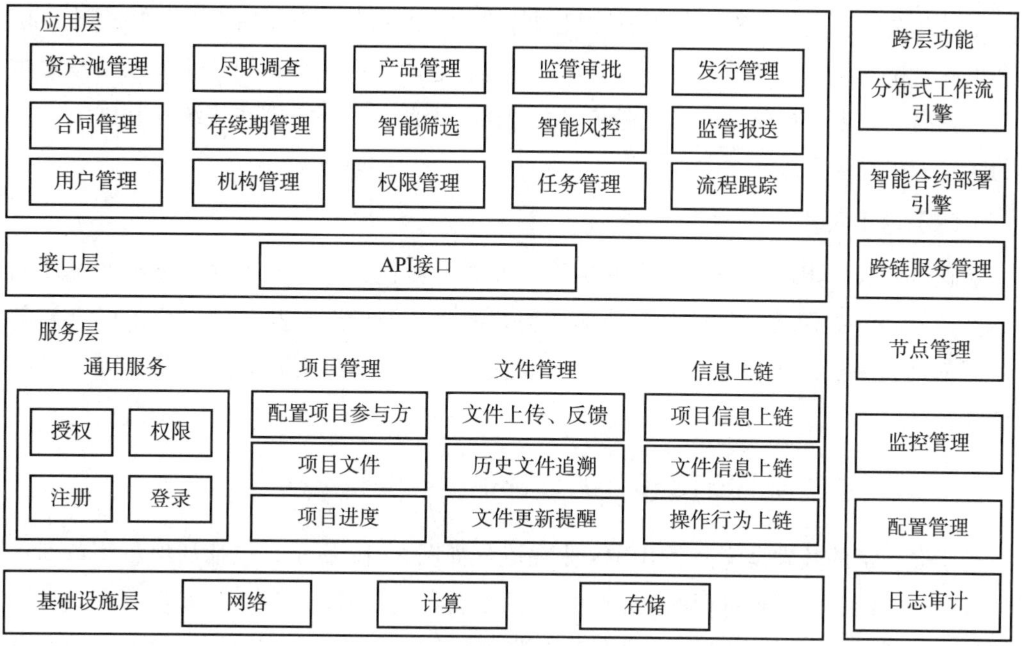

图 9-11　“区块链+REITs”系统分层架构

4. 重要文件上链

首先，尽职调查发生在一个链条上，这一链条就是尽职调查资料的链条。其次，律师、会计师、评估师可以进行法律尽调、会计尽调和评估师尽调，并出具法律意见。最后，将基金管理人、托管人及基金份额持有人签订的基金合同，原始权益人签订的股权转让合同，资产支持证券托管人签订的资产支持证券托管协议，运营管理机构签订的运营管理服务协议，监管机构签订的监管协议等不涉及多方利益的、不具有法律效力的重要文件上链，通过共识机制将参与者联系起来，缓解信息不对称问题，提高业务透明度；而对合同、协议等有法律效力的文件，可以合约形式上链，实现部分现金流的自由结转。除此之外，还可以将合同中的触发条件上链，从而自动执行或终止合同。

5. 去中心化与中心化相结合

区块链系统以加密、签名算法等为基础构建。其中，非对称加密与对称加密相比，具有更高的安全性，它使用了两个密钥，也就是公钥和私钥，这两个密钥是成对的，如果对原文使用公钥加密，那么只有用对应的私钥才能解密。区块链要求用户自行保管私钥，这种方式与传统互联网中设置用户账户密码的方式看起来没有什么不同，甚至还增加了系统受到攻击的难度，但是实际上，它把由中心化机构承担的安全风险转移到了自己身上。私钥一旦泄露，就不能被修改，不能阻止攻击，也不能挽回损失。相比之下，传统互联网在这方面的实践更多，也更为成熟，因此可以考虑将去中心化和中心化结合起来。

在本章的设计方案中，考虑对区块链通常使用的密钥登录方式进行改变，特别是在链上节点是基金管理人、托管人、第三方机构等机构节点的情况下，密钥登录还会涉及私钥的多重签名技术，以保障信息和资产安全。但是，这对于区块链私钥的保管以及技术本身提出了更高的要求，想要完全实现存在很大困难。因此，我们考虑在传统互联网上广泛采用的账号密码登录方式。

（四）退出阶段

基础设施公募 REITs 退出阶段主要涉及投资者转让公募基金份额和基础设施 REITs 退出资产支持计划两部分。这两部分前文均有涉及，可将投资者交易记录在相应节点上链，而基础设施资产出售或转让项目公司股权等行为涉及前文的重要文件上链，此处不做赘述。

四、区块链结合 REITs 设计方案评估

基于区块链的基础设施公募 REITs 业务流程如图 9-12 所示，包括从项目筹备到存续阶段各参与方涉及的主要过程的上链信息。原始权益人、基金托管人、基金管理人、第三方机构（事务所等）、监管机构、投资者六类参与者组成了一个联盟链系统，并拥有各自的账本，所记录数据同步上链，确保数据的一致性和真实性。

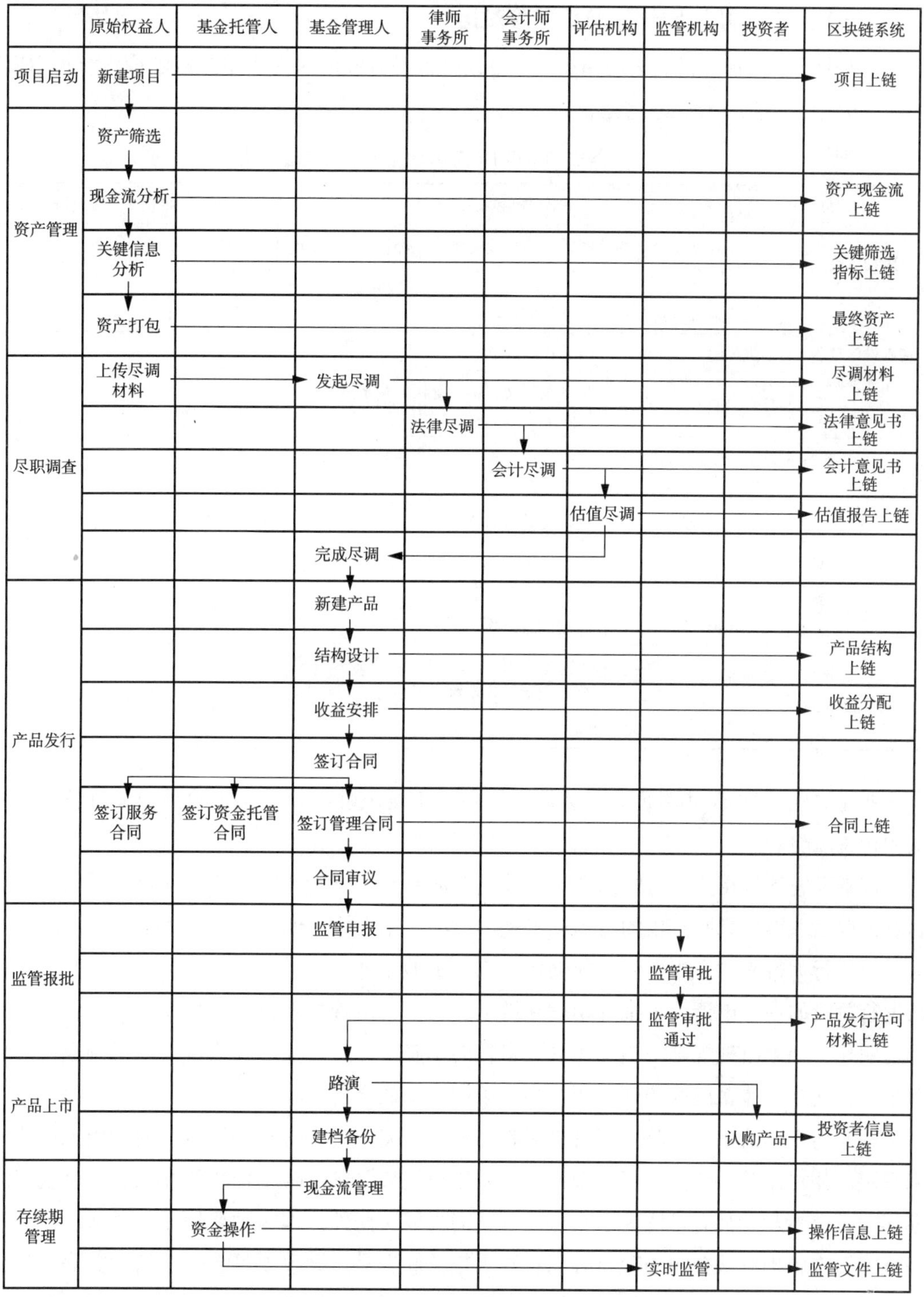

图 9-12　基于区块链的基础设施 REITs 业务流程

（一）区块链引入 REITs 前后风险对比

将区块链引入基础设施公募 REITs，可以降低各方面的风险水平。以浙商沪杭甬 REIT 为例，方案应用前后风险对比见表 9-5。

表 9-5　浙商沪杭甬 REIT 方案应用前后风险对比

风险类型	具体风险		与区块链结合前	与区块链结合后
市场风险	影响证券市场价格的共同风险，如政策风险、经济周期风险、利率风险等		√	√
基础设施项目相关风险	中央或地方收费政策	影响价值及经营收益	√	√
	合规风险	两类权属问题	√	↓
	日常风险	车流量波动、市场替代、日常运营风险等	√	√
参与主体相关风险	管理风险与利益冲突	失误决策、失职行为、与其他项目的利益冲突	√	↓
	关联交易风险	关联交易行为	√	↓
结合区块链带来的风险	技术风险	隐私保护问题、区块链技术瓶颈（如跨链技术）、效率问题	√	↑
	安全风险	数据泄露风险	√	↓
	监管挑战	传统中介机构被弱化、法律制度不健全、金融与技术跨界风险等	√	↑
效率水平			低	高

浙商沪杭甬 REIT 本身面临的风险，主要为市场风险、基础设施项目相关风险及参与主体相关风险。

基础设施项目相关风险中的合规风险主要涉及两类权属问题：一是项目公司未完成权属登记但已取得房屋所有权的行为；二是不合法利用划拨土地使用权及其上建筑房屋的行为。上述行为带来的合规风险可能会影响未来的收益水平。将该方案应用于 REITs，可以从发行阶段的项目申请、审批开始就在链上进行，严格管控项目的审核流程，并通过联盟链透明化，如果出现规则不明确等导致审核的不确定性，则基于区块链共识机制也可实现审核链条在联盟体系内的公开透明，最大限度地降低合规风险。

在参与主体的相关风险中，管理风险与利益冲突、关联交易等均可以通过引入区块链来解决。相对于其他证券投资基金而言，基础设施公募 REITs 结构较为复杂，在基金存续期间，每个参与者都有可能为了自身的利益而失职。此外，作为主要原始权益人，浙江浙商证券资产管理有限公司与项目公司存在大额关联交易，导致项目公司披露的关联交易真实性受到质疑，给内外部监管带来了巨大挑战。本方案整体搭建了联盟链，操作行为和项目信息被实时同步到链上，监管机构和其他参与方可以实时对其进行监督。同时，将区块链和电子证照结合起来对参与者的资质进行审核，可以最大限度地避免出现失职行为，如果出现了，可以在事后进行溯源和追责，从而最大限度地降低损失。此外，针对关联行为，本方案拟设计一种智能合约，通过预先输入规则，等待条件触发，自动确认关联交易，减少人为干预，保证信息透明度。

针对区块链在浙商沪杭甬 REIT 中的应用，前文已经分析了技术风险、安全风险和监管风险等。由于区块链是一种新事物，与传统的互联网相比，在技术上尚不成熟，因而存在较大的技术风险。在安全风险方面，基础设施 REITs 通过传统互联网系统进行交易，同样存在隐私和数据泄露等方面的风险，而区块链自身虽然存在安全风险，但与传统互联网相比，整个系统受到黑客攻击的概率大大降低。此外，本项目将去中心化和中心化结合起来，将用户自身承担的私钥丢失风险转移到成熟的传统互联网中心化机构的账户上，降低了账户的安全风险，同时降低了整体的安全风险。

由于经济、政治、消费者投资心理、交易制度、政策、日常运营情况等不可控因素的影响而产生的其他风险，如收费政策变化、日常运营风险等，不管是否引入区块链，都不能降低或消除。通过对区块链在浙商沪杭甬 REIT 引入前后的风险进行对比分析可以看出，区块链的引入，可以有效降低浙商沪杭甬 REIT 的合规风险、管理风险、利益冲突、关联交易风险等，提高底层资产和项目在运营过程中的透明度，有效提高运营效率，但是会带来技术风险的提高和监管难度的增加。

（二）区块链结合 REITs 的优点

区块链结合 REITs 具有以下四个方面的优点：

（1）提高底层资产透明度，解决信息不对称问题。尽管基础设施公募 REITs 相对于传统的资产证券化产品在透明度方面具有优势，但是所有资产化产品都面临一个共同的难题，那就是底层资产的透明度和真实性。基础设施 REITs 采用的是“公募基金+ABS”的复杂结构，表面上看形成了多方共赢的局面，但在某种程度上加剧了代理问题与信息不对称问题。将区块链引入基础设施 REITs 后，可从以下三个方面提高产品的透明度，解决信息不对称问题：第一，发行阶段尽调过程上链，基础设施资产及相关信息可溯源。在机构间建立区块链尽职调查子网络，保证尽调过程的每一步及尽调结果都存入区块链，保证资产原始信息的真实性。第二，将交易过程中的联盟链和私有链结合起来，实现可控制的共享，并对现金流和相关信息进行追踪。建立了联盟链网络，实现了网络的全局透明；而私人链建立在组织内部，用于控制组织内部的信用风险。另外，为了加强项目风险管理，可将监控节点单独开放给监管者。第三，对存续过程中的重要文件进行链接，实现参与方的实时阅览和多方协同工作。另外，通过智能合同，可以自由地进行部分现金流的结转，保证资金的真实性和可追溯性。

（2）简化流程，提高运营及结算效率。基础设施 REITs 的结构比较复杂，而且在发行之前，需要对基础设施资产进行层层筛选和审批，因此整个过程非常烦琐。但是，因为基础设施资产的类型不同，它们面临着不同的审核部门和流程，所以复杂程度有很大差异。将区块链引入基础设施 REITs 后，可以在以下三个方面简化流程、最大限度地提升效率：第一，前期利用区块链技术对基础设施类资产进行筛选，可以将符合条件的资产筛选出来，大大缩短前期准备时间。随着我国基础设施类 REITs 的发展，该项目的实施将成为必然趋势。第二，IPO 尽职调查采用区块链技术实现数据共享，各参与方在尽职调查过程中可实现信息的有效互通。此外，通过开放监管节点，实现对尽职调查过程的实时监管，能有效提高尽职调查的效率。第三，在存续阶段，通过构建联盟链、建立共享账本、自动触发智能合约条件等方式，可以极大地节约参与者之间的沟通和交流时间，提高项目的整体运营和结算效率。

（3）保障信息真实性，提高 REITs 监管效率。基础设施 REITs“公募基金+ABS”的复杂结构带来了两种代理问题，一种是管理人与持有人之间的利益冲突，另一种是原始权益人与公众持有人之间的利益冲突。这样复杂的委托代理问题，需要更高层次的规制。将区块链引入基础设施 REITs 后，可从以下两个方面提高监管效率和监管水平：第一，将电子证书和区块链结合起来，降低监管难度。它不仅可以与机构电子证照相结合，还可以与主要人员档案、证照相结合，在链上进行资质备案与更新，在使用过程中需要亲自授权，这极大地提高了系统的安全性，降低了不合规行为的发生率。第二，在发行阶段部署的尽职调查子网和在存续期部署的联盟链分别向监管部门开放监控节点，便于监管部门对其进行在线实时监控。另外，通过建立与之相适应的监测预警系统，可以减少监管部门发现异常行为所需的时间，从而极大地提高监管效率。

（4）中心化与去中心化相结合，提升安全水平。区块链本身是一种底层技术，并不与中心化系统相矛盾。将区块链的安全问题部分转移到目前发展较为完善的传统互联网上，实现中心化与去中心化的结合，有助于提升整体系统的安全水平。

（三）区块链结合 REITs 的风险点

1. 技术风险

（1）保护个人隐私的问题。区块链的不可篡改性可以为密码协议提供可信赖的激励机制，从而增加恶意节点在博弈中的作恶难度，最大限度地保护数据的真实性和原始性。但是，如果有敌人攻破了系统，那么他们即使不能做坏事，区块链作为一个公开账本，其所有数据和隐私信息也有可能泄露，而且无法抵御被进一步分析和利用的风险，因此，迫切需要对区块链涉及的隐私保护问题进行深入研究。

（2）区块链自身技术瓶颈。区块链系统设置的完整性、安全性、可信度等以算力资源为基础，系统要求越完善、安全性要求越高，区块链的效率面临的挑战越大。目前，区块链面对大规模交易时的吞吐量、延迟时间、带宽和容量等都面临技术障碍。此外，区块链在实际应用中还会面临数据存储量随时间加速膨胀的问题——其分布式账本及存储方式决定了每个节点的数据库都要记录、下载、更新和存储从原始区块起的所有数据。

2. 监管挑战

（1）传统金融中介机构职能被弱化。中介机构在传统金融中发挥着重要作用，如果区块链在金融领域大规模成功落地，必然会对传统金融中介机构造成冲击。在区块链系统中，交易直接发生在每个节点上，并且可以通过多条途径进行自我证明，因此不再需要传统的金融中介。金融中介作用的弱化会间接增加金融中介机构的自律监管与行政监管压力。

（2）法律制度不健全。这主要体现在两个方面：第一，很多基础设施 REITs 的基础设施资产来源于固定资产投资项目，这类投资项目在产权归属、项目验收、合同备案等方面都存在一定的缺陷，这给其申报造成了一定的法律障碍，如何既符合法律法规的要求，又最大限度地保护投资者的利益，是有关部门需要解决的重要问题。第二，目前我国对区块链还没有形成一套兼具系统性和整体性的监管体系，一些监管体系的创新还停留在“沙盒”层面，总体上还是持鼓励态度，既不明确，也不严格。我国区块链的发展并不成熟，在金融领域的实际落地场景非常有限，目前为数不多的区块链资产证券化落地项目也仅仅作为技术工具，浅显地应用于金融业务。

（3）界限模糊的跨界属性带来的风险。随着区块链技术的进步与发展，传统金融业务得到了改造与升级，技术对金融模式的改革与创新效果也越来越明显，打破了传统金融行业的界限。但是，区块链带来的技术和金融之间的跨界隐患不能被忽视。区块链本身具有的跨境、跨行业、跨市场等特性，暴露了我国当前分业监管模式的局限性。未来，区块链在金融领域的应用会更加广泛，需要凝聚各方力量，推动解决监管空白问题，出台更加健全、合理的法律法规及政策，以更好地监管区块链行为。

复习思考题

1. 简述基础设施公募 REITs 的交易结构和交易流程。

2. 专项计划拥有项目公司的股权有几种办法？

3. 我国为什么推出基础设施公募 REITs？现有基础设施公募 REITs 产品存在哪些问题，应当如何改进？

4. 为什么要将区块链引入基础设施公募 REITs？区块链是如何解决 REITs 现有困境的？

5. 基础设施公募 REITs 市场引入区块链是否会导致新的风险？分析其利弊。

参考文献

REFERENCES

［1］林华．中国REITs操作手册［M］．北京：中信出版集团，2018.

［2］韩志峰，张峥．REITs：中国道路［M］．北京：人民出版社，2021.

［3］辛格．抵押品市场与金融管道［M］．上海：格致出版社，上海人民出版社，2023.

［4］孟明毅，侯梨智，王悦，等．REITs实现公共资产证券化的金融模式［M］．北京：中国经济出版社，2022.

［5］蔡建春，刘俏，张峥，等．中国REITs市场建设［M］．北京：中信出版集团，2020.

［6］叶忠英．公募REITs投资指南［M］．北京：中信出版集团，2022.

［7］肖钢，高西庆，张其光，等．构建不动产金融大循环：中国公募REITs的实践与方向［M］．北京：中国出版集团，中译出版社，2023.

［8］韦伯，斯托布-比桑，阿尔芬．基础设施投资指南［M］．2版．北京：机械工业出版社，2018.

［9］徐忠，邹传伟．金融科技：前沿与趋势［M］．北京：中信出版集团，2021.

［10］戈兹曼．千年金融史［M］．北京：中信出版集团，2021.

［11］李超．公募REITs投资入门与实战［M］．北京：清华大学出版社，2022.

［12］许苇，路竞祎．中国基础设施公募REITs法律实务操作指南［M］．北京：法律出版社，2023.

［13］鲁政委，臧运慧．中国公募REITs投资指南［M］．北京：人民日报出版社，2024.

［14］斯蒂芬妮·克鲁森-凯莉．REITs分析与投资指南［M］．北京：机械工业出版社，2018.

［15］郑雪晴，何鹏飞，赵雨，等．REITs市场建设［M］．北京：中国财政经济出版社，2022.

后　记

AFTERWORD

本教材的编写竟然用了三年多的时间，超出我们最初的计划。

2020年4月30日，中国证监会、国家发展改革委联合发布了《关于推进基础设施领域不动产投资信托基金（REITs）试点相关工作的通知》（以下简称“40号文”），拉开基础设施公募REITs的序幕。40号文及其配套文件《公开募集基础设施证券投资基金指引（试行）》奠定了我国REITs市场顶层制度设计的基础，也标志着中国公募REITs正式启动。2021年7月2日，国家发展改革委颁布的《关于进一步做好基础设施领域不动产投资信托基金（REITs）试点工作的通知》指出，开展基础设施REITs试点，推动基础设施REITs健康发展，能有效盘活存量资产，形成存量资产和新增投资的良性循环，对推动形成市场主导的投资内生增长机制，提升资本市场服务实体经济的质效，构建投资领域新发展格局具有重要意义。

基础设施公募REITs将是未来中国资本市场的有机组成部分，这已经成为我国金融界的共识。我国基础设施公募REITs市场的发展，不但需要有市场供给与需求，而且需要有规则与交易，还需要有一大批熟悉基础设施公募REITs的从业人员。那么，该如何培养高质量的基础设施公募REITs从业人员？自2020年4月起，国内的一些咨询机构、教培机构以及部分高校的商学院纷纷抢滩设点，通过论坛、公众号、培训等多种方式，为社会提供REITs知识服务，培养公募REITs人才。其间，国内出版了十多本专著、案例以及操作指南之类的读本，主要服务对象就是REITs从业人员。

迄今为止，市面上还没有供金融本科、金融专硕以及MBA等使用的基础设施公募REITs教材。海外引进的REITs书籍，基本上以房地产REITs为研究对象，不能直接作为我国高校教材。而国内的一些著作，如《REITs：中国道路》《中国REITs市场建设》《构建不动产金融大循环：中国公募REITs的实践与方向》等，尽管对中国基础设施公募REITs市场进行了全面的考察与研究，但其受众主要为政府管理人员或者公募REITs从业人员，不适宜作为高校教材。

长沙理工大学是一所以工为主、多学科协调发展的多科性大学，具有深厚的行业背景，为交通、电力、水利、轻工等行业培养了大量专业人才。长沙理工大学金融学专业在国内率先开设基础设施公募REITs课程，旨在系统培养基础设施公募REITs专业人才，助力相关行业的高质量发展，这也是本教材的历史使命。

为了从本科阶段就开始培养基础设施公募 REITs 专业人才，也为了凸显长沙理工大学金融学专业的行业特色，在 2021 年修改金融学本科专业人才培养方案时，我们增设了“基础设施公募 REITs 理论与实务”这门课程，并将其作为专业特色课程予以建设，同时确定了《基础设施公募 REITs 理论与实务》教材的立项。教材编写组充分利用校友资源，走访了能源电力、交通运输、土木水利等从事基础设施建设的企业，对如何提高基础设施公募 REITs 底层资产经营效率进行了实地访谈。在此基础上，教材编写组还收集了大量案例，经过比较分析，有选择地纳入教材体系。

本教材具有以下五个特点：

第一，针对性。本教材主要为金融学专业学生编写，目的是让金融专业的本科生与金融专硕研究生掌握基础设施公募 REITs 相关理论与实务。一方面，长沙理工大学的强势学科与优势专业基本上集中在电气、土木、交通、水利等基础设施工程领域，本教材可为学生提供丰富的理论支持与实践借鉴；另一方面，长沙理工大学的金融学专业作为国家特色专业、国家一流建设专业以及学校创新性拔尖人才培养专业，一直将公司金融作为专业特色，学生熟悉财务报表分析、公司金融、公司治理、项目投融资等内容。

第二，系统性。本教材囊括基础设施公募 REITs 的主要内容，能够帮助学生建立一个系统的分析框架。本教材不但对基础设施公募 REITs 进行了系统而全面的介绍，而且从 REITs 底层资产的视角做了专题分析。同时，对基础设施公募 REITs 的底层资产选择、估值逻辑与定价机制、产品设计与投资价值、操作技巧与治理模式等做了系统的阐述。教材编写组三易其稿，力求将国内的最新政策与经验纳入教材，全方位地展现国内基础设施公募 REITs 的理论与实务。

第三，专业性。本教材涉及金融学、投资学、会计学以及法律等专业知识，主要案例聚焦电力电网、高速公路、码头等基础设施领域，具有较强的专业性。以基础设施为底层资产的公募 REITs，是一个涉及各方面利益关系的金融合约，其从业人员如果不具有专业知识，是难以通过金融工具整合基础设施资产运营各方面资源，并提出优化方案的。公募 REITs 最终能够盈利的关键，是通过 REITs 这种基金，将具有企业家精神的基金管理人引入底层资产运营，为基础设施运营提供新的知识，创造新的财富。

第四，理论性。REITs 即不动产信托投资基金，是一个复杂的金融合约，因此，本教材将金融合约思想贯穿始终。在金融市场上，基于投融资主体的信息结构、资产结构以及融资者的风险偏好，各参与主体通过讨价还价缔结一系列金融合约，以界定参与金融交易各方权利义务，为融资方以未来的承诺获取资金供给方的认同提供有效的制衡与激励机制。金融市场上的合约有多种形式，包括信贷合约、股权合约、债券合约、基金合约以及其他金融衍生产品。至于具体选择哪一种金融合约，由其成本与收益决定，其中信息、风险以及企业家精神起到了关键作用。

第五，实践性。本教材重视各类基础设施 REITs 逻辑框架的搭建，并对其运行逻辑进行分析。不同于境外的公募 REITs，境内的公募 REITs 目前采用“公募基金+ABS”的架构，ABS 持有项目公司 100%股权（和债权），公募基金持有 ABS 全部产品份额，再由投资人持有公募基金份额。我国的基础设施公募 REITs 以其底层资产作为基金的抵押品，以其收益率承诺作为未来价值变现的依据。通过对“公募基金+ABS”架构中各参与方的利益博弈进行分析，能够对其行为选择做出有效推测，从而为基础设施公募 REITs 投资提供操作模拟与案例分析方面的参考，也有利于学生掌握基础设施公募 REITs 的投资技巧。

本教材是集体智慧的结晶，具体构思与编写分工如下：刘祚祥教授提出全书的主旨与提纲，撰写了大部分章节，并对整本教材进行多次修改后定稿；杨密博士参与了提纲的修改，并搜集整理了大量海外文献、案例与数据；郑日果律师对教材的法律条文进行了核对，对相关法律释义进行了撰写与说明。此外，赵紫薇、罗曼路、赵婧、刘文婧、谭安娜、何双、郭雅琴、王波、宋世辉、逍瑶红、周灿强、虞乐、彭霞、张辉、周子轩、潘腾扬等为教材撰写提供了材料、数据，并进行了案例整理，同时撰写了部分章节的初稿。

鉴于本教材涉及专业较多，内容广泛，问题新颖，疏漏与不足在所难免，希望广大读者能够在阅读时予以反馈，为未来的修改与完善提供依据，在此表示感谢。

中国交通建设集团、国家电网、南方电网的诸多领导与校友，为教材的撰写提供了诸多帮助，这里不一一列举，教材编写组将铭记于心。

本教材参考了若干研究报告、专著、论文、推文和文献资料，在此向有关作者表示诚挚感谢。感谢责任编辑焦晓云女士及中国经济出版社相关工作人员的辛勤劳动，使本教材得以顺利出版。

刘祚祥

2024 年 4 月于中国长沙

327